新思

新一代人的思想

[美] 苏珊·怀斯·鲍尔 —— 著　Susan Wise Bauer　　张宇 宋爽 徐彬 —— 译

世界史的故事

The History
of the Ancient World

2

轴心时代的文明

前 7 世纪 —— 前 1 世纪

700 B.C.

100 B.C.

中信出版集团 | 北京

图书在版编目（CIP）数据

世界史的故事. 王权从天而降　轴心时代的文明 /（美）苏珊·怀斯·鲍尔著；张宇 , 宋爽 , 徐彬译 . -- 北京：中信出版社 , 2023.4（2025.1重印）
书名原文：The History of the Ancient World: From the Earliest Accounts to the Fall of Rome
ISBN 978-7-5217-1933-8

Ⅰ.①世… Ⅱ.①苏…②张…③宋…④徐… Ⅲ.①世界史－通俗读物　Ⅳ.① K109

中国版本图书馆 CIP 数据核字（2020）第 093263 号

The History of the Ancient World: From the Earliest Accounts to the Fall of Rome by Susan Wise Bauer
Copyright © 2007 by Susan Wise Bauer
Simplified Chinese translation copyright © 2023 by CITIC Press Corporation
ALL RIGHTS RESERVED
本书仅限中国大陆地区发行销售

世界史的故事·王权从天而降　轴心时代的文明
著者：　　［美］苏珊·怀斯·鲍尔
译者：　　张宇　宋爽　徐彬
出版发行：中信出版集团股份有限公司
　　　（北京市朝阳区东三环北路 27 号嘉铭中心　邮编　100020）
承印者：　北京通州皇家印刷厂

开本：880mm×1230mm　1/32　印张：30.25　字数：686 千字
版次：2023 年 4 月第 1 版　印次：2025 年 1 月第 4 次印刷
京权图字：01-2015-7859　书号：ISBN 978-7-5217-1933-8
审图号：GS（2018）3325 号（此书中地图系原文插附地图）
定价：398.00 元

版权所有·侵权必究
如有印刷、装订问题，本公司负责调换。
服务热线：400-600-8099
投稿邮箱：author@citicpub.com

献给

克里斯托弗

目 录

01 在埃及的亚述人 　　　　　　　　　　1
　　亚述、巴比伦、弗里吉亚、吕底亚、埃及
　　前681—前653

02 米底人和波斯人 　　　　　　　　　　16
　　亚述、巴比伦、埃兰、米底、波斯
　　前653—前625

03 征服和暴政 　　　　　　　　　　　　26
　　希腊、小亚细亚、北非　前687—前622

04 帝国始末 　　　　　　　　　　　　　42
　　意大利、亚述、巴比伦、犹太、埃及
　　前650—前605

05 短命的帝国 　　　　　　　　　　　　58
　　巴比伦、埃及、米底　前605—前580

06 居鲁士大帝 　　　　　　　　　　　　73
　　巴比伦、吕底亚、阿拉伯、犹太、米底、波斯
　　前580—前539

07	罗马共和国	91
	北非、意大利、小亚细亚 前550—前501	
08	王国和改革者	107
	印度 前560—前500	
09	为人之道与用兵之道	118
	中国 前551—前476	
10	波斯帝国的扩张之路	127
	波斯、埃及、印度 前539—前514	
11	希波战争	146
	波斯、埃及、希腊 前527—前479	
12	伯罗奔尼撒战争	174
	波斯、埃及、希腊、西西里 前478—前404	
13	罗马第一次陷落	197
	意大利 前495—前390	
14	秦国的崛起	208
	中国 前403—前325	
15	马其顿征服者	216
	波斯、埃及、希腊、马其顿 前404—前336	
16	罗马加强对属地的控制	235
	意大利、西西里、迦太基 前367—前290	

17	亚历山大和继业者战争 西方已知世界　前 336—前 272	244
18	皈依佛法的孔雀王朝 印度　前 297—前 231	268
19	第一个皇帝，第二个帝国 中国　前 286—前 202	274
20	诸子之战 西方已知世界　前 285—前 202	284
21	罗马解放者与塞琉古征服者 希腊、马其顿、塞琉古帝国、印度 前 200—前 168	306
22	东方与西方 中国、巴克特里亚、帕提亚、印度 前 202—前 110	320
23	破坏制度 意大利、西西里、希腊、北非　前 157—前 121	332
24	繁荣的代价 意大利、北非、中国　前 118—前 73	343
25	政治新人 意大利、不列颠、高卢、埃及、帕提亚 前 78—前 44	358

26　罗马帝国　　　　　　　　　　　　　　380
　　罗马帝国、帕提亚、埃及　前44—公元14

注释　　　　　　　　　　　　　　399
授权声明　　　　　　　　　　　　418
致谢　　　　　　　　　　　　　　420

/ 01

在埃及的亚述人

> 公元前681年至公元前653年间,弗里吉亚落入蛮族部落手中,亚述重建巴比伦,失去埃及。

由于西拿基立死于纳布神庙,亚述变得一片混乱。

据《以赛亚书》记载,两名刺客逃至"亚拉腊"。[1]这可能表明他们一路北上,逃到了乌拉尔图山区。鲁萨一世自杀之后,乌拉尔图王国已经重新振作起来;新国王鲁萨一世的孙子鲁萨二世开始重建军队。他很乐意与亚述人作对,于是热情地接待了那两名刺客。*

与此同时,西拿基立其他的儿子之间为了争夺王位爆发了一场

---

* 那两名刺客的身份至今仍然是个谜。《以赛亚书》(37:38)写道:"一日,他在他的神明尼斯洛庙里叩拜,他儿子亚得米勒和沙利色用刀杀了他。"亚得米勒和沙利色可能指的是西拿基立的儿子阿尔迪-宁利勒和拿捕净-莎尔-乌斯乌尔,但确切的信息无从得证。《巴比伦编年史》只是简单地记载道:"亚述王西拿基立的儿子在一次叛乱中杀死了他。"以撒哈顿从来就没有提到杀死他父亲的刺客是谁,而西拿基立的铭文中肯定也没有提到他那几个儿子是谁,因此我们根本没有依据可查。

大战。最后的赢家是西拿基立的小儿子以撒哈顿（Esarhaddon），他在一个棱柱（有六到十个面的石柱）上面记录了他的胜利，这个棱柱后来是在他的宫殿废墟里发现的：

> 他们都比我年长，我是弟弟，
> 但祭拜亚述和沙马什、贝尔和纳布时，
> 我的父亲当着几位兄弟的面褒奖了我：
> 他问沙马什："这是我的继承人吗？"
> 众神答道："他就是第二个你……"然后我的兄弟就发狂了。
> 他们拔出剑，就在尼尼微中部，完全无视诸神。
> 但是，亚述、沙马什、贝尔、纳布、伊师塔，
> 所有的神都愤怒地看着这些恶棍的种种劣迹，
> 剥夺了他们的力量，使他们在我之下。[2]

显然，以撒哈顿赢得了王冠，但是那个关于他父亲生前认定他是继承人的故事，听起来更像是为了使自己继承王位合法化而编造出来的。而且，以撒哈顿不直接提到西拿基立之死也是很奇怪的。也许他不希望真相水落石出。

以撒哈顿一登基就面临已经问题重重的帝国边境。正式的信函表明有十五六座主要城市，也就是亚述各省的中心城市已经不再进贡，而西拿基立也没有向这些城市催缴贡品。[3]更糟的是，西拿基立的死讯一传到巴比伦废墟，迦勒底人就发动了一场叛乱，领导这次叛乱的正是老米罗达巴拉但的儿子。他的名字叫纳布-金尔克提-利什尔（Nabu-zer-ketti-lisher），他在波斯湾南端统治比特-亚金多年了。现在，他纠集族人举兵攻击乌尔城，这是他夺回之前巴比伦领

土的第一步。[4]

以撒哈顿一定是感觉到米罗达巴拉但阴魂不散，一直在折磨亚述国王，于是他派兵去镇压叛乱。纳布-金尔克提-利什尔逃至埃兰，可他没想到的是，新即位的埃兰国王并不打算惹怒那位新任亚述国王。更让他没想到的是，他被抓起来处死了。[5]

以撒哈顿几乎是立刻就开始把人力物力投向巴比伦。

之前，西拿基立在盛怒之下破坏了整座城市，王室和他自己的百姓也无法接受这种行为；巴比伦众神与他们所信仰的诸神十分相似，而把马杜克神像从巴比伦搬走是对神不敬，这种行为只会遭到神的报复。按照以撒哈顿的说法，他出于对马杜克的仰慕想要重建巴比伦。但这让他遇上了一点麻烦：如果他一而再，再而三地承诺弥补对马杜克的羞辱的话，他就是在谴责自己的父亲对神不敬（他声称自己是神所选择的国王，这无形中推翻了他的这种说法）。

为了解决这个问题，他在描述巴比伦遭到破坏时绝口不提他的父亲。他对巴比伦发洪水的描述表明，巴比伦并不是被人为破坏的：

　　在之前国王统治时期，
　　巴比伦就出现种种凶兆。
　　有犯罪、不公，还有谎言，
　　居住在这里的人对神不敬，
　　更不用说定期献纳贡品和祭拜，
　　他们把神庙里的财宝拿去给埃兰进贡，
　　把巴比伦的财富送给他国。
　　在我出生之前，马杜克对巴比伦很是气愤。
　　阿拉图的洪水泛滥，把整座城市变成了废墟，

> 巴比伦成了一片荒地,
> 废墟里长满了芦苇和杨树,
> 众神离开了圣坛,
> 民众逃亡,去寻找避难之所。[6]

这段历史记载虽然可怕,却不失为一段巧妙的宣传材料:重复提到"我出生之前"不仅使以撒哈顿置身事外,也使他的父亲免受责难。这段文字解释说,众神之所以愤怒地遗弃巴比伦,不是因为亚述的马车把他们的神像拉走了,而是因为讨好埃兰;对于"之前的国王"则含糊其词;最重要的是,对"阿拉图的洪水泛滥"表示哀悼(而事实上,"是亚述的士兵用巴比伦城墙的碎片堵塞了阿拉图")。[7]

马杜克的神像留在了亚述,以警示巴比伦民众他们的神选择了与巴比伦的合法国王居住在一起。而以撒哈顿作为神的代表,重建了神庙和房屋,并且重新铺设了道路。他为自己铺设的新路写下赞美之词:通往埃萨吉拉神庙(Esagila)的路上有几十块石砖,上面刻着"献给马杜克神,以撒哈顿——世界之王、亚述之王和巴比伦之王——用圣洁的窑里烧制出的砖块铺路,一直通向埃萨吉拉和巴比伦神庙"。[8]

迦勒底部落比特-达库里是米罗达巴拉但统治的比特-亚金部落的兄弟部落,此时决定与亚述交好。他们向巴比伦致信以示忠诚,可是以撒哈顿根本不相信迦勒底人,他回信的语言十分刻薄。信的开头十分简洁:

> 国王写给非巴比伦人……我把你们那封毫无意义的信件

原封不动地退还给你们。也许你会说:"为什么把信退还给我们?"巴比伦的公民是我的仆人,深深地爱戴我,若他们给我写信,我就会拆开去读。要我接受去读一封来自罪犯笔下的信,这于我有何好处?[9]

紧跟这封信之后的便是军队;以撒哈顿派亚述士兵把迦勒底人从巴比伦的南部地区赶回了他们的沼泽地带。

与此同时,东北部地区又冒出了新的威胁。那些一直在里海沿岸游荡的各游牧部落聚集在一起,凌驾于米底人和波斯人各部落之上。亚述人把这些新来者称为吉米拉人(Gimirrai),后来的历史学家把他们称作辛梅里安人(Cimmerians)。

和很多高原上的游牧民族一样,辛梅里安人能征善战。*他们沿着亚述的北部边境一路到达位于小亚细亚边界的奇里乞亚(Cilicia,又译基利家),还与乌拉尔图的国王鲁萨二世(鲁萨显然还是把弑父的王子藏在自己山中某个地方)交上了朋友。[10]这引起了以撒哈顿的注意:辛梅里安人与乌拉尔图人结盟可能十分危险。

以撒哈顿为了加强他的北部边境,尝试与另外一个游牧部族结盟,这个部族是从黑海北部的高加索山脉逐渐扩张过来的。这些斯基泰人(Scythians)愿意帮助他阻挡辛梅里安人和乌拉尔图人,但

---

* 可能正因为如此,20世纪30年代,奇幻作家罗伯特·E.霍华德借用他们的名字来命名一个神话中的武士部落,这个部落居住在遥远而神秘的过去,那段时间显然是亚特兰蒂斯没落而第一位埃及法老崛起的时候。他们的第一武士辛梅里安人柯南在影视形象中为人所熟悉的名字是野蛮人柯南。他最著名的演讲(当有人问他"什么是最好的人生?"时,他吟诵道:"要粉碎你的敌人,眼见他们被驱逐,听到他们女人的悲泣声。")表明,历史上辛梅里安人大多有些嗜血。而另一方面,真正的辛梅里安人是通过赶走眼前的敌人才逐渐崛起的。关于辛梅里安人的起源,我们并不了解,虽然他们很可能不像希罗多德宣称的那样是从黑海北部来的[见安妮·卡特琳·盖德·克里斯滕森(Anne Katrine Gade Kristensen)《谁是辛梅里安人?他们从哪里而来?》(*Who Were the Cimmerians, and Where Did They Come From?*),第7—11页]。

他并不是完全信任他们。以撒哈顿统治时期的占卜石上面刻有他向太阳神沙马什提出的问题，这些占卜石记录了以撒哈顿遇到的问题，然后再在神庙里呈献给太阳神：

伟大的主沙马什，乌拉尔图的国王鲁萨是否会带军队而来，辛梅里安人（还有他的其他盟友）是否会和他一起发动战争，烧杀掠夺？

伟大的主沙马什，如果我把一个女儿嫁给斯基泰的国王，他会信守承诺，与我和平共处吗？他能遵守协议，如我所愿吗？

伟大的主沙马什，辛梅里安人的军队、米底人的军队，还有其他敌国的军队会侵犯我们吗？他们是会挖地道、架梯子、用攻城槌来夺取城市，还是会和我们缔结条约？他们缔结条约是阴谋诡计吗？[11]

这些问题都没有得到明确的答复。公元前676年，当辛梅里安向西一直推进到弗里吉亚的边境时，以撒哈顿还是被卷入了战争。

强大的弗里吉亚并非无力抵抗。为了自我防御，他们把村庄建在山顶，用石头砌成房屋，几千年之后这些房子的地基依旧可见。他们最具特色的纪念碑——"正门纪念碑"（facade monuments）至今依然四处可见：高高的石板直耸云霄，石板的一面雕刻得像墙面，上面还雕有一扇永远无法打开的门。迈达斯城的迈达斯纪念碑像所有其他正门纪念碑一样，面朝东方，每当黎明时分，纪念碑灰色的表面就会闪闪发光，那扇假门也会泛出光芒。[12]

但是辛梅里安人的野蛮入侵让人猝不及防，他们出其不意地占

图 1-1 迈达斯纪念碑

迈达斯纪念碑被雕刻成神庙或坟墓正面墙壁的样子。图片来源：克里斯·赫利尔／CORBIS

领了弗里吉亚。弗里吉亚军队撤回都城戈尔迪乌姆，居住在郊区的百姓也涌入都城寻求庇护。但辛梅里安人攻破了城墙，纵火烧毁了整座城市。国王迈达斯看到自己必然战败（他的祖父曾经历过提革拉毗列色统治时期），于是在自己的城堡里自尽。600年之后，罗马地理学家斯特拉波说他是喝公牛血自尽的。[13] 国王迈达斯死得很离奇，而且是在绝望中死去的。

以撒哈顿率领自己的军队应战。两军在奇里乞亚（Cilicia）相遇，而以撒哈顿宣称自己赢得了胜利。他在自己的铭文中吹嘘自己杀死了辛梅里安人的国王图什帕（Teushpa）。[14]

以撒哈顿阻止了辛梅里安人的入侵，使小亚细亚的西部地区免遭破坏。但是弗里吉亚已经沦陷。那些惨遭破坏的村落再也没有被重建，之前由弗里吉亚商人控制的贸易路线现在也转移到了遥远的西部地区。这些西部村落的居民被称为吕底亚人，随着东部地区的平原遭到破坏，吕底亚国王巨吉斯（Gyges）成为整个小亚细亚实力最强的国王。

埃及在第二十五王朝努比亚诸法老的统治之下基本实现了统一，这种统一的状态维持了八十年左右。多年前特哈加在还是王子时曾与西拿基立打成过平手，现在他已经登基为王。以撒哈顿决心完成他父亲生前未了的征战。"伟大的主沙马什，"他又开始询问道，"我应该去埃及向库什的国王特哈加和他的军队发动战争吗？我的武器和军队在这次战争中能取得胜利吗？"[15] 答案一定是肯定的，因为亚述的编年史记载道："以撒哈顿在位第七年，亚述军队进攻埃及。"[16]

特哈加等了很久才坐上王位，他可不打算在以撒哈顿的军队来到三角洲之前坐以待毙。埃及军队在非利士的城市亚实基伦迎敌，而亚实基伦人也出手相助。以撒哈顿的军队在亚实基伦迎战这支埃及盟军时早已筋疲力尽,因为在一路南下的途中,他们还要与阿拉伯各游牧部落作战,那些部落盯上的是亚述军队所携带的食物和武器。

之后的战争很快就结束了,特哈加的军队取得了胜利。以撒哈顿的军队撤回了。特哈加回到埃及后,在全国各地大兴土木(包括在努比亚建造了一座规模宏大的阿蒙神庙),借此使自己法老的伟大光辉形象得以永存。[17]

但以撒哈顿并没有善罢甘休。他撤军只是为了让军队得到休整。两年后,也就是公元671年,他带着兵强马壮的军队回到埃及,攻破了埃及的外部防线,穿过三角洲地区一直攻至孟斐斯,在那里特哈加和他的军队做了最后的抵抗。特哈加看到亚述军队必胜无疑,便从战场上逃跑,一路南下逃回到自己的老家。以撒哈顿抓住了他的儿子和妻子,还有他的大部分家族成员和很多官员,并且把他们全部带回尼尼微作为自己的俘虏。以撒哈顿还抓走了很多贵族的儿子——包括一个三角洲西部的城市塞易斯国王的儿子——把他们带回到尼尼微,并且教化他们成为亚述人。

他把埃及交给那些曾宣誓效忠于亚述的总督进行管理。[18]但那些总督还没等以撒哈顿回到尼尼微就把效忠的誓言抛在了脑后。塞易斯的总督是一个名叫尼科(Necho)的人,他一直效忠于亚述(毕竟他的儿子在尼尼微做人质),但亚述军队刚一走远,其他城市的总督就不再听命于亚述了。

以撒哈顿刚回到尼尼微,就又率军朝埃及进发。但他再也没能到达埃及,他在率军南下的路上去世了。

以撒哈顿把亚述王位留给了他最宠爱的儿子亚述巴尼拔(Ashurbanipal);但他同时还任命了一个年轻的王子沙马什-舒姆-

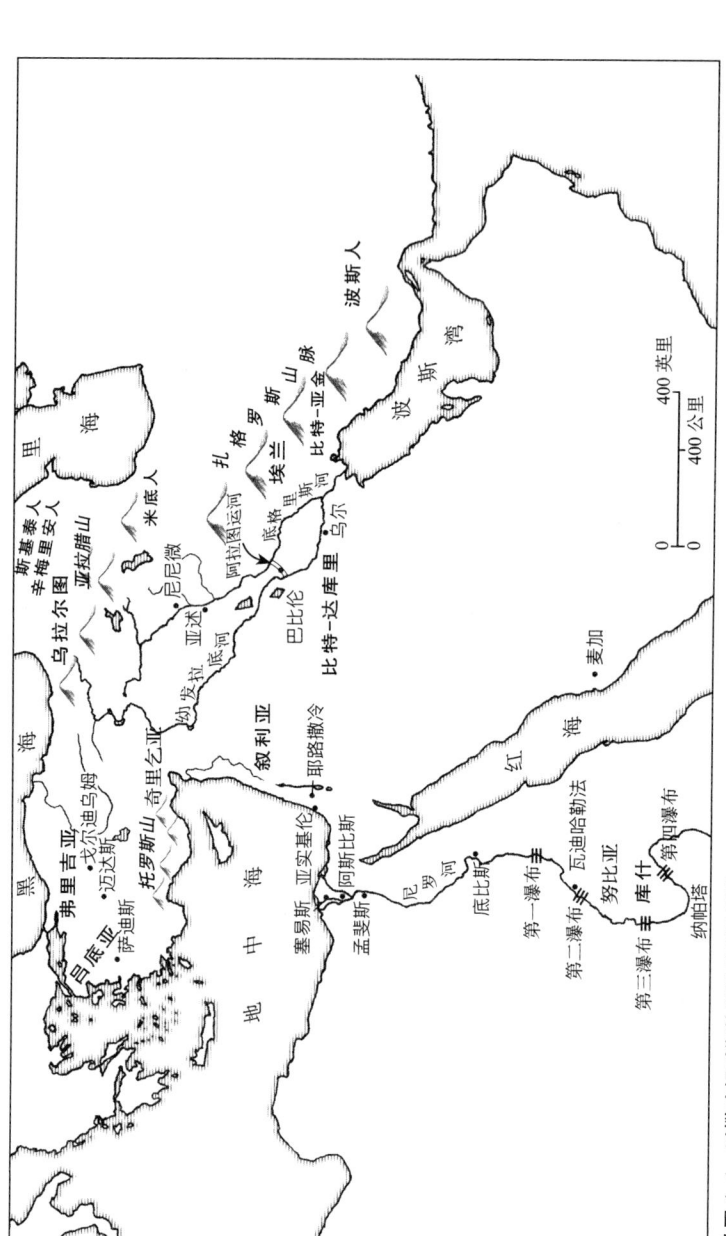

地图 1-1 以撒哈顿时期的亚述及周边边形势

乌金（Shamash-shum-ukin）做巴比伦的王位继承人，在他哥哥的监督下做巴比伦的最高统治者。亚述巴尼拔加冕一年之后，沙马什-舒姆-乌金正式在巴比伦加冕。沙马什-舒姆-乌金来到巴比伦时还带上了马杜克神像，马杜克神像终于回到自己的故乡。巴比伦的一块铭文中记录了亚述巴尼拔的话：

> 在我统治期间，
> 伟大的主马杜克神
> 在一片欢呼声中来到巴比伦定居下来。
> 我重新赋予巴比伦特权
> 我任命我最喜欢的兄弟沙马什-舒姆-乌金，
> 为巴比伦的统治者。[19]

然后，他继续父亲未完的大业去攻打埃及。特哈加此时已经悄悄回到北方地区，并且试图夺回他的王位；亚述巴尼拔一路杀到埃及，最南到达底比斯，他把所有不再效忠于亚述的总督赶尽杀绝，唯独塞易斯的尼科因忠于亚述而幸免于难。之前亚述巴尼拔的父亲曾把埃及官员的儿子带回尼尼微进行教化，而亚述巴尼拔就任命这些人去管理埃及。尼科的儿子是一个名叫普萨美提克（Psammetichus）的年轻人，他从亚述回来之后被安排在一个东部城市阿斯比斯（Athribis），与他父亲所在的城市遥遥相望。父子二人共同拥有控制其他所有城市的霸主地位。[20]

不过特哈加并没有死。这一次，他被一直向南驱赶到上努比亚的纳帕塔，几乎到了第四瀑布。他宣布自己的表兄弟为继承人，显然他自己的儿子已经在尼尼微被处决。他去世后，他的表兄弟坦沃塔玛尼（Tantamani）继承了一个空头衔，因为埃及的领土完全在亚述人控制之下。

但不久之后坦沃塔玛尼做了一个梦：

> 他加冕为王第一年……陛下夜里做了一个梦：有两条大蛇，一条在他的右边，另外一条在他的左边。接着陛下醒了，可他并没有找到那两条大蛇。陛下问："为什么我看到了这一幕？"一个声音对他说："南部的土地是你的，把北部的土地也夺回来。有两位女神在庇护着你，这片土地完全都属于你。没有人可以把这片土地从你手中夺走。"[21]

他从床上起身，上天的旨意还在他的耳边回响：把埃及从亚述人和他们的藩王手中夺回来。

一开始他很容易就取得了胜利；亚述人再次离开，当地居民也并不喜欢处在亚述总督的统治之下。坦沃塔玛尼沿着尼罗河继续北上，他所经过的城镇都很欢迎他的到来，并且愿意与他结盟。在孟斐斯，他碰到了第一个真正的障碍：塞易斯的尼科与亚述的增援军队一起匆匆南下，阻挡这位努比亚征服者的脚步。

在之后的那场战争中，尼科惨败。他的儿子普萨美提克继承父业，却发现三角洲地区的贵族特别不欢迎他，这些贵族不希望自己被亚述人统治，而是更希望在努比亚的统治之下；希罗多德说，有11位三角洲地区的统治者想要取普萨美提克的性命，因此他一度被迫藏身于沼泽地区。他节节败退至塞易斯，那里驻守有亚述军队，于是他便躲在了那里。[22]

与此同时，三角洲地区在大肆庆祝，而坦沃塔玛尼则在纪念碑上面刻下了胜利祈祷献给阿蒙（"没有阿蒙指引之人必将误入歧途！"）。[23]

但后来亚述巴尼拔又带着更强的兵力折返回来。公元前663年，他联合普萨美提克的军队摧毁了三角洲地区。坦沃塔玛尼第二次南下逃跑，底比斯在历史上第一次被洗劫焚烧。阿蒙神庙也被摧毁，神庙里的财宝被掠走，墙壁被夷为平地，大门前的两个银制方尖碑被拉回到尼尼微。[24]底比斯被彻底摧毁，而这也成为古代近东的一个笑柄，同时也是与亚述进行对抗的下场的证据。几十年后，犹太先知那鸿（Nahum）依然可以用残酷的细节描述这场浩劫：

> 但她被迁移，被掳去。她的婴孩在各市口上也被摔死。人为她的尊贵人拈阄，她所有的大人都被链子锁着。[25]

之后，亚述巴尼拔除掉了所有的藩王，并且任命普萨美提克为埃及唯一的法老。由于埃及距离亚述过于遥远，因此亚述无法在此驻守大量的军队。如果亚述巴尼拔想要控制埃及，就需要一位对他忠贞不贰的藩王。

尽管普萨美提克受过亚述的教化，但是他绝对不是那个忠贞不贰的藩王。青少年时代，他身边四处都是敌人，当时他手无寸铁，无家可归，命悬一线，因此他愿意与亚述巴尼拔的军队并肩作战，这只不过是个权宜之计。一旦坐上了王位，他就开始慢慢摆脱亚述人的控制。他开始与埃及的各个总督协商，承诺在建立新政权后赋予他们权力。没过多久，一个驻守在叙利亚的亚述官员向身在尼尼微的亚述巴尼拔汇报，抱怨普萨美提克日益独立；显然这位亚述总督正在把驻守在各城市的亚述士兵慢慢地撤回来。亚述巴尼拔收到了这封信,却没有派人去解决这个问题。他的手下正在忙于处理别处的问题。[26]

到了公元前 658 年,普萨美提克派遣密使去见吕底亚的国王巨吉斯(Gyges),吕底亚现在是小亚细亚唯一的强国。巨吉斯出于对埃及的同情(只要能削弱亚述的实力,巨吉斯就会觉得高兴),为在埃及的普萨美提克派出了援兵。这些吕底亚援兵还留下了痕迹:在等待战争开始之前,他们百无聊赖,于是就在瓦迪哈勒法神庙的墙壁上涂鸦,这些涂鸦至今仍可以看到。[27]

到了公元前 653 年,普萨美提克准备放手一搏,发动叛乱。他对驻扎在三角洲的亚述士兵发动进攻,把他们一路赶出自己的国家,一直赶到了西闪米特人的领地上。然后,他定都塞易斯,又安排女儿成为底比斯阿蒙神大祭司(阿蒙神之妻)的继承人,他的势力一直延伸到了第一瀑布。

再往南,努比亚当地的统治者轮流上台,逐步从埃及的统治之下独立出来。但是在第一瀑布以北,埃及再次由一位真正的法老统治(即使这位法老受过亚述的教化),他宣称自己是"两地"的统一者,是埃及主神的赐福者。[28] 多年来,埃及第一次重新恢复了神圣的秩序。以普萨美提克的出生地塞易斯为中心的第二十六王朝——塞易斯王朝开始了。

但对于巨吉斯来说,埃及的叛乱带来的并不是好结果。辛梅里安人重新积聚力量,再一次向西部进军。这一次,亚述人拒绝插手;亚述巴尼拔对巨吉斯心存芥蒂,因为吕底亚曾出兵帮助埃及。辛梅里安人在国王达格达蒙(Dugdamme)的带领下攻打吕底亚,把吕底亚军队逼得节节败退,他们杀死了巨吉斯,然后把萨迪斯洗劫一

时间线 1

亚述和周围的土地	埃及、以色列和犹太
亚述丹三世（前 771—前 754）	
（巴比伦）纳巴那沙	
亚述尼拉里五世（前 753—前 740）	第二十五王朝
（乌拉尔图）萨尔杜里一世	
提革拉毗列色三世	皮安柯（前 747—前 716）
（弗里吉亚）迈达斯	
	犹太　　　以色列
（巴比伦）米罗达巴拉但	
撒缦以色五世	亚哈斯　　何细亚
萨尔贡二世（前 721—前 704）	希西家
西拿基立（前 704—前 680）	夏巴卡　　以色列沦陷
以撒哈顿（前 680—前 668）	特哈加（前 690—前 664）
	第二十六王朝
（巴比伦）沙马什-舒姆-乌金	
亚述巴尼拔	尼科一世
辛梅里安人攻陷弗里吉亚	普萨美提克一世
（吕底亚）巨吉斯	

空。达格达蒙之后向南进攻，一点点逼近亚述领土；亚述巴尼拔尽管想让辛梅里安人给其他国家一个教训，却不愿意让辛梅里安人踏上自己的领土。

他开始率兵远征，一路北上，可是却因为一次日食而惊恐万分，朝中的祭司把这次日食解释为一个严重的凶兆，他们告诉国王："你的土地将会遭受攻击，这片土地将会被摧毁。"[29] 幸运的是，达格达蒙洗劫萨迪斯之后没多久就患上了恶疾，不仅吐血，而且睾丸生了坏疽。[30] 这场恶疾夺走了达格达蒙的性命，亚述巴尼拔终于松了口气，不再北上远征。

/ 02

米底人和波斯人

> 公元前653年至公元前625年间,亚述巴尼拔建造了一座图书馆并且摧毁了埃兰,而米底人和波斯人联合起来,成为一个国家。

亚述巴尼拔没能从普萨美提克手中收回领地,并且之后其领土还在继续缩小。在他统治时期,亚述的边境发生了变化,渐渐地向内回缩。虽然亚述巴尼拔治国有方,但他毕竟不像萨尔贡那样把所有的精力都投入到无休止的战争中以扩张其帝国的势力范围。他的心思在另外一件事情上。

他并不是第一位收集黏土板的亚述国王,却是第一位把收集黏土板当作整个帝国头等大事的国王。而且,他收集黏土板的工作进行得井然有序。他派官员到全国各地所有的图书馆里去清点那里馆藏的黏土板,并且还收集所有自己能找到的黏土板——法术、预言、药方、星象、故事和传说(其中包括一千年间关于古代英雄吉尔伽美什的各种传说),之后把这些黏土板全部收藏在一起。[1] 尼尼微图书馆最终收藏了近三万块黏土板。

/ 02 米底人和波斯人

对于亚述巴尼拔而言,他的图书馆是他在位期间不可磨灭的成就:

> 我,亚述巴尼拔,宇宙之王,
> 众神赐予我无边的智慧,
> 对于最深奥的学问
> 我拥有敏锐的见解
> (我的先人们对此并无建树)
> 我把这些黏土板置于尼尼微的图书馆中
> 在我一生之中与我的灵魂相伴,
> 守护我的王权。

以撒哈顿或许可以统治埃及,但亚述巴尼拔在精神领域的统治是永恒的。

只是他在现实中的统治越发不堪一击。埃兰国王准备入侵巴比伦,而在埃兰的北部,新的敌人(再次)崛起,对亚述巴尼拔构成威胁。

在普萨美提克叛乱的同一年,埃兰国王图曼(Teumann)率军开始向巴比伦进发。可以想见,图曼之前得到过巴比伦的承诺,巴比伦欢迎他的到来,因为亚述巴尼拔和他的弟弟巴比伦总督沙马什-舒姆-乌金积怨已久。沙马什-舒姆-乌金在早年的铭文中礼貌地称亚述巴尼拔为"我最喜爱的兄长"和"天下四方之王",并且为亚述巴尼拔的健康祈福,还威胁他的敌人会遭受灾难。[3]

但是同时期亚述巴尼拔在巴比伦留下的铭文表明,多年来都是他在处理巴比伦的大小事务。[4] 埃兰军队可以帮助沙马什-舒姆-乌金摆脱亚述巴尼拔的控制。

亚述巴尼拔接到消息说埃兰军队即将来袭时,他咨询了朝中的先知。那些先知向他保证上天的预兆都是有利于他的,于是他主动发起了进攻:他越过底格里斯河,在埃兰人的土地上与埃兰军队相遇。亚述巴尼拔的军队把埃兰军队赶回到苏萨,并且大肆屠杀埃兰士兵。亚述巴尼拔在尼尼微的浮雕上刻下这样的碑文:"我用埃兰人的尸体堵塞了河流,埃兰国王图曼看到自己的军队溃败,自顾逃命去了。"

埃兰国王受伤了,他的大儿子拉着他往一片森林里逃去。但他的战车散架了,把他压在了底下。图曼在绝望中对他的儿子说,"拿起弓保卫我们!"可是车辕刺穿了这位埃兰国王图曼,也刺穿了他的儿子。"在战神阿舒尔的鼓励下,我杀了他们;我当着他们士兵的面割下了他们的头颅。"[5]

这些浮雕上面还描绘了一个细节:亚述巴尼拔显然把图曼的头颅带回来挂在了自己的花园里,而他和妻子就在挂着头颅的树下用餐。与此同时,沙马什-舒姆-乌金仍稳坐王位之上,并没有明显的证据表明他曾经与死去的图曼有过任何联系。

很快,另一支军队向尼尼微发起了进攻。

就在几年前,玛多瓦(Madua)各部落联合起来,建立了米底王国。在亚述巴尼拔即位之前,有一位名叫迪奥塞斯(Deioces)的村落首领因其公平正直而名声远扬,后来米底各部落就推选他作为所有部落的头领。希罗多德写道:"一旦权力在手,迪奥塞斯坚持认为米底人应该建成一座城市,并且定居于此。"[6]这座中心城市就

02 米底人和波斯人

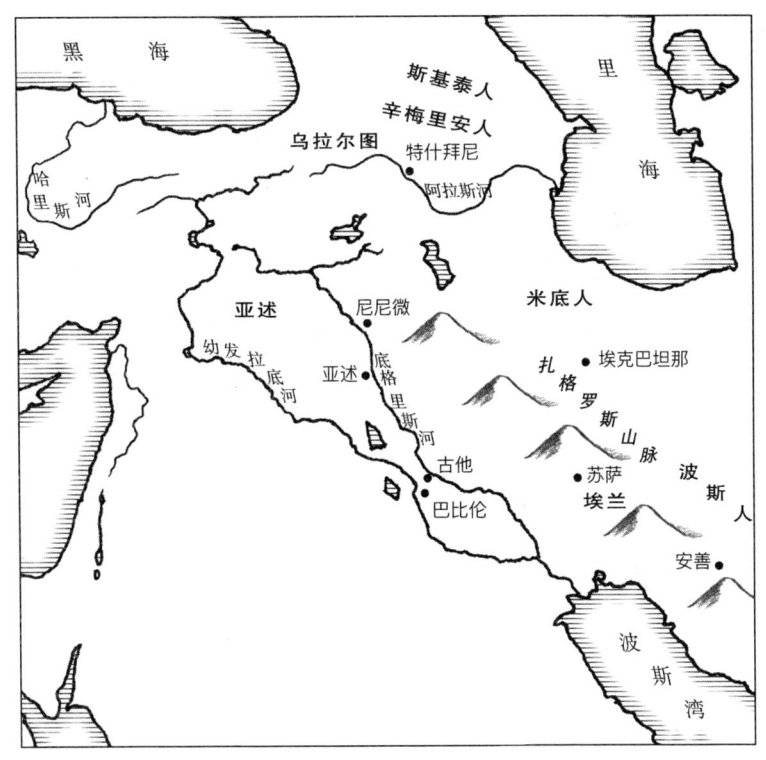

地图 2-1 米底人和波斯人

是埃克巴坦那，当各部落聚集于这座城市时，它就成了一个新兴国家的中心。

埃克巴坦那（Ecbatana）是古代史上最为璀璨辉煌的城市之一，建在扎格罗斯山脉东侧的山坡之上。埃克巴坦那周围环绕着七层城墙，最外层的城墙最低，内层城墙逐层升高。[7] 修建于城墙之上的墩台突出于城墙之外并被加固，以便身上涂着鲜艳色彩的弓箭手站立其上。最外层城墙的外壁是白色的，向内依次是黑色的、红色的、蓝色的和橙色的，倒数第二层城墙是银色的，而最内层的城墙是金色的，王宫就建在最内层城墙之内。埃克巴坦那是古代世界最壮观的景点之一：它坐落在海拔 1800 多米的山上，熠熠发光，仿佛是一个巨大而又有威慑力的儿童玩具。

公元前 675 年，迪奥塞斯的儿子弗拉欧尔特斯（Phraortes）继承父业，成为首领。弗拉欧尔特斯从埃克巴坦那出发，对附近的帕尔苏阿发动了进攻。霸主阿卡门尼斯统治下的波斯人联盟一触即溃，随后波斯成为米底的一个附属国。希罗多德评论说，弗拉欧尔特斯"统治之下有两个强国"，他的目标开始转向亚洲，"征服一个又一个部落"。他成为国王。

公元前 653 年，弗拉欧尔特斯还设法与野蛮的辛梅里安人结盟。米底人、波斯人和辛梅里安人一起决定趁亚述内乱之际攻打亚述的都城。

然而，他们失算了。与亚述联姻的斯基泰人（亚述巴尼拔的妹妹嫁给了斯基泰的国王）出兵与亚述共同作战捍卫领土。辛梅里安人、米底人和波斯人的军队在尼尼微的城墙之外被击溃，而弗拉欧尔特斯也死于此战之中；斯基泰人的武士首领马地奥斯（Madius）占领了弗拉欧尔特斯的地盘，并自封为米底和波斯之王。

一年后，沙马什-舒姆-乌金对其兄长的仇恨终于爆发了。他带领士兵攻打亚述边境的古他（Cuthah），而古他就位于巴比伦的北部，这是在公然向他的哥哥宣战。亚述巴尼拔集结自己的军队发起反攻；从他向太阳神沙马什提出的问题中可以看出他当时的顾虑。其中一个问题这样写道："伟大的主沙马什，埃兰人会参与此战吗？"（答案是肯定的，而且埃兰士兵很快就参与到沙马什-舒姆-乌金的叛乱中。图曼死后,没有人继承埃兰的王位,埃兰的士兵显然是自发而来的。)

沙马什-舒姆-乌金躲在巴比伦的城墙后面作战。"沙马什-舒姆-乌金的军队会离开巴比伦吗?"没过多久,亚述巴尼拔又向他的神提出了问题,这表明他多少有些信心不足,"亚述军队能否战胜沙马什-舒姆-乌金?"[8]

亚述军队确实取胜了,但历经了三年之久的围城,最终因爆发了饥荒才结束了战争。("他们饥饿难忍,吃掉了自己儿女的肉")巴比伦终于不攻自破,亚述巴尼拔的士兵对那些叛乱之人毫不手软。亚述巴尼拔自己的记载转弯抹角地为他的祖父西拿基立之前毁灭这座城市之举做出辩解:巴比伦就是一个麻烦之地。"我在祖父西拿基立被杀害的地方,不留一个活口,"他写道,"我肢解了他们的尸体,拿去喂狗喂猪,喂狼喂鹰,喂鸟喂鱼。"[9]

沙马什-舒姆-乌金也死了,但他并不是死于他人之手,而是死于自己宫殿的一场大火。为了不死在他哥哥的手下,他纵火自焚。

亚述巴尼拔下令把他的尸体以适当的礼数下葬,并且让一个名叫康达鲁的人坐上巴比伦的宝座,通过这个傀儡统治巴比伦。康达鲁虽在位二十余年,但手中并无实权,因此巴比伦王室所有的铭文中都没有他的名字。[10]

然后,亚述巴尼拔为了扩张领土发动了一场战争。亚述东面的埃兰因王位之争爆发了内战,于是亚述巴尼拔率军两次越过底格里斯河,他的进攻一次比一次进猛烈,最后占领了整个埃兰。埃兰所有的城市都被烧毁。苏萨的神庙和宫殿都被洗劫一空。出于报复,亚述巴尼拔下令掘开皇家陵墓,把那些过往国王的尸骨当成俘虏匆忙带走。

> 我把他们的骨头带回亚述,
> 我让他们的鬼魂没有栖身之地,
> 我让他们没有水和食物。[11]

他把所有可能会继承埃兰王位的人都戴上枷锁带回尼尼微,把大量埃兰人驱逐出境;一部分埃兰人就在以色列之前的领地上定居下来,它的南部就是一直负隅顽抗的小国犹太。

然而,这并没有如亚述巴尼拔所希望的那样抹杀他们的民族意识。200年后,这个地区的长官在给他的国王写信说起自己统治之下的各个人种时,其中就提到了"苏萨的埃兰人,还有被伟大而光荣的亚述巴尼拔驱逐出境的其他埃兰人,就定居在撒马利亚和幼发拉底河对岸的某个地方"。[12]这些亚述巴尼拔的俘虏的后人即使身在流放之中,也会把他们的名字和他们起源的城市牢记在心。

但是有着近2000年历史的国家埃兰却从此退出了历史舞台。亚述巴尼拔在清扫其帝国所遇到的障碍时有两种手段:完全毁灭或者视而不见。埃及由于距离亚述十分遥远,因此属于亚述巴尼拔视而不见的国家;埃兰却因为距离亚述太近,因此被亚述巴尼拔完全毁灭了。

然而,这并非明智之举。亚述巴尼拔摧毁埃兰之后并没有重建这个国家。他没有在这里指派任何官员,摧毁所有城市后他没有重新安置城中的民众,他根本没有打算把这里变成亚述的一个省,而是任由这片土地成为荒野;埃兰成为毫无防卫的开放之地。

侵略者对这片土地的第一次入侵进行得十分谨慎:波斯的霸主铁伊斯佩斯(Teispes)小心翼翼地踏上埃兰之前的领土安善(Anshan),并将其据为己有。亚述巴尼拔并没有阻止他。而铁伊斯佩斯的上级斯基泰的马地奥斯也没有阻止他,马地奥斯现在掌管着米底和波斯两国的大权。即使铁伊斯佩斯开始标榜自己是"安善之王",也没有遭到任何反对。据推测,尽管铁伊斯佩斯称王,且波斯各部落开始遍布在埃兰的领土之上,但是他的态度仍相当恭顺,并且乖乖进贡。正是这片土地,而不是他们之前占领的那些土地,被称作波斯。也正是在这片土地上,他们接受了埃兰人的服饰,穿上了长长的礼服,而这种长袍之后也成为波斯人的代表性服饰。[13]

短短三四年后,即公元前 640 年,铁伊斯佩斯去世,把波斯国王的位置传给了他的儿子居鲁士。和他的父亲一样,居鲁士在斯基泰的马地奥斯的保护伞下对波斯进行统治,而且他也把自己称为安善之王。斯基泰的马地奥斯继续在埃克巴坦那进行统治,而安善则是其属国。

亚述巴尼拔统治末期,整个国家越来越混乱,铭文都是只言片语,编年史也很不完整。至于他对埃兰所持的态度,只能说亚述国王越发疏于各省的管理。或许是因为生病,或许是因为年迈,公元前 630 年至公元前 627 年,一直是他的儿子亚述-埃提尔-伊兰尼(Ashur-etillu-ilani)以他的名义在统治整个帝国。

临近的国家自然都可以为所欲为,而不用担心亚述的干预。米底人和斯基泰人已经开始入侵乌拉尔图,攻下一个又一个关口,封锁一个又一个堡垒。两千年后出土的乌拉尔图堡垒墙壁上面布满了斯基泰人的箭头[14],在乌拉尔图的北部边境,特什拜尼城(Teishabani,今天的卡米尔布卢尔)倒塌的木质屋顶上面也满是斯基泰人烧黑的箭头。燃烧的箭带着火苗飞入这座城市,燃起熊熊烈火。[15]

在西闪米特人的领地上，耶路撒冷的约西亚王正朝着之前属于以色列的一个亚述省发起进攻，他破坏了那里的祭坛，把人骨洒在祭坛上面亵渎神灵。[16] 与此同时，斯基泰人的军队穿过犹太国朝埃及进发，他们以入侵埃及作为要挟，直到普萨美提克提出与他们讲和——"他恳求他们并且贿赂他们，终于说服他们不要入侵。"希罗多德写道。[17] 在波斯湾的北端，米罗达巴拉但的诅咒仍然没有消失；米罗达巴拉但的曾侄孙迦勒底人的首领那波帕拉萨尔（Nabopolassar）起兵造反，他带着手下向巴比伦的城墙步步推进。*

尼尼微对所有这一切都没有做出回应。

公元前 627 年，亚述巴尼拔终于去世，整个亚述帝国完全失去了控制。亚述-埃提尔-伊兰尼即位，但是他的弟弟立刻跑到巴比伦称王。此时那波帕拉萨尔正从南部向巴比伦进军，意欲夺取巴比伦的王位。在接下来的六年里，尼尼微的亚述人、巴比伦的亚述人还有那波帕拉萨尔三方开始了混战。虽然那波帕拉萨尔一开始没能夺下巴比伦，但是他一座接着一座攻下了周边的城市。

在这段混战的时期里，米底人开始反抗统治他们 28 年之久的斯基泰领主。斯基泰人能征善战却不懂治国之道，越来越遭到民众的反对："他们不光从臣民手中收取各种赋税，"希罗多德评论道，"而且一旦没有收到足够的赋税，他们就四处掠夺百姓的财物。"[18]

米底人对此忍无可忍，他们利用斯基泰人的贪婪奋起反抗。弗拉欧尔特斯去世后，他的儿子塞莱克斯（Cyarxes）继承父业（斯基泰人显然没有想到应该除掉他为妙）。据希罗多德记载，塞莱克斯邀请斯基泰人的统治者和他的侍卫来参加宴会，把他们彻底灌醉然

---

* 那波帕拉萨尔与米罗达巴拉但之间的关系并不确定，历史学家只是猜测他最有可能是巴拉但的曾侄孙，但是并没有什么直接的证据。

时间线 2

		亚述和波斯	埃及和犹太
			亚哈斯
		撒缦以色五世	
米底迪奥塞斯	波斯	萨尔贡二世（前721—前704）	希西家
			夏巴卡
	阿卡门尼斯	西拿基立（前753—前740）	
			特哈加（前690—前664）
		以撒哈顿（前680—前668）	
弗拉欧尔特斯			第二十六王朝
		亚述巴尼拔（前668—前626）	尼科一世
斯基泰的马地奥斯	铁伊斯佩斯 居鲁士一世		普萨美提克一世
			约西亚
		亚述-埃提尔-伊兰尼	
塞莱克斯			

后统统杀掉了。"于是米底人重新夺回他们的帝国，"希罗多德总结道，"并且重新统治他们之前曾经统治过的民族。"塞莱克斯成为米底和波斯之王。他立刻开始重组军队，壮大军事力量。他根据专长为军队分组（使用长矛的步兵、骑兵，还有弓箭手），然后开始操练军队。

西部地区一片混乱；北部地区则是毫无组织的各游牧部落，外加奄奄一息的乌拉尔图王国。米底人和波斯人终将统治所有这些地区。

/ 03

征服和暴政

> 在希腊，公元前687年至公元前622年间，斯巴达和雅典试图消除罪行。

亚述巴尼拔去世那年，希腊殖民者已经在外建成了许多城镇，这些城镇零星分布在西南至东北这条中心轴的周围。希腊人在亚洲沿海重建了一座新城，它就位于历经400年沧桑的特洛伊废墟之上。希腊城市哈尔基斯和埃雷特里亚的殖民者已经在意大利半岛上建成了至少9座城市，而且还往爱琴海北部派出更多殖民者。实际上，哈尔基斯的殖民者众多，因此整个爱琴海北部地区都成为哈尔基斯的殖民地，被称为哈尔基季基（Chalcidice）。[1] 爱琴海沿岸遍布希腊城市，借用柏拉图的生动比喻，希腊人已经成为"一片沼泽地周围的青蛙"。[2]

这些勇于去建造希腊新城镇的殖民者必须放弃他们故乡"母城"的公民身份。[3] 只有在新的土地上圈地建成希腊城市，他们才能够保住自己希腊人的身份。他们在异乡种植希腊的粮食作物，还带上希腊的火种去点燃异乡的炉火。他们靠希腊的粮食生存，靠希腊的火种取暖，建造起希腊神庙，向人们讲述希腊传说，派出代表团前往希腊参加运动会，编织出一张希腊之网把希腊半岛和世界上其他遥远的地方连接在一起。

希腊半岛上土地稀缺，因此所有的中心城市都派出殖民者，以免城市人口饱和。各殖民地与母城共同发展，而其他各民族就围绕在这些殖民地周围。从一开始，希腊就融合了亚细亚、意大利、腓尼基还有非洲的各民族的文化元素。希腊殖民者在色雷斯繁衍起来，这里正处于地中海到黑海通道的北部，而弗里吉亚人很久以前就已经渡过黑海进入小亚细亚地区。* 希腊的冒险家们穿过博斯普鲁斯海峡来到黑海，从米利都（Miletus）来的男男女女在黑海周围及其北部地区建立了多达 70 个殖民地。米利都是爱奥尼亚的一座城市，100 年前迈锡尼殖民者在这里定居下来。殖民者从迈加拉城（Megara，就在雅典的西面，连接着伯罗奔尼撒半岛与希腊半岛的北部地区）出发，在博斯普鲁斯海峡两岸占据了两个绝佳位置，建成了迈加拉的双子城：西岸的拜占庭和东岸的卡尔西登（Chalcedon）。

在色雷斯岛上，土地极度匮乏，于是吃苦耐劳的色雷斯人只能回到火山口附近重建城市。殖民末期，也就是公元前 630 年前后，色雷斯人选出一半的青壮年去往利比亚，即南边的非洲海岸。

据色雷斯人自己记载，这只探险队最早在非洲海岸附近的一个岛屿登陆，然后又（通过抽签的方式选出一半的殖民者）去往非洲大陆建立殖民地。希腊在北非沿海的殖民地被称为昔兰尼。** 但是，

---

* 参见第 1 册第 41 章。
** 公元前 4 世纪，昔兰尼发展成为一个学术中心，在此之前这里一直是一个不起眼的城市。这里也成为众多流亡犹太人的家，这里还因盛产中世纪圣徒传记的作者而出名，这里是古利奈人西门（Simon of Cyrene）的故乡，西门当时路过耶稣身边时被抓去背耶稣的十字架，他是罗马圣人鲁孚的父亲。

昔兰尼人记忆中的那段历史要更为丑陋。他们声称，早期的殖民者在他们这片贫瘠的土地上饥饿难忍，生活窘迫，于是想要重新回到色雷斯。然而，他们却无法回去：

> 色雷斯人不许他们上岸……他们的船只一靠近海岸，色雷斯人就冲他们开枪，让他们回到利比亚去。他们别无选择，只好回到了利比亚。[4]

希罗多德说，在昔兰尼前两任国王统治下的 56 年间，"昔兰尼的人口与之前他们刚建成利比亚这个殖民地时相差无几"。[5] 换句话说，利比亚沿海地区的生存条件十分艰难，殖民者只能勉强生存下来。但是即使在这里生活艰辛，也比色雷斯的情况要好。重回色雷斯的殖民者可能让这个小岛人口过于密集，因此色雷斯人反对他们归来，这也表明希腊人让自己人去建立殖民地实际上也是关乎生死存亡的事情。

位于伯罗奔尼撒中部的斯巴达在人口增长问题上则采取了不同的解决办法。

斯巴达的居民是多利安人，他们在迈锡尼的遗址上建成了自己的城市。斯巴达地处发源于北部山脉的欧罗塔斯河（Eurotas）东岸的河谷之中。这条河是斯巴达的饮用水源，但河水浅而且岩石多，因此不适合航行，所以斯巴达人没有船只。沿海的希腊城市派出船只向东方和西方运送殖民者时，斯巴达人就把自己武装起来，翻越西部边境的泰格特斯山脉，去攻打位于另一侧山脚的城市美塞尼（Messene）。这场战争的动机十分现实——大约 70 年后，斯巴达诗人提尔泰奥斯（Tyrtaeus）在描述这场战争时写道："地域广阔的美

/ 03 征服和暴政

地图 3-1 希腊的版图

塞尼……适于耕作，适于种植。"[6]

然而，取胜并非易事，提尔泰奥斯说斯巴达与美塞尼之间的战争持续了20年。但是到了公元前630年，美塞尼已经成为斯巴达的一个附属城。斯巴达不再只是一个希腊城市，它成为一个小王国。在这个小王国里，美塞尼人完全被征服，全都沦为奴隶，他们为主人种植作物，所受的剥削如同中世纪封建农奴一般残酷。"就像驴子一般，在重担下活活累死，"提尔泰奥斯写道，"他们很不幸，必须为主人献上自己土地上产出的一半果实。"[7]斯巴达人则成为贵族，成为武士，成为士兵的母亲。

斯巴达王国有一个其他古代王国所没有的特点：它有两个国王，这两个国王是很久以前曾经统治斯巴达的一对传奇孪生兄弟的后人，这对孪生兄弟"成年后一直在互相争吵"。[8]而比起一个国王全权统治之下的王国，斯巴达人更喜欢有两个国王争执不休的王国。*

二王制虽然有其自身的问题，但是避免了美索不达米亚式王权制度的兴起。斯巴达人不像亚述人那样，认为众神会指派一个人来统治所有人。亚述巴尼拔自称是"奉众神之命"的国王，众神派他"行使王权"，这不仅让人觉得闻所未闻，而且令人反感。[9]斯巴达人很像苏美尔人，惧怕世袭的王权无休无止，这种恐惧从古代神话中王权因死亡而结束的故事中可见一斑。

尽管两位国王一直在进行权力之争，但斯巴达的王权始终没有集中在一位君主手中。所有古代王国的国王都拥有三种主要权力：

---

* 这对孪生兄弟中年长的那个名叫欧律忒涅斯（Eurysthenes），又被称为亚基斯，他的后裔被称为亚基亚德王族。年幼的那个名叫普罗克勒斯（Procles），因其长子欧里庞（Eurpphon）继位，因此这一脉国王被称作欧里庞提德王族。亚基亚德王族和欧里庞提德王族共同统治斯巴达，一直到公元前192年这种统治才结束。

率军宣战的军事权力、制定律法并执行律法的权力、与众神维系良好关系的神权。以色列是最早以法律来划分这三种权力的国家之一,这三种权力分别由先知、祭司和国王来掌管。而在斯巴达,国王则同时掌管这三种权力——当然其权力也受到诸多限制。国王是宙斯的祭司,接受众神的神谕,但是有四位官员也拥有聆听神谕的权力,国王不能在人民不知情的情况下对凶兆视而不见。国王有权单方面发动战争,但他们必须冲锋在前,最后撤退,这无疑使他们不能让军队卷入无谓的战争中。在希罗多德所在的年代,国王只能掌管两个微不足道的领域的司法权。他可以全权决定"那些父亲已故且尚未指婚的女子可嫁何人,还可以裁断公共道路上发生的案件"。其他的立法权由二十八人长老会来掌管。[10]

但斯巴达真正的大权既不在国王手中,也不在祭司手中,更不在二十八长老手中。斯巴达是由一套严格的但却不成文的法律来统治的,这套法律涵盖了整个国家的各方各面。

我们对这套法律的了解大多来源于生活在几百年之后的普鲁塔克。虽然普鲁塔克对这套法律的记录可能会有偏差,但是可以看出,斯巴达的法律管理着生活中的方方面面,上至国家大事,下至生活琐事。每个家庭的孩子都不属于自己的家庭,而是属于斯巴达城;长老会有权对每个婴儿进行例行检查,并有权决定是允许其生存下来,还是将其丢弃在泰格特斯山区的一片荒地上自生自灭。男孩在7岁时就要加入"男孩团体"过集体生活,学习格斗和觅食技能。只要是出于有利于种族的考虑,丈夫就可以选择与其他女人生育,或是选择自己的妻子与其他男人生育。"假设一个年长的男人娶了一位年轻的妻子,并且同意妻子与一个高贵贤德的年轻男人生育……那么一旦自己的妻子怀上了这个年轻男子的孩子,他就可以收养这个孩子，视如己出。或者……如果一个品格崇高的男人因为一个女人端庄贤良、子女优秀而心生爱慕，那么即使这女人已经婚配，他也可以说服其丈夫，允许他与这个女人发生关系，这样他就可以把自己的种子播种在这片富饶的土地上。"[11]

这种针对公共行为的法律规定不可避免地衍生出针对私欲的立法。依据法律，为了避免贪欲，斯巴达人绝大多数时间都是在"公共食堂"吃饭，"这使他们无法在家里坐在舒服昂贵的椅子上进餐，"普鲁塔克解释说，"以免把自己养得肥肥胖胖的，就像那些在黑暗中贪婪的动物一般……狼吞虎咽，肉体上和精神上都堕落不堪。"斯巴达的女孩将成为斯巴达勇士的母亲，她们必须在成群的年轻男子面前赤身裸体地跳舞；这使她们必须保持苗条的身材（普鲁塔克补充说，对于这些女孩来说，权利也是均等的，因为斯巴达还有一条法律赋予这些女孩权利，可以"挨个奚落这些年轻男子，帮助指出他们的不足"）。[12] 所有房子的大门和屋顶只能由斧头和锯子来建造，使用其他更为精细的工具是违法的。这是为了防止人们追求精致的家具和织物，因为它们在粗糙的木头旁边会显得十分荒唐。*

这些法律都是不成文的。另外一条口头法解释说，把法律成文化是违法的。法律只有深入民众心里才能奏效，"这样立法者的意图才能深入每个人的心里"。斯巴达人自己不断地相互监督，看看

---

* 普鲁塔克对斯巴达生活的描述是基于他对莱克格斯的研究，莱克格斯是一个传说中的斯巴达王子（他的前任国王是他的哥哥，后任国王是他的侄子），他独自一人制定了完整的斯巴达法律，然后就交出王位，把自己活活饿死，从而证明他并不贪图权力。普鲁塔克本人说，没有绝对的证据可以证明莱克格斯曾经存在过，而且这个人物可能完全是虚构的。据称他发明了法律的范畴，他独自一人制定文化习俗，他还有其他诸多成就（最不可能的事情就是说他把荷马史诗的片段整理成一个完整的故事），所有这些事情不可能是一个人独自完成的。但有趣的是，斯巴达的传统认为有必要把一个人与斯巴达法律制度的起源联系起来，这表明，虽然斯巴达人遵循这些法律，但这些严格的法律法规令人十分不适。

是否有人违反了这些不成文的法律。普鲁塔克写道："就算是富人，也不可能在家里吃饱喝足以后再到公共食堂去，因为其他所有人都很警觉，他们曾经发现周围有人不吃不喝，于是就嘲讽他们缺乏自控力。"[13]

几代人之后，斯巴达人狄马拉图斯（Demaratus）试图给薛西斯解释这种持久不变的法律是如何影响斯巴达人的性格的。"虽然他们是自由的，但却不是完全自由的，"他对这位波斯国王说道，"法律就是他们的主人，他们对法律的惧怕远远超出了您的子民对您的惧怕……法律如何要求他们，他们就如何去做，法律是一成不变的：无论面对多少敌人，他们都不会从战场上逃跑，他们不能擅离职守，要么取胜，要么牺牲。"[14]

他们对法律的惧怕远远超出了您的子民对您的惧怕。斯巴达的法律体系是为了避免东方模式的君主专制，而其实际效果却远远超出了这一初衷。

在北方，雅典是连接伯罗奔尼撒半岛和半岛其他地区的桥梁，雅典此时已经发展壮大，超出了一般城市的范围，而且雅典比斯巴达更为超前，直接废除了国王。

在十分古老的时代，雅典的迈锡尼城邦的统治者是神话人物忒修斯，其宫殿雅典卫城——意为"城市的最高点"——建在高高的岩石之上，地处雅典的中心位置。迈锡尼统治日渐衰落时，很多雅典人不是流亡在外，就是死于饥荒或瘟疫。但仍然有些雅典人留了下来。

两三百年后，雅典渐渐地摆脱了灾难造成的人口流失问题。殖民运动一开始，雅典就派出了自己的公民去往东部地区，在小亚细亚沿岸建立了一部分爱奥尼亚定居点。[15]

对于这些发生在公元前 650 年之前的事情，很久之后才有所记载，而且流传至今的记载并不完整。公元 310 年左右，巴勒斯坦的恺撒利亚主教优西比乌（Eusebius）整理出一份雅典帝王表，时间始于公元前 1500 年左右，时间跨度为 700 年：

> 现在，我们要列出雅典的国王，第一位是刻克洛普斯（Cecrops）……他所有的后人总共统治了 450 年。[16]

这份帝王表的历史真实性就像希腊神狄俄尼索斯事迹的历史真实性一样。据说狄俄尼索斯出生于第五任雅典国王统治时期（是从宙斯的大腿里生出来的）。*但这确实表明雅典曾经有过国王，只不过国王的权力渐渐地被削弱了。450 年后，国王不再被称为是国王：雅典的统治者依然是子承父位终身世袭，但是统治者现在被称作执政官（archon），即首席法官。另一个官员掌管军队，还有一个官员掌管神权。

经过十三名执政官的统治后，雅典人投票决定把执政官的任期改为 10 年；又过了 70 年之后，任期又发生了变化，被改为一年。优西比乌写道："第一位一年期的执政官是克瑞翁，他于第二十四届奥林匹克运动会那一年也就是公元前 684 年上任。"

这就是我们从优西比乌的记载中得到的所有信息，之后他就开始没完没了地列出连续 249 届奥林匹克运动会上各个项目的冠军。

---

* 至少可以说，这一资料并非第一手的。优西比乌引用的是希腊文法学家卡斯特的记载，这部分记载（可能是在公元前 200 年左右）已经逸失，而优西比乌的原版帝王表也已逸失，留存下来的是公元 365 年左右由罗马教士圣哲罗姆翻译的拉丁语译本，还有 6 世纪时的一个亚美尼亚语译本（这两个版本中的内容不尽相同）。但是这仍然是我们现有关于早期雅典人的最直接的记载。

但是结合其他支离破碎的记载，我们可以发现雅典正缓慢而曲折地从君主制发展成为寡头政治，即一种贵族民主制。公元前683年，一个由9个地主组成的会议担负起执政官的职责。他们是由其他地主推选出来的，但是必须经过一个由全体希腊人组成的会议——市民议会——认可才行。前任执政官成为战神山议会的成员，战神山议会位于雅典卫城的西北侧一座名为"战神山"的小山顶部。[17]

这种议会制比斯巴达的体制更为复杂，效率更低。但要认识到，雅典人不需要一直镇压那些心存不满的臣民，也不需要发动战争扩张领土。到了公元前640年，雅典已经兼并了其近邻，而邻近的村庄已经看到了在希腊保护下的好处，因此这种兼并的道路是相对和平的。雅典南部一个名为阿提卡的地区几乎完全处于雅典的统治之下。雅典东部、西部和北部三面环山，因此并没有向更远的地区扩张势力范围。

公元前632年，这种半民主体制有了更进一步的发展。一位名为基伦（Cylon）的奥林匹克冠军（他出现在优西比乌的冠军表里，是八年前奥林匹克运动会上四百米竞走比赛的冠军）[18] 提出要改变执政官体制。

修昔底德写道："基伦在德尔斐神庙里请求神谕，神告诉他机会就在雅典卫城宙斯的盛大庆典上。"德尔斐的神谕说帕纳索斯山（Parnassas）上有一块巨石，是神谕石，而一位女祭司就坐在这块巨石旁边的一张三条腿的凳子上面。前来祭拜者要爬到巨石上，然后向女祭司提出问题，而女祭司就向土地女神盖亚询问，并从巨石的裂缝中得到答案。接着她在出神状态下把答案交给一起前来的祭司，这些祭司就把答案写成六步格诗歌，然后再交还给提问者。巨石裂纹、出神状态和六步格结合在一起，产生了令人费解的答案，怎样解释都可以（也就很难证明神谕是错误的）。

基伦思来想去，认为"宙斯的盛大庆典"一定指的是即将到来的奥林匹克运动会。还有什么时机比赢得奥林匹克冠军之后夺权更合适呢？于是他从岳父那里借来一队士兵，还纠集了一群朋友，占领了雅典卫城，并且宣布"他想要成为僭主"。[19]

"僭主"（tyrant）是希腊政治中的一个术语；它指的是一个政治家越过正常获得权力的道路（选举），通过武力夺取一个城市的统治权。僭主不一定要手段残忍，但是为了保住其手中的权力，他们往往很专制，而分布在整个半岛上的希腊各城邦是由不同的僭主统治的（事实上，基伦的岳父是迈加拉城的僭主，迈加拉在雅典东部不远处，这也就是为什么他能借出自己的军队）。

但是基伦所选的"宙斯的盛大庆典"是错误的。神谕所指的显然是之后城外的一个庆典，而基伦选错了夺权的时机。

这表明他并不是一个有经验的阴谋家。任何参与过政治阴谋的人都应该了解，只有当城里所有的男人都去城外参加活动时，夺权之举才更加行之有效。基伦非但夺权失败，还惹怒了雅典人：

> 雅典人觉察到（基伦要夺权）之后，就坐下来围在城堡周围。但随着时间的推移……守卫的职责落在了九位执政官的身上，他们可以根据自己的判断全权安排一切……与此同时基伦和那些被围困在城里的同伴缺少水和食物。基伦和他的弟弟逃跑了；但是剩下的人深受其苦，有的甚至死于饥饿，死前还围坐在雅典卫城圣坛周围苦苦哀求。[20]

这些叛乱者围在雅典娜的圣坛旁边，请求宽恕。执政官同意饶了他们的性命,但是当他们顺梯而下爬出来时,执政官下令杀死他们。有些人跑到女神得墨忒耳和珀耳塞福涅的圣坛那里,但还是没能幸免于难——这是严重违反宗教原则的,因为任何在神的圣坛前请求庇护的人是应该获得饶恕的。

而这些下令屠杀的执政官正是犯下了这种罪行,因此其他雅典人将他们驱逐出境。当他们试图返回雅典时,又被强行驱逐出去,他们同僚的尸体还被挖出来丢出了境外。[21]基伦侥幸逃生,从此在雅典的历史上消失了。

而此次反抗与动乱表明雅典人对执政官的统治并不满意,因为在绝大多数情况下,执政官都是为所欲为的。几百年后,亚里士多德在撰写雅典政治制度的历史时指出,雅典的"民主"其实是由少数特权阶层来决定的。斯巴达人认为自己是自由的,但实际上这种自由却受到法律的限制,而雅典人的自由却仅仅是名义上的。亚里士多德写道:"其实穷人自己,还有他们的妻子和孩子实际上都是富人的奴隶,他们被称为六分之一佃户,因为他们要交出耕种产物的六分之一给富人作为地租,而全国的土地都掌握在少数人的手里。如果他们无法交上地租的话,那么他们自己和他们的孩子都要被捕……因此在这个国家的公共事务中,最令人痛苦的事情就是大众沦为奴隶。不是因为他们对一切都感到不满,而是因为他们发现自己根本一无所有。"[22]

为了避免动乱,雅典人做了斯巴达人拒绝做的事情:他们认为是时候把口口相传的雅典法律付诸文本了。治理整个城市不能单凭贵族的英明决断,雅典需要一部法典。

一位议员把大量不成文的惯例中最重要的部分记载下来,并且系统化整理出来,然后编纂成了法典,这个人就是德拉古(Draco)。

德拉古法典的独特之处不仅因为其罗列了各种罪行（谋杀、盗窃、通奸），而且还对很多罪行处以死刑。和汉穆拉比法典一样，德拉古法典对于罪行轻重毫无区分，普鲁塔克写道："几乎所有罪行的惩罚都是死刑，这意味着，即使人们不工作也会被判死刑，而偷窃水果或是蔬菜和抢劫神庙还有杀人一样，都会被判死刑。"[23]

据说，有人问德拉古为什么刑罚会这样严重时，他说道："即使是犯下小罪也该当处死，而我无法为那些大罪找到一种更加严厉的刑罚。"这种严厉，我们会称之为苛刻而且极端；这是在苛求众人皆是完人，这不仅让人联想到斯巴达人对罪行的态度。*

普鲁塔克提到，一个希腊人问一个斯巴达人如何处罚通奸罪，斯巴达人回答说："他必须接受处罚——从他的牛群中挑出一头牛，这头牛必须像泰格特斯山一样高大，喝得到幼发拉底河的水。"希腊人问道："怎么可能有那么大的牛？"斯巴达人则反问说："斯巴达怎么可能有人通奸？"[24]斯巴达法律的目的是消除所有的罪行，这些法律铭刻在斯巴达人的心里。雅典则与斯巴达不同，雅典的统治者认为，在一个公正的社会里，公民如果接受正确的培养还有足够的警告，就不会犯下罪行。这两个城市都剥夺了国王的权力，都认为另有法律执行者来取代专制君主之位。

而这两个城市都希望自己的每一个公民都力争完美无瑕，因此所有的公民都在相互监督。雅典废墟出土的一块石碑清楚地表明，德拉古的死刑可以由雅典公民自己来执行：人人都可以处死绑匪、通奸者，或是当场抓住的窃贼。[25]这旨在确保法律的人人平等，使每个公民都成为了法律的执行者。

---

* 德拉古法典中唯一得以保存下来的就是关于杀人罪的只言片语，但是很多希腊作家都提到过德拉古法典其他的法律条文，这些文字足以为我们重现这部法典的精彩观点。

公元前600年左右,一个叫梭伦的雅典人更进一步,尝试制定一部更公平的法典。这个年轻人出身很好,但是他的父亲有失考虑,把大部分家产都慷慨散尽了,这使他的儿子不得不从事贸易。梭伦生活奢侈,喜爱美食和美酒,而且因其风流韵事而臭名昭著。"梭伦对年轻貌美的男子没有抵抗力。"普鲁塔克一本正经地评论道。[26]

他的生意越做越大,他像许多后来的生意场上的名人一样,卷入了当地的政治之中。普鲁塔克记载了梭伦生活的大部分细节,他写道,当雅典内战即将爆发之际,"最为明智的雅典人开始把目光转向梭伦",因为他是正派的中产阶级:"他既没有参与富人的任何不法行为,也并没有陷入贫穷的困扰中……因为他很富有,所以富人可以接受;而他的诚信让穷人也可以接受他。"[27]

梭伦被选为执政官,他废除了德拉古法典(除了惩罚杀人罪之外),并且开始重新制定法典。他撰写新的法律法规,涵盖了方方面面的内容,从担任公职的资格到祭拜死人的限制(可以表示哀悼,但是杀牛、自残或是祭拜家人以外的死人就是不得当的行为)。

但是,最棘手的问题是如何解决财富不均等的问题,这注定是出力不讨好的事情。普鲁塔克指出,"双方都对他寄予厚望",这意味着梭伦一定会让一方失望。他立刻取消了穷人的沉重债务,并且重新分配土地,这样农民终于拥有了几代人一直耕耘的土地。[28]

这一举措使雅典的贵族感到不满。而穷人也并不领情,因为他们所期望的远远不止取消债务;他们希望土地重新平均分配给所有人,但是最为贫困的那些人仍然一无所有。"用他自己的话说,他得罪了雅典大多数人,因为他没能满足他们的期望。"普鲁塔克写道。他还引用了一首有关梭伦的诗:"他们心中曾经充满了不切实际的希望,但现在充满了愤怒,他们怒视着我,好像我是他们的敌人。"

实际上梭伦的友人早就预见到了这种情况，此人不是雅典人，之前曾经来到雅典，发现梭伦正在忙着制定法典。这位友人笑道："你们的这些法令与蜘蛛网无异，这些法令不仅禁锢住了那些微不足道的弱者，还会被那些有权有势的人撕成碎片。"[29]

可梭伦不同意他的观点。他坚持认为没有人会破坏法律，只要法律能够兼顾每个公民的需求。这是对人性的理想主义观点，为了证实自己的想法，法律一生效，梭伦就离开了雅典长达十年之久，以免有人找上门来申诉。"他自称要周游列国，"希罗多德写道，"但实际上是为了避免废除任何他所制定的法律。"[30]（还有可能是为了避免麻烦。普鲁塔克写道："他的法律一旦生效，每天总有人来找他表示同意或者反对，或者来建议在法律中加上或是去掉些什么……他们会问他有关法律的问题，请他详细解释每一条法律的含义和目的。"）[31]

那么这部法典效果怎样呢？

梭伦一离开，雅典的政局很快就回到了之前的争斗状态。"法律的结果，"普鲁塔克遗憾地写道，"证明了那位友人的猜想，否定了梭伦的假想。"雅典的实验失败了，既没有带来公平，也没有带来和平。一小部分雅典人开始重新谋划不可避免的专制。

时间线 3

		亚述和波斯	希腊
		撒缦以色五世	希腊的殖民地遍及小亚细亚、爱琴海、非洲以及黑海周围区域
米底迪奥塞斯	波斯	萨尔贡二世（前721—前704）	
	阿卡门尼斯	西拿基立（前704—前680）	雅典的克瑞翁
			斯巴达入侵美塞尼
		以撒哈顿（前680—前668）	
弗拉欧尔特斯		亚述巴尼拔（前668—前626）	雅典控制阿提卡
斯基泰的马地奥斯		居鲁士一世	基伦叛乱（前632）
		亚述-埃提尔-伊兰尼	
塞莱克斯			德拉古法典
			梭伦（前600）

/ 04

帝国始末

> 公元前650年至公元前605年间，罗马由伊特鲁里亚人统治，巴比伦成为世界上最强盛的帝国。

在台伯河边上，两面环山的罗马开始发展壮大。传说中萨宾的共治者提图斯·塔提乌斯在一次暴乱中被杀，但之后无人接替他的位置，罗慕路斯独自统治萨宾王国。混居在一起的拉提尔人和萨宾移民都处于拉提尔的统治之下。

罗马的发展壮大没有逃过邻邦的眼睛。提图斯·塔提乌斯死后不久，罗马北方的费德那人（Fidenae）就沿着台伯河把罗马洗劫一空。之后台伯河对岸的维爱（Veii）城也开始焚烧罗马的农田。罗慕路斯赶走了费德那人，并且与维爱城达成了协议。但是，这些入侵背后隐藏着更大的问题。李维指出，"维爱和费德那都是伊特鲁里亚的城市"。[1]

伊特鲁里亚各城市很分散，分布在整个北部地区。伊特鲁里亚人和拉提尔人曾经有共同的风俗习惯，但台伯河北部村民的风俗

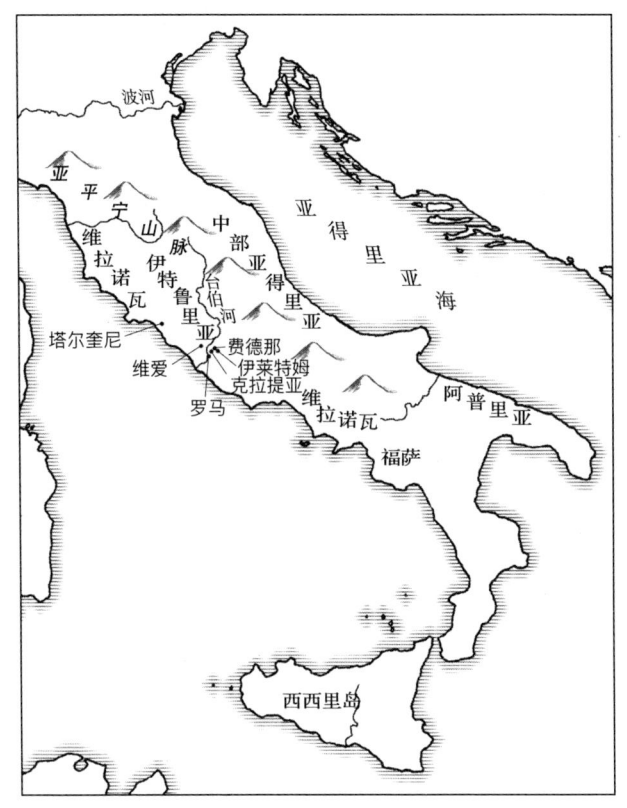

地图 4-1　罗马及其邻邦

习惯逐渐被新来者改变了。辛梅里安人横扫小亚细亚，把弗里吉亚人和吕底亚人驱逐到位于狭窄的博斯普鲁斯海峡和赫勒斯滂海峡（Hellespont，今称达达尼尔海峡）对岸的色雷斯。这引起了一系列连锁反应，人口向西部迁移，被驱逐至意大利北部的各部落逐渐向维拉诺瓦渗透，他们与当地人混居在一起，进行贸易往来并通婚。[2]
从小亚细亚来的难民因其城市遭受侵略，被烧毁或围攻，也逃至这里。罗马神话中，有一个名叫埃涅阿斯的特洛伊英雄，他背着父亲从沦陷的特洛伊城一路逃到了色雷斯，然后乘船到了西西里岛，又从西西里岛到了意大利海岸，并在那里定居下来，娶妻生子，凭借个人能力成为国王——这个神话故事是当时东部人口西迁的真实写照。[3] 维拉诺瓦人（Villanova）和新来者融合在一起，产生了一个新的民族——伊特鲁里亚人，这是本土文化与东方文化结合的产物，这个民族不仅精于建筑，而且擅长经商，对在南部地区崛起扩张的拉提尔人构成很大威胁。

在罗慕路斯统治的40年里，来自伊特鲁里亚的威胁并不是笼罩在他头顶的唯一的乌云。李维评论说："虽然罗慕路斯很伟大，但他更受平民百姓的爱戴，而不受元老院的欢迎，当然他最受军队的欢迎。"[4] 罗马的早期国王不像希腊专制君主那样拥有独裁统治的权力，李维所使用的"senate"一词不是指"参议院"，而是指负责监督国王权力的元老院。就算是半神的罗慕路斯也不得不与元老院进行斗争，而他的死因也变得明朗起来。李维写道：

> 一天他正在检阅他的军队时，狂风大作，雷声轰鸣。一片乌云笼罩了他，厚厚的乌云把他包围起来，把他从众人眼前遮挡了起来；而从那时起，就再也没有人见到过他……那些之前站在他身边的议员……声称他是被一股旋风卷到了空中……所有人都称他是神，说他是神的儿子，并向他祈祷……然而就算这是很伟大的事情，我依然相信少数持不同意见人的话，他们私下说国王是被那些议员撕成了碎片。[5]

不管罗慕路斯是不是为那些议员所杀害，他们没过多久就开始争夺王权。他们控制了王权,并且宣布由元老院来统治国家。居住在罗马的萨宾人对此表示强烈反对。自从几十年前罗慕路斯单独执政以来,再也没有萨宾国王上台执政过,所以他们想要一个萨宾国王。

那些参议员同意让萨宾国王执政,前提是萨宾人能够选出国王的人选。萨宾人选出了努马·庞皮里乌斯(Numa Pompilius)。他算不上是一位伟大的将军,却是一个睿智的人,以处事公正而闻名。"罗马最初是靠武力建成的,"李维总结说,"现在这位新国王准备重建罗马,将其建立在法律和宗教的基础之上。"[6] 或许努马·庞皮里乌斯就像罗慕路斯一样只不过是神话传说中的人物,但是他的统治代表了一种转变:罗马正在从一个通过战争而建立的殖民地逐渐转变为一个成熟而稳定的城市。在努马·庞皮里乌斯统治之下,战神雅努斯神殿的大门第一次关闭,这象征着罗马与外界和平共处。

但这个城市的内部矛盾依然存在。哈利卡纳苏斯的狄奥尼修斯(Dionysius of Halicarnassus,希腊历史学家,在奥古斯都·恺撒执政期间来到罗马,并花了22年时间撰写了一部罗马史)告诉我们说:"当初和罗慕路斯一起建立了殖民地的阿尔巴人认为自己也有权享有最至高无上的荣耀……而新来的殖民者认为他们不应该……低人一等。萨宾人更是这样认为。"[7]

居住在罗马的人都不认为自己是罗马人,他们唯一达成共识的一点就是他们住在同一座城市之中。狄奥尼修斯生动地说,这使"国家事务如同汹涌的大海一样混乱不堪"。

此外,罗马与外部的和平也只是暂时现象。努马之后的两任国王——拉丁人图路斯·荷提里乌斯(Tullus Hostilius)和萨宾人安库斯·马基乌斯(Ancus Marcius)都是由元老院任命的——向周边城邦和部落发起战争，通过武力把罗马的势力范围扩大了一倍。如果说罗马曾经经历过和平时期，那也是十分短暂的；罗马迅速回到全副武装的状态，对邻邦构成威胁。

当然，罗马的邻邦并非孱弱无力。伊特鲁里亚的城市塔尔奎尼（Tarquinii）位于台伯河北岸，那里有一个本地人就对罗马的王位虎视眈眈。

这个人名叫卢库莫（Lucumo），是一个混血儿。他的母亲是伊特鲁里亚人，而他的父亲是一个来自科林斯的希腊人，名叫得墨忒耳（据李维记载），他"因政治原因被迫离开自己的国家"。[8] 卢库莫周围都是"血统纯正的"伊特鲁里亚人，因此不免受到歧视，于是他和妻子决定去往罗马，因为在那里机会比血统更重要。"对积极勇敢的人来说，只要有能力，就很快能取得成就。"李维写道。毕竟，不止一个萨宾人战胜拉丁人成为国王，血统不会成为能力的障碍。

伊特鲁里亚人卢库莫在罗马定居下来，他积极上进（广散钱财），直到成为国王的得力助手。安库斯·马尔西乌斯甚至指派卢库莫守护诸王子的安全。国王去世的时候，两位王子年龄尚小："一个还是几岁大的孩子，"狄奥尼修斯记载道，"大一点的那个才刚刚长出胡子。"[9] 卢库莫把两位王子送出城外（李维写道，"趁着一次外出狩猎"），然后立刻开始为自己拉选票。公元前616年，他以压倒性优势成为国王，登上了罗马的宝座。后来的历史学家把他称为卢基乌斯·塔克文·普里斯库斯（Lucius Tarquinius Priscus），或称为老塔克文。

卢库莫统治了近40年时间，他的继任者是他的女婿塞尔维乌斯·图利乌斯（Servius Tullius），他小的时候，有一次脑袋着起了火,从那时起罗马人就认为他注定会成为国王。(当时他正在睡觉,一个仆人往他的头上泼水,但当他醒来的时候,火就熄灭了。李维写道:"从那时起,这个孩子就被当作王子……之后他成为王室真正的继承人。"老塔克文把自己的女儿许配给他,使他成为继承人。)

塞尔维乌斯·图利乌斯和他的岳父一样,也是伊特鲁里亚人。这两个国王代表了一个史实:罗马城里尊王与争权轮番上演,不断与邻国交战,不断地扩大势力范围,然而自身却被北方一种更为伟大、更为强势、更为古老的文化吞并。伊特鲁里亚的城市一路延伸至无底河(Bottombless River,波河古称,流经亚平宁山脉)。在西北方,伊特鲁里亚人在所谓的金属矿山里控制着铜矿、铁矿还有银矿。[10] 这些金属被卖到意大利沿岸的希腊殖民地,而在和希腊各城市进行贸易的同时,伊特鲁里亚人也学到了希腊的文字体系。伊特鲁里亚人开始使用希腊字母来标记他们自己的物品,他们使用希腊字母来书写自己的文字。*虽然那些字母我们都认得,但是这种语言本身依然是个谜:这种语言几乎全部出现在一些简短的铭文中,而这些铭文尚未被解读出来。[11]

罗马并没有成为"伊特鲁里亚"的一部分。实际上也不存在"伊特鲁里亚帝国",仅仅是伊特鲁里亚各城邦共同使用一种语言,都遵守一定的习俗,这些城邦之间亦友亦敌。在伊特鲁里亚文化渗透到罗马之前,这个城市已经受到几个不同民族文化的影响,但这

---

* 伊特鲁里亚的历史一般分为五个阶段:维拉诺瓦时期(公元前900年至公元前700年);东方化时期(公元前700年至公元前600年),这个阶段之所以如此命名,是因为伊特鲁里亚文化从很大程度上是由希腊带到东部地区的;古风时期(公元前600年至公元前480年),这个阶段是伊特鲁里亚政治的巅峰时期;古典时期(公元前480年至公元前300年),这一阶段伊特鲁里亚的势力开始衰退;罗马时期(公元前300年至公元前100年),在这一阶段,罗马人在政治上和文化上完全处于主导地位。

一次的影响比之前的都大。

李维对伊特鲁里亚的老塔克文建造罗马竞技场的计划大加赞赏,这个伟大的罗马竞技场位于帕拉蒂诺山和阿文蒂诺山之间,老塔克文还计划建成朱庇特神庙。狄奥尼修斯说老塔克文为了加强城墙的防御力,开始铺设管道,排出罗马城的污水(这或许没有那么引人注目,但是确实非常实用)。伊特鲁里亚的塞尔维乌斯·图利乌斯因占领奎里纳莱山和维米那勒山而为人称颂,他们还通过深挖壕沟、堆高土石来加强罗马的城墙。这些工程事实上是由伊特鲁里亚人完成的。罗马人在建筑方面少有天分,但在伊特鲁里亚,建设城镇、修建城墙,还有城门的安置都是由宗教仪式来决定的。[12] 从出土的伊特鲁里亚城镇可以发现,这里的街道都规划成网状(这是罗马人从没想到过的)。像很久以前的印度哈拉帕城市一样,伊特鲁里亚的主要街道都有标准的宽度,与主要街道交叉的次要街道以及主要街道之间的小道也分别有标准的宽度。在罗马发掘出土的文物表明,公元前650年前后,之前大多数罗马人居住的小屋(把树枝编织在一起,然后把泥巴抹进缝隙里作为墙壁)开始被推倒重建为石砌的房屋。罗马西部的小屋都已被推倒,留下的那片空地被压实,作为罗马的一个集会场所,这个地方后来被称作"罗马广场"(Roman Forum)。[13]

关键是伊特鲁里亚使罗马产生了重大改变,其君主制也影响到了罗马。狄奥尼修斯写道,老塔克文把伊特鲁里亚王权的标志引入罗马:"黄金制成的王冠和绣花的紫色袍……他坐在象牙宝座上,手握象牙权杖。"他出行时,由12个护卫[他们被称为"扈从"(lictors)]贴身陪同,每个人手里都拿着一束捆在一起的木棒,中间插着一把斧头,称为束棒(fasces)。束棒代表了国王的权力,既可

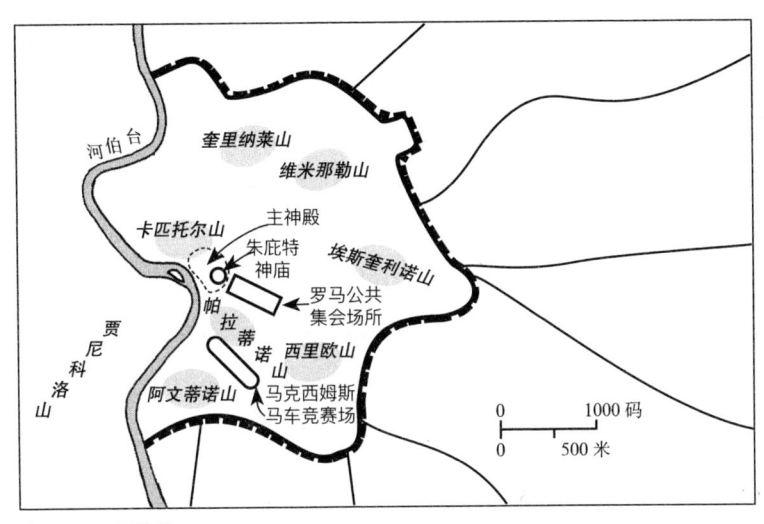

地图 4-2　罗马城

以惩戒违法者，也可以处死重罪犯。[14]

在塞尔维乌斯·图利乌斯统治之下，"城市的规模大大增加了"。他作为伊特鲁里亚的君主统治了 44 年，他统治下的罗马不仅有伊特鲁里亚人，还有拉丁人和萨宾人。罗马继续征战：罗马士兵不仅攻打萨宾人的城市和拉丁人的城市，而且还要抵御来自其他伊特鲁里亚国王的进攻，这些国王对罗马占据了台伯河畔的要冲而感到不满。狄奥尼修斯和李维都讲到了无休止的战争，罗马和克拉提亚（Collatia）之间、罗马和费德那（Fidnae）之间、罗马和伊特鲁里亚的五城联盟之间，还有罗马和伊莱特姆（Eretum）之间始终战争不断。

就在罗马发展初期，东方一个古老的帝国开始瓦解。

亚述的三方战争还在继续。亚述巴尼拔的继承人亚述-埃提尔-伊兰尼在尼尼微调动亚述的军队，向他的弟弟辛-舒姆-伊什昆（Sin-shum-ishkun）发起进攻，身在巴比伦的伊什昆掌控着亚述和巴比伦的联军。与此同时，迦勒底国王那波帕拉萨尔从南方一路攻打巴比伦军队，占领了一个又一个古老的苏美尔城邦。

经过多年的战争（具体经历了多少年并不清楚，因为巴比伦王表有多个版本），辛-舒姆-伊什昆被迫放弃了在巴比伦的抵抗，那波帕拉萨尔率军长驱直入。但是，关于这次战斗结果的混乱的叙述暗示，辛-舒姆-伊什昆可能放弃了南部地区，然后北上夺取了他哥哥的王位，从此史料记载中再也没有提到过亚述-埃提尔-伊兰尼。巴比伦一片混乱，现在一个迦勒底人坐上了巴比伦的宝座。

那波帕拉萨尔一上台，就再次发动了对亚述帝国的战争。他已经制订了他的战略：首先一直攻至幼发拉底河，"解放"一个又一个省份，然后向东攻至底格里斯河，直指尼尼微。

在这里，他还得到了帮助。米底人和波斯人的国王塞莱克斯看准了这次机会。他向那波帕拉萨尔伸出援手，而那波帕拉萨尔接受了他的帮助。他们商定，一旦攻下亚述，就瓜分亚述的省份。那波帕拉萨尔让他的儿子巴比伦太子（也是他父亲最信任的将军）尼布甲尼撒娶了塞莱克斯的女儿米底公主阿米蒂斯（Amytis）为妻。[15]

亚述帝国主宰世界多年，现在米底人和波斯人联手与巴比伦人作战，攻击这个已步入暮年的帝国。《巴比伦编年史》记录了亚述逐渐衰亡的过程："第十年，那波帕拉萨尔在艾亚鲁月调动巴比伦军队向幼发拉底河河岸进军。那里的人们……没有攻打他，反而向他进贡。"[16]

"第十年"大概是公元前616年或公元前615年，10年前以撒哈顿一死，那波帕拉萨尔就自封为迦勒底国王。艾亚鲁月是在春季，也就是4月底至5月初，幼发拉底河沿岸的人们已经看到了不祥之兆。

又经过一年的征战，那波帕拉萨尔到达了亚述城，对其展开围攻。仅仅一个月以后，他就不得不撤军，而且整个夏天都被迫躲在附近的一座堡垒里。米底人之前回到了自己的土地，但现在他们又回来支援他们的盟友巴比伦。他们没有加入那波帕拉萨尔的军队，而是直接进入亚述的中心地带。塞莱克斯渡过底格里斯河，包围了亚述城，在那波帕拉萨尔之前失败的地方取得了胜利。他占领了整个城市，掠夺俘虏和财物，然后，他允许米底军队屠杀城里剩下的人。那波帕拉萨尔带着自己的军队赶来时，整个城市已经被完全摧毁了。[17]

这两位国王一起谋划对尼尼微发动最后的进攻。进攻之前有几个月的准备时间，米底军队到自己的领地进行修整，而那波帕拉萨尔花了几个月的时间迫使幼发拉底河沿岸的一些城市臣服于自己。到了公元前612年，这支盟军已经准备就绪。"在第十四年，"《巴比伦编年史》记载道，"巴比伦国王调动军队，米底国王也来到了巴比伦军队驻扎的地方。他们沿着底格里斯河向尼尼微进军。从5月到7月，他们一直在攻打尼尼微。到了月初，尼尼微被攻下。"

5月到8月之间发生了一些小插曲，而《巴比伦编年史》对此并无记载，好在希罗多德把这些记了下来。据希罗多德的《历史》记载，就在塞莱克斯围攻尼尼微时，"一支由马地奥斯率领的斯基泰大军挡住了他的脚步"。[18]（斯基泰的马地奥斯是在至少50年前统治米底的，这个马地奥斯可能是他的孙子。）虽然斯基泰人选择的时机很好，但是米底人和波斯人的军队在塞莱克斯的领导下训练有素，立刻放弃围城转而打败了斯基泰人。[19]

之后，米底-巴比伦联军把兵锋转向尼尼微。尼尼微的城墙下是底格里斯河的一条支流，这条支流不仅为尼尼微提供水源，而且给围攻带来了困难。但是，塞莱克斯修建了一座大坝，把更多的底格里斯河水引入了尼尼微，冲垮了尼尼微的城墙。600年之后，希腊历史学家、西西里的狄奥多罗斯说，尼尼微人坚信"神赐予他们先祖的神谕，即尼尼微城永远不会被攻下，也永远不会臣服，除非是穿过城市的河水与尼尼微为敌；尼尼微的国王认为这种事情根本不可能发生"。这个"预言"虽然是事后才出现的，但是反映的可能是真实发生的情况。[20]

城墙倒塌后，巴比伦军队涌入尼尼微，把整座城市洗劫一空。据编年史记载："大量民众被屠杀，那些贵族还有亚述国王辛-舒姆-伊什昆落荒而逃……他们把这座城市变成了坟堆和废墟。"[21] 亚述帝国之前曾经摧毁过犹太国的北部地区，犹太人的先知那鸿为庆祝亚述帝国的毁灭赋诗一首，当时的恐怖情形从诗中可见一斑：

> 护城河的城门被打开，
> 宫殿坍塌。
> 国王下令：劫掠和毁灭这座城市……
> 尼尼微就像一个池塘，
> 里面的水在渐渐流失……
> 她被洗劫一空，
> 内心瓦解，双膝跪地，
> 身体颤抖，面色苍白……
> 伤亡无数，尸体成堆，
> 人们踩着尸体蹒跚前行……

> 没有什么能抚平你的创伤；
> 你所受的伤害是致命的。
> 所有人听到你
> 衰亡都拍手称快，
> 因为谁又没经受过你无尽的暴行？ [20]

100年前亚述人水漫巴比伦，现在巴比伦人以牙还牙。

亚述国王逃往哈兰城（Haran）。*米底人获胜后占领了东部领土，包括曾经属于斯基泰人的领土，巴比伦人则统治了之前西部的那些省份。辛-舒姆-伊什昆死于尼尼微和哈兰之间的某个地方，或许是死于非命。一个军官，也是王室的宗亲亚述乌巴立特（Assur-uballit）接替了他成为国王。

亚述有了新的国王和新的都城，筋疲力尽的亚述军队试图重振雄风。但是那波帕拉萨尔并没有让哈兰太平多久。几个亚述的城市试图趁乱摆脱亚述和巴比伦的统治而独立，那波帕拉萨尔镇压了这些叛乱之后，于公元前610年联合塞莱克斯的军队一起向哈兰进军。亚述乌巴立特得知这一消息后，还没等米底-巴比伦盟军到来就带着手下弃城而去。《巴比伦编年史》记载道："他们害怕敌人到来，于是就放弃了哈兰城。"那波帕拉萨尔来到这座无人驻守的城市，将其洗劫一空，然后就打道回府了。

不过亚述乌巴立特也并非无所作为。他派出使者去南方寻求埃及法老的帮助。

经过亚述人教育培养的第二十六王朝国王普萨美提克一世在经

---

* 见第1册第17章地图。

历了 50 多年的统治之后寿终正寝。现在他的儿子尼科二世继位。*
尽管他的父亲几十年前与亚述人曾有过节，但现在他并没有拒绝向
亚述人伸出援手。他希望埃及在国际事务中的地位越来越重要（他
已经雇用了一些唯利是图的希腊水手来加强军队的实力，他最得意
之举就是挖掘了一条连接尼罗河和红海的运河，用来增进埃及与东
方国家通过水路进行的贸易），[23] 如果埃及打算再次扩张领土的话，
那么必然要占领地中海沿岸西闪米特人的领土。日渐崛起的巴比伦
帝国是不会允许埃及占领那些地中海沿岸的领土的。无论如何，一
旦亚述灭亡，埃及就又少了一道抵御斯基泰人（尼科二世小时候，
斯基泰人就曾经出现在埃及的边境地区）的屏障。

于是尼科二世同意出手相助。亚述国王乌巴利特提出迦基米施
是盟军会合出征的好地方，于是尼科二世向北方进军。经过耶路撒
冷时，他引起了当地人的注意。[24]

犹太的约西亚已经趁亚述分裂之机再次独立，他还发起了一场
宗教复兴，取缔了所有的亚述人的圣坛和宗教仪式，因此他不希望
看到亚述再次崛起。他也不希望尼科二世取代亚述成为耶路撒冷的
统治者。所以他没有让尼科二世从耶路撒冷通过，而是在埃及军队
快到米吉多时对其发起了进攻。

尼科二世忙于赶路，没想到这么快就要与耶路撒冷的军队作
战。他派使者去见约西亚，请求休战："我与你何干？我今日来不
是要攻击你。"[25] 约西亚并没有理会这一请求。《列王纪·下》记载：

---

* 第二十六王朝的法老们既有希腊名字，也有埃及名字。这里我使用的是他们的希腊名字，
因为这更常见。他们的埃及名字分别是普萨美提克一世（Psamtik I）、尼科二世（Nekau）、普
萨美提克二世（Psamtik II）、阿普里斯（Wahibre）、阿玛西斯（Ahmose II）和 普萨美提克三世
（Psamtik III）。

"埃及王遇见约西亚在米吉多,就杀了他。"《历代志·下》中补充的细节说,约西亚虽然乔装打扮,但还是被弓箭手射中。他的侍卫带着这位受伤的国王逃出了战场,但是在回都城的途中,他死在了自己的战车上,年仅39岁。

尼科二世没有乘胜追击。犹太军队撤退后,他率军继续前进,与亚述乌巴利特指挥的亚述军队会合。这支盟军试图夺回被一支巴比伦军队占领的亚述都城哈兰。《巴比伦编年史》记载:"他们击败了那波帕拉萨尔驻守在那里的军队,可他们没能夺回那座城市。"[26]

双方都撤军了。那波帕拉萨尔不打算再尝试了,他的身体不太好,已不再是年轻人,而且亚述乌巴利特也没有对他构成什么威胁。尼科二世决定去耶路撒冷收拾残局。他再次派兵攻打耶路撒冷,轻而易举地俘虏了约西亚的儿子约哈斯,约哈斯也是王位继承人。尼科二世下令把约哈斯押回埃及,后来他死于流放途中。然后,尼科二世选了约西亚的一个小儿子以利亚敬当他的傀儡。他把以利亚敬的名字改成约雅敬(Jehoiakim)——这是对其统治权和所有权的象征——并且要求他进贡大量的金银(约雅敬则通过一种新的赋税强行从百姓手里征收)。[27]

公元前605年,那波帕拉萨尔把注意力转回到抵御外敌上。埃及人和亚述人在迦基米施安营扎寨,但是此时那波帕拉萨尔已经年迈病重,身体虚弱不堪。他派自己的儿子尼布甲尼撒二世南下去迦基米施统领军队去消灭亚述的残兵。[28]

两军在城外相遇。一番苦战之后,埃及战败。尼科二世开始往尼罗河三角洲撤军,他放弃了西闪米特人的领土——犹太王室的先知耶利米对此大加赞颂:

时间线 4

希腊	罗马和巴比伦	
希腊的殖民地遍及小亚细亚、爱琴海非洲以及黑海周围区域	罗慕路斯	
		提革拉毗列色三世
		撒缦以色五世
		米罗达巴拉但
	努马·庞皮里乌斯	
雅典的克瑞翁		萨尔贡二世
		西拿基立
斯巴达入侵美塞尼	图路斯·荷提里乌斯	沙马什-舒姆-乌金
雅典控制阿提卡	安库斯·马尔西乌斯	康达鲁
基伦叛乱		辛-舒姆-伊什昆
德拉古法典	老塔克文	那波帕拉萨尔
梭伦（前 600）		尼尼微沦陷（前 612）
		尼布甲尼撒（前 605）
	塞尔维图鲁斯（前 578）	

这军队安营在伯拉河边的迦基米施，是巴比伦王尼布甲尼撒在犹太王约西亚的儿子约雅敬第四年所打败的……

我为何看见他们惊惶转身退后呢？他们的勇士打败了，急忙逃跑。[29]

史上没有任何关于此次战后亚述残兵败将的记载。显然亚述军队全军覆没，没有一个幸存者。亚述乌巴利特肯定是死在了战场上某个地方，尸体应该早已被践踏得面目全非了。

尼布甲尼撒二世继续追击撤退的尼科二世，他显然打算除掉这位法老。但前来送信的使者追上了他的军队：就在尼布甲尼撒二世还在迦基米施作战时，那波帕拉萨尔去世了。听到这个消息，尼布甲尼撒二世立刻放弃追击，掉头返回巴比伦。巴比伦的王位就像是一个球，必须在别人抢走之前立刻把它抓住。

就在此时，尼科二世逃回南方。他再也没有试图把埃及的势力范围扩张到地中海沿岸。相反，他专注于巩固自己的统治，以防第二十五王朝的复辟势力重夺王位。[30]

从此，两个最强大的古代帝国失去了往日雄风。埃及陷入内乱之中，亚述则不复存在。巴比伦王国已经成为世界上最强大的国家。

/ 05

短命的帝国

> 公元前 605 年至公元前 580 年间，埃及建立了军队，尼布甲尼撒大发雷霆，摧毁了耶路撒冷。

在巴比伦，皇太子尼布甲尼撒即位，成为尼布甲尼撒二世[*]，并着手接管曾属于亚述的领土。

之后几年里，他没有碰到真正的对手。尼科二世在迦基米施战败后实力减弱，于是撤回到自己的边境以内；小亚细亚的吕底亚人实力弱小，构不成威胁；斯基泰人是好战的游牧民族，缺乏组织；希腊各城邦内乱不断，无暇他顾。最可能对巴比伦构成威胁的是米底人，因为米底人还掌控着波斯的军队。但是米底国王塞莱克斯是尼布甲尼撒二世的岳父，他的女儿阿米蒂斯（自从在尼尼微城外结下这桩婚事之后，尼布甲尼撒二世就征战不断）现在就居住在巴比伦王宫里。

---

[*] 参见第 1 册第 41 章。

尼布甲尼撒二世的征战开始于西闪米特人的领土。他派出一支军队在耶路撒冷城外驻守，于是以色列的约雅敬抛开尼科二世（之前是尼科二世把约雅敬推上了王位），转而与巴比伦结盟。《列王纪·下》记载，约雅敬服侍巴比伦王尼布甲尼撒二世三年。约瑟夫斯补充说："巴比伦王渡过幼发拉底河，占领了除犹太地之外的叙利亚全部地区……约雅敬十分惧怕他，于是花钱买太平。"[1]

约雅敬的策略是想借此拖延时间，使自己能够与其他国王建立同盟。尽管巴比伦在迦基米施一战中取胜，但是仍然没有被视作强国。约雅敬王宫里的先知耶利米警告他，尼布甲尼撒二世征服以色列是不可避免的，而且这是神的旨意："巴比伦王必要来毁灭这地，使这地上绝了人民牲畜。"

一百年前，关于亚述的西拿基立以赛亚曾经发出过类似的警告。约雅敬不想听，当手下读到写着耶利米警告的卷轴时，他用刀把卷轴一点一点地切碎，然后扔到宝座旁边的火炉里。[2] 他背着尼布甲尼撒二世开始谋划叛乱，反对旧主尼科二世。对此耶利米也不看好。他预言，法老和埃及人也会将他毁灭，并且还说约雅敬会暴尸在外，白天日晒，夜晚霜冻。*

约雅敬并不为这个可怕的警告所动，只要尼科二世准备好进攻，约雅敬就正式发动叛乱反对巴比伦。他不再向巴比伦进贡；尼科二世率军离开埃及；尼布甲尼撒二世上前迎战。

---

* 《耶利米书》是我们了解埃及、犹太、巴比伦之间战争的主要资料之一，书中耶利米的预言是按主题分类的，而不是按时间先后记载的；这个预言之前是他预言约雅敬之死，之后是预言西底家之死，但是在《列王纪·下》和《历代志》中，这个预言是在希西家王即位之后。参见《耶利米书》37，《列王纪》24:7（书中记载约雅敬即位后，埃及国王就再也没有离开过埃及），《历代志》36:5-7（《列王纪》《耶利米书》和编年史中的年代表之间的关系仍然是一个悬而未决的问题）。

公元前602年，尼科二世和尼布甲尼撒二世对战——双方的军队战成平手。巴比伦的编年史（关于尼布甲尼撒二世统治期间的记录十分支离破碎）告诉我们，就在第二年，即公元前601年，双方再次交战。第601条记载；"他们在战场上交手，双方损失惨重……（尼布甲尼撒二世）和他的军队撤回巴比伦。"[3]

但尼布甲尼撒二世并不是唯一的失败者。尼科二世为保住其西闪米特的领地耗费了太多力量。《列王纪·下》第24章记载："埃及王不再从他国中出来，因为巴比伦王将埃及王所管之地，从埃及小河直到伯拉河都夺去了。"

尼科二世开始转向国内事务。他继续开凿连接尼罗河东岸到红海的运河。这是一个巨大的工程。"运河很长，航行整条运河需要四天的时间，"希罗多德写道，"运河也很宽，两艘三列桨战船可以并排行驶。"[4]虽然三列桨战船只有4.5米宽，但一条宽近10米通向红海的运河无论如何都是一项巨大的工程。*为了守卫尼罗河的入口，他还修建了一座堡垒：培琉喜阿姆（Pelusium）。

他雇了两队佣兵来帮他训练海军：一队是来自爱琴海沿岸爱奥尼亚各城邦的希腊水手[5]，另外一队，根据希罗多德的记载，可能是来自一个腓尼基城市（推罗或是西顿，还有可能是北非海岸由腓尼基人建立的迦太基城，这是由耶洗别伟大的侄女艾丽莎创建并迅速

---

* 希罗多德还指出，尼科二世放弃开凿运河是因为一个不祥的神谕，后来这条运河最终由大流士完成了。但这种说法是不太可能的，因为他提到尼科二世建造了一支适合航海的船队，这与他放弃开凿运河的说法相互矛盾。大流士可能是修缮了运河并以此居功，这是他成为伟大国王的一种策略，因为这样不仅有了政绩，还声名在外。亚里士多德、狄奥多罗斯、斯特拉波、老普林尼、托勒密和其他古代历史学家都提到了这条运河，虽然他们对运河是由谁开凿、由谁来完成、究竟流经哪里持不同的意见，但显然运河容易淤塞（或被沙堵塞），需要经常疏浚。关于这条运河的资料见卡罗尔·A.莱德蒙特（Carol A.Redmount）的《图木拉提洼地和"法老运河"》，《近东研究杂志》1995年第2期，第127—135页。

发展起来的城市）。这些人帮助他打造了一支舰队，以原始的三列桨战船为主。这种战船是一种大型桨帆船，可以用来撞击其他船只。这些船只停靠在红海沿岸。[6]希罗多德甚至坚持认为，尼科二世派出一队腓尼基水手去探索红海，这队水手一路南下航行。出乎所有人意料的是，三年后他们出现在赫拉克勒斯神柱——地中海的入口，然后穿过地中海，回到了尼罗河三角洲。事实上，他们绕着非洲航行了一圈。[7]这一切对于向来不喜欢大海的埃及人来说具有划时代的意义，尼科二世颇具远见，他知道如果自己想要缔造一个帝国，那么贸易比战争更加行之有效。

正当埃及乐此不疲地探索世界时，犹太国却在闭关锁国。约雅敬之前指望得到埃及的支持，现在却成了孤家寡人。"他的希望落空了，"约瑟夫斯评论说，"因为在这个时候，埃及不敢出兵。"[8]

但是约雅敬始终担心巴比伦会打击报复，此后四年多的时间里，尼布甲尼撒二世逐渐重建他的军队并且处理好其他事务（据巴比伦编年史记载，尼布甲尼撒二世是在与阿拉伯北部沙漠的游牧民族作战）。[9]我们并不了解当时耶路撒冷城里发生了什么，可能一部分耶路撒冷的官员赞同耶利米的观点，认为与巴比伦对抗是愚蠢的行为。约雅敬于公元前597年去世，年仅36岁，而尼布甲尼撒立刻率军前来。

在耶路撒冷，约雅敬十几岁的儿子约雅斤（Jehoiachin）登上王位。但尼布甲尼撒二世一到耶路撒冷城外——约雅敬死后不过数周——这位新国王、他的母亲、王室贵族还有所有的官员就纷纷投降了。或许他们之前获得了某种豁免，作为交换他们必须臣服。他们虽然成了俘虏，但是得到的待遇还不错。据巴比伦人记载，约雅斤在巴比伦生活了40年，依然享受国王待遇，由巴比伦国库支付费用。[10]

犹太军队也被带到了巴比伦，但是没有被解散。国库和所罗门神庙中的金子都被洗劫一空，但是建筑并没有遭到破坏或是被焚烧。尼布甲尼撒二世甚至没有带走所有王室成员。他把约雅斤的叔叔、先王的弟弟玛探雅扶上王位，并赐予他一个新的名字西底家（Zedekiah）。约瑟夫斯给这一安排起了一个好听的名字，叫作"互助联盟"[11]，但实际上，西底家只不过是一个巴比伦总督。但无论如何，耶路撒冷相对轻松地躲过了一劫。

除了西方不值一提的小国之外，尼布甲尼撒二世确实还有重重顾虑。他要把自己打造成为一位伟大的国王，并且要维持这一形象，于是他像美索不达米亚各国王2000年来所做的那样，开始大兴土木。他的铭文记录了他在巴比伦重建和增建神庙的事情。巴比伦是马杜克神的故乡，而尼布甲尼撒二世以对马杜克的敬奉庆祝巴比伦的胜利。尼布甲尼撒二世在纪念一次成功镇压西方叛乱的铭文中写道："啊，马杜克，我的主，我愿永远做你合法的总督；我愿一直为你拉车，直到我离开人世……愿我的后代也能永远统治下去。"[12]

他对马杜克的虔诚几乎随处可见，祭司贝若苏（Berossus）写道："他狂热地对贝尔神庙和其他圣地进行装饰。"[13]他为马杜克的节日修建了一条仪式大道，20米宽的道路从中央神庙群一直通往仪式性的伊什塔尔大门（Ishtar Gate），这座大门位于城市的北面，这样马杜克在新年庆典时就可以沿着这条大道而来。路两侧的墙壁上涂着蓝色的釉彩，上面雕有狮子。[14]尽管修建于巴比伦帝国末期，但伊什塔尔大门和门前那条大道的遗址已经成为古巴比伦最具标志性的景观。

尼布甲尼撒二世还给自己修建了至少三座宫殿，每座宫殿都是金碧辉煌、流光溢彩。他在其中一座宫殿里修建了一个花园。

图 5-1 伊什塔尔大门
德国柏林国立博物馆近东馆复原的伊什塔尔大门。这是尼布甲尼撒二世在位期间巴比伦主城门。图片来源:埃里希·莱辛/艺术资源,纽约

虽然这个花园的遗址尚未被完全确定(在幼发拉底河畔的王宫遗迹中发现了一个有着高耸的墙和拱形屋顶的花园,可能就是这个花园),但其盛名出现在后来很多作家的笔下。

西西里的狄奥多罗斯在他的《历史丛书》(*Bibliotheca Historica*)第三卷中有一段最为著名的描述:

> 正如传言所说的那般,古时候有位国王为他的妻子建造了这座花园。他所深爱的妻子是个波斯人,而波斯人的天性就是想要站在高岗之上俯瞰周围的景色。于是,她恳求国王找来能

工巧匠，为她建造一个平台，或是一个可供休闲的凉亭。

通往这座花园的入口在一座小山上，花园下面是层层叠叠的建筑，这样就可以站得高看得远。花园底下由许多拱顶支撑着，拱顶一个叠着一个，建筑越高，拱顶的弧度就越大。最高处的拱顶上面就是这座花园七米厚的围墙……上面还修建了许多蓄水池。花园里种满了各种树，四处可见绿色的草地，令人身心愉悦。这里还精心设计了一个水渠，用来灌溉土地。[15]

这位"波斯妻子"很有可能根本就不是波斯人，而是米底人：此人正是米底国王塞莱克斯的女儿阿米蒂斯。

这座花园的每一层都悬在下面一层之上，并因其倒金字塔式的设计而得名"空中花园"，可谓驰名世界，震烁古今。几乎所有的古代历史学家在描述巴比伦时都会提到这座花园，通过这些描述，我们眼前浮现出这座古代历史上最为出名的花园的样子，它是一个好战君王的伊甸园。"他用石头搭建起层层叠叠的梯田，这样看起来就像是层峦叠嶂的山上种满了各种各样的树一样，"贝若苏写道，"这座空中花园是他为妻子建造的，他的妻子从小在米底长大，深爱着大山。"* [16]

虽然这座花园建成时没有战乱，但是尼布甲尼撒二世还是考虑到了更为严重的问题。他让他的手下加固巴比伦的双层城墙，内城

---

* 在建筑师约翰·伯恩哈德·菲舍尔·冯·埃尔拉赫（John Bernhard Fisher von Erlach）1721年的作品《建筑史》（Entwurf einer historischen Architektur）中列出的世界七大奇迹中，埃及吉萨金字塔和巴比伦空中花园是其中的前两个；菲舍尔的说法源自亚历山大图书馆管理员卡利马科斯（Callimachus）在公元前260年左右所记载的世界伟大奇迹（卡利马科斯究竟记载了什么我们无从得知，因为亚历山大图书馆被烧毁时这份记载也被烧毁了；参见第25章，第693页）。到了冯·埃尔拉赫所生活的年代，这座花园早已荡然无存了，因此他显然是参考了贝若苏和狄奥多罗斯的描述。

墙有 6 米厚，外城墙每隔 18 米就建有一座瞭望塔。城外一侧已经有一段完好的护城河，尼布甲尼撒二世继续开挖这条护城河，把整座城市包围起来，这样巴比伦四周环绕的就是一条宽 12 米的护城河。[17]然后，他又在巴比伦的东侧建造了另外一座城墙。后来希腊将军色诺芬（Xenophon）把它称为"米底墙"（Medean Wall），这座城墙从幼发拉底河一直延伸到底格里斯河，这让人不由想起很久以前苏美尔国王舒辛为了阻挡亚摩利人的进攻而修建的城墙。*但是尼布甲尼撒二世修建这座城墙却另有目的，贝若苏写道："修建了这些墙，那些打算围攻这座城市的人就再也无法改变河道了。"[18]尼尼微的毁灭让他对此有所警惕。

在尼布甲尼撒二世的统治下，巴比伦城变得越来越强大。亚里士多德提到，因为巴比伦城很大，"据说，巴比伦被占领之后三天，城里大部分人才知道发生了什么"。[19]但是除了这座城，尼布甲尼撒二世并不像看上去那么强大。公元前 595 年，他被迫镇压了一次自己都城内的叛乱；他花了两个月的时间才打败了这些叛乱分子，这表明他的军队（也许是厌倦了无休止的战斗）也卷入了叛乱。[20]

再来看来自埃及的证据。

尼科二世曾经两次与尼布甲尼撒二世对战，但是都没有成功。现在尼科二世已经去世了。他于公元前 595 年去世，就在三角洲外那次战争两年之后，他的儿子普萨美提克二世继承了王位。

普萨美提克二世继承的埃及混合军队里现在有了一支海军。他并非利用海军进行贸易，而是为了重现埃及旧时的实力。他带领两支军队远征至努比亚，长久以来努比亚早已不受埃及法老的控制。

---

* 参见第 1 册第 18 章。

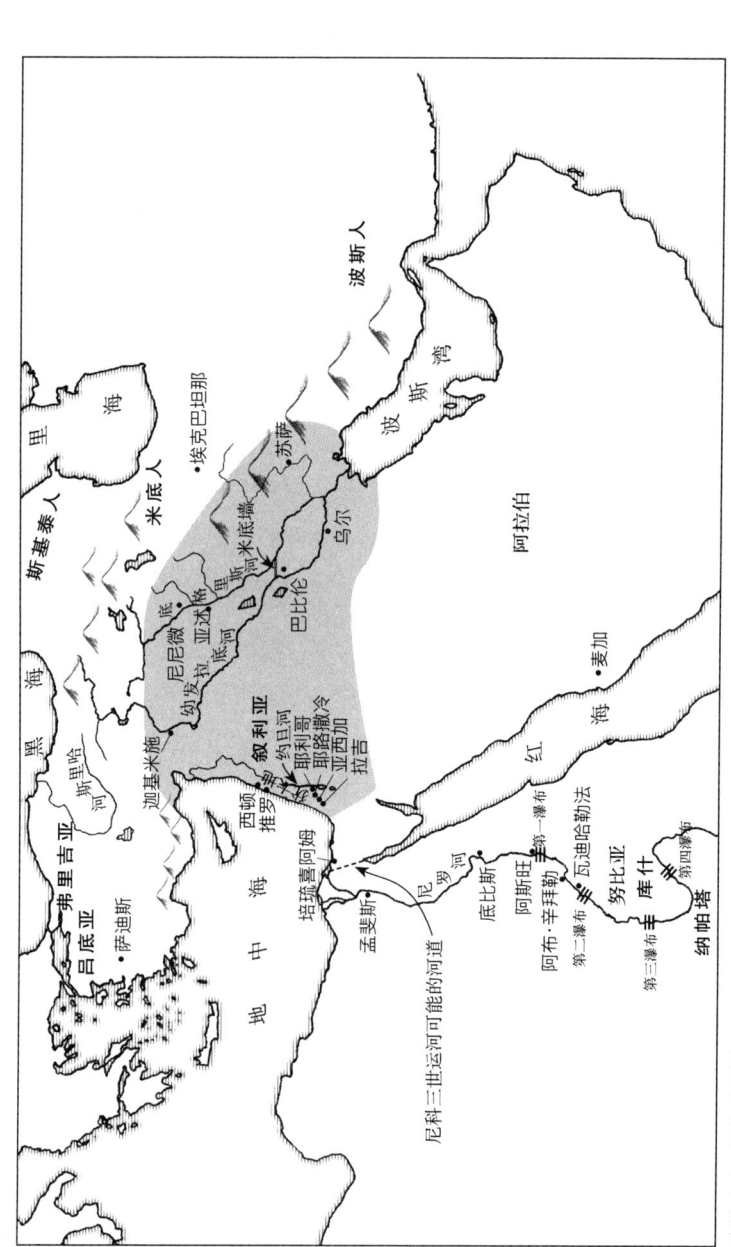

地图 5-1　巴比伦帝国

他的两支军队一支是埃及分队,由埃及将军阿玛西斯(Amasis)带领,另一支是希腊分队,由另外一名军官带领。他自己留在阿斯旺,两支军队继续南下。[21] 希腊人并不怎么惧怕埃及旧时的实力,他们在阿布·辛拜勒(Abu Simbel)的拉美西斯二世巨型雕像的腿上留下了关于埃及军队的涂鸦:"此字迹是由与普萨美提克二世一起航行的人所写,……我们一路航行至克吉斯(Kerkis)湾的尽头。波塔西摩托(Potasimto)带领说外族语言的军队,阿玛西斯率领那些埃及人。"[22]

纳帕塔被烧毁,4200个努比亚人非死即俘。[23] 西底家听说后,传话给普萨美提克二世,如果埃及想攻打尼布甲尼撒,耶路撒冷则会出手相助。约瑟夫斯写道,他"虽然厌恶埃及人,却希望在他们的帮助之下打败巴比伦人"。[24]

尼布甲尼撒当时看起来一定不堪一击,因为普萨美提克二世同意出兵。他率军队离开三角洲,这支军队是由埃及人和希腊雇佣兵组成的,通过传统的方式经陆路抵达耶路撒冷。而巴比伦军队之前为了查明西底家迟迟不进贡的原因,早已来到了耶路撒冷城墙之外,此时不得不上前迎战。

先知耶利米预测这次战争依然会导致大难临头,他警告西底家最坏的事情还在后面。"那出来帮助你的法老军队回埃及本国去。迦勒底人必再来攻打这城,"他说道,"你们不要自欺说'迦勒底人必定离开我们',因为他们必不离开。你们即便杀败了与你们争战的迦勒底全军,但剩下受伤的人,也必各人从帐篷里出来,用火焚烧这城。"[25]

虽然大多数人都对此战没有信心,但是西底家不听劝,把耶利米关入地牢,不让任何人听到他的预言。(一个官员抱怨道:"他动摇了军心！"这话是有一定道理的。）与此同时，尼布甲尼撒二世"与埃及人相遇，并与他们作战，击败了他们。埃及人被迫撤离，他就一路追赶他们，直到把他们赶出叙利亚地区"。[26] 之后，普萨美提克二世就打道回府了。几周之后，也就是公元前 589 年 2 月，他去世了，他的儿子阿普里斯（Apries）继位。如果说西底家再度向南方的埃及寻助的话（根据后来先知耶利米和以西结的记载判断），那么埃及也并没有理会。阿普里斯从他父亲的错误中吸取了教训，并不打算冒犯那位伟大的国王。*

然后，尼布甲尼撒二世转头攻打耶路撒冷。西底家的军队控制了亚西加（Azekah）和拉吉（Lachish）这两个要塞城市，这是阻挡巴比伦入侵的前线，但这两个城市先后沦陷。拉吉出土的陶器碎片上面记载了这场漫长而痛苦的战争，当时守卫在前线准备应战的士兵在陶器上刻下这些文字，用以传递信息。亚西加首先遭到攻击。

一块陶器碎片上写着："让我主知道，我们再也看不到亚西加发出任何信号。"[27] 亚西加此时已经沦陷，城里的灯火已经熄灭。不久之后，穷凶极恶的巴比伦人又攻至拉吉，然后开始向耶路撒冷发起猛攻。

对耶路撒冷的围攻持续了两年之久。据约瑟夫斯记载，这次围攻还伴随着"饥荒和瘟疫"，最终，正是饥荒结束了战争。公元前 587 年，西底家觉得自己受够了。他试图逃跑，他显然没有考虑剩下的人面对巴比伦的猛烈进攻该如何是好。"城里有大饥荒，甚至

---

* 希伯来人的记载把阿普里斯称为"合弗拉"。有关他的章节包括《耶利米书》(44:30)、《耶利米书》(46:25)、《耶利米书》(47:26)、《以西结书》(29)，以及《以西结书》(30:21-26)。

百姓都没有粮食,"《列王纪·下》写道,"城被攻破,一切兵丁就在夜间从靠近王园两城中间的门逃跑。迦勒底人正在四周攻城,王就向亚拉巴逃走。迦勒底军队追赶王,在耶利哥的平原追上他,他的全军都离开他四散了。"[28]

尼布甲尼撒二世基本上已经不像之前亚述国王那样无端采取暴行,但是这一次他被复仇冲昏了头脑。当西底家被拖到他的军营前时,他下令把西底家几个未成年的儿子当着他的面杀死,然后命人挖出西底家的眼睛,这样西底家最后看到的一幕就是家人被处死的场景。

西底家戴着镣铐被带回巴比伦,他所有的主要官员和大祭司都在军营外被处死,尼布甲尼撒二世还命他的军官放火烧了耶路撒冷。城墙坍塌,城里百姓背井离乡,王宫、房屋、国库和所罗门神殿都淹没在一片火海之中。犹太人在巴比伦各地重新安顿,有些逃到了埃及。犹太人从此开始流散,历时2000年之久。约瑟夫斯总结道:"大卫一族终结于此。"[29]

与此同时,尼布甲尼撒二世的盟军米底人在其岳父塞莱克斯的带领下,正缓缓向小亚细亚进军。耶路撒冷陷落的时候,米底人已经到了吕底亚的边界。

100多年前吕底亚曾遭到辛梅里安人的入侵,现在又恢复了实力。一些吕底亚人已经迁至色雷斯,或许甚至到了西方更远的地方,但另外一些吕底亚人继续留在这里,现任国王是巨吉斯的曾孙阿律阿铁斯(Alyattes)。在他带领之下,吕底亚军队与米底人打成了平手。

公元前590年至公元前585年,两军在哈里斯河交战,双方都没能取胜。希罗多德评论，在这五年里，"米底和吕底亚多次交战，双方各有胜负，势均力敌"。[30] 公元前 585 年，尼布甲尼撒二世决定插手打破这一僵局。他派了一个名为那波尼德（Nabonidus）的巴比伦军官去调停两军。那波尼德似乎很出色地完成了任务：两位国王同意和平共处，并且决定让阿律阿铁斯的女儿阿里埃尼斯（Aryenis）嫁给塞莱克斯的儿子米底王子阿斯提阿格斯（Astyages）。[31]

或许尼布甲尼撒二世更应该出兵帮助米底人打败吕底亚人，而不是做和事佬从中调停。但现在塞莱克斯做米底人和波斯人的国王已经有 40 年了。他年事已高，身患疾病，也该停战了。就在签完协议两国联姻之后，他就一病不起，不久便去世了。阿斯提阿格斯继位成为米底人和波斯人的国王，但他没有继续发动战争，而是带着妻子回家了。

尼布甲尼撒二世没有派出巴比伦的军队，或许因为他自己也在饱受疾病的困扰。

尼布甲尼撒二世在位期间，特别是在其统治末期，一直为某些神秘的不祥之兆所困扰。《但以理书》是关于四个犹太俘虏被带到巴比伦，并由尼布甲尼撒二世的官员驯化为巴比伦人的故事，里面详细记载了尼布甲尼撒二世所经历的那段艰难岁月。其中一个俘虏就是但以理本人，尼布甲尼撒召他为自己解梦。这位国王在夜里看到一棵巨大的树，上面长满了美丽的树叶，结满了果实，为树下的动物和树枝上的鸟儿提供栖息之所。然后国王看到这棵树被砍掉，树皮剥落，树枝也被折断，只留下黄褐色的树桩。

因为亚述和巴比伦的国王都虔诚地把一棵神树奉为自己的力量之源，所以尼布甲尼撒认为这种梦十分不祥。但以理被叫去解梦，他肯定地说这是个凶兆：他预测国王将会发疯，并且会在一定时期内失去权力。尼布甲尼撒二世的确是疯了,他远离人群,"吃草如牛,身被天露滴湿,头发长长好像鹰毛,指甲长长如同鸟爪"。这种情形持续了7年。[32]

后来犹太人在关于《圣经》的评论中详细叙述了此事,试图使这种变身听起来更加合理。因为在《圣经》的故事里,很少出现人类因为受到惩罚而变成动物的叙述。再后来大约写于公元100年的《先知列传》——作者不详,记载了众多犹太先知的一生——认为这种变身象征着尼布甲尼撒的暴政。在《先知列传》中,尼布甲尼撒并没有失去理智,但是还是变成了动物:

> 他的头和上半身像公牛,他的腿和下半身像狮子……暴君在晚年会变成野兽。[33]

这与《吉尔伽美什史诗》完全不同,在那里面野人恩基都看起来是人形,但是却在田野上游荡,像动物一样吃草。在《吉尔伽美什史诗》中,恩基都代表了国王阴暗的一面,蛮横、未开化、追求权力,而国王必须与恩基都斗争并且将其驯服,才能够使自己的统治走向鼎盛。在吉尔伽美什和恩基都的故事中,当一个人抵制住诱惑不滥用权力时,他就会成为一位好国王(而他的阴暗面也会更接近人形)。但尼布甲尼撒相反,他变得越来越独裁专制,因此从一位伟大的国王堕落成为动物。[34]

尽管巴比伦的领土遭到其邻国的觊觎,但它在很短的一段时间内成了一个帝国的中心。汉穆拉比是巴比伦第一位伟大的国王,尼布甲尼撒一世是第二位,尼布甲尼撒二世是第三位,也是最后一位。巴比伦不习惯帝王的统治。

时间线 5			
	罗马和巴比伦	波斯	
	萨尔贡二世	波斯	米底
	西拿基立		
图路斯·荷提里乌斯	沙马什-舒姆-乌金		
		居鲁士一世	
安库斯·马尔西乌斯	康达鲁		
			塞莱克斯
	辛-舒姆-伊什昆		
老塔克文	那波帕拉萨尔		
	尼尼微沦陷（前 612）		
	尼布甲尼撒（前 605—前 562）		
	耶路撒冷沦陷（前 587）		阿斯提阿格斯
塞尔维乌斯·图利乌斯（前 578）	冈比西斯一世		

古代苏美尔人对王权的不满又在尼布甲尼撒二世发疯的故事中得以重现。尼布甲尼撒二世被他内心的野兽征服了。在但以理出生的国家，几百年前曾违背神的旨意而选择国王，因此他从宗教信仰的角度这样来总结这个故事：人类惧怕王权是因为所有的人都渴望得到权力，也因为这种欲望而自我毁灭。

/ 06

居鲁士大帝

> 公元前580年至公元前539年间,居鲁士先后占领米底和波斯,最后征服了巴比伦。

在尼布甲尼撒二世领土的东部,米底和波斯最高统治者米底国王阿斯提阿格斯做了个关于自己的噩梦。几年前,他的吕底亚妻子阿里埃尼斯(Aryenis)生了一个女儿,名叫芒达妮(Mandane),现在芒达妮快到婚配的年龄了。希罗多德写道:"他梦见她撒了很多尿,不仅淹没了他(阿斯提阿格斯)的城市,还淹没了整个亚洲。"[1] 这个梦既令人恶心又令人不安。他询问他的那些智者,他们预言芒达妮的孩子长大后会掌管整个王国。

很显然,阿斯提阿格斯没有儿子,那么他的外孙很可能成为他的继承人,照这样解释的话也并不一定是什么坏事。然而,芒达妮孩子的父亲可能不愿意看到王位从祖父手里直接传到外孙手里,对此他十分警惕。

于是他很谨慎地为女儿选择了丈夫:他没有在埃克巴坦那选择

身边的那些米底贵族，而是选了一个地位更低（距离他更遥远）的人。他把芒达妮嫁给他在安善的波斯封臣的儿子冈比西斯，此人是居鲁士一世的儿子，也是波斯王位的继承人。冈比西斯曾发誓效忠他的米底最高统治者，而阿斯提阿格斯显然认为冈比西斯没有什么野心。

芒达妮结婚后很快就怀孕了（或许冈比西斯没什么野心，但是他的生育能力确实很强）。此时，阿斯提阿格斯又做了一个梦，这个梦和尼布甲尼撒那个神树被砍倒的梦刚好相反。他梦见一根藤蔓从他的女儿身上长出来，缠绕在他的领土周围。关于这个梦，他的那些智者告诉他，他女儿的儿子不仅会成为他下一任国王，而且会从他手里夺取王位。

于是阿斯提阿格斯邀请他的女儿到埃克巴坦那来，让她住在豪华的王宫里待产。他计划除掉这个孩子。冈比西斯看起来别无选择，只能让他的妻子和未出生的儿子离开，而芒达妮也无法拒绝他的父亲。

芒达妮生了个儿子，为了纪念她丈夫的父亲，她给孩子取名为居鲁士。阿斯提阿格斯既不想背上杀害血缘之亲的罪名，又不想承担任何责任，于是叫来一位将军，也就是他的表弟哈尔帕哥斯（Harpagus），命他处理掉那个婴儿。显然，阿斯提阿格斯希望别人都误以为这个婴儿已经死于襁褓之中，这样芒达妮就会回去，对他王位的威胁也就不存在了。[2]

哈尔帕哥斯也不想以后惹麻烦上身。他和阿斯提阿格斯一样，把这件事交给了别人去做。他认为："那个孩子必须死，但是必须由阿斯提阿格斯的人动手，而不是我自己的人动手。"

于是他把这个孩子交给了阿斯提阿格斯的一个牧民，那个牧民

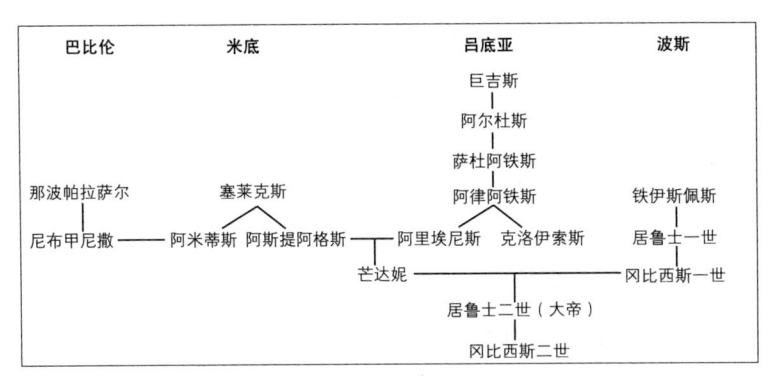

```
巴比伦            米底              吕底亚              波斯
                                   巨吉斯
                                     │
                                   阿尔杜斯
                                     │
                                   萨杜阿铁斯
那波帕拉萨尔      塞莱克斯           阿律阿铁斯          铁伊斯佩斯
    │              │                  │                  │
尼布甲尼撒 ── 阿米蒂斯  阿斯提阿格斯 ── 阿里埃尼斯  克洛伊索斯   居鲁士一世
                          │                                    │
                        芒达妮 ─────────────────────────── 冈比西斯一世
                                     │
                              居鲁士二世（大帝）
                                     │
                                冈比西斯二世
```

图 6-1 居鲁士的家谱
居鲁士通过联姻成为巴比伦、米底、吕底亚以及波斯的皇亲国戚。出自里奇·古恩

立刻把孩子带回家，交给了妻子，而他的妻子刚好生下一个死婴。牧民把自己孩子的尸体放在了山坡上，然后向哈尔帕哥斯报告说已经完成任务。居鲁士就在这个牧民的陋室里长大。

希罗多德所讲述的这个故事显然是一个典型的起死回生的故事，显示了国王的天命：一个婴儿奇迹般地死里逃生，长大后成为伟大的领袖，这一切都是上天的旨意。但在居鲁士的故事里，希罗多德还揭示出米底人和波斯人之间紧张的政治关系。虽然米底人是统治阶级，但是他们也不能光明正大地杀死其波斯封臣的孩子，即使是最高统治者也没有这个权力。

不可避免的事情终于发生了。居鲁士十岁时，被他的祖父撞见和村里其他男孩在一个广场上玩扮国王的游戏。但是现在杀他已经太迟了，因为如果杀了他，根本没有人会认为这是个意外。为了让事态往最好的方向发展，阿斯提阿格斯承认这个孩子的血统。他的那些智者向他保证，年幼的居鲁士在玩游戏时扮演国王已经使藤蔓凶兆得以化解，于是阿斯提阿格斯把居鲁士送回安善，让他回到他素未谋面的亲生父母家里。

之后，他叫来了哈尔帕哥斯。事情败露，哈尔帕哥斯只得承认他当时把任务交给了别人。阿斯提阿格斯表现出一副接受他表弟道歉的样子。"现在一切都好了，"他让哈尔帕哥斯放心，"我女儿对我有敌意，这让我一直很苦恼，"（我们猜测他有些轻描淡写）"我感觉自己的所作所为也不是很好。把你自己的儿子带到王宫来见见他的表亲吧，我们一起举行宴会庆祝一下。"

哈尔帕哥斯把自己的小儿子带到了王宫，阿斯提阿格斯杀了这个孩子，并且把他烤熟了做成晚宴的主菜。"他觉得哈尔帕哥斯已经饱餐之后，"希罗多德写道，"问他是否喜欢这道主菜。哈尔帕哥斯说他非常喜欢。接着侍从就把那个男孩的头颅和手脚拿了上来。"哈尔帕哥斯看到儿子的残骸，"强压下自己的怒火"。他跟阿斯提阿格斯说："国王做的事都是正确的。然后，他就带着儿子的残骸回家了。"[3]

如果这一切都是真实的，那么我们可以说米底人控制自己情绪的能力实在是太强大了。透过字里行间我们可以看到更加不祥而又复杂的一幕：一个米底国王变得越来越偏执、越来越残暴，居然下令让王家侍卫残害其他米底人；而一个米底官员在他的王室宗亲侍从的包围之下，亲眼看到自己的儿子被带走且被残害致死；一个波斯王室成员必须服从国王的命令，却不能当众遭受羞辱；而波斯人虽然是下层阶级，却必须要小心对待，否则他们就会奋起反抗。

阿斯提阿格斯仍旧是米底人和波斯人公认的最高统治者。他还是巴比伦国王的连襟，而且他是已知世界的第二个（或者是第三个）最伟大的统治者。但是居鲁士回到安善后，在波斯领主冈比西斯的家里长大,他的母亲十分憎恨她的米底父亲。而在米底王宫,哈尔帕哥斯依然默默地侍奉着他的表兄,暗地里却在谋划长期的复仇计划——正所谓,君子报仇,十年不晚。

阿斯提阿格斯并非没有察觉到哈尔帕哥斯对他的仇恨。他在从安善到埃克巴坦那的每条路上都增加了一名侍卫,这样就没有人能避开他的视线进入王宫。

在位 43 年后,尼布甲尼撒二世去世,他统治期间疆域辽阔。可我们根本不知道他的尸体埋在何处。从一些不完整的记载中可以看到的是持续六年的混乱时期。他的儿子亚美-马杜克(Amel-Marduk)*无疑是继承人;但他们父子之间的关系似乎不是很好。《圣经》的故事里讲,他们父子之间的敌对情绪十分明显,尼布甲尼撒二世刚一死,亚美-马杜克就立刻释放了约雅斤,这无疑是违背尼布甲尼撒的愿望的。《列王纪·下》写道:"犹大王约雅斤被掳后三十七年,巴比伦王以未米罗达元年十二月二十七日,使犹大王约雅斤抬头,提他出监,又对他说恩言,使他的位高过与他一同在巴比伦众王的位,给他脱了囚服。"[4]12 世纪的犹太历史学家杰拉米尔(Jerachmeel)转述了一个后来的传说,说尼布甲尼撒实际上是因为亚美-马杜克背信弃义而监禁了他,尼布甲尼撒去世后,亚美-马杜克被释放出来,他把父亲的遗体从坟墓里挖了出来,丢弃给秃鹫啄食。[5]如果我们能从这个故事中提取一些信息,那就是尼布甲尼撒和他儿子的关系并不好。

巴比伦的编年史并不完整,但是国王的史官贝若苏记载了一个

---

* 他的希伯来名字是以未米罗达(Evil-Merodach),意思与巴比伦语的亚美-马杜克是一样的。

十分戏剧性的故事。亚美-马杜克"统治国家时十分任性，完全不尊重法律"，于是他妹妹的丈夫在暗杀他之后夺取了王位。但是他只统治了短短四年时间。他去世后，他的儿子拉巴施-马杜克"尚未成年，继承了王位，在位仅九个月时间。他的几个朋友们因其所做的恶行而合谋把他打死了"。[6] 同一时代的其他作家也讲述了同样的故事。据希腊历史学家麦加斯梯尼（Megasthenes）记载，亚美-马杜克是被他的亲戚杀害的，而拉巴施-马杜克也死于暴力。[7]

最终夺取巴比伦王位的是一位名叫那波尼德的军官，他在30年前曾经帮助米底人和吕底亚人和谈。现在他已经60多岁了，他的儿子也已经40多岁了，他有几十年的军事经验和政治经验。[8] 可他并没有王室血统。据推测，他应该是生于哈兰城，因为他长寿的母亲阿达-古皮（Adda-Guppi）多年来一直是月神辛的女祭司。哈兰的一处铭文表明了她的身份，铭文上写道："巴比伦国王是我心爱的儿子，我的后代，在众神之王月神辛的庇佑之下，一百零四年来我顺风顺水，为他而生为他而活。"[9]

那波尼德自己也承认其荣耀之身，但出身并不高贵。他最著名的铭文刻在一根圆柱之上，描述了他日夜重建哈兰和西帕尔（Sippar）神庙的场景，那波尼德写道："我，那波尼德，没能有幸出身高贵，没有王室血统。"[10] 尽管如此，军队官员和政府官员纷纷支持他上台。《巴比伦编年史》从他上台起就没有记录，但是他自己的铭文告诉我们："他们把我带到王宫之中，对我俯首称臣，效忠于我……至于在我之前的尼布甲尼撒，我是他强有力的代表……我手握兵权。"[11]

那波尼德即位时，巴比伦因为六年的内战实力大大削弱，那波尼德也不像前几任国王那样有实力南下进攻埃及。当然，他统治的依旧算是一个非常伟大的帝国，而且也没有什么敌人。在巴比伦的东面，阿斯提阿格斯仍然是米底和波斯的国王，也依然是他忠实的盟友。波斯国王冈比西斯于公元前559年去世，在他去世前三年，年轻的居鲁士已经成为波斯的统治者（希腊历史学家狄奥多罗斯这样告诉我们，"就在第五十五届奥林匹克运动会开幕那年，居鲁士成为波斯国王"，他还补充说，所有的历史学家都认同这个时间）。[12] 但此时他并没有因为他的外祖父曾想在婴儿期杀死他的事情而表现出任何怨恨。他仍然既效忠于米底国王，也效忠于巴比伦国王。

在西北方，小亚细亚的吕底亚人实力强大，现在由阿律阿铁斯的儿子克洛伊索斯（Croesus）统治，他在位期间继续扩张吕底亚的领土。弗里吉亚人臣服于吕底亚，吕底亚人则与希腊爱奥尼亚各城邦结盟。"萨迪斯此时正处于鼎盛时期，"希罗多德评论道，"当时许多有学问的希腊人，包括雅典的梭伦都曾到访过萨迪斯。"梭伦当时已在外流亡了10年。贯穿小亚细亚的贸易之路给克洛伊索斯带来了财富，如同200年前的迈达斯一样，克洛伊索斯也成为世界上最富有的人之一。

那波尼德说服了克洛伊索斯，巴比伦和吕底亚建立了正式的联盟。他与埃及也和平相处。事实上，在很短的一段时间内，他似乎是没有什么敌人的。

但这段时间实在非常短暂。

居鲁士并没有忘记他外祖父的那些罪行，他的母亲很可能也不时地提醒他。据希罗多德记载，他是"他那一代人里最勇敢和最受爱戴的人"。他自己的家族阿契美尼德属于波斯最庞大也最强大的帕萨尔加德（Pasargadae）部族。如果他选择反抗米底人的统治的话，整个部族的人肯定都会站在他这边，然后，他又挨个去游说其他部族加入。米底的统治早已使他们的负担越来越重，而居鲁士也找到了愿意听从于他的人："把自己从奴役中解救出来……你们至少并不输于米底人，与他们交战时也是如此！"[13]

此外，老哈尔帕哥斯也站在他这边。"他已经挨个拜访了米底所有重要的人物，"希罗多德告诉我们，"并且说服他们必须推举居鲁士当他们的国王，必须结束阿斯提阿格斯的统治。"可能是因为阿斯提阿格斯的行为变得越来越残暴，于是米底人一个接一个地参与到哈尔帕哥斯的计划之中。

一切准备就绪之后，居鲁士和他的波斯军队开始向埃克巴坦那进攻。阿斯提阿格斯的守卫者拉响了警报。老国王仍然清楚地记得之前那些为他解梦的智者说凶兆早已化解，于是他下令把那些智者钉死在埃克巴坦那的城墙之外。然后，他召集自己的军队，让哈尔帕哥斯（多年来他一直尽忠职守）打头阵。哈尔帕哥斯率领所有的米底军队与波斯军队对战，然后他突然带着自己大多数的指挥官倒戈。那一刻，他一定感到无比解恨。

少数忠于阿斯提阿格斯的士兵逃跑了，阿斯提阿格斯被俘，居鲁士控制了埃克巴坦那，并宣布自己为米底和波斯的国王。"阿斯提阿格斯的统治就这样走到了尽头，他总共统治了35年，"希罗多德总结道，"因为他的暴行，米底人在统治了位于哈里斯河另一侧的波斯128年之后终于为波斯人所统治。"[14]居鲁士也不愿杀害自己的王室血亲，因此他没有杀掉自己的祖父，而是把他软禁起来，直到他寿终正寝。

现在，阿契美尼德家族的波斯人统治了东部地区。居鲁士并没有打算攻占他的老盟友巴比伦，但是他野心勃勃，想建立一个帝国。阿斯提阿格斯一去世，他就认为吕底亚人和米底人之间的协议也随之解除，开始进攻他叔公克洛伊索斯的领地。

两军在哈里斯河相遇，战成了平手。克洛伊索斯向后撤退，打算向巴比伦求助，但是居鲁士（他很清楚克洛伊索斯的想法，因此没有给他时间去搬救兵）步步紧逼至吕底亚，最终把吕底亚军队逼到了萨迪斯城门前。他用骆驼驱散了吕底亚的骑兵（那些马受到惊吓，脱缰而逃），然后开始围城，他只用了14天就攻下了整座城市。[15]

居鲁士认为他的手下应该得到奖赏，于是纵容他们涌入萨迪斯掠夺传说中的财富。与此同时，身为战俘的克洛伊索斯被带到了居鲁士面前，就在他身旁在城墙上目睹了这一切。克洛伊索斯什么话也没有说，居鲁士就问他为什么他看到自己的财富被掠夺一空也不感到难过。"这不是我的财富，"克洛伊索斯说，"他们正在掠夺你的财富。"听到这话，居鲁士立刻下令停止掠夺。[16]

居鲁士是个彻头彻尾的实用主义者，只要能对自己有利，他就会对别人十分慷慨。* 即便是后来的作家把他理想化（比如曾经为波斯人效力的希腊将军色诺芬，他写了一本书《居鲁士的教育》，书中描述说居鲁士自我约束力强、处事公平、富有智慧且心存仁慈[17]，因此他建立了世界上最强大的帝国），也不经意间提到这位伟大君王以武力、恐吓和威权作为自己的策略。色诺芬这样写道：

---

* 希腊历史学家的记载，主要是希罗多德的记载为我们提供了关于波斯和米底历史最完整的资料。然而，由于希腊人和波斯人之间长期处于敌对状态（引发了几次战争，也给亚历山大大帝带来很多麻烦），希腊人普遍把波斯人描述成懒惰不堪、贪图享乐、道德败坏的人。波斯文化中所有的长处都被归功于米底人的影响。这使他们大加赞赏居鲁士大帝这样的人，因为虽然他是波斯人，但是接受的教育来自他的米底祖父。这种偏见无疑使希腊人的记载更加不可靠。最近更多想写波斯历史的人都试图先研究波斯帝国的结构，以修正和补充希腊人的记载，他们研究波斯人自己留下的货币、铭文以及官方文件。然而，波斯人并没有留下史籍，所以希腊人的记载仍然是我们了解波斯人历史的唯一来源，从而了解他们在反对自己所在帝国结构时的所作所为。[见海琳·圣茨斯-威尔登伯格（Heleen Sancisi-Weerdenburg）为《阿契美尼德历史I》(Achaemenid Hisroty I) 所作的前言，第12—13页。]

对于人类来说，统治各种动物比统治自己的同类要简单得多。然而，居鲁士，一个波斯人……征服了很多人、很多城市，还有很多国家，使他们都臣服于自己……有些虽然距离遥远，需要很多天的路程才能见到他，却心甘情愿听命于他；还有一些甚至要经过几个月的跋涉才能见到他；甚至还有尚未见过他的人；还有那些明知自己永远不会见到他的人。尽管如此，他们都愿意听命于他，因为迄今为止没有其他国王比他做得更好。[18]

尽管居鲁士公正仁慈，他比其他国王做得好的地方主要是他善于令人心生畏惧。色诺芬在为居鲁士的公平大唱赞歌之前，这样写道："他能让世界上很多地方的人都惧怕自己，没有人试图做任何反对他的事情。"[19] 当他无法令人惧怕自己时，就用金钱来收买；为了得到更多的利益，他会十分慷慨大方。"他为所有人分发食物，"色诺芬写道，"再后来……他所赐予别人的礼物超过了任何人……据说他广赠礼物之举使人们喜欢他胜过喜欢自己的兄弟，自己的父亲甚至是自己的孩子。"还有谁会像这位波斯国王那样，去找距离自己几个月路程的敌人复仇？除了居鲁士，还有谁能在推翻一个帝国之后，死后还被尊称为"父亲"？[20]

"父亲"这种称谓令人不寒而栗，更令人恐惧的是，色诺芬还指出，"父亲居鲁士"用礼物来收买整个帝国的人，让他们成为"国王的耳目"，向他汇报一切"对国王有利的事情……到处都是国王的耳朵，到处都是国王的眼睛。所有的人都不敢说对国王不利的话，好像国王就在身边听着一样；所有的人都不敢做对国王不利的事，就好像国王就在眼前看着他们一样"。[21]

尽管如此,色诺芬坚持认为在居鲁士身上看到了前所未有的特质:一个新型的帝王。可他是错以为这位"新型的帝王"公平公正,心怀仁慈。但居鲁士就像他之前所有伟大的国王一样,仍然用武力和恫吓来统治他的帝国。当然,他的帝国无疑是"新型的",因为很多不同的民族被合为一国,都由他来统治。现在米底人、吕底亚人(包括弗里吉亚)、亚述北部诸省份(他的祖父征服的)都是波斯的一部分。居鲁士派哈尔帕哥斯去征服沿海的爱奥尼亚各城邦,他自己则回头去攻打米底的东部领土。铭文和史料的记载都表明,他几乎一路打到了印度河。当然,他并没有试图深入印度河流域[22],也没有冒险进入海上。毕竟,波斯并非海洋国家。

这一区域只剩下三个国家:斯基泰人统治的北部地区,埃及人统治下的遥远的南部地区和西部地区最强大的巴比伦。

那波尼德并没把很多精力放在他的帝国上。事实上,他让他的儿子伯沙撒(Belshazzar)做了摄政王,把巴比伦交给他统治,他自己则长途跋涉南下进入阿拉伯半岛,在那里定居下来,远离自己王国的中心。

那波尼德在阿拉伯究竟做了什么?

他的统治结束后不久,他的敌人波斯人就编写了《那波尼德诗传》(Verse Account of Nabonidus)描述巴比伦的衰落史,饶有兴致地描述他如何不适合统治帝国,这些描述实在不怎么可信。但是,当《那波尼德诗传》谴责那波尼德信奉的并非马杜克神时,它不经意间揭示了一个事实。《那波尼德诗传》把他信奉的这个神叫作南娜(Nanna),并且说巴比伦人并不了解这个神。

没有人曾在这个国家见过,

> 他把她放在一个基座上,
> 他把她称为南娜,
> 她头上戴有王冠,
> 一个类似月食时月亮形状的王冠。[23]

波斯人可能不熟悉这个神,但是巴比伦人对这个神一定不会陌生。此神正是之前乌尔城的月神。

那波尼德肯定会信奉月神,因为他自己的母亲是月神女祭司,她也提到了儿子的虔诚。但是那波尼德的虔诚也给他自己带来了麻烦。虽然他的铭文把自己的崛起(也是尼布甲尼撒的继承人的衰落)归功于月神辛的赐福,但这样的虔诚使他渐渐远离了他历尽艰难所夺来的王位。他一上台就陷入麻烦之中,与马杜克的祭司们发生了冲突。这些祭司在尼布甲尼撒统治时期影响力很大,这种冲突严重到使那波尼德无法在巴比伦继续居住下去:"他们不尊重辛的礼法,"他在他自己的铭文上抱怨道,"辛让我离开我的巴比伦城到特马(Tema)去……整整十年,我……没有进入过属于我的巴比伦城。"[24]

他的解决办法很简单:他把巴比伦城交给他的摄政王,也就是他的儿子伯沙撒,然后离开了这座马杜克所选择的城市。他深入阿拉伯地区,在沙漠城市特马停下了脚步,正如《诗传》(Account)所描述的:

> 他放弃了一切,把王权交给他的儿子,
> 带着军队,深入西部,前往特马,
> 他在战斗中杀死了特马的王子,
> 屠杀了城里的居民和城外的村民,

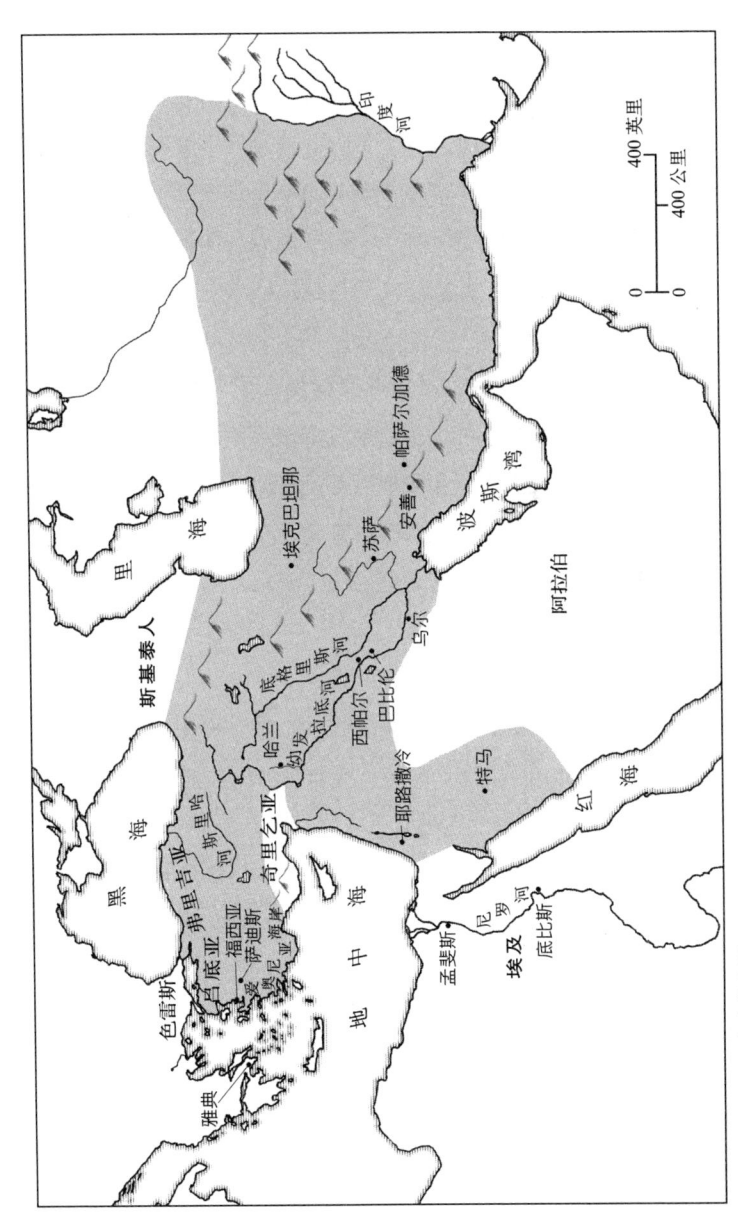

地图 6-1 居鲁士大帝的帝国

然后自己在特马定居下来。[25]

他这样做并非完全出于绝望。特马位于商路的中心位置，不断经过这里的都是价值连城的黄金和盐。从这里那波尼德可以控制巴比伦的贸易，他在与伯沙撒的书信中也明确表示他其实并没有"放弃一切"。他的儿子——和他相比与马杜克的关系要好得多——显然都是遵照他的指示行事。

然而，他发现自己因宗教信仰问题陷入了两难境地。在他的宗教使命和世俗使命发生冲突时，他就不得不牺牲其一，他选择了牺牲世俗使命。他甚至在新年庆典时都没有回巴比伦，通常国王要在新年庆典上带领凯旋的军队，陪伴着马杜克神像穿过伊什塔尔大门，以重申其王权。然而，那波尼德深爱着自己的神，无法让自己这样做。*

这件事从根本上削弱了巴比伦的实力，给了居鲁士可乘之机。

公元前540年，居鲁士已经开始派出前锋部队沿着巴比伦的东部边境不断挑起事端。战斗的规模越来越大，因此那波尼德动身北上，回到了自己国家的中心地带。[26]

当他回到巴比伦时，居鲁士正打算对巴比伦发起进攻。那波尼德现在重掌大权，他下令让巴比伦军队向敌人发起进攻。他们越过底格里斯河，在俄庇斯（Opis）与居鲁士指挥的波斯军队遭遇。

"巴比伦军队与他交战，"希罗多德直言不讳地评论道，"但他们战败了，撤回巴比伦城。"[27] 在那波尼德的指挥下，巴比伦人立刻开始进入防御状态。据色诺芬记载，他们有充足的食物和水源，足

---

* 许多学者认为那波尼德离开王宫一事是尼布甲尼撒二世发疯故事的原型。从巴比伦流亡他乡是两个故事之间最相似的地方，但是也有很多截然不同的细节。

够维持20年。[28] 居鲁士缓慢崛起，因此巴比伦人有足够的时间准备好迎接围城（这种做法很谨慎，但也表明他们对自己的军队打败居鲁士并没有足够的信心）。

居鲁士意识到要攻下这样一个食物和水源都很充足的大城，就算不用几年的时间，也要耗上几个月的时间，于是他想出了另外一个计划。据色诺芬描述，底格里斯河正好流经巴比伦的中心，河水比两人的身高加起来还要深。尼布甲尼撒加强了防御，因此这座城市不容易被水淹没，但是居鲁士又想出了一个对策。他沿着巴比伦城上游的底格里斯河挖了很多沟渠，在一个漆黑的夜晚，他让手下同时打开了所有的沟渠。河流的主干道向各个方向分流，底格里斯河的水位立刻降低了，这样波斯士兵就可以踩着城墙下河床的淤泥进入城中。前锋部队趁着夜色通过河床爬进城里，他们满身淤泥，在街上摇摇晃晃地边走边喊，仿佛是醉汉一样，他们就这样来到城中心，并且迅速占领了王宫。色诺芬指出，当时巴比伦正在进行某种宗教庆祝活动，因此没有人发现这次入侵。《但以理书》同意这种说法，说摄政王伯沙撒正在王宫里和数百名贵族开怀畅饮，当波斯人闯入王宫时，他和数百名贵族已经烂醉如泥了。

那波尼德当时显然是在城中其他地方，他被抓住成为俘虏，但是并没有受到伤害。但是，伯沙撒在随后的战斗中身亡。城门从里面被打开，其余的波斯士兵涌了进来，整座城市沦陷了。那一天是公元前539年10月14日。

毫无疑问，居鲁士之前听到过人们抱怨那波尼德怠慢马杜克神，而马杜克也因此受到了侮辱，要惩罚这座城市。居鲁士立刻成为马杜克的选择。他按照传统的宗教仪式，骑着马，"拉着马杜克神像的手"进入巴比伦。毕竟他是因为婚姻才成为尼布甲尼撒的侄孙的，因此算不上是因血缘关系而继承王位。像米罗达巴拉但或拿破仑的做法一样，他让史官解释，他实际上是巴比伦的解放者，是伟大历史的复兴者。

> 他出于必要拯救了巴比伦，
> 那波尼德是不崇拜马杜克的国王，
> 马杜克把他交到了居鲁士的手上。
> 所有的人都跪倒在地，亲吻他的脚，
> 他们因为他的统治而感到高兴，脸上闪烁着光芒。
> 我，居鲁士，把巴比伦的居民从枷锁中解救出来。
> 我修缮他们的房屋，清理废墟，
> 伟大的主马杜克为我的所作所为感到高兴。
> 我使众神各归其位，
> 我听命于伟大的主马杜克。[29]

他用同样的方式，向犹太人宣布他会恢复他们的神耶和华的地位。这使他非常受犹太流亡者的欢迎。《圣经·以斯拉记》的开头这样写道："波斯王古列（居鲁士）元年，耶和华为要应验借耶利米口所说的话，就激动波斯王古列的心，使他下诏通告全国说，波斯王古列如此说：'耶和华天上的神，已将天下万国赐给我，又嘱咐我在犹大的耶路撒冷为他建造殿宇。在你们中间凡作他子民的，可以上犹大的耶路撒冷，在耶路撒冷重建耶和华以色列神的殿。'"[30] 居鲁士还把从巴比伦国库里发现的所罗门神庙中的宝物归还原主，这又是一个他利用财富（在这个例子中，这些财富夺取自他人）加强自己地位的例子。因为这一举动，犹太人称他为"上帝的受膏者"

（Anointed of the Lord）。

流亡在外的犹太人在回到耶路撒冷一年多之后，在一次伟大的节日庆典上为第二座神庙打下了地基。自从尼布甲尼撒把巴比伦洗劫一空之后，那些祭司就没有穿过自己祭祀时的圣衣，现在他们又重新穿上这些衣服，敲锣打鼓，放声歌唱。可是，新神庙的地基建在瓦砾之上，不过是权宜之计，它看起来破败不堪，与之前神庙辉煌的样子完全不同，"见过旧殿的老年人，现在亲眼看见立这殿的根基，便大声哭号，也有许多人大声欢呼，甚至百姓不能分辨欢呼的声音和哭号的声音"[31]。

居鲁士自己的胜利是很纯粹的。他把尼布甲尼撒雄伟的宫殿当作自己的一处行宫，把埃克巴坦那当作一处避暑之地；埃克巴坦那位于高山上，虽然冬季多数时间都在下雪，但是在盛夏时节却比炎热的波斯平原舒适得多。他在安善（Anshan）也保留了一处宫殿。但是，为了统治他的新帝国，居鲁士建立了一个新的都城：帕萨尔加德（Pasargadae）。

在他的波斯帝国，被征服的人们继续正常生活，并没有受到什么影响。居鲁士的帝国的创新之处在于他对整个帝国的构想，他不想让帝国里所有的人都变成波斯人，而是希望在波斯的统治下，各族人民居住在一起，他没有像亚述人那样试图去摧毁民族意识或身份。相反，他把自己描绘为那些特殊身份的保卫者和监护人。与此同时，他继续派自己的耳目来监视是否有麻烦出现。

时间线 6

罗马	巴比伦	波斯	
	萨尔贡二世	波斯	米底
	西拿基立		
图路斯·荷提里乌斯	沙马什-舒姆-乌金	居鲁士一世	
安库斯·马尔西乌斯	康达鲁		
	辛-舒姆-伊什昆		塞莱克斯
老塔克文	那波帕拉萨尔		
	尼尼微沦陷（前612）		
	尼布甲尼撒（前605—前562）		
	耶路撒冷沦陷（前587）		阿斯提阿格斯
塞尔维乌斯·图利乌斯（前578）		冈比西斯一世	
	亚美-马杜克		
	拉巴施-马杜克	居鲁士二世（大帝）（前559）	
	那波尼德（前556—前539）		
	巴比伦沦陷（前539）		
	居鲁士二世（大帝）		

/ 07

罗马共和国

> 公元前501年至公元前550年间，凯尔特人和迦太基人登上历史舞台，罗马废除王政。

在占领属于吕底亚同盟的沿海爱奥尼亚城市后，刚刚取得胜利的居鲁士把哈尔帕哥斯留在小亚细亚以完成对吕底亚的征服。

据希罗多德记载，哈尔帕哥斯的一系列战争引起了多米诺骨牌效应。哈尔帕哥斯首先对位于海岸中部的福西亚（Phocaea）发动进攻：这座城市的居民被称为"最早开始远航的希腊人"。哈尔帕哥斯围城之后，开始忙着在石头城墙外修建工事。福西亚人告诉哈尔帕哥斯说，如果他能撤兵一天，让他们安安静静地讨论一下的话，他们可能会考虑投降事宜。于是哈尔帕哥斯撤兵一天，福西亚人则"备好他们的战舰"（这种战舰有50支船桨和一个标志性的方形主桅帆），"让他们的女眷、孩子带好所有的个人物品上船……他们自己也上了船"，然后驶离了福西亚。波斯人占领了空无一人的福西亚。

福西亚人早已在塞尔诺斯岛（希腊语的名字是科西嘉岛）上为自己建好了一个贸易港口——阿拉利亚（Alalia）。然而，有一半福西亚人难忍思乡之情，决定不顾波斯人的入侵，冒险返回被遗弃的城市。另一半福西亚人则向阿拉利亚驶去。[1]

在科西嘉岛上安顿下来之后，他们开始着手建立自己的贸易帝国。他们的战舰特别适合用于贸易，船上搭载了大批可随时应战的船员（包括船长、船员还有至少50名桨手），因此相对于商船（通常只有五名至六名船员）来说，战舰更令海盗感到惧怕。[2] 福西亚人打算控制地中海西部各个贸易线路，而此时希腊其他的城邦还没有对此加以重视。他们在现今法国南部沿海地区建立了一个殖民地，作为与西部地区进行贸易的口岸。

这个新殖民地马萨利亚（Massalia，今称马赛）把希腊贸易网与多个部落组成的贸易网连接在一起，而这些部落在此之前并不为人所了解。它们来自内陆山区，是野蛮好战的部落，带来的是黄金、盐巴、琥珀、皮毛，以及（最有价值的）锡。

福西亚人遇上了凯尔特人。

将公元前600年至公元前500年间分布在中欧西部地区的部落称作"凯尔特人"是一种时代错误。当时，希腊人和罗马人都把这些部落称作"高卢人"或"凯尔特人"，但是公元前600年至公元前500年间，这些部落并没有什么族群认同的概念。[3] 它们只不过是有着共同起源的零散部落而已。

他们都是印欧人种，也就是说他们的祖先在很久之前都是来自里海和黑海之间那片地区，曾占领那片地区的民族就是后来的赫梯人、迈锡尼人和雅利安人。[4] 这四个印欧种族在语言上的相似性表明，他们从同一个地方迁徙到四个不同的地方：赫梯人向西进入小亚细亚，迈锡尼人向西然后又向南进入希腊半岛北部，凯尔特人进入阿尔卑斯北部地区，雅利安人则向东然后向南进入印度。

后来被称为凯尔特人的这支印欧人没有文字，因此我们只能尽可能地研究他们留下的坟墓和物品。公元前 630 年前后，马萨利亚王国刚刚建立时，一种特殊的埋葬方式已经从现代的奥地利传到南部的卢瓦尔河。我们按照其最著名的考古遗址把它命名为哈尔施塔特（Hallstatt）文明：这个地方就是多瑙河南部的一处墓地和盐矿。*

哈尔施塔特部落在坟墓里堆满金饰、剑、矛、食物、饮品还有餐具，供死人使用。头领的坟墓周围是士兵的坟墓，而士兵的坟墓中还葬有他们最宝贵的财产——长铁剑。[5] 哈尔施塔特部落的商人驾着马车夫往马萨利亚，车上装满了琥珀、盐巴，还有来自遥远矿山的锡，这些矿山位于现在英国的康沃尔郡。这些都是贵重稀缺的物品，贸易使马萨利亚成为一个繁华的都市。

福西亚人在马萨利亚的贸易带来了丰厚的收益，这使伊特鲁里亚人越来越无法忍受。位于伊特鲁里亚中心的各城邦一直忙于向北方地区发展。现在希腊人正不断进攻，占领了那些伊特鲁里亚人认

---

* 　中欧历史时期的划分（当然）与东欧和西欧不同。一般来说，中欧的历史时期分为新石器时代（公元前 2400 年以前）、铜器时代（公元前 2300 年至公元前 1800 年）、青铜时代初期（公元前 1800 年至公元前 1450 年）、青铜时代中期（公元前 1450 年至公元前 1250 年）、青铜时代晚期（公元前 1250 年至公元前 750 年）和铁器时代（公元前 750 年至公元前 400 年）[参见玛丽亚·金布塔斯（Marija Gimbutas）《欧洲史前史：从新石器时代到铁器时代》，《人类学双年评论》1963 年第 3 期，第 79—92 页]。哈尔施塔特文化先于阿尔卑斯山北部的早期青铜时代，考古学家称这些青铜时代的印欧文化为古墓文化（以用来埋葬尸体的巨大土堆或是坟墓为显著特点）和瓮棺文化（尸体火化后置于骨灰瓮里，这与遥远的南部地区的维拉诺瓦人和拉提尔人的习俗类似。参见第 1 册第 49 章）。这些文化传播至使用铁器的一些部落，当时正值伊特鲁里亚人统治时期，希腊人在意大利建立殖民地，由此便产生了哈尔施塔特文化 [参见黛西·欧霍根（Daithi O'Hogain）《凯尔特人》（The Celts）第一章和金布塔斯《欧洲史前史：从新石器时代到铁器时代》，第 92—93 页]。

为本应由自己来开发的土地。希腊殖民地沿着今天法国的南部沿海迅速发展起来；摩纳哥、尼斯和圣特罗佩，这些都曾经是希腊的贸易港口。[6]

这种压力迫使伊特鲁里亚各城邦——像希腊各城邦那样各自独立——最终联合在一起。早在100年前，意大利的五个伊特鲁里亚城邦就曾经联合起来共同抵抗罗马。现在，十二个伊特鲁里亚城邦效仿希腊的邻邦同盟，愿意将彼此的命运联系在一起，在追求共同目标的同时保持各自的政治独立。伊特鲁里亚联盟形成于公元前550年左右，包括维爱、塔尔奎尼和沃尔西尼。[7]

即便联合在一起，伊特鲁里亚联盟也不抱能打败福西亚侵略者的希望。一旦爆发战争，福西亚人便可以调用数百艘希腊同盟的船只。据希罗多德记载，伊特鲁里亚人因此与迦太基结成同盟。

公元前550年，位于地中海南岸、非洲北部沿海的迦太基已经有300年的历史。推罗和西顿是松散的腓尼基邦联的两座最古老的城市，现在正处于居鲁士的统治之下。但是更遥远的迦太基则是一个独立的小王国。公元前550年左右在位的国王马戈（Mago）是我们有历史记录的第一位迦太基君主。[8]

马戈在位期间，迦太基在地中海建立了自己的贸易殖民地。看到希腊人如此起劲地在附近开拓殖民地，迦太基人和伊特鲁里亚人一样感到不快，他们非常乐意一起对阿拉利亚的福西亚人发动进攻。*亚里士多德的《政治学》一书中就记载了这个同盟，书中提到

---

* 可能迦太基人本身就与福西亚人有矛盾；在马赛出土的文物表明，在福西亚人到来之前，腓尼基定居者已在此建立了自己的贸易港口，而福西亚人在到来之后很可能将腓尼基人赶了出去。

地图 7-1　罗马人、迦太基人和高卢人

"伊特鲁里亚人和迦太基人"曾经为了"商业与贸易关系"而建立起同盟。[9]

阿拉利亚（或科西嘉岛）的希腊人听到风声后做好了战争的准备。希罗多德写道："福西亚人准备了 60 艘战船，然后出发航行至撒丁海迎敌。"在之后的交战中，有 40 艘战船彻底被毁，剩下的 20 艘战船损坏严重，无法再作战，但仍然可以航行，于是福西亚人撤回了科西嘉岛，带上女眷和孩子，撤到位于意大利半岛"靴子尖"位置的希腊城市利基翁（Rhegium）。

阿拉利亚的海战是到那时为止第二大海上战役（拉美西斯三世与海上民族之战是第一大海上战役）。这场战役最直接的后果就是伊特鲁里亚人暂时在一方称霸。根据拜占庭的斯特凡努斯（Stephanus of Byzantium）的说法，福西亚人的战舰不再时不时地来找麻烦，伊特鲁里亚人占领了科西嘉岛，建立了自己的贸易殖民地，势力范围向西扩张至西班牙海岸。他们的实力达到了顶峰，成为半岛上台伯河北部地区的统治者。[10]

马萨利亚与阿拉利亚之间的联系就此中断，但是这并非伊特鲁里亚人所为。伊特鲁里亚人占领了母城之后，就不太在意那些地处偏远的子城了。马萨利亚大概挣扎了一段时间，但它并没有就此衰落，而是一直延续至 21 世纪，现在名为马赛。

这场战争也给迦太基人带来了发展空间。按照与伊特鲁里亚人达成的协议，他们占领了撒丁岛；而且，由于没有了来自地中海西部希腊人的侵扰，他们也把领土扩张至西班牙海岸。

就在希腊人撤退、迦太基人和伊特鲁里亚人在地中海上航行之时，罗马的规模和实力都在不断扩大。它向外扩张得越远，其内部矛盾也就越严重。一个国王怎么可能统治几个彼此敌对，甚至拒绝相互通婚的民族呢？不仅如此，其贵族阶级十分固执、高度独立，他们甚至杀害了第一位半神的国王，又有什么国王可以应付得了这样的贵族阶层呢？

在伊特鲁里亚人统治时期，罗马国王和罗马人民似乎找到了某种折中的统治方式，即一种结合了绝对君主制、居鲁士的风格，还有雅典民治主义的统治方式。罗马早期的历史学家掩盖了这段折中的历史，他们似乎总是把后来的政体强加到之前的那段时期里。但即使是在王政时期，罗马人也已经在处理城市事务时有了发言权。

罗马历史学家瓦罗提到罗马人在早期被划分为三个"部落"，它们可能分别代表萨宾人、拉丁人和伊特鲁里亚人这三个民族（虽然罗马最早的记载对此只字未提）。[11] 另一方面，李维相信塞尔维乌斯·图利乌斯把罗马人民划分为六个"阶层"，划分的依据是财富而不是血统。对于一座人们可以白手起家的城市来说，这不失为一个好办法。在战争时，最富有的罗马人应当全副武装保卫城市，配好青铜制的头盔、盾、护胫甲、胸甲还有剑和矛；最为贫困的人只能带上投石器和石头。[12] 即使罗马由国王来统治，罗马的公民也需要自己保卫自己的城市，而且还应大体上决定何时何地需要发动攻击来保卫自己的城市。由于罗马公民有如此之大的管理城市的权力，他们肯定不会容忍保留国王统治太长的时间。

塞尔维乌斯·图利乌斯统治了44年后，君主专制瓦解了。

罪魁祸首就是塞尔维乌斯·图利乌斯的侄子，也就是年轻的小塔克文。他不仅野心勃勃，而且行为不端：他和蛇蝎心肠的弟媳图里亚（Tullia）勾搭在了一起。李维评论说："邪恶就像磁铁，能相互吸引。"小塔克文早已娶妻，但是为了不让自己的婚姻成为绊脚石,这对情人密谋害死了各自的配偶,然后结婚了。

李维写道:"从那天起,年迈的塞尔维乌斯处境愈发危险。"图里亚是麦克白夫人的原型,她野心勃勃,想让自己的新丈夫成为国王,"她很快发现罪恶的脚步是无法停止下来的……她让她的丈夫日夜不得片刻安宁"。"我不想要一个只安于做丈夫的男人,"她煽动丈夫说,"我想要的男人应该是一个名副其实的国王!"

小塔克文深受此话的刺激,立刻行动起来。他趁塞尔维乌斯·图利乌斯不在的时候自己坐上了王位,并宣布自己为王。塞尔维乌斯得知后跑到正殿与这个篡位者对峙,但塔克文"已经走得太远无法回头",他亲自把老国王赶到了大街上,他的刺客就在街上了结了这位老国王。李维写道:"塞尔维乌斯死后,真正的王权走到了尽头,从此再也没有一位罗马国王按照人性和正义来统治国家。"[13]

小塔克文上台没多久就赢得了一个绰号:"傲慢者"塔克文(Tarquinius Superbus)。他组建了一支护卫队,以暴力手段迫使罗马公民顺从自己。他处决了塞尔维乌斯·图利乌斯的忠实拥护者,还将无辜的人处以重罪,这样他就可以没收他们的钱财。李维告诉我们:"他以武力篡夺了王位,但他根本就没有国王的头衔。"

> 百姓没有推举他,元老院也没有批准他上台。臣民不可能爱戴他,因此他只能通过恐吓来维持统治……塔克文把自己怀疑或讨厌的人处以死刑、流放或是没收财产;他打破了所有公共事务必须请示元老院的一贯传统;他不经元老院或民众的同意就随意签订或是取消条约,或是随意结盟。

所有这些都是严重的罪行。当他的儿子,也就是他的王位继承人强暴了一位罗马的贵妇——他朋友的妻子卢克丽霞时，终于引发了民愤。卢克丽霞因倍感侮辱而自尽。她的丈夫把她的尸体摆在公共广场上，呼吁民众为他死去的妻子报仇。不久后，民众对卢克丽霞被强奸一事的愤慨就转变成对整个王室残暴专制的不满。

"傲慢者"塔克文当时正在罗马城外率兵与邻邦阿尔代亚作战。得知叛乱的消息后，他马上往回赶。但当他到达罗马时，民众已经全面参与叛乱。李维写道："塔克文发现城门紧闭，民众下令将其流放。"他的军队"情绪高涨地"加入了叛乱，塔克文被迫带着儿子向北逃至伊特鲁里亚。

卢克丽霞的丈夫和他所信任的一个朋友被推选为罗马的领袖，这是军队投票的结果——只有塞尔维乌斯组建的那部分军队才有权投票。这两名男子被赋予宣布战争、颁布法令的权力，但是与王权不同的是，这项权力他们只能行使一年，而且两人可以相互否决对方的法令。他们现在是执政官，即罗马政府的最高长官。罗马从君主制中解放出来，进入罗马共和国时期。*

李维为我们记载了这些年间最详细的历史资料，赋予这个故事强烈的亲共和色彩。在他看来，一旦塔克文被驱逐出境，整个罗马的历史就会转向。李维宣称："从现在开始，我的任务是记录一个自由国家的历史，这个国家的政府由每年推选出的官员组成，官员不是按照个人意愿被任命，而是要依据至高无上的法律进行推选。"

---

* 据李维记载，传统上认为流放"傲慢者"塔克文的时间为公元前509年，而罗马从伊特鲁里亚的统治中解脱出来的时间为公元前445年。公元前509年以后有关罗马政府演变的详情并非本书所讨论的内容，但有兴趣的读者可以考虑查询盖里·福赛斯（Gary Forsythe）的《早期罗马批判史》(*A Critical History of the Early Rome*)第六章"罗马共和国的开端"和H.H.斯卡拉德（H.H.Scullard）的《罗马世界的历史，从公元前753年至公元前146年》(*A History of the Roman World,753 to 146 bc*)第三章"新共和与秩序之争"。

驱逐"傲慢者"塔克文可能确有其史实基础，但罗马人绝不可能突然间才意识到君主专制的缺点。确切地说，驱逐伊特鲁里亚国王代表着推翻伊特鲁里亚人的统治。

自从 100 多年前老塔克文上台之后，罗马就一直处在伊特鲁里亚人的统治下。但自从公元前 535 年阿拉利亚海战胜利后，伊特鲁里亚人的统治就开始变得举步维艰。

驱逐"傲慢者"塔克文之后发生的事情表明伊特鲁里亚的实力在减弱。小塔克文在伊特鲁里亚各个城市奔波，试图建立一个反罗马联盟。"我和你们血脉相连"是他最具说服力的理由。维爱和塔尔奎尼做出了回应。这两支队伍跟随小塔克文回到罗马城外，企图在伊特鲁里亚南部最重要的城市重夺统治权。

他们与罗马军队遭遇，一场恶战之后最终战败，但双方其实几乎打成了平手。李维评论说，罗马人取胜是因为他们牺牲的人数比伊特鲁里亚少了一人。之后伊特鲁里亚人又开始计划再次向罗马发动进攻，这一次由伊特鲁里亚城市克鲁修姆（Clusium）的国王拉尔斯·波尔塞纳（Lars Porsena）统率。

罗马人得知这一消息后恐慌不已。他们好不容易才击退了维爱和小塔克文，拉尔斯·波尔塞纳也因其勇猛好战而声名在外。罗马城外的农民因恐惧而抛下他们的农田，逃到罗马城内。

罗马城的独特之处在于只有三面城墙，其东面没有城墙，只依仗台伯河的天险防御。人们普遍认为这条河是不可逾越的，但有一条路可以让军队跨过台伯河直接进入罗马城：台伯河上有一座木桥，将城外东部的贾尼科洛山与罗马的中心连接起来。

于是拉尔斯·波尔塞纳绕开了城墙，从台伯河方向开始发动进攻。伊特鲁里亚军队像风暴一样席卷而来，轻而易举地占领了贾尼科洛山。驻扎在那里的罗马士兵扔掉武器,从桥上逃走避难。

只有一个名叫贺雷修斯(Horatius)的士兵没有逃跑,他坚定地站在桥的西侧,准备独守阵地。"他在一群四下奔逃的士兵中间特别明显,"李维写道,"手中握着剑和盾,准备迎敌。"[14]

据罗马神话记载,贺雷修斯阻滞了伊特鲁里亚人很长时间,这确保罗马的工兵部队及时赶到摧毁了这座桥。他不顾罗马士兵让他在木桥倒塌之前从桥上撤回的呼喊,继续奋战至整座桥化为碎片。"木桥坍塌,阻挡了伊特鲁里亚军队前进的脚步,罗马士兵此时也因及时完成了任务而欢呼。"李维写道。仍然身在城外的贺雷修斯穿着盔甲跳入河中游了回来。李维总结道:"此举着实伟大,也许这只不过是传说,但注定会名垂青史。"

像西拿基立从耶路撒冷城撤退一样,贺雷修斯守卫木桥的故事虽然只是两军交战中一件微不足道的事情,却因为一首诗而得以流传至今。在托马斯·巴宾顿·麦考莱(Thomas Babington Macaulay)的《古罗马叙事诗》(Lays of Ancient Rome)中,贺雷修斯成为英国爱国勇士的榜样:

> 城门的守将
> 勇者贺雷修斯如是说:
> "凡立身此大地者,
> 死亡终将到来。
> 面对死亡的恐惧,
> 怎样才算死得其所?
> 为守护先祖的遗骨,
> 为捍卫诸神的圣殿。"[15]

贺雷修斯此举或许英勇无比，但是守住木桥并不能阻止伊特鲁里亚人的进攻。波尔塞纳将他的军队部署在贾尼科洛山，封锁了河道，使罗马无法通过船只运送食物，然后开始围城。围城期间，双方多次交手，没有分出胜负；拖了一段时间之后，波尔塞纳最终同意撤军，条件是罗马必须做出让步。双方约定和平共处，这一约定虽然没有从根本上改变双方的关系，但至少使双方不再相互敌对。

这一约定表明伊特鲁里亚人和罗马人现在势均力敌。由于伊特鲁里亚人已经统治罗马达几十年之久，所以这对于伊特鲁里亚各城邦来说，其实意味着失败。就在同一年，罗马与迦太基缔结协议，认定台伯河南部海岸不属于伊特鲁里亚，而是罗马的领土。

波里比阿（Polybius）在《罗马帝国的崛起》(Rise of the Roman Empire)一书中对此协议有所记载。他认为，罗马与迦太基建立友好关系是基于一定的前提的，最重要的前提是罗马的船只向西不得驶过美丽海岬（Fair Promontory），也就是今天的邦角半岛（Cape Bon）。*如果一位罗马船长被迫偏离航道需要在禁区停靠的话，必须在五天内修好船只离开，"除了修缮船只或是祭祀所需的物品外，不许购买或带走任何其他物品"。[16] 美丽海岬东部的任何交易都必须有城镇官员在场（这大概是为了阻止罗马人在迦太基附近进行武器交易）。作为交换，迦太基人同意放弃对所有拉丁人口分布地区的统治，不在其附近修建堡垒，并且不会携带武器进入拉丁人的领

---

* 2000多年后，美丽海岬仍然是两军之间的分界线。据《卫报》(1943年5月13日)报道，冯·阿尼姆（Von Arnim）将军在邦角半岛最顶端投降，北非的轴心国军队也被迫投降。两天前，同盟国的海军和空军力量封锁了所有撤离邦角半岛的海上路径，"切断了邦角半岛到大陆的通道，把敌人的守卫军困在了人迹罕至且多山的邦角半岛"，《卫报》战地记者 E. A. 蒙塔古（E. A. Montague）把这一策略称作德国的"敦刻尔克希望"（1940年，法国被占领，同盟国军队撤离后，敦刻尔克面临德国的进攻）。(《北非结束了有组织的抵抗：冯·阿尼姆在邦角半岛被俘》，载《卫报》1943年5月13日）

土。显然，罗马人最关心他们未来的政治扩张，而迦太基人只想打造一个贸易帝国。

与此同时，伊特鲁里亚人退出了历史舞台。他们眼见就要失去波河附近的土地，而成群的凯尔特勇士正在翻越阿尔卑斯山，去往意大利北部地区。

据李维记载，由于人口激增，高卢已经变得"十分富裕，但人口众多，有效控制这些人口是非常困难的事情"。于是高卢的凯尔特国王派他的两个侄子分别带领人马去寻找新的土地。一个侄子北上，进入"德国南部"，另一个则带着"千军万马"南下进入阿尔卑斯山。他们翻山越岭，"打败了提基努斯河附近的伊特鲁里亚人"，然后建立了今天的米兰城。

入侵并未到此为止。李维描述了此后至少四次对高卢的入侵，每次入侵的部落都驱赶住在阿尔卑斯山南麓城市的伊特鲁里亚居民，然后在波河河谷建起自己的城镇。第四批抵达的凯尔特人发现"所有阿尔卑斯山和波河之间的地区都已被占领了"，于是他们"乘坐竹筏过河"，驱逐居住在亚平宁山脉和波河中间地区的伊特鲁里亚人，然后在那里定居下来。[17]

凯尔特人从山坡上冲向伊特鲁里亚诸城邦的城墙，这一幕一定令人十分胆战心惊。希腊人和罗马人之所以把这些部落命名为"凯尔特人"，是因为这个词在印欧语中是"攻击"的意思。凯尔特人的坟墓里发现了七尺长矛、锋利的铁剑、战车、头盔和盾牌，这些装备证明他们十分善战。[18] 波里比阿说："他们睡在稻草和树叶上，以肉为食，除了战争和农耕，别无所求。"

这次始于公元前505年左右的入侵是整个凯尔特文化入侵的一部分。而就在此时，新的风俗习俗开始取代旧的哈尔施塔特文化。这种新的文化使用绳结、曲线以及迷宫般的线条作为装饰物，首领的坟墓中陪葬的不是哈尔施塔特坟墓里那样的马车，而是双轮战车。但这两种文化之间的转变并非和平演变。在德国南部霍恩堡（Heuneburg）发现的哈尔施塔特墓地已经被洗劫一空，而多瑙河畔的堡垒也被烧毁。[20]

考古学家们把凯尔特文化的下一个阶段命名为"拉坦诺文化"（La Tène），这是根据这种文化在莱茵河南部最大的遗址来命名的。在有些地方，拉坦诺遗址位于哈尔施塔特遗址的南部，或是覆盖了哈尔施塔特遗址（霍恩堡和迪恩贝格就是此种情况），但总体来说拉坦诺遗址要偏北一些。[21] 我们现在把拉坦诺风格的艺术归为凯尔特文化的一部分，认为拉坦诺文化取代了哈尔施塔特文化。这不是外族入侵，而是内部权力更替：一种凯尔特文化取代了另外一种凯尔特文化。

这内部的权力斗争导致他们南下入侵意大利，后来的罗马历史学家查士丁（Justin）记载了这一事实：

> 高卢人来到意大利寻求新的居住地的原因是内部动荡和无休止的自相残杀。他们厌倦了这一切后就来到了意大利，把伊特鲁里亚人从原本的家园驱逐出去，建立了米兰、科莫、布雷西亚、维罗纳、贝加莫、特伦托和维琴察。[22]

这种动荡的局面可能把一部分凯尔特人驱赶至欧洲的西海岸，甚至可能使他们越过海峡到达不列颠岛。不列颠岛几百年来就已经有人在此居住，尽管我们对这些居民几乎一无所知，只了解他们把巨型的立石摆成圆圈，做一些与祭天有关的事情。最著名的巨石阵可能始建于公元前 3100 年,并且使用了 2000 年之久。* 但是这些人很快就被同样好战的伊特鲁里亚人赶到南部的凯尔特人同化了。就在公元前 500 年前后,不列颠的坟墓里开始陪葬有战车,就像德国南部的拉坦诺坟墓一样。

面对北方的入侵者,罗马共和国建立了新的政府来应对。李维写道:"在日益焦虑和紧张的情况下,第一次有人提议任命一个独裁官。"这一年是公元前 501 年,距共和国成立仅八年。

李维记录了投票的民众(应该说是军队)之所以通过这一提议,是因为当时军事上出现了很多紧急情况:与附近城市的战斗、萨宾人的敌对、来自其他拉丁城镇的断断续续的攻击、"民众"的动乱。但是北方的变动也影响到了南方地区,让整个半岛都陷入紧张的局势中。

独裁官这个官职并没有被赋予无上的权力。一任罗马独裁官只有 6 个月的任期,而且必须由执政官任命。通常情况下,独裁官就是执政官中的一个。他的职责就是在有外来入侵时保护罗马的安全,但他在罗马城中也有与众不同的权力。执政官在罗马城外有处以死刑的权力:如果与军事远征有关,执政官可对城墙外的罗马人处以死刑,但在罗马城里,他们不得不依照投票人口的意愿对罪犯处以惩罚。然而,独裁官不必咨询他人就可以在罗马城里行使生杀大权。[23]

---

* 普遍认为早在气候变化、冰期结束之前,最早的不列颠人就设法来到了这里,到了公元前 6000 年(在苏美尔各城邦早期,水位上的相同变化把波斯湾顶部向北推进)不列颠和欧洲之间的陆桥被海水淹没,于是这些人就被困在了此地。见第 1 册第 1 章。在凯尔特人到来之前,我们无从知晓不列颠人在这 1000 年的隔离期内究竟做了什么。

时间线 7			
波斯		波斯	罗马
	米底		
			老塔克文
	阿斯提阿格斯		
冈比西斯一世			塞尔维乌斯·图利乌斯（前 578）
居鲁士二世（居鲁士大帝）（前 559）			
			伊特鲁里亚联盟
			"傲慢者"塔克文（前 535）
			罗马共和国时期开始（前 509）
			凯尔特人入侵
			罗马出现第一位独裁官

任命第一位独裁官可能是为了对付四处掠夺的高卢人、拉丁人和伊特鲁里亚人，而且就像李维解释的那样，对不安分的罗马人加以控制也是他工作的一部分。他写道："罗马任命的第一位独裁官沿着街道庄严地行进，前面有仪仗性的战斧开道，这样可以震慑民众，让他们更加温顺……民众对这位独裁官既不能申诉，也不能求助，只有绝对服从。"[24]

绝对服从是罗马的第一道防线。这是共和国的权力第一次出于权宜之计而中断，但不是最后一次。

/ 08

王国和改革者

> 公元前 560 年至公元前 500 年间，印度分成多个王国和联盟，摩揭陀王国开始崛起。

在神话故事中的摩诃婆罗多战争与公元前 6 世纪中叶之间，印度的各部落经历了斗争和谈判后立下约定，进入了一个相对稳定的诸王国共存状态。

佛教口口相传的故事中提到了十六个这样的王国，后来以文字记载下来。* 其中包括从婆罗多战争中留存下来的俱卢（Kuru）、犍陀罗（Gandhara）、般遮罗（Pancala）；南部的阿湿波（Ashuaka）位于温迪亚和萨特普拉山脉以南，也就是今天的德干高原上；还有

---

* 我们考证这十六个王国早期历史的最佳资料是《巴利文大藏经》（Pali Canon，又称为《巴利三藏》），里面记载了大量口口相传的佛经，成书于公元前 1 世纪。《巴利文大藏经》分为三个部分：《律藏》，是关于寺庙中的僧尼的戒律；《经藏》，包括数百种佛教教义（"经"指的是一种布道或教义），其本身分为五部分，统称为《阿含经》；《论藏》，是基于《经藏》中教义的系统神学。四个主要的佛教派别（上座部、大众部、说一切有部、正量部）都使用《巴利文大藏经》，而且这是上座部佛教唯一的经文。《巴利文大藏经》的内容关乎修行，而不关乎政治，我们从中获得的历史都是从过去的评论或是用来阐明某种戒律来源的故事中收集而来的。

位于恒河转弯处以南的摩揭陀国（Magadha）。*

这十六个国家被称为十六雄国（mahajanapadas），这个词起源于很久很久之前。早期游牧的雅利安武士集团称自己为"jana"（梵语意为"部落"）；他们定居在恒河流域，占领那里的土地，并且对"jana"这个词加以延展，称自己为"janapada"，意为有土地的部落。十六雄国指的是那些通过占领其他部落的土地而建立起来的王国。在这些王国中，国王本人、他的亲戚和武士都属于刹帝利（kshatriya）种姓**。出生在刹帝利家庭的人，生来就被赋予成为精英的权力。

刹帝利享有政治权力，但祭司也能行使自己的特殊权力。雅利安人南下至印度之后，祭祀就已经成为其日常生活的一部分：《梨俱吠陀》中一首早期的赞美诗这样写道："因陀罗出手相助，那些献身祭祀之人，那些唱诵圣歌之人，那些烹制圣餐之人，那些受圣言激励之人……那些为主持祭司献礼之人。噢，人们啊，他们就是因陀罗。"[1] 古老的雅利安人的修行方式结合了哈拉帕文化中的元素和其他当地部落文化中的元素，后来成为印度教中最古老的核心修行方式。祭司是印度社会的第一批贵族，他们在十六雄国时期依然具有影响力。像统治阶级刹帝利一样，祭司也有自己的种姓：出生

---

* 在佛经中找到的最完整的列表记载于《毗舍佉布萨经》(*Visakhuposatha Sutta*)中。这十六个王国分别为：甘菩遮（Kamboja）、犍陀罗、俱卢、般遮罗、末罗（Malla，其中包括八个氏族的联盟，名为跋耆）、跋蹉（Vatsa, Vatsya, Vansa）、憍萨罗（Kosal, Kosala）、摩差（Matsya, Maccha）、苏婆娑（Surasena, Shurasena）、车底（Chedi, Ceti）、阿槃提（Avanti）、阿湿波（Ashuaka, Assaka）、迦尸（Kashi, Kasi）、摩揭陀、鸯伽（Anga）、文伽（Vanga）[参见《增支部尼柯耶》（Anguttara Nikaya）VIII.43,《佛教居士修行》（*Lay Buddhist Practice*），汉堤帕罗比丘（*Bhikkhu Khantipalo*）译；罗米·拉塔帕尔（Romlia Thapar）《古印度：从起源到公元1300年》（*Early India: From the Origins to AD 1300*），第138页；约翰·凯伊《印度：一部历史》，第45页]。

** "caste"（种姓）一词是葡萄牙人于16世纪发明的。古印度人更倾向于使用梵语词"jati"（出身）。

在祭司的家庭的人就是婆罗门,代代世袭祭司的特权。

这种三分制社会——祭司、武士首领和其他人(这些"其他人"被称为吠舍,属于平民阶层)——在古代社会并不罕见。但是在印度,祭司掌管着一切。在其他大多数的古代社会中,国王和武士处在权力的最顶层,即使是那些嘴上说着敬重诸神的人也可以把他们的先知和祭司关押起来,甚至处决他们。而且在其他古代社会中,国王能够行使一定的神权,有时还会成为最高的宗教领袖。

但是婆罗门独享特权。在十六雄国时代,生来不是刹帝利的人,只要有祭司为他举行仪式授予他神权,就仍然可以成为国王,但是生来不是婆罗门的人却无法成为祭司。[2] 据后来的印度教经典《摩奴法典》(*The Laws of Manu*)记载,婆罗门是所有其他阶层的"主人",是人类中的佼佼者:"生来就是世界上最高贵的人,是万物的主宰,为保护法律而生,世间一切皆为婆罗门所有……婆罗门的确是被赋予了一切。"[3]

对于那些游牧部落来说,用动物祭祀原本是非常重要的事情,但到了十六雄国时代,随着印度城镇人口不断增长,这种祭祀方式逐渐被摒弃了。然而,上天赋予那些"生来就是世界上最高贵的人"的权力却丝毫没有减少。祭司的重要性在那些武士集团的观念中根深蒂固,因此婆罗门非但不会失去饭碗,反而会永远处于核心位置。他们不再从事祭祀了,而是在之前祭祀的地方举行没有牺牲的宗教仪式:在黄昏来临时祭拜炉火,照看神像以示对神灵的尊崇,主持婚礼和葬礼。[4]

十六国的周边地区有一些部落拒绝并入十六雄国中的任何一个王国。这些部落没有建立王国,而是建立起独立的联盟,称作迦纳-僧伽(gana-sanghas)。

地图 8-1　印度诸王国

这些迦纳-僧伽部落很可能根本不是雅利安人的后代，他们在武士部落到达之前就是恒河流域的居民。武士部落和迦纳-僧伽部落通婚（正如婆罗多战争中般度氏族与般遮罗部落联盟的故事那样）很可能减少了种族之间的巨大差异。但一个强有力的证据可以证明迦纳-僧伽人绝对不可能是雅利安人：宗教仪式对于十六雄国的印度人来说至关重要，但是对于迦纳-僧伽人来说却并非如此。

迦纳-僧伽只有两类人：拥有大部分土地的统治家族和在土地上

劳作的雇工或是奴隶。统治家族的首领做出决定（开战、与其他部落交易、从灌溉系统调水灌溉土地），而劳动人民没有任何发言权。[5]

十六雄国中也有没有发言权的仆人。他们是第四类人：既不是统治阶级刹帝利或婆罗门祭司，也不是像农民、陶工、木工、瓦工那样的普通吠舍。《梨俱吠陀》中的一首诗描述了每个种姓的神话起源，称婆罗门高高在上，从巨大的原人（Purusha）的口中出生，原人造就了整个世界：

> 婆罗门是他的嘴
> 他的两只手臂变成了刹帝利
> 他的两条大腿是吠舍
> 他的两只脚成了首陀罗[5]

首陀罗就是奴隶或仆人，是处于第四层的下等人。他们没有话语权，也没有权力，无法从奴役中解放出来。法律允许他们的主人一时兴起杀掉他们或者流放他们，却不允许他们听神圣的《吠陀经》（如有偷听就要把熔化的铅水注入其耳朵）。[*]他们并不是十六雄国的社会成员，而是另外的东西。首陀罗的起源不明，或许最早是被征服的某个外族。

在这种等级分化严重的社会中，肯定有人会感到不满。

第一个反对所有这种等级制度的声音来自迦纳-僧迦。公元前

---

[*] 公元前600年，最古老的雅利安诗歌集《梨俱吠陀》衍生出三部诗歌集：《婆摩吠陀》(《梨俱吠陀》中专门在宗教仪式中咏唱的颂歌集)、《耶柔吠陀》(《梨俱吠陀》结合了较新文本的颂歌集，由专职祭祀之人咏唱，这些人被称为祭司，在宗教仪式中担任特别职责)和《阿闼婆吠陀》(不仅收录了颂歌，还包括日常生活中所使用的咒语和礼仪)。[约翰·Y. 芬顿（John Y.Fenton）等《亚洲的宗教》(*Religions of Aisa*)，第27—28页。]

599 年前后，改革家那塔蒲塔·筏驮摩那（Nataputta Vardhamana）出生于恒河流域东北部的一个迦纳-僧伽部落联盟，该部落联盟名为跋耆（Vrijji）。[8] 他自己所在的部落叫那特里卡（Jnatrika），他出身富贵之家，是一位王子。

据他的追随者记录，他的改革始于公元前 569 年，是年他 30 岁。他先是放弃了自己与生俱来的财富和特权，除了一件衣服之外别无一物。他花了 12 年的时间沉默冥想。之后他想象出一种脱离祭司的生活：他的世界里没有婆罗门，人生的目的不是通过祭司的帮助与诸神沟通，也不是像经文中传授的那样，生来就要履行天职以取悦诸神。* 人类应该通过克制自身的欲望（贪婪、好色、食欲），把自己从物质世界的束缚中解脱出来。

公元前 567 年前后，他开始赤脚穿越印度，宣讲五大教义，即五誓言：不害（ahisma），即不以暴力伤害任何生物（第一次系统解释了为什么动物也有权利）；诚实（satya），即要说实话；不偷窃（asteya），即不盗窃任何东西；纯洁（brahmacharya），即不沉溺于肉欲的快乐；不执着（aparigraha），即不依附于任何物质（他为了展示这一教义，丢弃了身上唯一的一件衣物，赤身裸体而行）。那塔蒲塔·筏驮摩那的追随者称他为"大雄尊者"（Mahavira，意为

---

* 公元前 6 世纪，印度教经历了新的大发展（与政治演变不无关系），并且衍生出三个不同的分支。行为派是由祭司统治的印度教的一支，强调每个人的任务就是履行自己生来所在的阶层的职责。知识派注重的不是行为，而是通过学习《奥义书》达到精神上的高度顿悟，《奥义书》是在十六雄国时期开始被记载下来的新教义。虔诚派强调的则是将对印度诸神中最高神灵（湿婆神或是毗湿奴）的崇拜作为美好生活的中心。这三个分支都为那些在行为、顿悟或是虔信中出类拔萃的人提供重生的机会，使其拥有更好的人生或是（最终）获得永生。这是对非常庞大且复杂的宗教流派的一种十分简单的概括。约翰·芬顿等人的《亚洲的宗教》中的介绍十分标准，对印度教的发展进行了较为详细的解释。金姆·诺特（Kim Knott）的《印度教简史》（*Hindusim: A Very Short Introduction*）也给出了很好的概括。另外一份更为详细的资料（虽是学术性的，但是仍然值得一读）是瓦苏达·纳拉亚南（Vasudha Narayanan）的《印度教：起源、信仰、修行、圣言、圣地》（*Hindusim: Originis, Beliefs, Practices, Holy Texts, Scared Places*）。

"伟大的英雄")。[9]

这些教义并非全新的观点。主流印度教也教导人们以不同的方式把自己从物质世界中解放出来。筏驮摩那算不上是创新者,而是现有教义的改革者。但他提出要极度克己,并且要尊重所有生命,这足以吸引大量的追随者。他的教派被称为耆那教(Jainism),而他的追随者被称为耆那教徒。*

几年后,另一个创新者出生于十六雄国之外的迦纳-僧伽。像筏驮摩那一样,他也生于富贵王侯之家。他也在30岁左右时放弃了自己享有的特权,开始自我流放。他也得出了类似的结论:自由只存在于那些能够克制自身欲望的人身上。

这个创新者就是悉达多·乔达摩(Siddhartha Gautama),他是释迦族的一位王子,其家族生活在筏驮摩那出生地跋耆联盟的北部地区。据传统故事记载,他早年家庭生活安逸幸福:他有妻子女儿,他的父王让他在王宫高墙之内享受荣华富贵,对世间的疾苦一无所知。

但有一天,悉达多命令他的车夫驾车带他到花园里游玩。在那里他看到了一位老人,老人"牙齿零落,头发花白,弯腰驼背,手持拐杖,蹒跚前行"。他为眼前这种年迈衰残的景象深深震撼,回到王宫后,觉得"出生是种耻辱,因为所有人出生之后都要变老"。后来他摆脱了这种想法,但是他再次去花园时,又看见一个疾病缠身的人,那人没多久就咽气了。这使他内心更加困惑。

后来他在一次宴会上顿悟。当时很多美女围在他身边载歌载舞,

---

* 这里依然是概括性的叙述;如想了解更多资料,可尝试基础的巴拉特·S. 沙阿(Bharat. S.Shah)的《耆那教简介》(*An Introduction to Jainism*),或者更学术的保罗·邓达斯(Paul Dundas)的《耆那教徒》(*The Jains*)。在当代,耆那教最著名的追随者当属圣雄甘地,他的非暴力变革运动的核心就是来自"不杀生"这一教义。甘地本身并不信奉耆那教,但他所成长的城市有大量耆那教徒。

但是随着夜幕降临，那些美女逐渐疲惫不堪，一坐下就睡着了。这位王子环顾四周：

> 仔细打量那些熟睡的美女，乐器散落在她们身边的地面上，有的嘴角流着唾液，有的正在磨牙，有的在说梦话，有的张着嘴巴，有的衣衫不整，身体裸露，令人恶心。这种反差使他更加厌恶肉体的欢愉。在他眼里，那座辉煌的官殿……变得像是一座坟墓，四处钉满了开始腐烂的尸体。[10]

从此以后，他就开始了自我流放。据记载，那一年是公元前534年。*

悉达多在外漂泊了几年，试图让自己接受人不可避免地走向衰老并腐朽的事实。他尝试冥想，但冥想之后还是要面对逐渐走向痛苦和死亡的现实。他尝试像耆那教徒那样禁欲苦行，通过绝食来减少自己与尘世的联系。后来有记载说，他的"脊椎突出，像条绳索"，他的肋骨就像"破旧的露天牛棚上面突出的椽子一样"，他的眼睛深深地凹进眼窝中，"就像深井中的水泛起的微光一样"。[11] 然而，这种禁欲苦行并没有让他从普通人的境遇中超脱出来。

最后，他终于找到了自己一直在寻找的答案。限制人的并非仅仅是欲望，还有人本身的存在，"人生在世总是摆脱不了强烈的欲望"，并且总有所求，"渴望获得肉体的欢愉，渴望永存世间，还渴

---

* 最近的学术讨论认为筏驮摩那（前599—前527）和佛陀（前563—前483）的出生和死亡年代有误，之前的记载大约早了100年，两人的出生年代都应该推迟至下一世纪。虽然很多人支持这一说法，但是印度学者对此并非全都赞成。由于仍然存在不确定性，我决定还是使用传统的年代。

望超脱尘世"。[12] 摆脱欲望的唯一办法就是超脱于人本身的存在。

意识到这一事实后,悉达多便开悟了。从此以后,他不再是悉达多·乔达摩,而是成为佛陀:他开悟后进入涅槃。涅槃便是对某种真谛的大彻大悟,这种领悟凭空而生、无果而终、超脱于万物,是一种无法用语言描述的存在。*

这不仅是一种精神上的发现,而且是一种(尽管声称超脱于尘世)政治立场。这种立场既反对婆罗门又反对等级制度。婆罗门的印度教强调轮回,这就意味着大多数印度人面临着一次又一次令人厌倦的人生,只有通过轮回,他们才有希望摆脱种种约束,然而等待他们的可能又是一次与之前相同或是更为痛苦的人生。用凯伦·阿姆斯特朗的话来说,这种存在"无法让人看到重生的希望,反而会让人再次面临死亡的威胁……经历一次走向衰老的过程,或者经受一次疾病困扰,或是经历一次死亡的恐惧,都足以令人痛苦,而一次又一次地重复这种痛苦令人无法忍受,而且毫无意义"[13]。在一个死亡算不上是解脱的世界里,必须找到另外一种解脱方式。

佛陀的教义同样反对婆罗门(和刹帝利):每个人都必须依靠自己,而不能指望某个强大的领袖来解决自己所有的问题。再后来,9世纪的一位佛教大师留下一句名言:"见佛杀佛。"这是为了向他的学生强调不要屈从于任何权威人物——哪怕他是身受天命之人,无论其是国王还是祭司。[14]

佛陀很快也有了追随者,他们来自各个阶层。

就在大雄尊者和佛陀宣扬放弃物质财富之时,十六雄国的国王

---

* 如果想了解更多信息,基本资料可参考凯伦·阿姆斯特朗(Karen Armstrong)的《佛陀》(*Buddha*),还有迈克尔·卡瑞提斯(Michael Carrithers)的《佛陀简介》(*Buddha: A Very Short Introduction*),关于佛教研究更为全面的资料可参考彼得·哈维(Peter Harvey)的《佛教导论:教义、历史与修行》(*Introduction to Buddhism: Teachings, History, and Practices*)。

们正在不断地争夺领土。恒河的北部迦尸、憍萨罗与南部的摩揭陀是争夺领土的主要国家，它们为争夺恒河流域而发动战争，之后大雄尊者的出生地迦纳-僧伽跋耆联盟也卷入了战争。

迦尸和憍萨罗交替掌权，两者掌权时间都不太长。而恒河下游的摩揭陀逐渐发展壮大。公元前544年，频毗娑罗（Bimbisara）登上摩揭陀的王位，成为印度第一位帝国缔造者，尽管其帝国势力范围并不大。就在佛陀即将开悟之时，频毗娑罗正召集他的军队攻打位于恒河三角洲的王国鸯伽，鸯伽控制着河流的入海口（通过控制孟加拉湾），其重要城市坎帕（Campa）是商船沿海岸南下的重要港口。[15] 频毗娑罗发起进攻，占领并吞并了鸯伽。

鸯伽算不上是一个大国，却是十六雄国中第一个永久地被他国吞并的王国，这预示着之后还会有很多王国被吞并。频毗娑罗并非只靠武力取胜。他通过联姻控制了憍萨罗的一部分领土，又通过另一桩婚姻与位于西部边境的迦纳-僧伽建立友好关系。[16] 频毗娑罗在全国铺设道路，这样就可以方便他出行，并召集各村落领袖前来商议大事。这些道路还便于他征收（和管理）赋税。他欢迎从北方远道而来的佛陀，因为任何旨在削弱婆罗门力量的教义都必然会增加国王的权力。他意在把摩揭陀建造成一个小型帝国，而不是仅仅把几个武士氏族勉强聚拢在一起。长久以来印度与西方帝国的发展道路截然不同，现在也渐渐走上帝国之路。

时间线 8	
罗马	印度
	恒河流域十六雄国
老塔克文	
	大雄尊者出生（传统记载前 599）
塞尔维乌斯·图里（前 578）	
	佛陀出生（传统记载前 563）
伊特鲁里亚联盟	（摩揭陀）**频毗娑罗王**
"傲慢者"塔克文（前 535）	
罗马共和国时期开始（前 509）	大雄尊者去世（传统记载前 527）
凯尔特人入侵	
罗马出现第一位独裁官	
	佛陀去世（传统记载前 483）

/ 09

为人之道与用兵之道

> 在中国，公元前551年至公元前476年间，一位哲学家和一位将领试图在乱世中有所作为。

东周建立后，诸侯国中崛起了四大强国——晋、齐、楚、秦。还有一个国家也在崛起，那就是位于东南沿海的越国。历史上把这段时间称为春秋五霸时期，实际上还有四个诸侯国通过吞并其他一些小国而崛起成为强国。鲁国和吴国都是沿海国家，郑国与周天子直辖的领土接壤，宋国则位于它们的最东边。

周地处天下之中，但其统治已经几乎完全成为象征性的。各诸侯国由自己的国君统治，依靠自己的军队在边境地区御敌。尤其是晋国，它一直在与北方的蛮族部落狄人作战。战争持续了几十年，晋国的势力范围也逐渐向北扩展。

在这个由多个诸侯国拼缀而成的国家内部，局势逐渐变得很不稳定。周襄王在位很长一段时间后去世了，他的儿子继位（在位6年），然后他的孙子继位（在位7年）。他的孙子年龄尚小，并无子

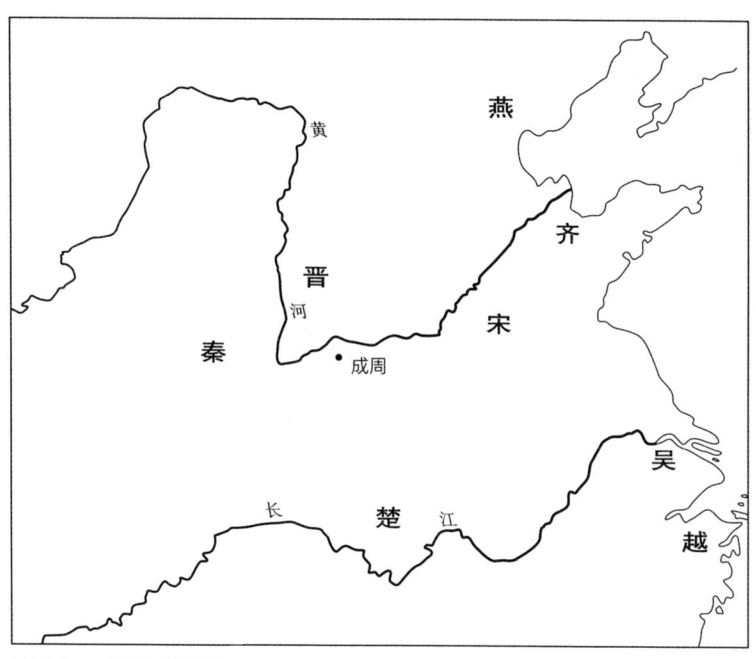

地图 9-1　春秋时期强国

嗣，于是到了公元前606年，他的弟弟周定王继位。

这些短暂的统治似乎表明了周朝的都城出现了某种动乱，而楚王伺机而动。

地处南部地区的楚国不属于最初的"中原地区"，而晋国和郑国依然视楚国为半蛮夷地区。但无论楚国是否属于蛮夷之地，都不影响其实力强大的事实。在周迁都后的250年间，楚国士兵不断向北部和东部地区发起进攻，吞并了一个又一个诸侯国。18世纪的历史学家高士奇写道："夫前世带砺之国，棋布星罗。"他列举了几个曾经分布于楚国北部边界的分封国，这些分封国在春秋时期一个接一个地从地图上消失了。他解释说："自邓亡，而楚之兵申、息受之；申、息亡，而楚之兵江、黄受之；江、黄亡，而楚之兵陈、蔡受之；陈、蔡不支，而楚兵且交于上国矣。"[2]

周定王刚一登基，楚王就亲率大军北上。楚军并非直接进攻洛阳，而是声称为了攻打犬戎；80年前这个北方蛮夷部落曾联合周襄王同父异母的兄弟争夺王位，他们一直在侵扰中原周边地区。晋军把犬戎赶至秦国，而秦国的军队却很快把他们向南驱赶得更远，现在他们就活动在王畿的西部边境地区。

楚国攻打这些蛮夷部落并非为了保护周王的领土。楚王向这些小国进军时，犬戎并没有威胁到周朝。司马迁的记载表明，楚王并不把周天子放在眼里。他写道："定王元年，楚庄王伐陆浑之戎。"[3] 在此之前，从来没有一个诸侯国的国王被赐予过"王"的头衔。事实上，楚王称自己为"王"是非法的，但周天子似乎无力反对。

楚王对蛮夷的讨伐充其量算是敷衍了事。一到北方，他就派出一名使者，不是去要求犬戎投降，而是去了周朝的王宫，提出了非分的请求。司马迁写道："使人问九鼎。"500多年来，周朝的九鼎一直象征着王权。*

我们不知道为什么楚庄王想打听九鼎的事情，但这绝对不可能是好奇心使然。据司马迁记载，周定王没有直接给出回答，而是派了一位朝廷官员出面应付，不久后，楚王就撤回到南方。周王如何化解了这场危机至今仍是个谜。也许是楚王称自己为"王"时，周定王并未反对。

楚国不断发展壮大。据《左传》(孔子编写的《春秋》的补充

---

* 参见第1册第49章。

注释）记载，楚王占领了小国蔡国之后，就把蔡国的太子活活烧死了。侵周十年之后，楚王又入侵郑国。也许是担心自己也被烧死，郑公提出效忠楚国，成为其诸侯国。据《左传》记载，他当时乞求道："不泯其社稷，使改事君。"4

楚王同意了。现在，他的领土对周的两侧边界都构成威胁。

与此同时，周定王的王位先后传给了他的儿子、孙子还有曾孙。他的曾孙周景王于公元前544年登基，他在位的20年间，天下并不太平。尽管他想立自己最宠爱的儿子姬朝（他的庶长子）为太子，但还没来得及正式册封他就去世了。这一年是公元前520年。

周景王的嫡长子姬猛立刻抓住时机，夺取了王位。姬朝勃然大怒，向他的哥哥发起进攻，将其击败，然后自己即位。姬猛不久就忧惧而死，后来被称为周悼王。他的其他几个兄弟都逃出了都城。

逃跑的几个兄弟中有一个是姬匄，他逃到位于北方的晋国寻求帮助。晋王同意派出一支作战经验丰富的大军援助姬匄。他还举行了一个加冕仪式，宣布姬匄是流亡在外的合法君主。后来姬匄的谥号是敬王，这样的称号仿佛是在强调自己登上王位是正当之举，不过有些站不住脚。周敬王带领着晋军折回，朝着守卫森严的周都进军。

姬朝率军阻击。兄弟俩打了三年的内战，到了第四年，周敬王攻入周都，姬朝兵败逃亡。

这一切结束后，东周的统治几乎一片混乱，血雨腥风。王气已经消散，周边的诸侯国都想取周朝而代之，于是它们之间发生了更大的战争。

在鲁国，一位改革家在乱世中出生。他的名字叫孔丘，几千年来，后世读书人都奉其为师。2000多年后，耶稣会传教士来到中国，他们把孔夫子拼写成Confucius，这个拉丁化的名字开始闻名于全世界。

跟印度同时代的哲学家一样，孔子也出生于一个没落的贵族家庭，他是商纣王同父异母哥哥的旁系后代。但与印度哲学家不同的是，他家境非常贫寒。

他在 21 岁的时候娶妻并生有一子，他当时做的是记录国库粮食运输的差事。[5] 这个差事要求精确、注重细节、记录完整，年轻的孔子发现自己天生适合这一差事，因为他从小就是一个一丝不苟且做事有条不紊的男孩。随着年龄的增长，他对祭祀祖先和神灵的仪式、与生死以及婚姻有关的仪式、诸侯国朝堂上的礼仪和周王朝堂上的礼仪颇感兴趣。

孔子做了十年左右的政府史官。他因为通晓诸多仪式庆典而声名鹊起。鲁国朝廷一有需要就召他进宫，以确保能以合适的礼仪接待来访者。那时他已经接纳那些迫切想跟他学习知识的人为学生。

他三十出头时，鲁昭公就定期向他请教。他不再做史官的差事，成为了鲁国官员儿子们的老师。[6] 就在他刚刚开始新的事业——关于礼仪庆典和礼仪道德的知识成为其新事业的核心内容——之时，周王室爆发了内战。

虽然周王朝在政治上失去了影响力，但是其周围诸国的君主仍然有个共识，那就是周王如以往一样依然享有仪式上的重要性，即使他没有实际的统治权，但他仍然掌管着某种他们不愿破坏的宇宙秩序，这在一定程度上掩盖了周王缺乏影响力的现实。楚国问询九鼎一事或许是第一次打破了这种共识。两位同时加冕的周朝君主——他们都声称自己才是合法的王位继承人——之间的血腥争斗表明，周朝权力的裂痕已经无处不在。

孔子是一个看重秩序的人，他开始教授他的学生如何在无序和混乱的世界里寻找秩序和安定。

他的学说极力宣扬以往社会中最好的一面——或者至少他认为曾经存在过的理想社会。他收集中国最古老的诗歌和乐曲，编成一部诗集，名为《诗经》，供后人使用（孔子认为，人们从中可以学到很多东西，下至父子之道，上至君臣之道）。[7]他还收集了大量仪式和典礼制度，编成一部名为《礼》的书，不仅包括丧葬时人们应持有的态度（参加丧葬之日不应流露喜悦之色）[8]，而且包括每月可行之事（"仲秋之月……可以筑城郭，建都邑，凿窦窖，修囷仓"），规范了一切应有之礼。他的语录被弟子编成另外一部作品集《论语》。

《论语》中的哲理并非孔子首创，正如大雄尊者不是耆那教的鼻祖一样。孔子的创新之处在于通过回顾过去来探寻前行之路。他告诉他的弟子："我非生而知之者，好古，敏以求之者。"[10]他通过研究历史得知，在局势动荡的中国，平静和美德都存在于礼仪之中。据说，他曾说过："不学礼，无以立。恭而无礼则劳，慎而无礼则葸，勇而无礼则乱，直而无礼则绞。"

在一个似乎只能靠武力维系国家统治的世界里，孔子为人们提供了另外一种治理国家之道。了解自身职责并能践行一生的人可以成为国之栋梁——君王、将军或是贵族。《论语》曰："为政以德，譬如北辰。居其所而众星拱之……道之以德……有耻且格。"*[12]

在40岁之前，孔子被迫逃离鲁国。当时鲁昭公被一个来自贵

---

* 乔纳森·克莱门茨（Jonathan Clements）的《孔子传》（*Confucius: A Biography*）可供初学者了解这位哲学家的生平及其生活的年代；对于非专业人士来说，1938年阿瑟·韦利（Arthur Waley）的《论语》译本（Vintage，1989年）或是近些年出版的西蒙·利思（Simons Leys）的《论语》译本（W.W. 诺顿，1997年）都十分通俗易懂；姚新中的《儒家思想简介》（*An Introdcution to Confucianism*，剑桥大学出版社，2000年）则是更为详细的、更学术的入门读物。

族家庭的对手赶出了鲁国，孔子跟随流亡的鲁昭公逃到了邻国齐国，请求齐景公相助，而齐景公平时对这个南方邻国总是忽冷忽热。

然而，当时齐景公十分热情地接待了流亡中的鲁昭公。但是孔子发现自己遭到齐国大臣的嫉妒，他们联合起来不让孔子接近齐景公。[13]孔子找不到任何差事可做，只好又回到了鲁国。回到鲁国之后，孔子明确表示自己不再参与任何政事。这是明智之举，因为鲁国当时被三个家族共同统治，任何一方都没能明显占上风。（最终，孔子谋了一份文职，但他把大部分时间都用在了编写鲁国的历史《春秋》上。）

在西部稍远的地区，周敬王名义上统治着周王朝，可他面临着诸多麻烦。他那流亡在外的哥哥姬朝12年来一直不安分，蛰伏待机；他的属下（可能是那些不满晋国干涉自己内政的人）造反，再度攻打周都，把周敬王赶了出去。周敬王来到晋国，请求晋昭公出手相助。次年，晋军再次成功护送周敬王回到周都。[14]

这是晋国最后一次大胜。没过多久，晋昭公就发现自己陷入了困境。在不断地攻打蛮夷之后，晋国几大家族变得越来越富有：其中一个大家族宣称生来就拥有兵权，另外一个大家族不仅占领了大量蛮夷的土地，还与蛮夷部落缔约结盟。这几个家族与其他各家族开始相互倾轧，以期更多地控制晋国朝政。公元前505年，内部的斗争越发严重，甚至影响了晋国进攻蛮夷部落。据《春秋》记载，晋国军队显然因内部斗争而四分五裂，因此不得不从对蛮夷部落一个据点的围攻中撤兵，无功而返。[15]

公元前497年，晋国的两个大家族与另外四个大家族间爆发内战，齐、鲁、郑、卫为削弱晋国的霸权，也相继卷入了战争。

现在，鲁国四分五裂，晋国动荡不安，而周王软弱无能。楚国统治南方地区已有100年之久，现在正在应对吴国和越国对其东南部的入侵。吴国暂时占据上风,宣布自己在整个南方地区称霸,而越国见此便开始倒戈攻打其盟国。[16] 周天子甚至在政治舞台上销声匿迹了。很多历史学家把周朝定都东部的时期(东周时期,公元前770年至公元前256年)分为两个阶段(春秋时期,公元前770年至公元前476年;战国时期,公元前475年至公元前221年),这两个时期之间的前481年到前403年是一个过渡阶段,纷争不断。

在这期间,另一位哲学家(勉强称得上)也尝试为统一中国出谋划策。此人就是孙子,曾经是吴王的将领。*他认为连年战争对于国家来说毫无益处:"夫兵久而国利者,未之有也。"[17]《孙子兵法》所讲的内容主要就是如何通过尽量避免战争而战胜敌人。"不战而屈人之兵,善之善者也,"孙子写道,"其用战也,胜久则钝兵挫锐……未睹巧之久也。"[18] 孙子是不提倡西亚的战争中常见的围城战术的。"勿围城,"孙子说,"攻城则力屈……则诸侯乘其弊而起,虽有智者不能善其后矣。"

孙子深知国家内部的敌人与外部的敌人同样可怕。在一个国家里,如果你的朋友像敌人那样算计你,那么欺诈就成了一种生活方式。"兵者,诡道也,"孙子写道,"能而示之不能,用而示之不用,近而示之远,远而示之近。"[20] 这位善战的将领不仅懂得蒙蔽敌人,而且时时提防敌人蒙蔽自己。孙子解释道:"辞卑而备者,进也;辞强而进驱者,退也……无约而请和者,谋也。"[21]

孔子和孙子是同时代的人,他们都提出了关于秩序的哲学,用来应对国家分裂;要么通过合理行使社会职能实现稳定,要么通过

---

* 关于孙子生活的年代是存在争议的。他的著作《孙子兵法》直接提到了东南部的越国,因此其生活年代应定位在吴国称霸而越国奋起反抗之后那段时期。他写道:"以吾度之,越人之兵虽多,亦奚益于胜败哉?"

武力实现稳定。孙子的理论和孔子的理论一样既系统又全面，而且还一度占了上风。据公元前1世纪的史学家刘向记载，东周各国"贪饕无耻，竞进无厌……上无天子，下无方伯。力功争强，胜者为右。兵革不休，诈伪并起"[22]。

各国政府已经成为军事统治者的舞台，每个人通过无休止的战争来维持自己的权力。战争可以使国家向外扩张领土，没有战争，国家就会从内部瓦解，如同被戳破的气球，因此战争就如同为热气球充气的热源，支撑着各个国家。

时间线 9	
印度	中国
	定王
恒河流域十六雄国	楚庄王问鼎
大雄尊者出生（传统记载前 599）	
佛陀出生（传统记载前 563）	孔子出生（前 551）
（摩揭陀）**频毗娑罗王**	景王
大雄尊者去世（传统记载前 527）	悼王
	敬王
佛陀去世（传统记载前 483）	孙子《孙子兵法》
	春秋时期结束（前 476）孔子去世

/ 10

波斯帝国的扩张之路

> 公元前539年至公元前514年间，居鲁士大帝在战争中阵亡，冈比西斯征服埃及，印度的摩揭陀王国发展壮大。

居鲁士大帝攻下巴比伦后统治帝国还不到九年时间，就在与一位并不知名的女王的冲突中战败身死。

他一路北上扩张领土，横跨乌浒河（Oxus river，今称阿姆河）后直入咸海以东的中亚荒野之地。居住于此的山区部落是斯基泰人的一支，希罗多德称他们为马萨格泰人（Massagetae），他们骁勇好战，使用带有青铜尖的弓箭和长矛，崇拜太阳，并且"不事耕种，渔牧为生"。[1]

起初居鲁士尝试与马萨格泰人缔约，以将其征服。他给马萨格泰人的女王托米丽司（Tomyris）传去口信，提出要娶她为妻。托米丽司不但拒绝了此事，而且派她的儿子袭击波斯军队的队尾。托米丽司的儿子战败被俘。

由于无法忍受这份耻辱，托米丽司的儿子自杀了。听闻此事，她给居鲁士传去口信:"我向太阳发誓,定会让你饱饮鲜血。"之后她便率领举国之兵抵抗来袭的波斯人。公元前530年,两军相遇,这场战争规模不大,却惨烈无比。希罗多德说:"我认为这是非希腊人之间有史以来最激烈的一次战斗。"考虑到他对非希腊人的态度,他这样说就意味着这可能是有史以来最野蛮的一场战争。他们用弓和箭作战,还用上了长矛和匕首。

马萨格泰人做到了亚述人没能做到的事情:他们消灭了大部分波斯士兵。居鲁士本人也在此战中身亡。马萨格泰人在战场上获胜之后,托米丽司就在一片血泊中查看波斯人的尸体,直到她找到居鲁士的尸体。她割下居鲁士的头颅,把它塞进一个灌满了鲜血的酒囊里,然后对着居鲁士的尸体说:"我警告过你,我定会让你饱饮鲜血。"[2]

杀子之仇已报,托米丽司任由剩下的波斯士兵把这位伟大国王的尸体从战场上带走。他们洗掉国王脸上的鲜血,以战败的葬礼仪式把他的尸体运回帕萨尔加德(Pasargadae)。

居鲁士早已为自己建好了坟墓:那是一座尖顶的石屋,外表雕刻着树木花纹,下面是七层金字塔形的阶梯。人们为他的尸体穿上王袍,佩戴上配饰,让他手里拿着武器,然后把他安放在一个金质的长榻上。坟墓封闭之后,一队波斯祭司受命居住在坟墓附近的一座小房子里,守护居鲁士的长眠之地。

居鲁士的长子冈比西斯二世加冕继位。他担任父亲的指挥官也有些年头了。事实上,居鲁士跨越乌浒河之前,冈比西斯二世一直都伴其左右,之后居鲁士派他回到帕萨尔加德处理事务,因为在居鲁士眼里那场战争实在是微不足道。

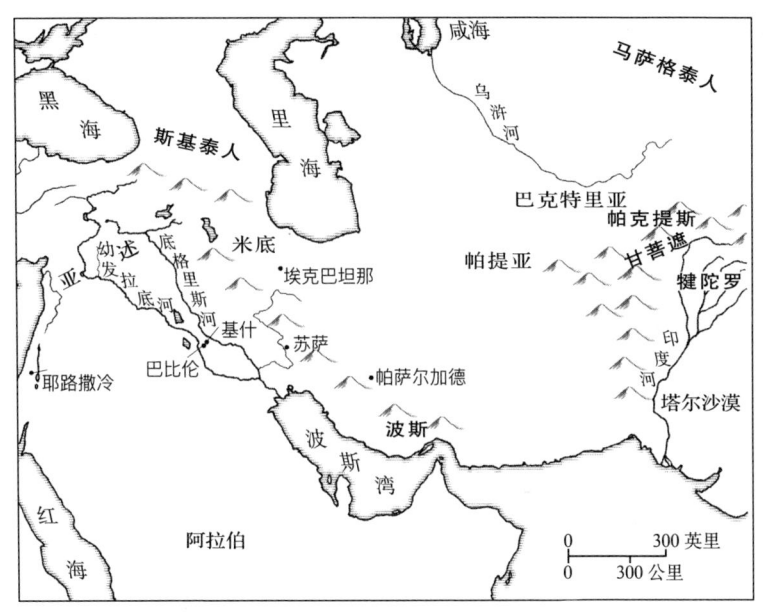

地图 10-1　波斯和中亚

冈比西斯二世面对着父亲的帝国，似乎和许多其他伟人的儿子一样涌起了一种冲动：他想超越自己的父亲。这与复仇无关，因为他并没有入侵居鲁士殒命的东北部边境地区。相反，他先把王宫和帝国的行政中心从父亲统治时代的首都帕萨尔加德迁到了一个新的城市——埃兰国古都苏萨，那里离帝国的中心更近。然后他把目光投向埃及。

在埃及，法老阿普里斯带领他的军队陷入了一场巨大的灾难之中。

在尼罗河三角洲西部地区，希腊殖民地昔兰尼——锡拉人在北非海岸所建立的殖民地——在经过了近六十年的苦苦挣扎之后终于开始崛起。昔兰尼的第三位国王强大的巴图斯（Battus the Prosperous）向所有希腊城邦发出公告，请求更多的人来此定居，并承诺来者都会分得一块土地。不久，"相当多"的人聚集在昔兰尼，他们大多来自希腊本土，来了之后就四处占领土地。

当地的北非人，也就是希罗多德说的"利比亚人"，对此十分反感。他们向埃及求助，并且"恳求得到埃及国王阿普里斯的庇护"。于是阿普里斯派了一支埃及军队来帮助他的北非同胞驱逐那些希腊入侵者。不幸的是，大部分埃及军队都被希腊人消灭了，用希罗多德的话来说，他们"被彻底击败了，几乎没有人活着回到埃及"[3]。

阿普里斯之前显然就很不受欢迎，而这场灾难让埃及人民开始公然反对他。希罗多德写道："他们认为阿普里斯是故意让他们去送死。"这样一来，留下的臣民越少，他的统治就会越稳固。从昔兰尼一战中幸存归来的人对此更是耿耿于怀：他们"联合那些已故士兵的朋友公然发动叛乱"。[4]

阿普里斯派出大将军阿玛西斯去平定叛乱。

然而，这一决定大错特错。阿普里斯的父亲普萨美提克二世在位时，阿玛西斯就已辅佐其侧，这意味着阿玛西斯在朝的时间比阿普里斯在位的时间还要长。面对着想推翻阿普里斯统治的武装叛乱，阿玛西斯经不住那些埃及叛乱者的诱惑，并且将以下言论公之于众：如果叛乱者乐意，就可以立他为王。[5]

有人把阿玛西斯叛变的消息告诉了阿普里斯，阿普里斯派出一位官员去找阿玛西斯，命令阿玛西斯立刻返回位于塞易斯的王宫，汇报其所作所为。希罗多德评论道："阿玛西斯当时正骑在马背上，他抬起屁股放了个屁，然后告诉那位官员把这个屁带回去给阿普里斯。"[6]

阿普里斯得知此事后割掉了那位使者的鼻子和耳朵,这使更多埃及人开始反对他。毋庸置疑,他不得不为王位而战,但他手里只剩下三万人左右的雇佣兵,这里面既有爱奥尼亚希腊人又有卡里亚人(他们是具有希腊血统的雇佣兵,来自小亚细亚西南沿海)。

两军在位于孟斐斯和塞易斯之间一个叫莫麦斐斯(Momemphis)的地方相遇。埃及军队的人数比雇佣兵多,再加上阿玛西斯是一位久经沙场的将军,因此埃及人大获全胜,而阿普里斯被俘。他被带回塞易斯王宫关押了起来,但并没有被处死。

显然,后来阿普里斯逃跑了。据从厄勒芬廷(Elephantine)出土的一块石碑碎片记载,三年后阿玛西斯在塞易斯王宫中突然得到消息,阿普里斯正从北方率海军前来复仇,随之而来的还有"人数不详的希腊人",他们打算"毁掉整个埃及",然而阿玛西斯的军队在面对他们时却逃走了。[7]阿普里斯北上雇用了希腊援军。

由于碑文损毁严重,所以难以准确得知这场战争的详情,但碑文最后写道:"陛下(阿玛西斯)像一头雄狮一样战斗,杀死了众多敌人……无数敌船沉入水中,船上的敌人像鱼一样沉入水中。"[8]阿普里斯也在厮杀中身亡,随希腊船只沉入水中。

正当阿玛西斯在塞易斯即位时,波斯新任国王冈比西斯二世打算进攻埃及的消息传来。

冈比西斯二世必须先建立海军。虽然波斯人自己从没有航海的传统,但是居鲁士给他儿子留下了一个延伸至地中海岸边的帝国,而且冈比西斯二世认为小亚细亚沿岸的爱奥尼亚水手也是他的臣民。他要求他们建造船只,并配备船员。他还向其统治之下的腓尼基各城邦提出了同样的要求。刚刚起步的波斯海军结合了希腊人和腓尼

地图 10-2　埃及和昔兰尼

基人的航海技能，而这两个民族一开始就是海上民族。

冈比西斯二世继位四年后开始进攻埃及。他的海军沿着海岸线一路南下，波斯陆军则穿过沙漠一路进发。冈比西斯二世亲自率军，同行的还有手持长矛的大流士（Darius）。大流士算得上是冈比西斯二世的贴身侍卫，他的父亲是统治着帝国东北部地区帕提亚的一个波斯贵族。[9]

阿玛西斯的军队已准备好迎战波斯人。但阿玛西斯已经 70 多岁了，一生奔波的他年老体衰，因此还没等冈比西斯二世到来就老死了。

这对冈比西斯二世来说可谓机遇难得，因为守卫埃及的重任现在落在了阿玛西斯的儿子普萨美提克三世的身上，可他并不是一个有天赋的将领。普萨美提克三世在埃及东北部边境部署军队，把防守力量集中在边境要塞培琉喜阿姆，这是尼科二世建成的用来保卫运河的地方。这样安排并没有什么错。但战争开始之后，形势开始对埃及军队不利，于是他把防守力量一路撤回孟斐斯。

这让波斯人几乎可以自由进入三角洲，而且可以从陆地和海上同时围攻孟斐斯。我们并不了解之后战争的详情，但可以确定的是，普萨美提克三世很快就被迫投降。这距离他当上埃及法老还不到一年时间。

统一埃及之后，冈比西斯二世自称埃及法老，"上埃及和下埃及之王、女神瓦杰特（Wajet）之宠冈比西斯"——瓦杰特是下埃及的眼镜蛇女神，埃及统一时期她的形象曾出现在红色王冠上。[10] 据说冈比西斯二世还下令将阿玛西斯的尸体挖出来肢解，但他的尸体已变成了干硬的木乃伊，于是他只能烧掉阿玛西斯的尸体。

希罗多德（他并不喜欢冈比西斯二世）说这种行为简直就是大不敬。冈比西斯二世可能是想表明自己是被废黜的阿普里斯的继任者，他亵渎阿玛西斯的尸体是因为他想把这位老将军刻画成一个篡位者的形象，所幸其统治现在已经结束了。他告诉埃及人民他是"瓦杰特之宠"，是来解救他们的。这种套路已经屡见不鲜。

这位"瓦杰特之宠"没有在他的新领土停留太久。冈比西斯二世任命一位总督治理埃及，自己则返回波斯帝国处理其他事务。但这位伟大国王的任期很短暂。征服埃及三年后,也就是居鲁士去世八年之后,冈比西斯二世的统治就突然神秘地结束了。

希罗多德详细记载了冈比西斯二世的统治,他似乎是把所有反对冈比西斯二世的故事都收集了起来:按照他的描述,冈比西斯二世就是个疯子,他随意处决反驳他的官员,杀害了自己的兄弟,娶了自己的两个妹妹然后谋杀了其中一个,还有一次他心血来潮,粮草都没有准备就率兵去攻打埃塞俄比亚。鉴于冈比西斯二世曾成功地带领整个军队穿越阿拉伯沙漠,平安抵达埃及,以上的描述似乎不太可信。希罗多德的助手指出,他收集的这些故事大多来自埃及,那么这种对冈比西斯二世的仇恨也就解释得通了。显然,冈比西斯二世并没有成功地为自己树立解放者的形象,他算不上是一位受欢迎的法老。

不过,冈比西斯二世死得既突然又奇怪,而且没有指定继承人。

据最古老的史料记载,在开始攻打埃及时,冈比西斯二世把家事交给了一个被希罗多德称作帕提载铁斯(Patizeithes)的人处理。冈比西斯二世带着他的弟弟巴迪亚(Bardiya)出征,但攻下埃及之后,他便派弟弟巴迪亚回波斯去查看都城的情况。

但就在从埃及回波斯路上的某个地方,巴迪亚消失了。

事有凑巧,管家帕提载铁斯有一个弟弟名叫司美尔迪斯(Smerdis),他与巴迪亚长得非常相像,经常被人认错。*这位管家很快得知巴迪亚失踪的消息,他想隐瞒这件事。他说服弟弟去冒充失

---

* 史料中这个人又被称作司美尔迪斯或高马他(Gaumata),而且关于司美尔迪斯或高马他(意为假巴迪亚)和他的哥哥两人到底谁是篡权的幕后主谋,这一点也不得而知。帕提载铁斯也被称为玛古斯(Magus),因为他是朝廷的祭司。

踪的王子，让他坐上王位，然后四处散布消息说居鲁士之子巴迪亚取代冈比西斯二世为王。

冈比西斯二世当时正在叙利亚视察帝国西部边境地区。据希罗多德记载，冈比西斯二世一听说王位被窃取，就飞奔上马，却碰掉了剑鞘，割伤了自己的大腿。那个伤口不断恶化，三个星期后，这位伟大的国王死于坏疽。[11]

冈比西斯二世死后，那个冒名顶替者设法在波斯王位上待了7个月之久，巴比伦人甚至都按照他登基之年来记载文件年代。[12]在此期间，他从未离开过苏萨的皇宫，也从未召见过任何熟悉王室的波斯贵族，以免自己假冒的身份被识破。

然而，这种掩人耳目的事情迟早会败露，很快就有一些波斯贵族开始询问为什么自己从未被传唤进宫。这些贵族中有一个人名叫欧萨尼斯（Othanes），他是一位经验丰富的军人，也是冈比西斯二世的一位妃子的父亲，还有一个贵族名叫大流士，他是冈比西斯二世出征埃及时的持矛者，埃及战争结束后他回到了波斯，现在就在苏萨（原因不明）。

共有七位波斯领主一致同意去暗杀那个冒名者和他哥哥。欧萨尼斯看似是这场阴谋的领导者，但是人手是大流士派出的，他们把武器藏于自己的长袍之下，以此骗过宫廷侍卫的眼睛。大流士的父亲是帕提亚的总督，他说可以声称刚从父亲那里来，有口信要带给国王。[13]

一切按计划进行，但是当这七个人马上就要走到国王寝宫门口时，国王的宦官拦住了他们。他们掏出武器杀死了那些宦官，冲进去砍掉了那个冒名者和他哥哥的脑袋，并且将头颅展示给其他波斯贵族看，证明那个声称自己是巴迪亚的人其实根本就不是居鲁士的儿子。

现在，波斯帝国岌岌可危。整个国家没有国王，而且居鲁士的两个儿子也都不在了。或许这七位密谋者都各怀野心（希罗多德写道，七个人就如何公平地选出一人为王，或者波斯是否有可能成为民主国家展开了一场希腊式的辩论，虽然这场争辩有理有据，却不太可能讨论出什么结果），但是大流士仍是国王的不二人选。因为他年富力强，当时只有30岁左右，一直是冈比西斯二世的亲信，出身于阿契美尼德氏族，而且他的父亲一直手握着帝国的大部分兵权。公元前521年，其他六个密谋者推举他为波斯国王，然后他就开始处理那些因居鲁士的继承人死亡而带来的一系列麻烦。

这个故事有诸多疑点。

冈比西斯二世轻而易举就死了可能是第一个疑点。这位伟大的国王究竟发生了什么？希罗多德的故事也不是不可能，但是冈比西斯二世几乎一生都与武器为伴，因此这种死因有些蹊跷，不合常理。一位捕风捉影的希腊史学家克特西亚斯说，冈比西斯二世出于无聊割破了自己的大腿。[14] 一张埃及莎草纸上面只是简单地记载说冈比西斯二世在回到自己国家之前，就死"在垫子上"了（这种说法很奇怪，因为这表明他已卧病在床有一段时间了），还记载说大流士在那时成为了国王。[15] 大流士自己继位时的铭文贝希斯敦铭文（Bisitun Inscription）里只是简单地写道："冈比西斯二世因自身原因而死亡。"这种说法通常表明他是死于某种自然原因。

当然，死于坏疽可能属于自然原因，但一开始的伤口并非出于自然原因；大流士对这件事情避而不谈不一定对他有利。就像他发现苏萨王位上的那个人是个冒名顶替者这件事对他有利一样，冈比西斯二世是"自然死亡"也对他有利。

这就给我们带来了第二个疑点：死于波斯七个密谋者之手的

"巴迪亚"的真实身份是什么？在一个人人都知道国王相貌的城市，冒名顶替者真的可能掌权近一年之久吗？也许真正的巴迪亚并没有在沙漠中消失，也许他安全到达了苏萨，然后发动政变反抗他的哥哥，这样的话，冈比西斯二世听说篡位的消息时勃然大怒就是可以理解的了。

如果真是这样的话，那么大流士可就是卑鄙小人了。他在苏萨杀掉的根本就不是冒名顶替者，而是居鲁士大帝最后一个亲生儿子。仅凭砍下的头颅是很难确认死者身份的，更何况那个头颅还被砍得面目全非。

在这种情形下，大流士究竟是什么样的人就成了一个大疑点。我们对冒牌巴迪亚故事的了解主要都是通过大流士自己的贝希斯敦铭文，大流士在这篇铭文中极力美化自己："人们十分惧怕那个冒名顶替者，因为他把许多以前认识巴迪亚的人都杀死了……没有人敢吭声……直到我来了……然后，我与几个人一起杀了他……我重建了波斯、米底，还有其他一些地方。"[16]

但另一方面，大流士口中假巴迪亚的故事也可能是真实的。一个在居鲁士王宫里长大的年轻人与居鲁士的儿子长得十分相似也不是完全不可能，而且如果像大流士所说的那样，在苏萨的巴迪亚真是一个冒名顶替者，那么真正的巴迪亚确实消失了。

这就给我们带来了第三个疑点：冈比西斯二世的弟弟究竟发生了什么？

大流士把巴迪亚之死归因于冈比西斯二世。他写道："冈比西斯二世杀死了巴迪亚，然而人们并不知道巴迪亚被杀了。"但是大流士把冈比西斯二世描述成卑鄙小人对自己十分有利，因为这样居鲁士王朝就是因内乱而终结的，如此一来他就可以顺理成章地开始一个新的王朝。如果这个故事是真实的，也就是说在苏萨的巴迪亚的确是一个冒名顶替者，那么故事中的卑鄙小人很可能既不是冈比西斯二世也不是大流士，而是巴迪亚消失后受益最多的帕提载铁斯。他密谋除掉居鲁士小儿子可能就源于弟弟与巴迪亚长得很像这一点。

不过现在帕提载铁斯已经死了，他的手下也都死了（大流士处死了他们），冈比西斯二世和巴迪亚也死了。大流士自己则娶了冈比西斯二世的遗孀，但她绝口不提第一任丈夫的死因。大多数嫌疑人都死了，活着的都缄默不语，因此谜底无从解开。

与此同时，帝国多处偏远地区的人们已经开始谋划叛乱。

大流士立即备战以维持新帝国的稳定。从贝希斯敦铭文来看，不仅巴比伦地区爆发了叛乱，北部的斯基泰人、东部的米底人，以及大流士的父亲无法再掌控的帕提亚地区，也都爆发了叛乱。星星点点的叛乱之火燃烧起来，波及整个帝国。

但是，大流士只用了很短的时间就镇压了所有的叛乱。无论大流士是如何坐上王位的，他都证明自己非常有能力巩固王位：他不像之前居鲁士那样仅仅是通过暴政来巩固政权，他直接摧毁自己的敌人。

冈比西斯二世的军队大多是征发而来的士兵，他们是作为贡品献给冈比西斯二世的。如果一支军队大多是征发而来的士兵，那么这些士兵的生命多是微不足道的，与对方作战时就会投入大量的兵力，靠人数取胜。对冈比西斯二世来说，这个策略确实行之有效，因为他的对手缺乏经验。但在居鲁士与斯基泰人的战争中，这个策略就起不到什么作用了。

大流士对待他的军队策略不同。他的军队不再是依靠雇佣军和征发而来的士兵，他计划组建一支专业化的军队，规模可能不大，但是供给充足，训练有素，忠心耿耿。这支专业化军队的核心是由一万名步兵和一万名骑兵组成的，他们全都是波斯人或米底人，这支军队比之前那些庞大而又笨拙的军队行动速度快了许多。[17]大流士在他的铭文中写道："我掌控之下的波斯和米底军队是一支精简的军队。"[18]这些军队靠民族情感维系在一起，其中那一万步兵十分忠诚，他们称自己是同甘共苦之军，时刻保卫自己的地位不受侵犯。

新的军队中有一支平定了米底东部地区的叛乱，大流士则指挥另一支小分队镇压了巴比伦的叛乱，此外还有一支小分队前往小亚细亚。事实证明，这支规模不大、速度敏捷、灵活性强、训练有素的核心军队是成功的。不到一年的时间，他镇压了所有的叛乱。庆祝大流士成功的大浮雕刻在一片悬崖之上，俯瞰着通往苏萨的道路（途经之人都会看到那块浮雕），浮雕上大流士的脚踩在那个篡位的冒牌巴迪亚的胸膛之上，他面前还有巴比伦、斯基泰、米底等六国的国王，他们统统被绳索和铁链捆绑着。

大流士不仅军事才能出众，而且善于统治（这是一个罕见的结合）。

他把重新夺回的帝国划分成一些更有秩序的省份或是辖地，各省由一位值得信赖的总督管辖，每位总督每年须向苏萨进贡。如果哪位总督未能足量进贡或未能有效地管理他们的辖地，那么他就会被处死。大流士的这番统治似乎相当奏效，因为镇压那些已征服民族的工作由国王移交到了辖地总督手中，他们不得不更加谨慎地监管自己的辖区，这是之前居鲁士那些耳目所不能及的。

对此，我们从《以斯拉记》中可见一斑。负责监管耶路撒冷的总督发现，寺庙（和寺庙围墙）的建造进度令人担忧。这座寺庙不断加高，看起来十分可疑，很像是防御要塞的中心。一位名叫达乃（Tattenai）的总督特地去询问那些建造者究竟想修建什么。

那些犹太人理直气壮地说居鲁士给过他们建筑权，但达乃不愿相信他们的话，他命令他们在自己向大流士汇报之前停止修建。达乃在给大流士的报告中写道："这殿是用大石建造的，梁木插入墙内，工作甚速。"[19] 大流士下令搜寻王室的资料，最终在埃克巴坦那一座古老的图书馆里（找遍了所有地方）找到了居鲁士的命令，大流士看过后便允许总督让工匠继续修建。《圣经》中的描述并不同情达乃，但是达乃无疑是担心自己因为没有看到萌芽中的叛乱而丢了脑袋。

随着现有的帝国逐步稳定下来，大流士可以把目光转向新的疆域了。他打算向印度进军。

对于波斯人来说，印度并不像 150 年之后马其顿的亚历山大眼中那般陌生。毕竟北部地区的印度人和波斯人同是雅利安人的后代。大流士的贵族和十六雄国时期的印度王子们的名字十分接近：乌塔纳（Utana）是图卡拉（Thukra）的儿子，维达法纳（Vidafarnah）是瓦亚帕拉（Vayaspara）的儿子，而巴加布亚（Bagabuxsa）是达图瓦哈亚（Datuvahya）的儿子。

就在波斯人不断向东部和西部扩张领土时，印度摩揭陀王国正在蚕食其周边的土地。野心勃勃的频毗娑罗王征服了鸯伽，并声称憍萨罗的部分领土是他妻子的嫁妆，而他的儿子和他一样野心勃勃。王子阿阇世（Ajatashatru）不愿老老实实地等着继承王位，于是他发动了一场叛乱来推翻自己的父亲，并且把父亲关入监牢活活饿死。《提婆达多的嫉妒》(The Jealousy of Davadatta) 这个故事写道："频毗娑罗王被他的儿子囚禁在一座塔里。"*

阿阇世的母亲因丧夫悲伤过度而去世。就在此时,她的哥哥,也就是现在的憍萨罗国王,收回了当年被频毗娑罗当作嫁妆而占领的土地,然后阿阇世发动战争又夺回了那片土地。

一开始,他手下的士兵均被憍萨罗的防守力量击退,但憍萨罗内忧重重。憍萨罗的太子和阿阇世一样野心勃勃,他趁乱篡夺了王位,还把自己的父亲逐出了憍萨罗。然后他自己发动了一场反对释迦族(Shakya)的迦纳-僧伽的战争,佛陀就来自这个部落联盟。他彻底消灭了这个部落联盟,从此以后历史上再无关于它的记载。[20]

与此同时,他那被篡夺了王位的父亲正逃往阿阇世的都城王舍城(Rajagriha,这里被五座小山环绕,形成天然屏障,因此设防十分严密)。[21] 他到了王舍城之后,开始寻求庇护。这似乎并非明智之举,但因为他是阿阇世的叔叔,所以可能会享有一些王室特权。不过他年事太高,到了城墙外时已经因长途跋涉而精疲力竭,还没等城门打开就去世了。[22]

此时,阿阇世又找到一个攻打憍萨罗的借口。他重整军队,公开宣誓要为死去的叔叔报仇(丝毫不顾忌攻打自己叔叔的领地会带来何种后果)。但在去憍萨罗之前,他不得不处理内乱。他的哥哥正在争夺王位,此前他一直都是鸯伽的摄政王。他准备与北部地区的迦纳-僧伽部落离车(Licchavi)结成联盟,共同对抗阿阇世。阿阇世在两个地区之间的边境沿着恒河岸修建了一座堡垒——华氏城

---

* 根据其他的记载,频毗娑罗王退位(把王位传给了他的儿子)后就开始绝食。然而,随着阿阇世继位,诸多问题也显露出来,这表明对发动叛乱的描述是真实可信的。

（Pataliputra，又译波吒厘子），然后就奔赴战场了。

这场战争持续了 12 年之久。但至少阿阇世不用同时对抗他在憍萨罗的表兄。一场突发的洪水淹没了大部分憍萨罗军队，因为他们驻扎在了河床地带，这是很不明智的（后来，一场类似的灾难淹没了大量亚历山大阵营的追随者，他们本来要追随他到东部进行一场战役）。没有了驻扎的军队，阿阇世就可以轻而易举地进入憍萨罗。[23]

这场持续 12 年的手足之战中的一些细节保留在了佛教故事中。这场战争迫使阿阇世去创新。一方面，他发明了几个新的进攻性武器，其中包括一台巨大的投石机和一种新型战车；另一方面，这场 12 年的战争还造就了一支只负责拿钱打仗的专业化军队，这是印度的第一支常备军。[24]

阿阇世的军队并非他唯一的武器。佛陀在北上末罗的途中去世，于是阿阇世立刻宣布摩揭陀王国有权守护佛陀的神圣遗产。为把佛陀语录收集编纂成经文，他下令在首都王舍城设置一个机构，负责记载佛陀的话语和经文。这个佛教机构负责整理佛陀所有的话语，这就是后来的《巴利文大藏经》，它是在阿阇世的监督下完成的。

创建帝国、为了政治利益创立宗教传统、王室内乱严重：印度北部也进入了和西方世界相似的状态。

在居鲁士的率领下，波斯士兵可能曾经到过印度河流域，然而这只不过是我们的猜测。居鲁士肯定没遇到过任何印度部落，也没有入侵过印度河流域。但是大流士知道那里有条印度河，他只是不知道这条河流向哪里。

于是他雇了一个名叫斯库拉克斯（Skylax）的卡里亚水手，一

10 波斯帝国的扩张之路

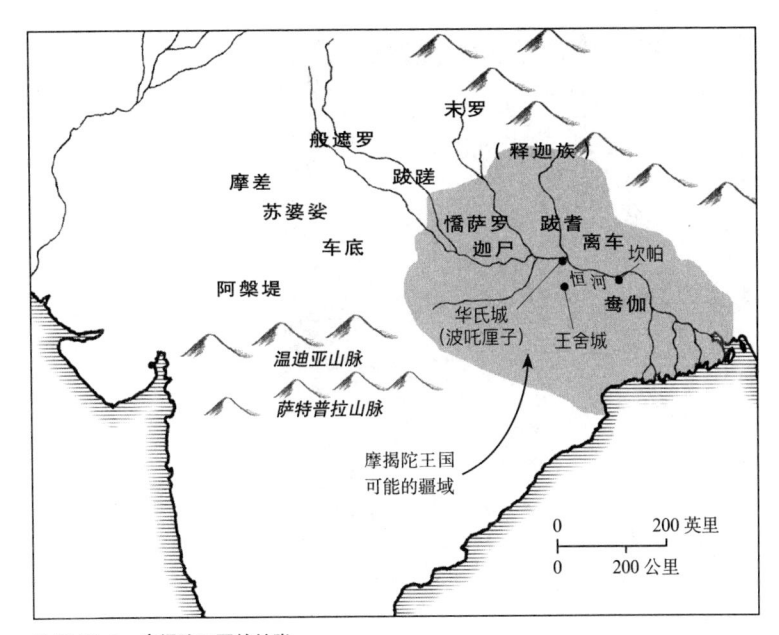

地图 10-3 摩揭陀王国的扩张

个来自小亚细亚西南部的希腊人,沿着印度河顺流而下,并且命人把沿途所见绘制成地图。据希罗多德记载,整个行程的起点是印度河北部一个叫帕克提斯(Pactyice)的地方,想必居鲁士和大流士都是通过开伯尔山口到达印度河流域的。通过开伯尔山口之后,大流士一行肯定是在印度河岸建造船只后乘船前行,经过了十六雄国之一的犍陀罗。他们穿过塔尔沙漠,然后进入大海。之后,他们向西航行,环绕整个阿拉伯半岛南部海岸,最后北上回到红海。大流士已经下令疏通了淤塞的从红海到尼罗河的运河,这样船只就可以取道尼罗河三角洲进入地中海。

描述过这次为期三年的旅程后,希罗多德说:"这次成功的环

图 10-1 最早的世界地图
现存最早的世界地图以巴比伦为中心，其周围环绕的是"盐海"。大英博物馆，伦敦。
图片来源：纽约 HIP / 艺术资源

游航行之后，大流士征服了印度人。"[25] 当然并不是"所有的印度人"，但是大流士控制了旁遮普，犍陀罗王国和甘菩遮王国可能也在其统治之下。在苏萨的一块铭文中，列出了大流士从远方带来修建新王宫的材料，其中包括埃及的金器、吕底亚的石材和犍陀罗的木材。另一块铭文把他所征服的远东地区称为"印度辖地"。这一地区每年负责向苏萨进贡金粉。[26]

在这一时期，巴比伦的一些史官绘制了现存最早的世界地图。在黏土板上，幼发拉底河、亚述以东地区和其他一些城市都属于巴比伦，整个巴比伦被"苦海"——波斯湾包围。还有八个地区与巴

10 波斯帝国的扩张之路

时间线 10			
印度	波斯和埃及		
	波斯	米底	埃及
			普萨美提克二世
恒河流域十六雄国			
大雄尊者出生（传统记载前 599）		阿斯提阿格斯	阿普里斯
	冈比西斯一世		
佛陀出生（传统记载前 563）			阿玛西斯
	居鲁士二世（大帝）（前 559）		
（摩揭陀）**频毗娑罗王**			
大雄尊者去世（传统记载前 527）	冈比西斯二世（前 530）		
			普萨美提克三世
	大流士一世		
（摩揭陀）**阿阇世王**			
佛陀去世（传统记载前 483）			

比伦距离十分遥远，但依然第一次被绘制进一张地图里。

也正是在这些年间，巴比伦的一块碑文中提到了一个叫布莎莎（Busasa）的女人，她来自印度，在基什开了一家旅店。据推测，她曾经顺印度河而下，从海上来到波斯湾——不是从印度迁至巴比伦，而是从大流士帝国的一个地方迁至另外一个地方。[27] 波斯已成为连接印度和遥远的西亚各民族的桥梁。

/ 11

希波战争

> 公元前527年至公元前479年间,大流士没能攻下雅典,希腊各城邦联合起来反对他的儿子薛西斯。

波斯帝国四处扩张,却没有入侵斯基泰人居住的西北地区。

希罗多德和其他古代历史学家所指的"斯基泰"可不像新泽西州一样能轻易在地图上找到。斯基泰人有20个部落,还有许多国王,200多年来他们一直在不断迁移。公元前516年,他们居住区域的中心位于流入黑海的两大河流——西边是多瑙河,东边是顿河——之间。

早在公元前700年,斯基泰人就首先出现在亚述人的记载里,当时他们是游牧民族,到了公元前516年,他们仍然是游牧民族。一位斯基泰国王在第一次面对波斯人入侵时对大流士说道:"如果我们有城镇,我们可能会担心城镇被占领,如果我们有农田,我们可能会担心农田被荒废……但我们既没有城镇也没有农田。"[1]他们的习俗很凶残。他们用阵亡敌人的头骨做杯子,还把他们右臂的皮

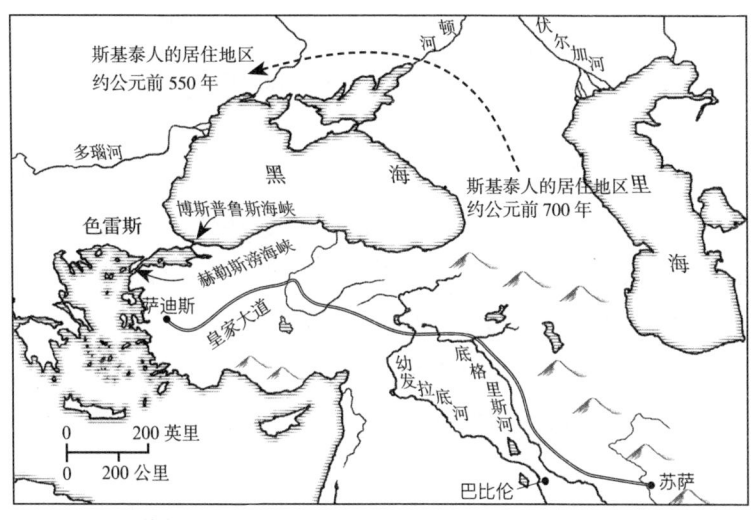

地图 11-1　斯基泰人的土地

（"整张皮还连带着指甲，"希罗多德如是说道）扒下来做箭套；亲人去世后，他们会把尸体拖去祭奠四十天，并且为尸体供奉食物和美酒；他们把大麻种子撒到滚烫的石头上，然后吸入烟雾，"一闻到这种气味就高兴地尖叫"（与此截然不同的是，人们通常认为吸食大麻必然让人如梦如幻、萎靡不振）。[2]

公元前516年，大流士已经开始计划攻打斯基泰人。他对西北边境地区觊觎已久。小亚细亚的萨迪斯已成为他的第二个行政中心。为了更方便进出萨迪斯，大流士修了一条新路，从苏萨一直通向小亚细亚。这条"皇家大道"（Royal Road）沿途遍布驿站，信使可以在这里换马，这样就能在西部地区和都城之间快速往返。

大流士亲自骑马沿着"皇家大道"去萨迪斯，然后从萨迪斯又回到自己的边境地区。为了攻打斯基泰人，他打算率领海军北上到小亚细亚沿岸，穿过赫勒斯滂海峡，然后进入博斯普鲁斯海峡。之后他们打算从那里驶入黑海，再沿斯基泰领土的南部边境抵达多瑙河（希罗多德称之为伊斯特河）。[3]

同时，他的陆军要跨越另一个海峡，这个海峡将小亚细亚与欧洲的土地隔开。这个海峡并不宽，但是还没有一个东部地区的帝国能成功越过。大流士把修建横跨博斯普鲁斯海峡桥梁的任务委派给一个希腊工程师，他是爱奥尼亚人，名叫芒德罗克列斯（Mandrocles）。然后，他召集来自己的手下。

实力强大的波斯军队开始了沿着"皇家大道"向萨迪斯进军的漫漫征程，一路上征服了一座又一座城市，所经之处大地也为之颤抖。与此同时，工程师芒德罗克列斯测量了博斯普鲁斯海峡。海峡最窄处宽达 650 米，这样的宽度很难修建传统的桥梁。但这并没有难倒芒德罗克列斯，他设计了一座建在战船上的桥，那些战船的甲板又矮又平，他用绳索把那些战船拴在一起，组成了一条浮在水面上的木板路，然后把泥土和石块铺在上面。这是历史上第一座浮桥：用希腊诗人埃斯库罗斯（Aeschylus）的话说，这是"一条由螺栓连接、用亚麻缝制的路"[4]。几千年后，军队依然照此模式修建浮桥。

成千上万的波斯步兵和骑兵跨过浮桥，朝着多瑙河流域的一个狭窄地带进发。他们将与海军会合，然后建造另外一座通往斯基泰领土的浮桥。另一边的色雷斯各城邦没有阻挡波斯军队前进的步伐，因为大多数色雷斯人都惧怕斯基泰人，而波斯军队或许可以保护他们。

斯基泰人并没有奋起反抗，他们一发现波斯人到来就立刻开始撤退，但他们在离开前填上了水井，堵住了泉水，而且焚烧树木和草地。随后到来的波斯人发现自己所到之处寸草不生，时常找不到食物和水源，马匹和士兵越发饥渴难耐。他们根本无法与斯基泰人

图 11-1 浮桥
几百年以来，浮桥始终是军事战略中的重要环节。这座位于弗吉尼亚州、横跨詹姆斯河的浮桥是美国南北战争期间修建的。图片来源：梅德福历史学会图册/CORBIS

展开激战，因此也根本无法施展其训练有素的各种技能。"就这样拖了很久，"希罗多德写道，"……于是形势开始变得对大流士十分不利。"[5]

最后，这位伟大的国王不得不撤军。所有波斯军队再次跨过多瑙河上的浮桥，撤回南方，他们未能征服斯基泰人就离开了。在这个问题上，波斯宫廷历史学家和后来的波斯国王只记载多瑙河南部地区的历史，就像多瑙河北部地区根本不存在一样。在他们看来，波斯人所不能征服之地显然是无足轻重的。[6]

但大流士不会空手而归。他回到萨迪斯，把军队留给自己最信任的波斯将军美伽巴佐斯（Megabazus）掌管，并且命令他征服色雷斯。

色雷斯各城邦本希望能摆脱斯基泰人的威胁，现在却发现自己的城邦一个接一个地沦于波斯人手中。美伽巴佐斯是一位出色的将军，波斯士兵则训练有素，而色雷斯各城邦都有自己的将领和军队，但缺乏团结，这使波斯军队的任务变得更加容易。"如果色雷斯人是由一个人统治的或是有共同的目标，"希罗多德评论道，"那么他们将立于不败之地，而且会成为迄今为止世界上最强大的国家……但这种事情永远不可能发生，这也就是为什么他们会不堪一击。"[7]

美伽巴佐斯把色雷斯变为一个新的波斯辖地：斯库德拉（Skudra）。[8]然后，他把目光转向南方另外一个王国：马其顿王国。

马其顿王国位于色雷斯和希腊大陆诸城邦之间，既不同于北面的色雷斯，又不同于南面的希腊。马其顿各城邦都属于同一王国，由一位国王统治。

第一位马其顿国王出身于武士首领阿吉德（Argead）的氏族。

阿吉德原本来自南方,很可能是希腊。诗人赫西俄德(Hesiod)赋予马其顿人一个神话人物般的祖先,说他们是希腊英雄的表兄,是宙斯的后代,这很可能反映了某种真实的古代社会关系。[*]

阿吉德向北征服了塞尔迈海湾周边地区,然后在更远的北部地区建成了一个都城[艾伽伊(Aegae),位于古代要塞埃德萨附近],组建了一支军队,并且在那里征税。马其顿是欧洲第一个达到这种组织程度的国家。[9]

但是这样的国家依然很原始,动荡不安。马其顿历代国王不像东方国家那样遵循君权神授的传统,他们都是通过武力夺取王权的武士。尽管马其顿的中心牢牢处在马其顿国王统治之下,但是北部地区却不够稳定。西部地区有一个松散的部落联盟叫伊利里亚(可能是来自西北地区的移民,因为据考古发现,他们与分布在意大利北部的操凯尔特语的西哈尔施塔特人有诸多相似之处),北部地区的

---

[*] 马其顿和马格尼斯(Magnes)兄弟(据赫西奥德的《列女传》现存部分中的宗谱记载)是宙斯的儿子,他们"喜欢骑马",并且"居住在奥林匹斯山附近",这些都是马其顿人的特征。他们是希腊人的表兄弟,因为他们的母亲赛利亚(Thyria)是赫楞(Hellen)的妹妹,赫楞的三个儿子都是传说中的希腊英雄——多洛斯(Dorus,多利安人的祖先)、克苏托斯(Xuthus,爱奥尼亚人)和埃俄罗斯(Aeolus,伊奥利亚人的祖先)。希腊人无法欣然接受这种关系。他们认为马其顿人十分粗鲁,近乎野蛮。即使是比其他马其顿氏族更接近希腊血统的王室,也得为其希腊血统申辩一番。大流士入侵时期,马其顿王子亚历山大一世去奥林匹亚参加奥林匹克运动会,他的竞争对手抱怨说他不应该来参赛,因为只有希腊人才可以参加比赛。亚历山大拿出家谱炫耀,最终奥林匹亚诸官员宣布亚历山大是希腊人,有资格参赛。最后他赢得了比赛,这表明他的对手的抱怨不仅仅是出于种族歧视。(希罗多德:《历史》V.22)

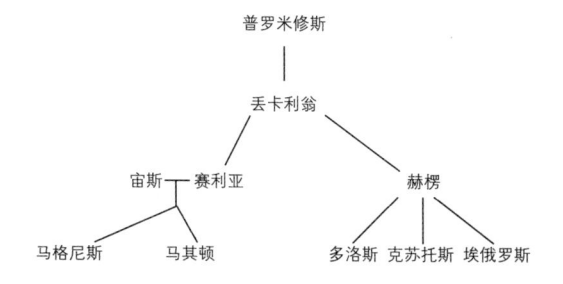

```
        普罗米修斯
            |
          丢卡利翁
            |
    ┌───────┴───────┐
  宙斯—赛利亚        赫楞
    ┌───┴───┐    ┌───┼───┐
 马格尼斯 马其顿  多洛斯 克苏托斯 埃俄罗斯
```

色雷斯各部落被统称为帕约尼亚人（Paeonians）。

在美伽巴佐斯率波斯军队征服色雷斯时，马其顿的国王是阿敏塔斯一世（Amyntas I，据说他是第九位阿吉德氏族的国王）。波斯人冲向马其顿腹地，烧毁了帕约尼亚人的城镇。阿敏塔斯一世看到地平线上硝烟四起，立刻断定抵抗是徒劳无用的。

美伽巴佐斯的儿子率领七位波斯代表跨过马其顿边境捎来口信，阿敏塔斯一世就在艾伽伊的王宫隆重接待了他们。"他们要求为大流士献上许多泥土和水"[10]，希罗多德告诉我们，这是波斯的一个习俗，象征着统治一个国家的陆地和海洋。阿敏塔斯一世当即同意了。他还把自己的女儿嫁给美伽巴佐斯的儿子来讨好美伽巴佐斯。事实证明，此次联姻对马其顿人来说极为有利，从此无论是伊利里亚人还是残留的帕约尼亚人，都不会再给他们的北部边界带来麻烦，因为这样做可能会惹怒波斯人。

与此同时，南方的希腊人立刻陷入了恐慌。美伽巴佐斯风卷残云般地对北部地区发动进攻，而马其顿的阿敏塔斯一世又与波斯结盟，现在波斯征服希腊半岛已不在话下。

不幸的是，希腊各城邦一直以来就像色雷斯各部落一样分散，两个最强大的城邦雅典和斯巴达也一直处于内乱之中。

梭伦改革没能通过立法使雅典实现和平。

著名的梭伦法典重组了雅典的政府。雅典的最高官员仍然是执政官，但是执政官下面还有两级政府机构。四百人议事会是从雅典中层和上层公民中抽签选出的，负责讨论并决定哪些法律条文需要进行投票表决。雅典有投票权的公民组成政府机构的最后一级，即公民大会。

虽然雅典所有的公民都可以参加公民大会，但实际上并没有听起来的那么民主。要成为一位雅典公民，你必须拥有一定的财产。[11]但梭伦也立法规定公民的儿子可以继承公民权，即使他们的父亲变得贫穷，失去土地。这是为了避免投票权越来越集中在少数富有的垄断者手里。

和所有的立法改革一样，三分之二的雅典公民都对梭伦改革表示不满。富人不满足于公民大会赋予他们的影响力，而最贫穷的雅典人不满足于只能进入雅典政府最底层的机构。

梭伦改革引发了雅典人三派纷争，每一派系都有自己的绰号。海岸派希望继续梭伦改革，平原派（来自最古老的家族，是主流派系）希望所有权力回归最富有的雅典人的手中，而山地派想要彻底的民主，他们认为穷人和没有土地的人应和其他人享有同等的权利。山地派是三派中最激进的一派，用亚里士多德的话说，他们的领袖庇西特拉图（Peisistratus）是"一个极端的民主主义者"。[12]一方面，他在与雅典的敌人战斗时受过伤，这使他赢得了大众的支持（对于一个想要获得大众拥护的人来说，投身战争总是很行之有效的）；另一方面，他似乎一直是一个很有人格魅力的人。"他说话的方式十分巧妙，很有魅力，"普鲁塔克评论道，"他很擅长假装自己才干非凡，虽然他自己根本不具备那些才能，但是看起来却比那些确有才能的人更像真的。"[13]他还抱怨说他的敌人一直想暗杀他，这样说并非出于多疑，而是极会算计，因为这样他就有理由让更多侍卫在身边保护他。

他身边聚集了越来越多的武装力量，这使最为保守的雅典人开始担心，甚至刚从荒野之地归来的梭伦也十分担忧。但是现在梭伦年事已高，说话不再有分量，号召力也大大减弱。他已无力改变事

地图 11-2　希波战争时期的希腊

黑海

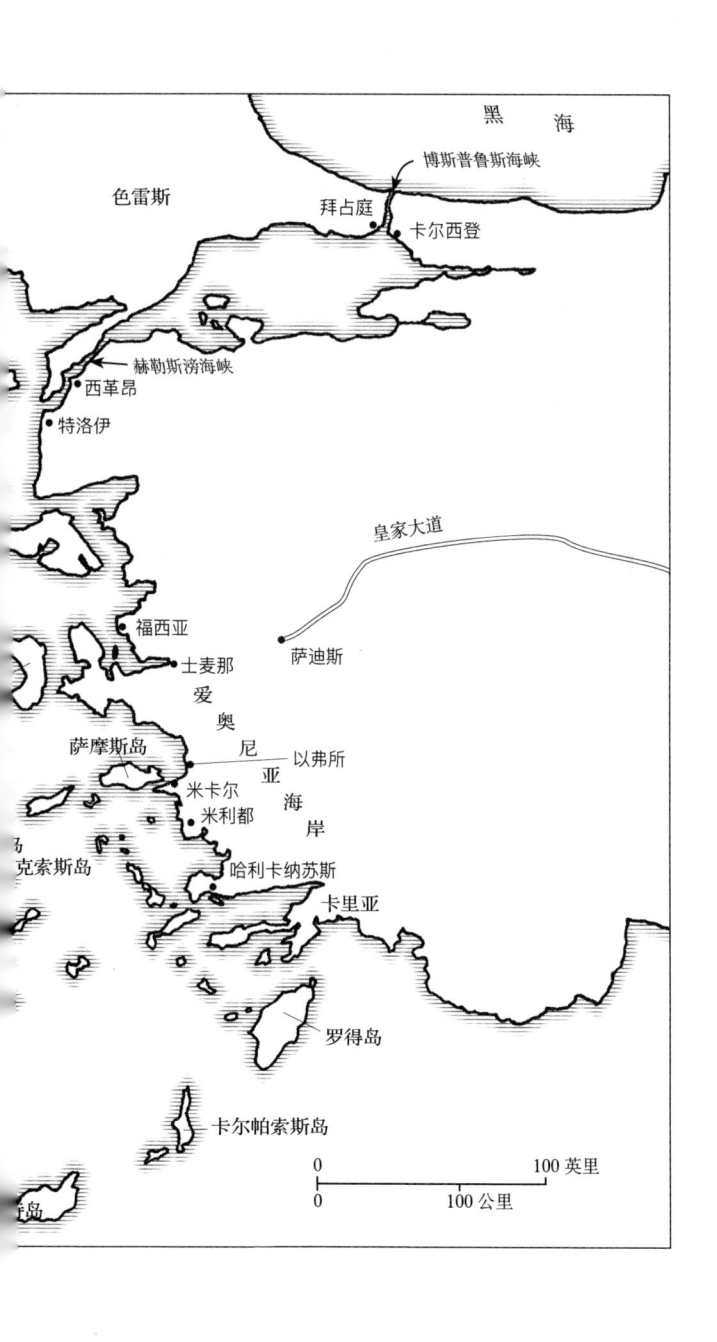

色雷斯
博斯普鲁斯海峡
拜占庭
卡尔西登

赫勒斯滂海峡
西革昂
特洛伊

皇家大道

福西亚
萨迪斯
士麦那
爱
奥
萨摩斯岛　尼　以弗所
　　　　　亚
米卡尔　　海
米利都　　岸

克索斯岛
哈利卡纳苏斯
卡里亚

罗得岛

卡尔帕索斯岛

0　　　　　　100 英里
0　　　　100 公里

态的发展方向。

公元前560年,庇西特拉图带着手持棍棒的侍卫冲进雅典卫城,宣布自己接管雅典。这次叛乱和基伦叛乱一样以失败而告终。他高估了追随者的实力,海岸派和平原派则不计前嫌,联合起来共同把山地派赶出了雅典。

庇西特拉图在流亡中重新集聚力量。他已经尝试过只靠武力发动叛乱,现在他尝试依靠策略。他偷偷与海岸派的首领贵族麦加克勒斯(Megacles)结盟,并且承诺在海岸派帮助他消灭平原派(既然双方不必再团结起来对抗那些贫穷的乌合之众,他们之间显然已经开始纷争不断)之后把自己的女儿嫁给麦加克勒斯。

这一次,在自己的追随者和麦加克勒斯的支持下,庇西特拉图在位的时间稍稍长了一些。但很快,他再次遇上了麻烦。据希罗多德记载,这一次,他惹怒了他的妻子,因为他"没有照常与妻子进行夫妻生活","后来不知道她的母亲是否问了此事,总之她告诉了她的母亲"。[14] 麦加克勒斯得知此事后(他可能已经后悔当初与粗鄙的山地派联姻)决定再次转换阵营,与平原派联合在一起,又把庇西特拉图赶了出去。

庇西特拉图尝试过叛乱,也尝试过政治同盟,接下来他只能尝试通过金钱夺回政权,于是他选择了这条路。他转而从事银矿开采,积聚了许多财富,大约10年后,公元前546年,他雇了一支佣兵军队,重新控制了雅典。他下令夺走雅典公民的所有武器(显然持有武器并非他眼中的贵族特权),从那时起他开始了僭主统治。[15]

在他看来,他统治雅典是为了雅典人好。而事实上,他变得十分受雅典人爱戴:他为穷人减税,"预支给穷人钱帮助他们劳作"[16],而且通常情况下他表现得像一个温和谦逊的施惠者,当然前提是没有人冒犯他。

公元前 528 年，庇西特拉图去世，他的长子希庇亚斯（庇西特拉图与麦加克勒斯的女儿那段非正常婚姻之前与前妻所生的儿子）继承了僭主之位，摆出一副威严君主的样子。但是这一切并没有引起任何人的不满，直到后来家庭出现了一场变故。据亚里士多德记载，希庇亚斯的弟弟希帕尔库斯（Hipparchus）疯狂地爱上了一个名叫哈莫迪厄斯（Harmodius）的俊美青年，但哈莫迪厄斯拒绝与他扯上任何关系。遭到拒绝之后，希帕尔库斯四处散布消息说哈莫迪厄斯是个道德败坏的人。

哈莫迪厄斯十分恼火。他找来一个朋友，和他一起在一个庆典达到高潮时冲向希帕尔库斯，把他杀死。他们希望节日庆典的喧闹能掩盖他们的罪行，但是卫兵还是当场杀死了哈莫迪厄斯并逮捕了他的同伙。

弟弟被杀一事让希庇亚斯勃然大怒。他下令让那个年轻的同伙永受折磨，那个年轻人实在忍受不住痛苦，于是招供出很多密谋反对希庇亚斯及其统治集团的希腊人，后来他终于被折磨致死。

亚里士多德写道："为了给弟弟复仇，希庇亚斯处死了很多人，还流放了很多人，他变成了一个令人无法信任的面目可憎之人。"[17] 他除掉了那个年轻同伙提到的所有人，还除掉了那些阻拦他的人。

把雅典人从水深火热中拯救出来的是一位看似不可能的救星：斯巴达的老国王。这位国王名叫克里昂米尼（Cleomenes），德尔斐的先知曾多次告诉他，推翻雅典暴政是他神圣的使命。公元前 508 年，他振作起来，带领斯巴达军队向雅典进发。*

---

* 波斯和希腊的事件发生在公元前 520 年和公元前 500 年间，但确切日期不太清楚；可能是公元前 510 年，或甚至更早一点。

德尔斐神谕并非毫无偏向（雅典贵族为了防止希庇亚斯生疑，雇人在之前的神谕平台处建造了一座华丽的大理石神庙），而克里昂米尼似乎也并不希望与雅典平起平坐。事实上，斯巴达人在伯罗奔尼撒半岛中心的扩张已经使整个社会十分不平等。土生土长的斯巴达人处在社会最顶层。在他们之下是众多为其所征服的下层阶级，这些人不能成为公民：他们是农奴、奴隶和劳工。斯巴达人喜欢这种不平等的社会。斯巴达唯一平等的一点是，年满 30 岁的男性公民都可以在城市的公民大会上投票。但是即便是在那里，斯巴达人也是不可以进行辩论的，因为政府认为宣扬不同观点毫无益处。普鲁塔克告诉我们，这里的年轻人在童年时期就被训练成了沉默寡言并甘愿服从的人。[18] 他们从不训练与人争辩，斯巴达人在古希腊语中被称作"Lyconians"，由此衍生出了英语中"laconic"（寡言的）一词。[19]

克里昂米尼进军雅典并非出于热爱公平，而是因为害怕波斯不断强大。如果雅典彻底四分五裂，那么就很难阻挡波斯军队南下，而雅典是斯巴达和波斯之间最大的屏障。克里昂米尼希望把希庇亚斯赶出雅典，使雅典统一并恢复其实力。

于是斯巴达军队把希庇亚斯赶出了雅典，并且帮助雅典人举行选举。然而他们又不肯放弃染指雅典的内部事务，大力支持其中一位候选人。* 雅典人看出斯巴达人企图借此把雅典变成自己的附属城

---

* 这句话所指的是一系列非常复杂的事件。希庇亚斯被赶走之后，一位获得贵族支持的领袖以萨格罗斯（Isagorus）和一位由民众支持的领袖克里斯提尼（Cleisthenes）掌握了权力。以萨格罗斯向克里昂米尼求助，在克里昂米尼的支持下，以萨格罗斯把 700 个雅典家族赶出雅典。之后雅典民众奋起反抗，把斯巴达人和以萨格罗斯都赶下了台，推举克里斯提尼上台。希腊城邦内部和城邦之间的这种错综复杂的相互妥协在研究希腊政体演变问题时十分重要，但是如果我要继续讲述所有这些内部事件，这段历史将会变得相当冗长。因此，对整个世界舞台有什么影响的希腊内部问题，我将一笔带过，不做详细介绍。倘若读者想了解更为全面的希腊政治发展史，可参阅希罗多德的《历史》、亚里士多德的《雅典政制》，或是权威的希腊历史著作，比如萨拉·B. 波默罗伊的《古希腊：政治、社会、文化史》等书籍。

市，于是他们去寻求强大的同盟者来帮助他们抵抗这个南方的强大城邦。

有人（希罗多德并没有说是谁）在公民大会上建议，雅典人只有与特别强大的军队结成同盟才能扑灭斯巴达的嚣张气焰，比如波斯军队。于是他们派出代表团去萨迪斯与那里的总督［大流士同父异母的兄弟阿塔菲尼斯（Artaphrenes），大流士回到波斯波利斯时把萨迪斯的事务留给他掌管］会谈，希望他能与雅典结盟共同对抗斯巴达。

雅典人似乎高估了自己在国际舞台上的地位，这对于他们来说应该是一个非常合理的建议，但希罗多德写道，代表团"在表达自己想法时，阿塔菲尼斯……问雅典人他们是谁，是从哪里来的"。他显然是明知故问，这是在挫雅典人的锐气，他最终的目的只有一个：只有雅典人同意把"泥土和水"献给大流士以示完全顺从，波斯人才会出手相助。

代表们在波斯人的包围之下只得同意，至少这能使他们活着离开萨迪斯，尽管回雅典后他们不得不为此承担后果。"回去后这给他们带来了诸多麻烦"，希罗多德评论道。[20] 雅典人并不想失去自由。他们开始靠自己的力量解决斯巴达的问题，通过一系列规模不大却艰苦卓绝的战争，他们把剩下的斯巴达军队赶出了雅典。

斯巴达人离开之后，雅典人花费了一段时间重组那个僭主统治的政府。最终尘埃落定，雅典人分成了十个"部落"，这些部落的划分打破了之前的家族同盟，意在打破旧时贵族生来享有权力的制度。四百人议事会变成了五百人议事会，由每个部落选出五十位代表。为了最终消除贵族家庭统治，雅典又被划分为三十个地理单元，每一个单元叫作一个区，每个区的雅典人必须使用该区的区名而不是他们家族的名称。* [21] 这是一个不错的主意，但是实际上并没有起到什么效果，大多数雅典人最终还是使用了自己家族的姓氏。

雅典还推行了一种新的习俗。如果有6000名同胞把同一个人的名字写在用来投票的陶片上，那么这个人就会被从雅典流放出去。这些碎陶片被称为放逐陶片（ostraka），而流放十年的习俗也因此被称为陶片放逐法（ostracism）。这也是一种防止专制统治的手段："只要有人……权力过大……"亚里士多德写道，"这种过度的特权通常会导致独裁统治……因此，一些国家采用陶片放逐法。"[22]

据亚里士多德记载，第一批因陶片放逐法遭到放逐的雅典人是希庇亚斯的朋友，他们与这位前任僭主一同被赶出雅典。

与此同时，另一个希腊城邦也决定寻求波斯军队的帮助。

这个城邦就是爱奥尼亚的米利都，它位于波斯统治的小亚细亚边缘地带。米利都的僭主是一位雄心勃勃的武士，名叫阿里斯塔格鲁斯（Aristagorus），多年来一直是这个城邦的统治者。现在，他打算将统治之网布得更远。他去找萨迪斯的总督，提出只要波斯人为他提供船只和士兵，他愿意全权代表波斯征服希腊的基克拉泽斯群岛。

阿塔菲尼斯同意了，而阿里斯塔格鲁斯很高兴自己有机会成为一个小帝国的君主，统治整个群岛，于是组建了一支军队，驶向第一个目的地纳克索斯岛（Naxos）。

不幸的是，他们根本无法攻下纳克索斯岛上的希腊城邦。当地

---

* 人们把这些改革归功于雅典政治家克里斯提尼。他出身贵族，也是在德尔斐修建神庙，得到神谕恩宠的希腊人之一，亚里士多德说他深得民心。

居民并没有上前迎战，他们只是把所有粮食拖回城中，然后静待其离开。经历了四个月的围城之后，阿里斯塔格鲁斯花光了波斯资助的钱，而阿塔菲尼斯对这位僭主的作战能力很不满意，便决定不再投入任何财力。阿里斯塔格鲁斯没能实现自己的野心，只能灰头土脸地驶回米利都。

不过，他从对岸的希腊城邦那里学到了为政之道。他像那些出色的雅典政治家一样，转变了自己的立场。他决定改弦更张，从支持波斯变为反对波斯——这纯属权宜之计。他打算带领小亚细亚的希腊诸城邦发动叛乱，推翻波斯君主的统治，或许最终能把这些城邦归于自己的统治之下。

他小心打探后发现，爱奥尼亚所有的僭主无疑都愿意加入叛乱。但他从纳克索斯岛的惨败中得到了教训，那就是战争要付出昂贵的代价。要发动反对波斯人的战争，他还需要更多的支援。

最适合的同盟者无疑是尚武的斯巴达。希腊各城邦为了抵御外敌而组成了一个松散的联盟——伯罗奔尼撒同盟，斯巴达是其中实力最强的城邦，也是领头者。如果斯巴达加入反对波斯的战争，那么联盟中的其他城邦也会加入。于是，阿里斯塔格鲁斯去斯巴达拜访克里昂米尼。但克里昂米尼拒绝了，他认为这好比是蚍蜉撼树，他先是嘲笑了阿里斯塔格鲁斯一番，然后强行把他赶出了斯巴达。

"从斯巴达被赶出去之后，"希罗多德写道，"阿里斯塔格鲁斯选择来到雅典，因为在希腊诸城邦中它的实力仅次于斯巴达。"[23] 在这里，他发现了更愿意接受自己计划的人。

被流放在外的雅典僭主希庇亚斯正打算卷土重来。他之前逃离希腊，渡过赫勒斯滂海峡找到波斯人，他希望波斯军队能帮他夺回雅典。阿塔菲尼斯认为希庇亚斯会成为波斯进入希腊理想的切入点，于是同意了希庇亚斯的计划。他给雅典捎去口信说，如果不把希庇亚斯请回去，就会入侵雅典。这个消息刚一传到雅典，阿里斯塔格鲁斯就露面了，他建议雅典人与他共同抗击波斯。[24]

雅典对波斯的这个最后通牒感到十分愤怒，同意派出20艘战船帮助阿里斯塔格鲁斯发动叛乱，位于沿海的雅典同盟城市埃雷特里亚（Eretria）也派出了5艘战船。[25] 公元前500年，战争开始了。

这场波斯与希腊之间的战争持续了20多年，然而波斯的史书对此却只字未提。但在希腊，20多年来这场战争一直是所有男人生活的中心，是每个女人的牵挂。我们的描述全部都来自希腊人：战争结束的时候希罗多德年仅五岁，后来他是通过与很多当事人交谈才还原了整个战争；比希罗多德晚20年左右出生的修昔底德（Thucydides）基于其他史料修正了希罗多德的一些记载；希腊剧作家埃斯库罗斯比上述两位历史学家年长，他曾亲历战争，他的戏剧《波斯人》（*The Persians*）就是他根据亲身经历创作出的作品，但这部戏剧的重点是在表现希腊人的勇气，而不是描述战役本身。[26] 在这些人眼里，希波战争对人性的发展十分重要。但从波斯人的角度来看，这些战争算不上什么，还是不提为妙。

参与叛乱的爱奥尼亚各城邦一开始就高调劫持了大流士海军的300艘战船，然后配以希腊水手。[27] 大流士立即派出身手敏捷并且训练有素的军队去镇压爱奥尼亚的叛乱。在大流士的军队到达之前，阿里斯塔格鲁斯和他的盟军已经突袭攻入了萨迪斯。总督阿塔菲尼斯躲进守卫森严的堡垒里，但是萨迪斯遍地都是爱奥尼亚人，他们打算将萨迪斯洗劫一空。不幸的是，这座城市几乎立刻就被大火吞没了。由于萨迪斯的建筑物主要是由芦苇搭建的，一个士兵放火焚烧一间房屋后，大火就迅速蔓延到了整个城市。

据希罗多德描述，"萨迪斯的战火"[28]使波斯人怒不可遏。波斯军队和爱奥尼亚军队在以弗所遭遇，最终爱奥尼亚联军惨败。他们被打得七零八落，而雅典人发觉参与其中并无利可图，于是决定撤回雅典。但爱奥尼亚人别无选择，只能继续战斗。烧毁萨迪斯等于断了自己的后路，他们现在已经无法全身而退。

于是他们开始转战海上。一支爱奥尼亚联合海军北上穿过赫勒斯滂海峡，赶走了驻扎在拜占庭城的波斯军队。然后这些船只驶回海岸，沿途征集盟友。[29]叛乱势力越发强大，波斯人陷入连年征战之中。

公元前494年，形势开始对爱奥尼亚不利，由600艘战船组成的波斯舰队在米利都附近的海上与爱奥尼亚的战船对抗。波斯人一直在重整旗鼓，为下一次大规模交锋做准备，他们对爱奥尼亚舰队也了如指掌，因为353艘希腊战船中有300艘是在战争一开始时从大流士的海军手里劫持而来的。[30]

爱奥尼亚人的几十艘战舰都沉没了。战事对希腊人越发不利，有几十艘战舰的爱奥尼亚人甚至弃船而逃。爱奥尼亚舰队的海军将领向西西里岛驶去，做了海盗（他只掠夺迦太基人和伊特鲁里亚人的过往船只，"而从不对希腊船只下手"）。[31]阿里斯塔格鲁斯自己则彻底逃离小亚细亚，去了色雷斯，他在企图夺取一个色雷斯的城市时被杀死。

获胜的波斯人在叛乱者阿里斯塔格鲁斯的故乡米利都海岸登陆。他们切断米利都与外界之间的联系，在城墙下挖出地道，然后攻陷了整座城市。"大多数男人都被杀死了，"希罗多德说道，"他们的妻儿……沦为奴隶……他们把活着的人都带到了苏萨。"大流士把这些人安置在底格里斯河口的沼泽地带，那里曾经是迦勒底人的家园。[32]尽管雅典人并未参战，只是远远地观望着一切，但依然忧心忡忡。米利都曾经是雅典的子城，摧毁米利都就像是在雅典人的身上割了一刀。

更糟糕的事情还在后面。大流士并没有忘记最初参与叛乱的雅典人和埃雷特里亚人。公元前492年，他派他的女婿马多尼乌斯（Mardonius）率领两股部队发动进攻：陆军穿过小亚细亚，跨越博斯普鲁斯海峡上的浮桥，然后直入色雷斯和马其顿；海军驶过爱琴海，然后与陆军会合，一同攻打希腊北部诸城邦。

然而，第一次波斯侵略希腊的战争很快无果而终。就在波斯海军马上要达到目的地时，风暴骤起，几乎所有船只都撞上了阿索斯山附近的礁石而损毁。陆军等不到按计划应当来会合的海军，于是就撤退了。

波斯人花了两年的时间重建海军。公元前490年，一支新的舰队整装待发，马多尼乌斯（他先前被召回苏萨受训）也重新上任。

据希罗多德说，第二次入侵的军队包括600艘船，就算这种说法有些夸张，但当时海上入侵的力量的确十分强大，波斯人甚至无须动用陆军力量来增援。希庇亚斯就在其中一艘船上，他曾发誓，只要波斯人消灭敌对势力，他就会重新坐上雅典僭主之位。

波斯大军开始横扫内陆，他们先是摧毁了纳克索斯（阿里斯塔格鲁斯实在不是什么做将领的料，波斯军队几天之内就占领了纳克索斯），然后开始围攻埃雷特里亚。他们的下一个目标是雅典：雅典就像阿提卡地区的女王，攻占雅典是控制希腊的关键。

埃雷特里亚的防御很快被摧毁了。雅典人做好准备面对波斯人带来的浩劫，他们派了一位信使南下向斯巴达求援。这位信使名叫菲迪皮茨（Pheidippides），他是经过专门训练的送信人，据说他只用了 24 小时就跑完了斯巴达与雅典之间 240 千米的路程，本领十分惊人（希罗多德很可能是少说了菲迪皮茨所用的时间，但他跑过的距离是毋庸置疑的）。*但斯巴达人拒绝出手相助。当时他们正在庆祝一个宗教节日，因此满月之前不能出兵。

斯巴达人信仰宗教（可以说是近乎迷信），但他们如此回复很可能是为了避免与波斯人正面交锋。波斯人的目的是报复雅典人，他们的怒火直指那些曾经参与爱奥尼亚叛乱的希腊城邦，而当时斯巴达并没有参与其中。

此时，雅典人孤立无援，只能独自面对波斯人。

希罗多德告诉我们，他们的指挥官米太亚得（Miltiades）把步兵——雅典重装步兵（hoplite）——编排成一个略不寻常的队形：中间薄弱，而两翼强大。这支重装步兵是以他们的盾牌——雅典大圆盾（hoplon）命名的，这种盾牌的把手在盾牌边缘处，而不是在盾牌的中央。这种设计是为了使步兵可以把右臂空出来使用矛，这意味着步兵右侧的身体会有一部分暴露在盾牌之外，但是这种盾牌向左侧伸出的部分能够遮挡左侧士兵身体的右侧。换句话说，这种盾牌要求使用者紧紧地排列在一起组成方阵。重装步兵孤身奋战是非常容易受到攻击的。只有保持密集紧凑的方阵，重装步兵才有生存的机会。

这种纪律严明的方阵和孤注一掷的心态，弥补了雅典士兵人数

---

* 这就是马拉松长跑的起源。几百年之后的普鲁塔克说，雅典人对波斯人的这场胜利还产生了另一个关于奔跑的故事：这个故事的主角是特西普斯（Thersippus），或者优克勒斯（Euclus，不同史料记载不同），他带着胜利的消息从战场一路跑到雅典城中心，传达了消息之后他就因伤势严重而死去。这个故事可能是真实的，不过也可能是基于菲迪皮茨奔跑的最初版本虚构出来的（有人认为菲迪皮茨是战斗胜利之后跑去送信的，不过这种说法可能是错误的）。不管是谁最先跑的（也不管此人跑了多少路程），现代奥林匹克竞赛中最长距离的赛跑仍然以马拉松命名，以纪念这种非凡的耐力。

较少的劣势。希罗多德告诉我们,"雅典人冲向入侵者",这让波斯人以为他们也许都疯了。[33] 然而事实上,雅典军队的中间部分很快就被击溃了。但是军队两翼的众多士兵把波斯人夹在了中间,直到这些入侵者开始从致命的方阵中间撤离。他们往船只方向逃跑,却慌不择路地进了沼泽地,许多人陷入泥淖,而且由于盔甲过重而无法逃生。

还有许多波斯人最终回到了船上然后逃跑了。但雅典人截获了7艘船,杀死了很多入侵者。希罗多德统计的波斯死亡人数为6400人,而雅典死亡人数只有192人,可见希罗多德(像亨利五世统计的阿金库尔战役的死亡人数那样)是出于爱国而夸大了事实。但马拉松战役中雅典人的获胜还是十分令人震惊的。他们打败的是强大的波斯。

在雅典统计死亡人数时,斯巴达人终于到达了战场。

这些参加马拉松战役的人后来被称为马拉松勇士,他们在雅典备受尊重,就像为自由而战的美国二战老兵一样。然而,他们的常胜将军米太亚得却未得善终,他因未能攻下帕罗斯(Paros)岛(绝对忠于波斯的一方土地)而被撤职。他带着在战役中受的伤回国受审,不久就因坏疽而去世了。

大流士此时正在考虑重新与希腊作战的战略。公元前486年,即马拉松战役四年后,他增加赋税,可能是为了重建军队。埃及几乎立刻爆发了叛乱,也许是对赋税过重不满,但是大流士已经无力顾及此事。他在公元前486年秋天患病,并在入冬前离开了人世。[34]

他的大儿子薛西斯继承了王位。

薛西斯一直在效仿他的父亲。王室有变故时通常会有人趁机发动叛乱,他像大流士一样,先派军队去镇压那些叛乱。巴比伦不可避免地发生了叛乱,于是他把整个城市划分为两个小的辖地,从而避免了一些派系之争。他靠纯粹的武力重新征服了埃及,然后在埃及和波斯的铭文上都刻上自己"两国之王"的封号。[35]

然后,他把目光移回希腊。公元前484年,薛西斯帝国的所有港口都在造船。有320艘战船上配备了希腊雇佣兵,还有200艘战船来自埃及。埃及人还帮助薛西斯建造了另外一座浮桥,这座浮桥位于大流士建造的浮桥南边一点,横跨赫勒斯滂海峡,整座桥是由埃及的亚麻绳索连接在一起的。[36]

与此同时,雅典正在建造一支由三列桨战船组成的舰队,这种战船细长的船身(约35米长,但只有4.5米宽)能容纳170名桨手,这意味着它们航行起来能像刀刃划过水面一样,速度远远超过其他船只。公元前481年,雅典和其他30个城邦一起组成了一个新的联盟——希腊联盟,与波斯对抗。斯巴达人重新加入了反波斯的大业,在联军中他们毕竟是战斗经验最丰富的军队。

同年秋天,薛西斯亲自率军前往萨迪斯,他们在那里过冬,养精蓄锐,从长途跋涉中恢复。之后,在公元前480年的春天,他带领军队横跨赫勒斯滂海峡。

希腊人预感到北方地区可能坚守不了很长时间。他们把前线设立在马斯利湾南边,而大部队则在温泉关(Thermopylae)集结,在那里诸山之间有一条可供通行之路。对于薛西斯来说,这是唯一一条可以进入希腊半岛南部地区的合适的道路(虽然还有一条隐蔽的山路可走,但他不可能发现这条路)。海军在优卑亚岛的最北端停了下来。

他们在那里待命。此时,后方的希腊已做好了充分的准备迎接灾难。雅典人决定做最坏的打算，由五百人议事会通过的一项法令的副本得以存留下来：

> 由议事会和人民表决……将城市委托给雅典女神雅典娜……安全起见，雅典人和住在雅典的外国人必须把自己的子女送到特洛伊森（Troezen）……他们须把老年人和能带走的财产都转移至萨拉米斯。国库官员和女祭司须留在雅典卫城守卫众神的财产。所有其他适龄的雅典人、外国人则登上早已备好的200艘战船，为自己和其他希腊人的自由而战，抵御蛮族入侵。[37]

随后，薛西斯大举进攻。在入侵者面前，色雷斯投降了，之后马其顿各城邦也纷纷投降。薛西斯向希腊本土进发，如果他可以穿过那些山脉，那么南部诸城邦也将难逃厄运。一支来自阿提卡的军队奉命守卫那条隐蔽的山路，以防万一。而最重要的温泉关则交由斯巴达国王列奥尼达（Leonidas，克里昂米尼的继承人）率领的7000人驻守。

要不是一个希腊叛徒投奔薛西斯并给他绘制一张山路的地图，那么波斯人和希腊人就会在这个狭窄的地带相遇，而这些兵力已经足够了。薛西斯从一万名训练有素的士兵中选出一些精兵强将，由一名将领带着翻越山脉，希罗多德称这些将士为"不死军"。他们来到山的另一侧之后，就开始从后面包围斯巴达人。

列奥尼达看到自己的军队就要受到两面夹击，意识到自己败局已定。他下令只留下三百人驻守，其他士兵全都撤回南部地区。他率领这三百士兵以及来自底比斯和特斯佩亚（Thespia）这两个希腊城邦拒绝离开的几支军队拖住薛西斯的军队。阿提卡是在劫难逃了，但是如果那些撤退的斯巴达人能赶到科林斯湾,那么他们仍然可能守住伯罗奔尼撒半岛,以及妇女和孩子所在的特洛伊森,还包括萨拉米斯:这样的话,一切依然属于希腊。

斯巴达人在战死沙场之前一直都在战斗。在这场战争中,连"不死军"都阵亡了,薛西斯的两个兄弟也战死沙场。[38]后来,这些将士在温泉关战役中的英勇事迹成为历史上最著名的英雄故事。薛西斯却不为所动。他下令将列奥尼达的尸体斩首,然后将其钉在十字架上,仿佛是在处死一名罪犯。

普鲁塔克告诉我们,希腊人疲惫不堪,绝望不已,开始就下一步何去何从进行激烈的争论,不过这场争论并没有持续多久。希腊联军中的雅典军队恳请其他军队支援阿提卡以保护雅典,但其他军队对此没有信心,他们认为面对强大的波斯军队,很难保住漫长的北方战线,他们的意见占了上风。整个军队撤回到伯罗奔尼撒半岛,在那里他们可以把船只集中在萨拉米斯岛附近的海域,并且在连接伯罗奔尼撒半岛和阿提卡的狭窄地峡——科林斯地峡——建立起一道防线。雅典人虽然跟着联军撤走,心中却十分不满,普鲁塔克写道:"他们为这样的背叛感到愤怒,也因遭到盟军的抛弃而感到沮丧和痛心。"[39]

薛西斯带领着他的士兵向雅典进发,一举攻下了雅典。波斯士兵烧毁了雅典卫城,雅典人束手无策,只能隔水相望,眼睁睁地坐看自己的家园浓烟四起。

剧作家埃斯库罗斯记载下了之后发生的一切,他当时就在雅典。在他的戏剧《波斯人》中,一位波斯使者返回都城苏萨向太后汇报说,她的儿子薛西斯已决定立刻进攻伯罗奔尼撒半岛上的希腊人:

>一名来自敌军阵营的希腊人
>向您的儿子悄声道：
>在夜色的掩护下，所有希腊人都会拿起桨，
>然后疯狂地向各个方向逃走
>以保住性命。[40]

这个消息是希腊首领忒密斯托克利（Themistocles）散布出去的，他知道局势对波斯有利。这是因为希腊人困在了伯罗奔尼撒半岛上，还失去了盟友，所以很容易被一场进展缓慢却极具破坏力的战争而拖垮。因此对薛西斯而言，最好的策略就是耐心等待，派海军围困伯罗奔尼撒半岛，这样就没有外界岛屿可以提供援助，然后再重新积聚力量发动进攻。

于是忒密斯托克利送信给波斯国王薛西斯，主动提出投诚，他还告诉薛西斯，如果波斯马上发动进攻，疲惫萎靡的希腊人就会四散而逃。薛西斯听信了他的话，不再包围伯罗奔尼撒半岛。他派出船只直接进入狭窄的海域，去攻击聚集在那里的雅典三列桨战船。

>您的儿子，随即
>发现自己被希腊的诡计与诸神的妒忌蒙蔽，
>当即告知他所有的船长：
>一旦太阳落山，
>黑暗笼罩天穹，
>他们的船只就兵分三路，
>阻挡希腊人逃向大海，
>其他船只则包围这座岛屿。[41]

这正是忒密斯托克利想要的，因为那些三列桨战船速度快、易操控，能够在萨拉米斯周围狭窄的海域高效作战，而庞大的波斯船只却无法从中突围。

> 船与船相撞，
> 在黄铜撞角的撞击之下，
> 所有的船头都撞毁了。
> 希腊人开始登场。
> 他们站在甲板上抛出
> 长矛。
> 起初我们拿起长矛抵抗，
> 但是很快我们的战船混在了一起，
> 在狭窄的海峡里迎头相撞，
> 舰首铜头相互撞击，
> 船桨和甲板化为碎片。
> 然后希腊人井然有序地包围上来
> 发动进攻，最终所有船只都底朝天沉入水中，
> 海面上再也看不到
> 船只的残骸和漂浮的尸体。
> 尸体被冲到了海岸和礁石上。[42]

波斯人生活在地势高的内陆地区，根本不会游泳。那些落水的人几乎都淹死了。

薛西斯坐在高台上的一个黄金宝座上观战，越看越愤怒。这场失利本不至于使薛西斯一败涂地，但是他被愤怒冲昏了头脑。他下

令处死所有的海军船长——这些人都来自波斯统治之下的腓尼基诸城邦——理由是他们太过懦弱。所有腓尼基水手都因此开始反对他。腓尼基人海上经验丰富，他们十分清楚为何战败。

与此同时，巴比伦再次爆发叛乱。忒密斯托克利继续依计行事，他释放了一名波斯战俘，此人回去找到薛西斯，告诉他希腊舰队打算行驶至达达尼尔海峡，然后在薛西斯率军赶回去之前毁掉那座浮桥。[43] 听到这个消息后，薛西斯决定撤军。

他宣布，任何擒住忒密斯托克利的人都会得到重赏（这个做法毫无意义），然后就率领大部队回到马其顿和色雷斯，把一部分士兵留给他的女婿马多尼乌斯掌管。事实上，薛西斯是留马多尼乌斯在这里等死，而使自己撤军时不至于过分难堪。雅典军队穿过科林斯地峡，在普拉提亚与马多尼乌斯率领的少量士兵相遇。英勇的列奥尼达的侄子鲍桑尼亚（Pausanias）继承了叔父的将军职位（他同时也是斯巴达的摄政王，现在斯巴达的国王是列奥尼达的小儿子），他率兵突袭，希腊人取得了胜利，而马多尼乌斯死在了战场上。"他的尸体在战争结束第二天就消失了，"希罗多德写道，"没有人知道他葬在了哪里。"[44]

然而，对波斯人的战斗还未结束。希腊派出海军与波斯舰队的残余力量交战，而波斯舰队已经沿爱琴海岸一路撤回小亚细亚。波斯人看到希腊舰队跟在后面，决定不再冒险再进行一次海战。他们把战船停靠在小亚细亚沿海，就在米卡尔山（Mycale）的西边，然后准备上岸迎敌。

据史料记载，普拉提亚和米卡尔这两场战役恰好发生在公元前479年的同一天。在米卡尔之战中，波斯人本指望自己阵营的爱奥尼亚人出手援助。但是当希腊大军压境时，爱奥尼亚人却逃跑了，

时间线 11

波斯	希腊
居鲁士二世（居鲁士大帝）（前 559）	（雅典）庇西特拉图
	（马其顿）阿敏塔斯一世
冈比西斯二世（前 530）	
大流士一世	（斯巴达）克里昂米尼
	（斯巴达）达玛拉都斯
	马拉松战役（前 490）
薛西斯一世（前 486）	（斯巴达）列奥尼达
	温泉关和萨拉米斯战役（前 480）
	普拉提亚和米卡尔战役（前 479）

他们撤回到自己的城邦，留下波斯人独自作战。雅典和斯巴达联军将波斯人一路追击到萨迪斯。活着回到萨迪斯的波斯士兵寥寥无几。

波斯战争以希腊在普拉提亚和米卡尔的胜利而告终。尽管波斯海军自此衰落，再也没有恢复元气，但这次战败并没有给波斯人造成太大的心理创伤。[45] 从斯巴达到爱奥尼亚海岸的希腊诸城邦共同御敌，这是整个希腊世界第一次自发联合行动，打败了共同的敌人。整个希腊不是因政治而联合在一起，而是因共同的语言和习俗凝聚在了一起。

/ 12

伯罗奔尼撒战争

> 公元前478至公元前404年间,薛西斯去世。雅典和斯巴达联合发布了一则维持两国三十年和平的声明,但和平只维持了十四年。

击退波斯人后,刚刚团结起来的希腊人必须决定怎样处理爱奥尼亚的城邦。爱奥尼亚的多个城邦加入了希腊,正式宣称脱离波斯帝国。诗人埃斯库罗斯曾作诗赞颂他们刚刚获得的自由:

那些生活在亚洲辽阔土地上的人
不再受到
波斯帝国法律的统治
也无须再向其朝贡
无须受波斯帝国的颐指气使
也不再卑躬屈膝
并对王权充满敬畏
王权早已死去[1]

但是波斯的实力并未消亡，波斯大军仍然占据着亚洲广袤的土地。爱琴海位于波斯和希腊大陆之间，但对于爱奥尼亚人来说，波斯这个蹒跚的巨人好像就在他们城墙的另一边。

斯巴达人建议他们放弃爱奥尼亚的各个城市，将这片土地丢弃给波斯人处理，因为他们无法"永远守护爱奥尼亚"。[2] 雅典士兵即刻提出异议。这些土地大部分都是雅典人的殖民地，所以斯巴达人可以轻易地提出放弃（就像他们在波斯入侵期间也放弃过雅典一样，他们只要能够拯救伯罗奔尼撒就满足了）。"他们激烈地提出自己的反对意见。"希罗多德说。在经过了激烈且周密的商讨之后，雅典人设法说服大多数其他希腊军队加入进来，一起将波斯人从爱奥尼亚海岸赶走。

斯巴达人虽然很不高兴，但还是答应留下来。他们不想跟波斯人战斗，但是也不想让雅典获得权力，成为希腊联盟的领袖。他们留下来，是为了保证自己的指挥官鲍桑尼亚继续担任希腊联盟的最高指挥官。鲍桑尼亚领导希腊人获得了普拉提亚战役的胜利，而且自列奥尼达的儿子在塞莫皮莱草原上牺牲后，鲍桑尼亚就接替了他的位置。

鲍桑尼亚率领他的海军出发去围攻拜占庭，在这之前拜占庭已经被波斯士兵再次占领。雅典人在本国将军克桑提波司（Xanthippus）的指挥下重新集结，前往博斯普鲁斯海峡助阵。最后，拜占庭再次易手，又一次成为希腊的城市。

这是雅典和斯巴达最后一次结盟。

希罗多德对希波战争之后历史的发展没有再做更多的描述，他的《历史》只写到了米卡尔战役。对于接下来发生的一系列事件，我们需要找来修昔底德的著作进行研究，他在大约 70 年之后撰写了自己的历史著作，此外还有普鲁塔克的《忒密斯多克利传》（Life of Themistocles），它也能给我们提供一些有关的细节。

根据修昔底德的描述，当雅典和斯巴达士兵围攻拜占庭的时候，本土的雅典人和斯巴达人却在争执不休。在普拉提亚战役战胜马多尼乌斯后，忒密斯多克利率领雅典士兵返回了雅典。然而，他们的城市已经变成一片废墟：城墙坍塌，雅典卫城的神庙被推倒并焚毁，雅典娜神庙里的神圣的橄榄树也被砍倒，树桩都被烧焦了——但是仅仅几天之内，树桩上就长出了绿芽。[3] 雅典并未灭亡，从前线回来的雅典人开始重建被拆毁的城墙，这是一项长期任务。

雅典人重建城池的消息传到了斯巴达。仅仅几天之后，斯巴达就派代表团抵达雅典，要求雅典人不仅要停止重建，而且要"跟他们一起将伯罗奔尼撒半岛外城市的城墙拆毁"。[4]

斯巴达这样做等于是公然宣称自己要称霸整个希腊。此时的雅典既缺少士兵，又失去了城墙，因此无力抗拒斯巴达的要求。但忒密斯多克利却心生一计，只是在那种棘手的情况下，他没有说出实情。他告诉斯巴达人，他自然会带一队雅典官员马上赶到斯巴达去商讨这个问题。然后，他自己先行前往斯巴达，但是在路上像蜗牛一样慢吞吞地走着，而且他告诉其他的雅典官员尽量在雅典多逗留一阵子，至少要等到城墙修筑到起码的高度。与此同时，凡是能走得动的雅典人都必须放弃其他事情，全力以赴地修筑城墙，必要的时候还要把房子拆掉以提供建筑材料。修昔底德写道："时至今日，从（城墙）上还能看出当时仓促修筑的痕迹；地基是由各种各样的石头奠筑的，有些地方石块粗糙，相互不太吻合，一看就是按照人们搬过来的次序堆叠起来的，没考虑石材的形状；那些柱子也是这样,有的是从坟墓中扒出来的;有些雕刻有图案的石头和普通的石头也堆在了一起。"[5] 考古发掘也显示,确实有许多随意排列的石头和圆柱都被筑进雅典城墙里。

而在南边的斯巴达,忒密斯多克利则故作疑惑地大声咕哝着为什么他的同伴还没有到达,并且假装虔诚地希望他们没有遭遇不幸。等到他们到达斯巴达的时候,城墙已经修好了,于是忒密斯多克利就告诉斯巴达人,雅典现在有了防御,在处理本国的事务的时候将不再需要征求斯巴达是否同意。斯巴达人感觉受到了侮慢,却也不得不忍着,因为他们确实不想去攻打一个有城墙防御的城市,不久,忒密斯多克利就回国了。

在拜占庭,爱奥尼亚人也开始抱怨斯巴达的统治。他们去求见雅典的指挥官克桑提波司,抱怨说斯巴达的鲍桑尼亚将军是个暴君;而且更严重的是,他正与薛西斯秘密谈判。对于这种指控谁都不能等闲视之,斯巴达的长老会在听到风声后召唤鲍桑尼亚回国受审。克桑提波司获得了最高指挥权,这对雅典人来说是赢了一局。

与此同时,在斯巴达,鲍桑尼亚被无罪释放。但他职业生涯的前景却因为这一丝丑闻而一片惨淡。斯巴达人另派了指挥官去拜占庭,但克桑提波司拒绝服从他的领导。现在雅典人取代了斯巴达人成为联军的领袖。斯巴达人非常恼怒,收拾好行装返回自己的城邦,来自伯罗奔尼撒其他城邦的士兵也回去了。

这为旧希腊同盟敲响了丧钟。雅典人干脆宣布成立一个由自己领导的新的同盟——提洛同盟。斯巴达则宣布自己担任伯罗奔尼撒同盟的领导,这个同盟只包括伯罗奔尼撒城邦。

而鲍桑尼亚受到越来越多的怀疑,成为那些未经证实的叛国指控的目标(这些事情愈演愈烈,主要是因为在拜占庭的时候,人们

地图 12-1 希腊与伯罗奔尼撒战争

偶尔会看到他身着波斯服装)。最终他意识到，他不可避免地会再次被捕并遭受审判。他在斯巴达一所寺庙的密室里躲避了起来。斯巴达官员直接把密室的门封死了，把屋顶拆了，让他在里面活活饿死。[6]这个拯救过伯罗奔尼撒半岛的人就这样在他族人的眼皮底下死去了。

事情到此并未结束。在雅典，忒密斯多克利开始推行自己的保护雅典安全的计划（包括烧毁其他希腊城邦的船只，以及四处出海搜刮希腊小岛的钱财)。[7]忒密斯多克利首先是一个实用主义者，为了达到自己的目的，他总是不惜牺牲个人的尊严。当有士兵批评他的建议时，忒密斯多克利就进行公开演讲，说雅典人对自己亏欠很多，说不管他提出何种要求雅典人都应该听他的。这种话说得多了，他终于激怒了足够多的雅典人（毕竟，有很多人也参加了米卡尔战役)，他们采用陶片放逐法将其驱逐。普鲁塔克点评道："流放是他们的一贯做法……陶片放逐法不是一种惩罚犯罪的手段，而是一种缓解和平息嫉妒的方式——通过羞辱一位杰出的人，有这种情绪的人会从中获得快感。"[8]

这是希腊民主的阴暗面。希腊人不会善待自己的伟人，除非这些人足够幸运，能够通过死亡淡出政治舞台。马拉松战役没有拯救米太亚得，普拉提亚战役没有给鲍桑尼亚带来任何好处，而萨拉米斯战役也不会拯救忒密斯多克利。在忒密斯多克利被流放后，斯巴达人送信给雅典人说，他们在调查鲍桑尼亚的过程中发现，有未确切提及的证据表明忒密斯多克利也有亲波斯倾向。雅典人派刺客去追杀被他们流放的将军，但是忒密斯多克利没那么容易被抓到。他开始了漫长的逃亡之路，一路上总是避开希腊船只和希腊港口，最后（一如既往地务实）到了波斯王庭，并且自荐为希腊事务顾问，条件是薛西斯同意把悬赏捉拿他的赏金支付给他本人。

幸运的是，薛西斯似乎挺欣赏他的这种厚脸皮的态度，给了忒密斯多克利赏金，并让他"说出自己对希腊事务状态的一些想法"。忒密斯多克利照做了，但他的谈话似乎大多是有关艺术而非真正的希腊事务。普鲁塔克评论说，他所谈及的希腊事务并没有给波斯人带来任何军事优势，几乎都是希腊的服饰、文学和饮食之类的内容。[9]他在流放中去世，享年65岁，可能是病死，也可能是因为再也无法忍受国家对自己的放逐而服毒自尽。[10]

同时，由雅典人领导的提洛同盟的士兵，开始从波斯人手中夺回各个岛屿和城市。波斯人也发动了反击，但他们的信念不够坚定。波斯帝国已经从内部开始腐败。薛西斯刚愎自用，拒绝为在萨拉米斯的失败承担责任，这足以体现他毫无自制，而且据多种不同的史料记载，他越来越沉迷于奢侈享乐。《圣经·以斯帖书》（Esther）写道："薛西斯在自己的苏萨王宫举行了为期一周的狂欢，在狂欢最后他（跟他的客人一样，已经连续好几天都醉得不省人事）下令让他最喜欢的王后出来，在所有宴乐的男人面前亮相，以便让这些人称赞她的美貌。她拒绝了，薛西斯大怒，传话告诉她，她将永远不能再出现在他的面前，并且决定休掉她。他下令让所有的总督把他们辖地最漂亮的女子都送到宫里。这些女子入宫后，他每晚都命一个来侍寝，如是数月，这样他就可以每一个都尝试一下，然后选出自己最喜欢的。"[11]希罗多德的史书也提到了薛西斯对女人的嗜好，他说："他（薛西斯）先是喜欢上了兄弟的妻子，然后又喜欢上了兄弟的女儿。"[12]

记下这些故事的人显然不是他的朋友。薛西斯去世的时候，已经众叛亲离。薛西斯去世50年后，曾在波斯朝廷里待过的希腊历史学家克特西亚斯（Ctesias）提到，薛西斯睡觉时，守护他卧房的一个得到他宠信的管事太监让一个名叫阿尔达班（Artabanos）的波斯军队长官（一个千夫长）进入卧室看望国王。几分钟后，薛西斯就死了。那年是公元前 465 年。

薛西斯的尸体被发现后，阿尔达班指责薛西斯的长子大流士谋杀了自己的父王，然后撺掇薛西斯年仅 18 岁的小儿子——急性子的阿尔塔薛西斯，劝他去为父报仇。"大流士大声喊冤，"克特西亚斯记录道，"说他没有杀害父王，但他还是被处死了。"[13]

这下阿尔塔薛西斯成了继承人，因为他的二哥希斯塔斯普（Hystaspes）此时尚在北部省份巴克特里亚（Bactria）做总督。历史学家狄奥多罗斯继续讲述说："阿尔达班一与新国王单独相处，就放下了所有的伪装，袭击阿尔塔薛西斯。阿尔塔薛西斯奋力还击，尽管负了伤，还是消灭了这个叛贼。"[14] 薛西斯去世、新王登基的消息一传到巴克特里亚，希斯塔斯普就匆匆赶回来争夺王位。不过阿尔塔薛西斯跟他兵戎相见，而且更走运一些。战斗正酣时，一场沙尘暴席卷而来，在漫天的风沙中，阿尔塔薛西斯杀死了自己的哥哥，成了最后的胜者。[15]

王室的混乱一般都会使整个帝国到处爆发叛乱。最严重的叛乱发生在埃及。当薛西斯去世的消息传至那里，普萨美提克三世在世的几个儿子中的伊那罗斯（Inaros，当时已过中年，住在赫利奥波利斯）觉得自己有望重夺王权。伊那罗斯向雅典人寻求支持，而雅典人非常愿意派兵南下，帮助他发动叛乱。[16]

伊那罗斯和雅典的联盟军队打起了游击战，阿尔塔薛西斯花了 11 年时间才击败这支军队。当波斯军队最终抓住伊那罗斯后，阿尔塔薛西斯下令将这个十多年来神出鬼没的"埃及佐罗"（Egyptian

Zorro)钉死在十字架上。

在希腊,越来越多的雅典军队卷入内战。提洛同盟很难团结在一起,而雅典也越来越多地需要使用武力去对付自己的盟友,只是它或许还没有意识到这一点。公元前460年,纳克索斯岛宣布它想退出提洛同盟(意味着"听从雅典的命令"),战争随即发生:"它遭到了包围,不得不再回到(同盟中),"修昔底德写道,"这是同盟首次被胁迫去征服一个结盟城邦的例子。"[17]然而,这并非最后一例。提洛同盟的其他城邦反对雅典征收贡品和船只,雅典则以武力回应。他们向色雷斯进军,雅典海军攻打埃伊纳城并且俘获了70艘船;当伯罗奔尼撒同盟的一员麦加拉与科林斯(另一个伯罗奔尼撒同盟城邦)发生边界争端,争吵不止时,雅典人不仅欢迎麦加拉加入提洛同盟,还帮助麦加拉人建立起新的防御城墙,而且派遣雅典军队进驻麦加拉城——他们是不请自来。修昔底德总结道:"他们变得越来越好斗……雅典人已经不像之前那样了,他们再不是那个有着悠久历史、受人欢迎的统治者。"[18]

雅典和斯巴达似乎交换了位置,雅典人成了爱琴海上的恶霸。虽然提洛同盟名义上还是同盟,但它已经变得越来越像一个雅典帝国了。* 雅典城这座美丽的城市看起来也越来越像一座堡垒。克桑提波司的儿子伯里克利(Pericles)曾被选为军事指挥官,他建议雅典人将城墙从雅典一直修到比雷埃夫斯(Piraeus)港口,总长度达13千米,以便货物和士兵能够顺利进入水域而无惧攻击。[19]公元前457年,"长墙"开始动工。

---

* 历史上从来没有"雅典帝国",但很多历史学家认为,实际上从公元前454年开始,提洛同盟已经失去了"同盟"(成员城市的联合体)的功能,而成为一个受雅典军队管辖的帝国。

长墙刚一竣工，雅典和斯巴达的军队就发生了冲突。在公元前457年，斯巴达军队以多里斯人的请求为借口，进入了维奥蒂亚地区，它在阿提卡的西北部，而多里斯人甚至在更远的西北部。这不是他们的唯一动机："一个雅典团体在暗中给斯巴达人鼓劲，"修昔底德说，"那个团体的成员希望结束雅典的民主统治，并停止建设长墙。"[20]

雅典也派出 14 000 名士兵进入了维奥蒂亚地区。硝烟散去后，斯巴达人宣布取得了胜利，他们在回国前砍倒了所有能找到的果树。但由于雅典人在仅仅两个月后又回到了维奥蒂亚地区，并声称该地区归属雅典，因此斯巴达人所取得的很难说是决定性的胜利。事实上，两股力量算得上是势均力敌。一开始是雅典占上风，但是它在埃及的战斗中遭到了挫败，失去了相当多的士兵，因此两股力量渐趋平衡。

公元前 446 年，雅典向斯巴达求和。条约的具体内容并没有流传下来，但是多位希腊政治家的言论表明，雅典人愿意放弃一些他们在科林斯地峡和伯罗奔尼撒半岛沿岸所获取的土地来实现停战。两个城邦还达成一致，不去干涉对方的盟友。双方将条约的有效期限定为 30 年，所以该条约就被称为《三十年和平条约》(Thirty Years' Peace)。

这之后不久，希罗多德就离开了雅典。他不喜欢雅典接连不断的政治狂潮，所以选择去图里 (Thurii) 这个新的泛希腊殖民地，而这里正吸引着希腊各地的公民前往。

尽管政治局势动荡，雅典却蓬勃发展起来。雅典的领导人伯里克利是一名优秀的公共演说家，越来越受到民众的支持，他主持在雅典卫城上为雅典娜女神建立了一座神庙。这座神庙就是帕特农神庙，神庙上的浮雕描绘了传说中希腊人战胜半人马怪兽的事迹——这象征着希腊人战胜了所有的敌人并因此欢庆胜利。一座用象牙雕刻的 12 米高的宙斯坐像被放置在奥林匹亚神庙中，奥林匹亚神庙后来因为被列为古代世界七大奇迹之一而变得闻名遐迩。哲学家苏格拉底一直都在雅典演说和讲学，吸引了大批追随者；他像佛陀一样，不著一字，却发展建立了一整套明晰且影响深远的哲学理论——他所有的教诲都是由其门生记录下来的。

但是，雅典的繁华只是表面，其核心早已腐朽。雅典和斯巴达之间的仇恨并没有消失。《三十年和平条约》仅维持了 14 年，然后双方就兵戎相向了。

实际上，战争首先是在雅典和斯巴达的盟友之一——科林斯爆发的。公元前 433 年，科林斯的殖民地克基拉岛试图摆脱科林斯的统治，于是向雅典寻求援助。

严格说来，克基拉岛本身既不属于伯罗奔尼撒同盟也不属于提洛同盟，因此雅典人可以答应其请求，这并不算是破坏和平条约。可是另一方面，由于克基拉岛是科林斯的殖民地，而科林斯又是斯巴达的盟友，因此如果雅典参与针对科林斯的战争，那么毫无疑问，斯巴达人一定会觉得受到了侵犯。

雅典人不愿错过这一削弱科林斯实力的机会。经过整整两天的公开辩论，议会决定派出 10 艘战船。[21] 为了确保能捞到好处，议会还告诫这支小型舰队的船长，除非科林斯人在克基拉岛登陆或是威胁到了克基拉岛船只的安全，否则雅典人将不会发动攻击。[22]

科林斯的战船一到就径直驶向在克基拉岛集结准备迎战的船只。雅典舰队的指挥官一直努力遵从指示，袖手旁观，直到科林斯的战船将克基拉人击败且步步紧逼,造成了大量人员伤亡,才加入战斗。用修昔底德的话说就是,科林斯人对克基拉人大肆"屠杀","他们乘船一路杀过来,根本就不去俘虏对手"。[23]

见此情景,雅典战船不仅加入了战斗,而且召唤来了援军。这样一来,雅典就跟科林斯打起来了,而科林斯是斯巴达的盟友。《三十年和平条约》就此终止。

这次海战史称西波塔战役(Battle of Sybota),是接下来一年半的时间里一系列小战役中的第一战。直到公元前431年底比斯(斯巴达的盟友)攻击普拉提亚,这一系列小战役才结束。普拉提亚是维奥蒂亚的一座城市,也曾是希腊联军与波斯大军交战的著名地点,目前处在雅典人的保护之下。这是第一次真正威胁到另一座城市城墙的进攻。修昔底德说,这次"公然行动"最终彻底破坏了条约,使其再也无法得到修复。"雅典立即进行战争准备,"他写道,"斯巴达和它的盟友也一样。"[*24]

斯巴达人的战争狂热被激发了起来("雅典人渴望统治世界各地!"),他们把前线推进到地峡附近,准备进军阿提卡。雅典与马其顿国王——阿敏塔斯的孙子佩尔狄卡斯二世(Perdikkas II)仓促建立联盟,伯里克利还下令让阿提卡的乡下人全都躲到雅典城墙内。当第一批雅典人在战斗中牺牲后,伯里克利在葬礼上发表演说来怀念他们,在演说中他大谈雅典的文明——雅典的自由、雅典的教育(这让雅典的男子"知书达理但不柔弱")、雅典人一直以来对贫困

---

[*] 伯罗奔尼撒战争从公元前431年持续到公元前405年。一些历史学家把《三十年和平条约》之前斯巴达和雅典之间的敌对状态称为"第一次伯罗奔尼撒战争",而把两国在公元前431年至公元前405年间的战争称为"第二次伯罗奔尼撒战争",但是由于两军之间大多数直接的战斗发生在第二阶段,故我选择只把第二阶段视作真正的战争。

的抗争，以及公民了解公共事务的能力——至高无上。最后，他以一种前所未有的爱国呼吁结束了演说。"你们必须自己意识到雅典的力量，"他向他领导的人民疾呼，"日复一日，你要把目光放在她的身上，直到心中盈满了对她的热爱；然后，当她所有的伟大在你们面前受到挑战时，你们必须认识到，是勇气、责任以及行动中那强烈的荣誉感让你们赢得这一切。"[25] 这不是呼吁人们对国王忠诚，而是对某种信念忠贞不渝；它让人们认同自己作为雅典人的身份，这种身份与种族无关，而是建立在一个自愿且自发的跟某种"理念"的联系上。

这是一次激动人心的呼吁，但大多数在伯罗奔尼撒战争头两年牺牲的雅典人死得没这么光彩，也少了些爱国意味。公元前430年，雅典暴发瘟疫。

修昔底德此时也生活在这个城市中，他幸存了下来。他这样叙述道：

> ……健康人突然开始头部发热，眼睛红肿、发炎，喉咙、舌头等器官开始出血，而且伴有口臭现象。接下来出现打喷嚏和声音嘶哑的症状，之后痛苦很快蔓延至胸部，开始剧烈咳嗽……体表……泛红、乌青，而且冒出小脓疱和溃疡……绝大多数患者会在第七天或第八天的时候出现体内炎症……如果他们熬过了这个阶段，病情就会转移到肠道，诱发严重的溃疡且伴有严重腹泻，绝大多数病人会变得无比虚弱，很可能丧命……身体的私处以及手指和脚趾也会出现溃烂。许多人虽然能生还，却会失去手脚，一些人还会双目失明。[26]

且不说疾病让雅典损失了大量身体健全且能够上战场的战士（"他们像羊群一样死去"），对于一个已经为自己的未来忧心忡忡的城市来说，这场瘟疫更是难以承受的打击。修昔底德说："到目前为止，这场疾病最可怕之处是在每个人都觉得自己患病时，人群中弥漫的绝望之情，人们感到绝望，而这种绝望夺走了他们的抵抗力，这让他们更容易受到疾病的侵袭。"[27]

城市的糟糕状况加剧了人们的绝望感。阿提卡的农村居民还在赶往雅典以寻求庇护。但当他们赶到时，沿着城墙内侧专为他们修建的临时庇护所却变成了死人坑："死亡在这些令人窒息的小屋中无休止地肆虐着。垂死的人层层累累……还有那些神庙圣坛，他们曾经在这里获得食物，而现在，这里也满是病死的人的尸体。"[28]焚烧尸体的火日夜不息，小偷肆无忌惮地进出已经无人居住的房屋，没有人再费心为死者设祭或举行任何仪式。在生存的需求面前，神圣和亵渎神圣的区别渐渐消失。*伟大的雅典将军、雅典人一直信赖并依靠的伯里克利也被这场瘟疫夺去了生命。

这场战争开始时情况就很糟糕，后来则变得更糟糕。修昔底德也患上了瘟疫，身体恢复后，他负责指挥一队雅典士兵保护色雷斯。但他的士兵受到敌军围攻，只得撤退，修昔底德被判流放。希腊的战船基本都投入于国内战事，当来自亚平宁山脉的部落（可能是被

---

* 人们至今仍在讨论肆虐雅典的这场瘟疫到底是什么。修昔底德没有提到淋巴结炎，也就是人们通常说的淋巴腺鼠疫（黑死病）常见的症状。有一种可能性是伤寒，但修昔底德确实提到，动物和人都深受其害，这意味着疫情可能原本是一种动物疾病，然后在公元前430年夏天，在雅典高温的环境下从动物宿主传到了人身上。约翰·怀利（John Wylie）和休·斯塔布斯（Hugh Stubbs）曾令人信服地说这场瘟疫很可能是兔热病，这是一种细菌感染，通常不会在人与人之间传播，但是它很可能在出现之后，在公元前430年发生了突变。这一谜题至今未解；参见约翰·怀利和休·斯塔布斯《雅典的瘟疫（公元前430年至公元前428年）：流行病和家畜流行病》，《古典季刊》1983年第33卷第1期，第6—11页，该文简要说明了几种可能的疾病。

北方的凯尔特人逼得走投无路）从山坡上下来向他们发起攻击的时候，希腊就没有办法前去支援位于意大利半岛的希腊城邦。希腊定居者被从意大利半岛赶了出去，希腊人在这里的据点几乎丧失殆尽。

希腊人正忙于相互厮杀，几乎没有注意到东边王朝的情况。公元前 424 年，阿尔塔薛西斯去世了，他在统治期间功绩平平，死的时候也没引起世人的注意。他的妻子跟他在同一天去世（我们没有详细信息，但是这个巧合十分可疑），他们的一个儿子薛西斯二世继承了王位，但在位时间只有 45 天。根据克特西亚斯（他总是能把波斯王室的事务变成有趣的逸闻）记载，一天晚上，薛西斯二世喝得酩酊大醉，当他在床上酣睡之时，一个同父异母的庶出兄弟谋杀了他，之后自行称王。他这个同父异母的兄弟脾气暴虐，很不讨人喜欢。消息从王室很快传到了唯一一个可能的王位竞争者那里，他也是薛西斯二世的一个同父异母的庶出兄弟，他娶了同父异母的妹妹为妻。但是至少他已经在辖地做了一段时间的总督，受过历练，能力很强。

这个同父异母的兄弟叫欧克士（Ochus），他与埃及的总督交好，得到了总督的军事援助。他进军苏萨，抓住了篡位者，并将他处死。他自己登上了王位，并将自己的庶子之名改为一个体面的王族名字：大流士二世。[29] 他的统治自公元前 424 年年底开始。那一年，波斯帝国先后有三位国王统治。

到了公元前 421 年，雅典和斯巴达发现他们回到了《三十年和平条约》订立之前的那种状况：士兵人数持续减少，如果不尽快恢复常规的种植和收获，就会面临饥荒，双方都没有取得决定性胜利的希望。他们再次议和,签订了《尼西亚斯和约》(Peace of Nicias),这是以促成和谈的希腊领导人的名字命名的。

和约维持了六年。尼西亚斯的同僚——同样在雅典政府效力的阿尔西比亚德(Alcibiades)不希望维持长久和平,他想要的是个人的功名。

阿尔西比亚德是一个酗酒成性、挥霍无度的人,自少年时代就因美貌闻名,是一个有着双重性取向的浪荡子。普鲁塔克这样评论道:"他总是拖着自己的斗篷装腔作势地走过,把头倾向一侧,说话口齿不清。"[30] 他还痴迷于公众的欢呼喝彩,这让他在那个时期感到生不逢时。雅典需要重建实力,而无须理会斯巴达,但阿尔西比亚德知道这样做他无法获得任何荣誉。公元前415年,他抓住了一次当英雄的机会。

一个位于西西里岛的希腊定居点埃盖司塔(Egesta,今称塞杰斯塔)向雅典海军寻求支援,以对付西西里岛的其他两个希腊城邦——塞里努斯(Selinus)和叙拉古(Syracuse,今称锡拉库萨)。叙拉古原本是科林斯的殖民地,是亚得里亚海西部最富有的希腊城邦之一,并一直与科林斯保持着联系。如果雅典派兵去帮助埃盖司塔,他们可能再次上演与科林斯的战争,而且或许还会取得胜利。

阿尔西比亚德说服雅典派出了一支庞大的舰队去对付那个遥远且毫无战略意义的目标。雅典的援军包括25 000名士兵、130多艘三层桨战船,以及同等数量的运送给养的船只。[31] 在舰队出发前,有人搞了个恶作剧(有人在晚上醉酒后把一排神像的脸涂花了),舰队差点因此没能出海,因为许多雅典人认为这是个凶兆。但最终人们还是目送战船离开,驶向西西里岛,也驶向一场彻头彻尾的灾难。

阿尔西比亚德、尼西亚斯和另一个富有经验的将军负责指挥。三位将领几乎马上就陷入了争执，争论应该在何时进攻，如何进攻。没过多久，他们收到了雅典传来的消息：雅典那边怀疑是阿尔西比亚德污损了那些神像（他可能真的做出了这种幼稚的恶作剧），雅典人决定召他回雅典接受审判。

这种传唤肯定不会有什么好结果，所以阿尔西比亚德乘船出走。他来到斯巴达，表示愿意帮助斯巴达人一劳永逸地解决与雅典的问题。如果他不能以一种方式成名，那么他会尝试另一种。

让我们再回到西西里海岸。尼西亚斯虽然是一个出色的调解者，却缺乏决断力，他迟迟不能做决定，总是要深思熟虑，直到叙拉古人集结好了自己的军队，还得到了其在伯罗奔尼撒同盟中盟友的增援。到了此刻，即使雅典人说服了伊特鲁里亚人加入自己一方，也断难获胜。[32] 尼西亚斯写信给雅典，乞求准许撤退；他说，鉴于叙拉古人的敌军规模庞大，因此只有他指挥的军队规模达到现在的两倍才有望取胜。

雅典人的境况此时已经岌岌可危，可是他们还浑然不觉。他们立即征召士兵，派遣他们去增援尼西亚斯，将其兵力增加了一倍。[33]

看见增援的军队真的到来，尼西亚斯大吃一惊，然后他计划率领全军撤退。但是叙拉古人打探到了这一消息，并且用修昔底德的话说，"他们变得比以往任何时候都更渴望压下雅典人的势头；而雅典人此刻也认识到，自己无论在海上还是在陆上，都已不能再称霸一方，否则，他们永远不可能计划撤退"[34] 叙拉古人的战舰封锁了雅典军队撤退的路线，于是四万雅典士兵试图徒步从岛上撤退，逃到岛的另一边。他们一路奔逃，头顶夏天的烈日，还要防备身后

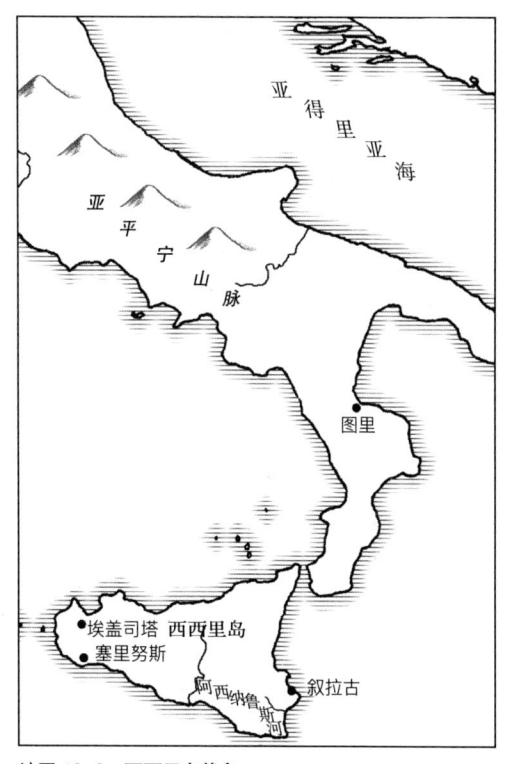

地图 12-2　西西里岛战争

的追兵，这次可怕的行军以灾难告终。他们希望到达阿西纳鲁斯（Assinarus）河，在河的对岸进行防御，但是当他们到达岸边时：

> 他们精疲力竭，同时口渴难耐……他们纷纷冲进河流，此时下什么命令都没用了，每个人都想先游过去……此刻，在陡峭的对岸，叙拉古人一字排开，向雅典人投掷石块发动攻击，而当时大多数雅典人正在贪婪地喝水，就这样挤作一

团……在深深的河床上。身后的伯罗奔尼撒人也冲下河来，对雅典人尤其是那些仍在水中的，大开杀戒，河水立刻变得浑浊，而雅典人还跟刚才一样继续喝水，顾不得河水变成了泥浆，还混满了血水，大部分人甚至为了争水互相打斗。最后，很多尸体堆积在河边，雅典军队的一部分力量已经在河流中被消灭，而从那里逃走的小股部队也被骑兵切断了后路，尼西亚斯只好投降。[35]

尽管叙拉古指挥官许诺留尼西亚斯一命，可等尼西亚斯一放下武器，还是马上就被杀死。雅典俘虏被送到采石场当苦力，有的因受不了高温且肮脏的环境死去，活着的则在死尸堆旁苟延残喘。为数不多的幸存者逃回雅典后发现，斯巴达人在阿尔西比亚德的帮助下已经侵入了阿提卡，并且不断扩展其势力范围。

但斯巴达人仍然无法迫使雅典投降，历经八年之后，战争还在继续。到了这时候，大多数希腊人已经厌倦了与斯巴达人的战争。在这些年里，剧作家阿里斯托芬（Aristophanes）写了喜剧《吕西斯特拉忒》（*Lysistrata*），剧中的雅典妇女宣布，在她们的丈夫结束战争前，她们不会与其行房。她们的领头人吕西斯特拉忒宣称："我们只需搽了脂粉，坐在屋里，穿上件透明的袍子等待我们的伴侣……他们肯定会把持不住，疯狂地要来与我们同床共眠。此刻，我们要推开他们，然后他们就会赶快去求和，我对此坚信不疑！"[36]

这样的解决方案并没有奏效。相反，波斯人又一次掺和进来，两个城邦之间的问题变得更加难以解决。

把波斯人扯进来的不是别人，正是阿尔西比亚德，此时他已经因为自作孽被赶出了斯巴达。斯巴达的太子阿吉斯在城外浴血奋战时，阿尔西比亚德却明目张胆地与他的妻子搞到了一起，以至于全城的人都知道了这件事。普鲁塔克指出："她怀了他的孩子，而且甚至没有否认这一点。"[37] 阿吉斯回家后暗自算了一下，意识到孩子不是自己的。阿尔西比亚德也不想坐以待毙，于是逃到了萨迪斯。到了那里，他向主管小亚细亚事务的总督提沙费尔尼斯（Tissaphernes）自荐，表示愿意帮波斯人从雅典和斯巴达正在进行的战争中获利，争取把两个城邦都搞垮。

阿尔西比亚德和提沙费尔尼斯（他没有与住在苏萨的国王商议）的计划部分获得了成功。提沙费尔尼斯传话给斯巴达人，说愿意为他们正在进行的战争提供资助，条件是一旦雅典战败，斯巴达人要将爱奥尼亚诸城邦交由波斯统治。斯巴达人同意了，这正中提沙费尔尼斯的下怀；他鼓励斯巴达人依赖波斯提供的资金，但是在付款的时候做得很糟糕。修昔底德记载道："提沙费尔尼斯给（斯巴达）海军提供经费非常不及时，而且给的时候也总是短缺，渐渐把他们的海军拖垮了。"[38]

同时，阿尔西比亚德写信给雅典，表示愿意重新加入他们，他说自己能为雅典提供大量的波斯金币，只要他们同意他官复原职就行。雅典人几近绝望，只好同意这个不是办法的办法。

这一系列的动作最终可能导致一场大型海战，雅典和斯巴达将会摧毁对方的舰队。阿尔西比亚德确实在公元前407年回到了雅典，带着充足的黄金去帮助他们重整海军；同年秋天，他率领100艘雅典战舰迎战斯巴达海军。

与此同时，还发生了两次指挥权的变更。大流士二世已经听闻了提沙费尔尼斯擅自进行谈判的消息，把他召回苏萨，并派自己的小儿子居鲁士前往萨迪斯，命令他坚定地把波斯的增援部队交给斯巴达调遣。而斯巴达海军也换了一个新的海军将领，叫莱桑德（Lysander）。据普鲁塔克记载，在得到波斯的增援部队和资金之后，莱桑德给自己军队发放的军饷要比雅典人从阿尔西比亚德那里得到的多出三分之一，阿尔西比亚德"捉襟见肘，每天的军饷都发不出去"。[39]

军饷不足，人数也处于劣势，雅典海军的命运似乎已经注定。在公元前407年秋至公元前405年间进行的一系列战役中，雅典战船或被击沉，或被俘获，船员要么被杀，要么淹死。在8月最后一场毁灭性战役中，雅典海军一次性就损失了171艘战船。

阿尔西比亚德很狡猾，他逃之夭夭；之后，他出现在弗里吉亚总督那里，而且被总督奉为上宾。[40]不过没过多久，他的好运就耗尽了，因为莱桑德（他一直与波斯人交好）要求那个总督杀了他。总督同意了并派人烧毁了阿尔西比亚德的房子；阿尔西比亚德惊醒后穿过火海冲出来，却正好被标枪射中。

莱桑德继续摧毁雅典舰队，尽其所能地烧毁了每艘船，然后进军雅典。他在10月到达雅典，将其团团围住。雅典人认识到，一味抵抗下去只能饿死，所以投降了。希腊士兵兼历史学家色诺芬写道："（雅典的）陆路和海路都被封锁，他们没有船只，没有盟友，也没有食物。"[41] 至此，战争结束。

莱桑德命令雅典人拆毁长墙，同时还令自己的士兵吹奏庆祝胜利的乐曲。雅典被迫放弃对那些曾经归属"雅典帝国"的城邦的控制。[42]不过这并不是可能发生的最严重的惩罚。雅典的主要城墙还在，没有被拆毁，而且雅典拥有一定的自由，可以重建自己的政府。不幸的是，雅典人内部立刻展开了一次大规模的争吵，讨论应该怎么来建立新的政府。最终莱桑德没有办法，只好返回雅典，主持成立

/ 12 伯罗奔尼撒战争

时间线 12

波斯	希腊
冈比西斯二世（前530）	
大流士一世	（斯巴达）克里昂米尼
	（斯巴达）达玛拉都斯
	马拉松战役（前490）
薛西斯一世（前486—前465）	（斯巴达）列奥尼达
	温泉关和萨拉米斯战役（前480）
	普拉提亚和米卡尔战役（前479）
阿尔塔薛西斯（前465—前424）	（马其顿）佩尔狄卡斯二世
	（雅典）伯里克利
	伯罗奔尼撒战争（始于前431）
大流士二世（前424—前404）	
阿尔塔薛西斯二世（前404）	

了一个由 30 名贵族组成的寡头政府，后来简称"三十僭主"。[43] 他们的凶残臭名昭著，任何被怀疑想要恢复雅典民主政治的人都会被他们处死。莱桑德一开始对雅典的态度很温和，后来却对大屠杀视而不见，甚至派斯巴达步兵去帮助新政权镇压反对势力。

很快，屠杀就超越了政治层面。亚里士多德后来这样写道："他们意在清除所有威胁到他们的人，以及那些他们想要霸占其财产的人。在很短的时间里，他们就屠杀了至少 1500 人。"[44]

绝望之中，剩余的雅典人集结到一起，向近邻底比斯求助，并袭击"三十僭主"以及负责保护他们的斯巴达驻军。这意味着很可能再次引发雅典与斯巴达之间的战争，但是斯巴达国王看到这种混乱的局面后废除了莱桑德的安排，而且召回了斯巴达驻军。此时大流士二世刚刚去世，他的儿子阿尔塔薛西斯二世继位，此人的脾气如何还是个未知数；斯巴达不一定能继续依赖波斯的黄金。

"三十僭主"中没有被杀死的人逃离了雅典。次年，也就是公元前403年，被雅典人誉为一个新时代的开始，因为在那一年雅典得以恢复其民主政治。但是迎接新时代到来的雅典人已经倾家荡产。

/ 13

罗马第一次陷落

> 在罗马，公元前495年至公元前390年间，贵族和平民之间的矛盾升级，高卢人焚毁了罗马城。

罗马的第一个独裁官组织军队击败了入侵者，将他们从城墙外赶走，这一步他做到了。然而，他的努力却没有给罗马带来真正的和平。李维写道，在罗马的周边，没有"让人安心的和平，也没有公开爆发战争"；相反，两方持续对峙，一方是正在崛起的、咄咄逼人的罗马，一方是它周围的城镇，后者不能确定是该去挑战罗马，还是置之不理。[1]

不过，虽然罗马人不用再那么担心伊特鲁里亚人（在西西里岛的战争中，他们在雅典人身后重新集结了自己衰弱的部队，不过也因此吃了大亏），他们也有自己的麻烦。"这个国家的政治分歧很大，"李维说，"罗马人与他们的统治阶级表现得完全不一样，反而对被入侵的前景感到欣喜。"[2]

罗马已经将它的网撒向外部的各民族，而当它开始转变为一个帝国的时候，也面临与波斯人和斯巴达人一样的困境：如何让掌权者（最初的征服者）和无权的人（被征服，现在被吸收进来的人）融合成一个和谐的整体。

在斯巴达，征服者被称为公民（civil），被征服者被称为"黑劳士"（helot）。在罗马，两个阶层的人的来源却有些许不同。贵族（patrician，来自拉丁语单词pater，是"父亲"的意思）是之前为老国王效力的罗马元老院议员的后代。其他人都是平民（plebian）：众所周知，这是一个难以界定的术语，因为它实际上是一个否定词，表示"非贵族"。它不仅包含现在住在罗马的被征服的土地上的人，而且包括罗马城中祖先身份卑微的原住民。

平民的数量远多于贵族，但贵族却不成比例地占有大量的土地和财富。虽然从共和国初期开始，平民会定期选出一个代表自己的执政官（consul），但罗马的法官、祭司、地主和将军都是贵族。

与雅典的情况一样，贵族和平民之间的债务问题日益突出。一个平民如果需要在饥荒或参战时借钱养活家人，就必须把自己作为抵押品；如果这笔钱无法偿还，他和他的家人就会变成奴隶。[3]贵族以这种方式不仅获得了土地和资金，而且拥有了罗马平民的所有权，这种情况越来越多。平民发现，最令人不平的是，他们之所以会陷入债务危机变为奴隶，全都是因为要去打仗为国家卖命。

公元前495年，这种不满演变成一场骚乱。一位战功赫赫、非常出名的老兵蹒跚着来到罗马的公共集会场所，"他的衣服肮脏不堪，"李维写道，"他的脸色苍白得可怕，身体瘦弱得不像样子……头发和胡须十分蓬乱……看上去非常可怜。"人们认出了他是谁，人群中一阵窃窃私语，越来越多的人聚集过来听他演讲。他撕开自己的衬衫，露出他在军队服役时胸口所受的累累剑伤，他的背部则满是被有钱的主子殴打的伤痕。"我在军队服役时，"老人说，"发生了萨宾战争，敌人打过来，毁了我的庄稼，烧了我的小屋。我所有的家当包括我的牛都被抢走了。现在，我已经没力气当兵了，他们却要我纳税，于是现在我浑身是债。"[4]

说到这里，整个城市因债务而沦为奴隶的人（有的还戴着锁链）都涌上街头，高呼着要求元老院马上做出决定，让他们免除受奴役的命运。大部分议员都躲了起来，不见踪影。然而，执政官决心要避免不必要的暴力发生，所以他们便四处搜寻，把议员都拉回元老院，让他们好好讨论一下债务奴隶的问题。随着议员们展开讨论，愤怒的债务奴隶围在元老院外，有的推开大门，有的趴在窗户上，想听一听元老院准备如何解决这个问题。

这可不是理智地讨论债务问题的最佳环境，而元老院的讨论也的确毫无进展，直到后来出现了某种外界的"帮助"：有消息说，位于罗马南边的近邻沃尔斯奇人（Volscii）正在向着罗马行军而来。元老院匆忙地通过了一个决议：以后平民只要积极在军中服役，就不会因债务而沦为奴隶。听到这一决议，街上几乎所有的人都立刻参军，去跟沃尔斯奇人作战。沃尔斯奇人被彻底击溃，因为这支负债累累的人组成的军队冲锋陷阵，非常勇猛，就如李维所描述的那样，他们"求战心切"。

但是，权力失衡这一更大的问题还是没有得到解决。李维写道，罗马需要找到"解决国内两个阶级的利益冲突的方案，无论是通过正当方式还是肮脏手段，都必须恢复其内部的和谐"[5]。使用"肮脏的手段"当然不太让人喜欢；这表明，即使在李维生活的年代，元老院中虽然会就某个问题辩论不休，但已经有了一种姑且把眼前的问题解决的作风。而事实上,在击退了沃尔斯奇人之后,平民士兵回到罗马城(他们不能永远留在军中服役),很快他们就发现,元老院根本没有提供一个永久性的解决方案。

他们在罗马的唯一优势就是人数众多,于是他们很好地利用了这一点。公元前494年,他们发起了世界上第一次有记录的罢工。"他们聚集起来,来到距离罗马城5千米的圣山(Sacred Mount)……"李维说,"在那里……他们安营扎寨。"[6]后来人们称其为"平民撤离事件"(Plebian Secession),这让罗马贵族(他们失去了大部分奴隶和军队)和其余的平民陷入恐慌。整个城市似乎被冻结了,很容易受到攻击,其日常活动也无法进行。

最后,元老院和执政官提出了一个方案。从今往后,平民可以通过叫作护民官(tribune)的特殊官员来参与政事,护民官总是从平民阶层中委任,而且将"凌驾于法律之上"(也就是说,他将不会受到来自元老院和执政官的压力,因为罗马那时还没有成文法)。他们的任务是保护平民免遭不公正的待遇。这是罗马第一个限制贵族担任的公职,之前的很多公职都不让平民担任。

"平民撤离事件"发生的当年,即公元前494年,元老院就任命了两位护民官。这场危机暂时平息下去。

在接下来的半个世纪中,执政官、元老院议员、祭司和护民官之间的权力争夺使罗马迫切需要制定一部成文法典来进一步保护平民。罗马派往雅典的使臣归来后谈到梭伦的法典,说它是为了缓解雅典贵族和民主之间的紧张关系而编纂的。他们甚至带回来一份雅典法典的副本。现在罗马城已经太过庞大,也太多样化,很难再依靠那些不成文的传统来治理。罗马需要"一部让每一个公民个人……同意且接受的"法律。[7]

因此，在公元前 451 年，罗马委任了一个由十名立法者组成的委员会——史称"十人委员会"（decemvirs），这些人在公元前 450 年取代固定的罗马公职人员来履行公职。他们的任务不仅是管理政府，而且要制定法律来治理罗马。对于这些人得到委任一事，并非没有争议。李维说："关于执政委员会中是否可以有非贵族血统的人加入，人们总免不了一番争论。"[8] 因为一些罗马人仍然不愿意看到平民参与任何政府事务。但是，这个问题最后还是得到了解决，在这一年里，十人委员会开始花时间制定法律，然后将其公之于众，让大家评论。法律在讨论中不断被修改，随后举行全体公民大会，通过了这些法律。人们普遍觉得还需要再制定一些条款，因此次年十人委员会又多制定了两部法律。

最后制定出的十二部法律被刻写在铜板上，陈列于罗马广场，这样所有人就都能看到。这部法典由此被称为"十二表法"。李维说，在他生活的时代，这些条文还是罗马法的基础。可惜这些铜板已经丢失；我们现在了解到的，是从各种罗马文献的引用中收集而来的。

重新收集而成的"十二表法"并不完整，不过还是能看出一些为了保持罗马两个阶级之间和平的条文。第三表写道："对于自己承认或经判决的债务，有三十日的法定宽限期。"（Eris confessi rebusque iure iudicatis XXX dies iusti sunto.）期满，（不还债的）债务人会被带到长官面前（申请执行）。如果他既没有担保人也没有收入，那么可以拘禁他；但原告需要为他提供食物（这样做的成本可能最终会比免除债务还要高）。根据第十二表，凡以不诚实的方法取得对物品的占有的，由长官委任三名仲裁员处理，如果占有人败诉，则应返还所得孳息的双倍。再有就是第九表"不允许制定任何私法"（Privilegia ne irroganato），它也是整个十二表法的基石：这样，在未经平民同意的情况下，贵族再也不能将其意志随意强加给平民了。

第八表是对伤害和损害的处理规定，这会让人们想起汉穆拉比法典：一个人打断了另一个人的骨头，必须要缴纳罚款，但如果被打的是奴隶，则罚款减半。如果土地所有者未将道路保持在可供通行的状态，有通行权者可以让车辆通过他认为适宜的地方。一个三次被卖为奴隶的儿子可以宣布自己与父亲断绝关系。

这些法律其实也给我们提供了线索，让我们看到，虽然十二表法是罗马朝着正确方向迈出的一步，但罗马还存在大量不公正现象。其中一些不公正现象源于古代常规的习俗：第四表直截了当地写道，"畸形儿应该被杀死"；第五表解释说，"因为女子天性轻浮，所以她们即使长大了也应该有监护人"。其他的一些法律是罗马特有的，第八表这样写道，"任何人都不能在夜间举行集会"，这是为了保护贵族免遭平民密谋伤害。最臭名昭著的是，第十一表规定"禁止贵族和平民通婚"，这一条款在经历了元老院的激烈辩论后最终于公元前445年被废除；并非每个人都相信，贵族血统和普通的罗马人结合后罗马还会蓬勃发展。[9]

护民官和十二表法没有完全缓解罗马内部的矛盾，但是这些改革有助于在足够长的时间内把人们凝聚到一起，一致对外。公元前437年，罗马与其宿敌——台伯河上游的费德那开始了漫长的战争。在罗慕路斯（Romulus）统治时期，费德那就曾侵袭过刚刚崛起的拉丁人的城邦；罗慕路斯攻打过费德那和维爱这两座伊特鲁里亚城邦，但两次都失败了。现在罗马与费德那的战争再度爆发，并且一直持续到公元前426年。

13 罗马第一次陷落

地图 13-1 高卢入侵

之后的二十年里,小战役仍然不断,直到公元前 405 年罗马对维爱进行了围城之战。这又演变成一场持久战;五年后,罗马人仍在城墙外驻扎着,这时北面的威胁渐渐逼近。凯尔特人,也就是罗马人所说的"高卢人",一个世纪以来一直在向南推进。他们离罗马越来越近了。

但是,罗马人正忙着向周边扩张领土,似乎并未对高卢人投以较多关注。公元前396年,罗马总算攻下了维爱;这场战争对于双方来说都很残酷,因为维爱是伊特鲁里亚城邦中最富有、资源最丰富的。[10] 李维写道:"比起自身遭受的损失,它使罗马损失了更多。"这意味着这次围城之战大大削弱了罗马的军事实力。而维爱城并非当时罗马军队攻击的唯一对象;罗马士兵一直在附近的乡村扫荡,恐吓农民,把更多的村庄纳入罗马的领土。

在这支师老兵疲的军队正想停下来喘口气的时候,一个叫凯第修斯的平民带着一则可怕的警告去找护民官。他"在寂静的夜里"听到一个声音恶狠狠地说,"告诉地方官,高卢人就要来了"。这个警告被"一笑置之,部分原因是凯第修斯只是一个无足轻重的人"[11];另一部分原因是罗马仍然受困于贵族情结而不能自拔,只有权贵的话才有人听。

但是另一个坏消息接踵而来,这是来自罗马北部的克鲁修姆的消息,克鲁修姆是可怕的拉尔斯·波希纳(Lars Porsena)的大本营。成千上万的凯尔特人突然出现在城门外,挥舞着武器。"情况真是可怕之极,"李维写道,"尽管事实上克鲁修姆人未曾与罗马建立正式联系,或者说也没有理由去期待它的友谊……但是他们还是派出了一个代表团向元老院请求援助。"[12]

克鲁修姆能够尽弃前嫌与罗马修好,从这一点上就能看出眼前的危险是多么巨大。高卢人一心要统一整个半岛。罗马要是有能力出兵,那它是会出兵的。但是,在经过三十年持续的战争后,元老院实在是无兵可派。

于是乎,他们只好派使节去说服高卢人,在那里驻扎下来可以,但不要武力攻陷克鲁修姆。这次游说原本可能会有些成效,可惜,当高卢人对罗马使节表现出蔑视时,罗马使节大发雷霆,把事情搞砸了。罗马使节拔剑出鞘，而高卢人无需任何鼓动，就把这视为挑战。"他们的怒火燃烧起来，而这正是他们民族的特征。他们以可怕的速度向罗马进发，"李维写道，"……这支庞大的队伍集结起来，战马和步兵绵延好几千米，士兵一个个高声呐喊'向罗马进军！'"[13]

罗马指挥官匆忙在台伯河河岸指挥军队应战，阵列是如此单薄，以至于高卢人在刚开始的时候怀疑这是陷阱，甚至后撤了一点，因为罗马士兵的数量真的太少了。但是，高卢人很快就弄明白了，罗马军队的战线过长，这些就是他们能够召集起来的所有士兵了，于是高卢人蜂拥而上，冲进了罗马人的前沿阵地。战役一开始就变成了一场屠杀，后来罗马的军队完全崩溃。四下逃窜的罗马士兵有很多因为盔甲太重而沉入水中，淹死在台伯河里。幸存者中有一半逃进了维爱城，闭门免战。剩下的人设法回到了罗马，但他们的数量明显不足以保卫整个罗马城，因此人们全部撤退到卡匹托尔山（主神殿所在地），城市的其他部分则无人防守。*

高卢人涌入罗马城，大肆屠杀没来得及退到卡匹托尔山的人，恣意烧毁房屋。与此同时，罗马人"简直不敢相信自己的眼睛或耳朵，他们眼睁睁看着那些野蛮的敌人在他们熟悉的街道上大摇大摆地走过……城里此起彼伏的，有胜利者的欢呼，有妇女的尖叫，有小孩的哭喊，还有火焰噼啪燃烧的声音，以及砖石坠落发出的经久不息的隆隆声……这些人都没能躲入内城，而是落到了敌人手里"[14]。

罗马人被困在卡匹托尔山，无力回击。另一方面，下面的高卢士兵也攻击不到他们。虽然按理说，只要围攻的时间够长，就有可能饿死他们，但高卢人并不知道里面有多少食物和水。而且，虽然

---

* 学者们对李维在书中描述的凯尔特人展开攻击的确切日期有一些意见分歧。

卡匹托尔山上的条件已经很艰难，下面城市里的条件很快就变得同样糟糕。食物有限，另外，高卢人驻扎在低洼的地方，几乎不通风，罗马城燃烧所产生的大量烟尘在低地聚集，造成了严重的咳嗽和肺部感染。最终，这种拥挤的环境引发了传染病。开始是几十人、几十人地死去，然后是成百成百地，尸体太多，以致地都埋不过来；活着的人只好把尸体堆成一大堆进行焚烧。[15]

到这时候，高卢人能听进去罗马人的提议了：倘若高卢人放弃围城，他们可以向高卢人支付黄金。之所以这么做，是因为罗马人得到了意想不到的帮助，因此大受鼓舞。来自欧洲南部海岸古希腊殖民地的马萨利亚人，也曾遭到行踪不定的凯尔特人的袭击，凯尔特人曾突然出现在马萨利亚人的城墙下面，并安营扎寨。马萨利亚人就是花费重金才让他们撤兵的。据罗马历史学家庞培·特洛古斯（Pommpeius Trogous）所言，马萨利亚人后来还派使者去德尔斐神殿感谢阿波罗解救了自己；马萨利亚人与祖国的泛希腊神殿的关系一直都比较疏远。

得到罗马被围攻的消息时，他们的使节正在做完祭祀后回去的路上。[16]他们把这个消息带回了马萨利亚，他们的领袖决定，值得现在就去培养与罗马将来的良好关系。马萨利亚人把自己国库里的金子全都拿了出来，还说服有钱人捐款，把凑来的金币一起加到罗马人的赎金中去。高卢人拿到金子后就回到北方山区，那里气候凉爽，比意大利半岛南部的炎热气候更加舒适。

罗马人摆脱了被围困在卡匹托尔山的处境，赶忙重建城市，以防敌人返回。"所有的工作都是匆匆忙忙进行的，"李维总结道，"没有人有工夫去看一下街道是不是直的……而且只要有空地，人们就会把房子盖起来。这就解释了为什么……罗马更像是由一群擅自闯

时间线 13

希腊	罗马
（斯巴达）克里昂米尼	
（斯巴达）达玛拉都斯	罗马共和国时期开始（前509）
	凯尔特人入侵
	罗马出现第一位独裁官
	平民撤离事件（前494）
马拉松战役（前490）	
（斯巴达）列奥尼达	
温泉关和萨拉米斯战役（前480）	
普拉提亚和米卡尔战役（前479）	
（马其顿）佩尔狄卡斯二世	十二表法
（雅典）伯里克利	
伯罗奔尼撒战争（始于前431）	
	高卢人烧毁罗马（前390）

入的人建起的，而不是一座规划得当的城市。"[17] 第一次遭到野蛮人的劫掠，不但成为罗马帝国雄心壮志的污点，而且给罗马城本身留下了永久的印记。

/ 14

秦国的崛起

> 在中国,公元前403年至公元前325年间,晋国被一分为三,之后秦国开始处于支配地位。

经过与邻国、蛮族和本国贵族间几十年的战争,北方的晋国最终还是被分割了。司马迁将晋国的衰落隐晦地记录下来:"威烈王二十三年,九鼎震。命韩、魏、赵为诸侯。"[1]

韩、魏、赵三家是晋国内部相互争霸的三个家族,最后他们瓜分了晋国。当他们要求周王将其封为刚刚瓜分的领土的诸侯时,周王也没办法拒绝。事实上,"九鼎震"是一个非常糟糕的比喻:东周的君王现已失去其权威,甚至失去了对自己领地的有效管辖。

至此,晋国不复存在。在公元前4世纪初,春秋时期的13个主要国家已经变成7个,而周王的领土位于中心,周王惴惴不安。楚国宣告了对其东面两个小国的主权,使领土面积几乎增加了一倍。宋国、鲁国幸存下来,虽然其面积已经小了很多。赵、魏、韩三个新国家三分了晋国的领土,并且吞并了郑国和古老的卫国;燕国失去了西部的一些领土，但它将领土向东部沿海扩张，弥补了损失。

但是，成为最大赢家的是秦国，其领土面积至少是原先的四倍。最终，秦国的东部边界跨越了黄河与长江。

战国时代开始了，接下来发生的事情从这个时期的名称上就能推知一二：各国之间战乱频仍。把这些战争详细地叙述一遍将会是件很累人的事情，但是在公元前403年至公元前361年间，各国间无休止的纷争慢慢使它们分出强弱。到公元前361年，平原上最强大的三个国家一字排开，从东到西分别是齐、魏和秦。领土一直向南延伸的强大楚国一度遇到了东部的越国的挑战。

七国之中，齐国最为繁荣。齐王能力非凡，不仅把齐国治理得井井有条，使税收工作有条不紊地进行，而且政府对食盐进行垄断专营。[2]魏国在军事实力上颇具优势。秦国领土广阔，一路向西延伸，却与世隔绝，距权力中心很远，高原和山脉将其与其他的古老中原国家隔开。[3]这也让秦国被冠以野蛮人的称号。司马迁这样评论道："秦僻在雍州，不与中国诸侯之会盟，夷狄遇之。"[4]即使百年之后，一个魏国的贵族还是对秦国嗤之以鼻，他认为这个国家贪婪且不值得信任，秦国人不讲礼仪，不会与他人和平共处，且奸诈阴狠。[5]

这种情况在公元前361年开始发生转变，此时，一个叫商鞅的贵族来到秦国君王的宫殿，并提出要帮助秦国成为一个强国。

商鞅出生于卫国，是国君的庶子，所以无权继承王位。他不满于出身所赋予他的权力限制，所以当秦国的国君秦孝公邀请能者贤士共同建设秦国的消息传到东边时，商鞅离开了自己的国土，踏上了西行的旅程。

秦孝公对商鞅的思想印象非常深刻，于是给予商鞅自由发挥的

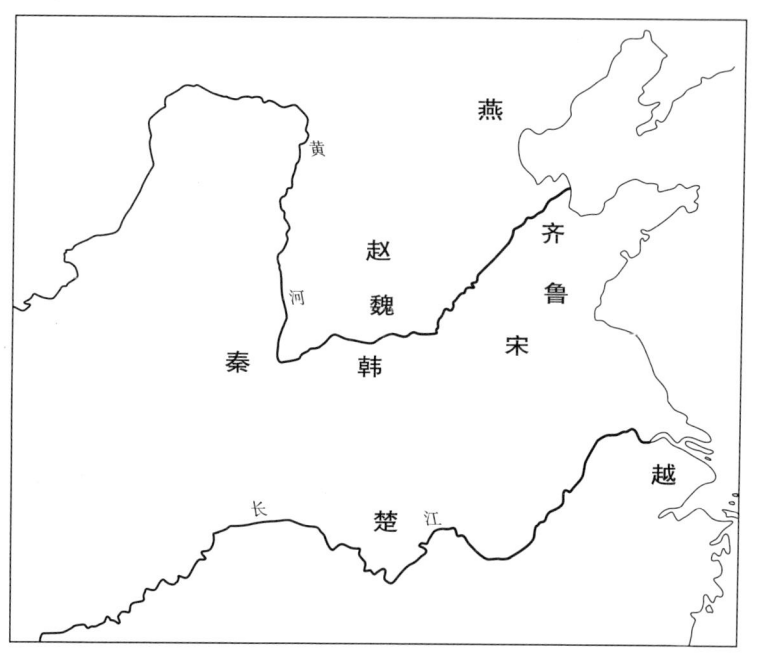

地图 14-1　战国时期形势图

权力，任其对他认为有必要改变的地方进行变革。商鞅立刻通过建立对叛国和骚乱的严酷处罚制度来落实新政，私斗也将受到法律的惩罚。为了加强这一点，他下令将秦国分成许多小区域，这些小区域构成一个整体的网络，每个区域由不超过 10 户人家组成，每户人家都有责任将其他人干的坏事上报。用商鞅传记作者的话来说，秦国人十家编成一什，五家编成一伍，互相监视检举，一家犯法，十家连带治罪。不告发奸恶的处以腰斩的刑罚，告发奸恶的与斩敌首级的同样受赏，隐藏奸恶的与投降敌人的受到同样的惩罚。[6] 即使逃到远处，也没法摆脱官员和邻居那警惕的目光；除非旅客带着官方的许可证，否则旅馆老板就不能给他们提供房间住宿。

实行了这些控制机制后，商鞅让秦国变成一个强大的国家。商鞅没有模仿东部那些由贵族统治的国家的阶级和特权体系，而是把秦国的弱点（即缺乏贵族统治以及混杂了中原和非中原特点的传统）变成长处。从现在开始，秦国人只会因其"军功"被授予爵位，那些没有战绩的贵族将失去爵位。"宗室非有军功论，不得为属籍。"[7] 商鞅急于显示，即使出身高贵也不能享有特权。他甚至因为太子触犯了新法而要惩罚他。这似乎在王宫里引起了一些麻烦；商鞅最终承认，对太子施以极刑并不明智，于是代之以在太子的一位老师身上烙印，割掉另一位老师的鼻子。[8]

此外，从现在开始，秦国任何人都不能通过劳役而躲避兵役。商鞅还认为商人都是寄生虫，他们只是售卖他人制造的物品而从中获利。据司马迁的《史记》记载，商鞅鼓励秦国人致力于农业生产，让粮食丰收、布帛增产，以免除自身的劳役或赋税。因从事工商业或懒惰而贫穷的，把他们的妻子全都没为官奴。[9]

另一方面，那些努力劳作的人可以得到大片土地作为回报。这是一次创新，而且可能是中国最早的经官方批准的土地私有制。[10] 这种私有制背后有一整套法律规定：现在，未经官法许可，不得迁入新居，这就意味着农民不能抛弃目前的土地，然后迁移到新的农田去。他们必须妥善耕作自己的土地，否则就会饿死。[11]

并非所有人都喜欢这一变法。据司马迁的《史记》记载："令行于民期年，秦民之国都言初令之不便者以千数。"[12] 不过，重视耕作意味着秦国的荒地得以开垦，种上了粮食。尽管商鞅制定的刑法严酷，但是他的政策（允许罪犯通过耕种未开垦的土地来赎回自由）从别国吸引来了越来越多的贫苦农民。在秦国，他们至少有机会通过参军获得军功来提升社会等级。100年后，哲学家荀子参观了秦国，看到一个士兵从战场上砍了五个敌人的脑袋回来，就会被委任来负责管理邻居的五户人家。他评价道："故四世有胜，非幸也，数也。"[13]

大多数古代历史学家都很不喜欢商鞅，但就连司马迁也不得不承认，所有这些法律的颁布，在过去缺少法律的秦国建立起了一种稳定的秩序。司马迁写道："行之十年，秦民大说，道不拾遗，山无盗贼，家给人足……乡邑大治。"[14]

尽管如此，司马迁还是认为，推行暴政的秦国不适于生活。虽然生活富足，但是秦国的人民是被奴役的。百姓对偷窃和暴乱的恐惧的确减少了，其他担忧却涌上心头。没人敢肆意讨论这些法令，因为商鞅下令将不满者流放。[15] 音乐和诗歌被扔到一边，因为不会产生什么收益；哲学也遭到鄙视。为了让秦国变强，他还焚烧了他当时能够找到的所有儒家的书籍。

商鞅的政策使秦国日益强盛。公元前343年，周天子正式承认秦孝公的霸主地位。秦孝公是公元前4世纪第一个自己争得这一地位的诸侯，也是史上第一个获得霸主称号的秦国国君。[16]

现在，商鞅变法的最终目标已经变得非常清晰。新的制度使人们能吃得饱，人口数量不断攀升，而且由于奖励军功，秦国的年轻人踊跃服兵役。公元前340年，秦国开始采取武力方式征服邻国。

商鞅的第一个目标就是魏国，这个后起的国家面对秦国军队时没有做多少抵抗就失败了。不过，这场胜利也是商鞅最后的成就了。秦孝公去世了，他的儿子秦惠文王继位——20多年以前，就是他，目睹自己的两位老师因为自己的罪过而分别被处刑。自那之后，他就一直憎恨商鞅。掌权后，他立即下令逮捕商鞅。

商鞅伪装出逃，到达边关时，想躲到一家客栈寄宿，但是客栈的主人没有接纳他，而是告知他，以商君之法，留宿无凭证的客人是要被治罪的。

由于无处藏身，商鞅很快就被秦惠文王派出的军队杀死，他的尸体被带回秦都，处以车裂之刑。

秦惠文王处死了让自己不爽的商鞅后，决定保留其变法内容。毕竟，是变法让秦国变得前所未有的强大；而且，由于秦国空前强大，在公元前325年，他就抛开周天子的册封，自立为王。

其他诸侯的反应跟大家所预计的一样：此后，所有诸侯国的君主都自行称王。战国时期的战争像以前一样持续着，只是现在领导各个诸侯国的不再是以前的封建领主，而是国王。

在这个动荡不安的时代里，传播哲学思想的教师继续努力去探究他们的生活，追寻他们那个时代的核心问题：在这个不断分裂的世界中，人要怎样保持自我的完整？

商鞅发现孔子的教诲不利于自己的变法，但是孔子的学说被他最出名的再传弟子孟子传承了下来。孟子的学说主要关注君臣关系：统治者按照上天的旨意进行统治，但因为上天"不语"，统治者就需要听取子民的意见来衡量他事实上是否执行了上天的意志。[17]如果他听得足够仔细，就会知道战争从来不是上天的旨意。孟子对齐国国君说："然则王之所大欲可知已，欲辟土地，朝秦楚，莅中国而抚四夷也。以若所为求若所欲，犹缘木而求鱼也。"[18]这种哲学不会受到国王们的欢迎，因为他们更喜欢缘木求鱼；孟子希望成为某个诸侯王的谋士，却屡屡遭到他们的拒绝。

然而，孟子不是唯一一个想要提出解决方案的人。他的文章体现出儒家思想中强调人性可臻完美、人性本善的核心，并提出在乱世保持心境平和的办法，那就是加强道德修养，遵循这些善的原则。但是在战国时期，很多人认为这完全不够。他们通过日常的观察得出结论：人的本性都是以自我为中心的，渴望获得权力；人们生活在日常纷争中，关注礼等形式似乎毫无意义。

战国时期，一种与孟子的观点有很大不同的新哲学慢慢形成，它是由来自更古老年代的神秘思想凝聚而成的。这种哲学理念最终以书面形式记录下来，成为《道德经》。道家认为寻求和平的办法在于无为，人们需要被动地接受事物本来的样子。一般人认为这样做肯定很容易。

道家不讲道德教条。关于道德行为的所有主张都难免有缺陷，反映出人自身固有的堕落本性。[19] 所有的积极言论，连同所有的进取心和野心都要加以避免。正如《道德经》所言：

> 道常无为，而无不为。侯王若能守之，万物将自化……不欲以静，天下将自定。[20]

从混乱中退出，坚守信念，耐心等待将要发生的事情自然地发生：在天下大乱的时代，这是一种非常实用的哲学。也许最有名的道家人物就是庄子，他出生时正值各国争雄，纷纷变法图强。他感叹道："帝王之功，圣人之余事也，非所以完身养生也。今世俗之君子，多危身弃生以殉物，岂不悲哉！"[21]

庄子自己做了这样的比喻：

时间线 14

罗马	中国
平民撤离事件（前494）	
	孔子去世
	春秋时期结束（前476）
十二表法	
	三家分晋（前403）
	秦孝公
高卢人烧毁罗马（前390）	商鞅变法
	秦惠文王

昔者庄周梦为蝴蝶，栩栩然蝴蝶也，自喻适志与，不知周也。俄然觉，则蘧蘧然周也。不知周之梦为蝴蝶与，蝴蝶之梦为周与？[22]

那个时期的道家学者发现，最让他们满意的就是放手不去管物质世界的纷扰。门外轰轰烈烈的军事行动，君王颁布的限制人身自由的法律，这些只是偶然的烦恼，并非事物的本质。一个人，不论其周遭有多少限制，仍然可以像蝴蝶一样，心无挂碍，逍遥自在。

/ 15

马其顿征服者

> 公元前 404 年至公元前 336 年间，一万名希腊军人撤离波斯，一名马其顿人承担起了创建希腊统一体的任务。

雅典和斯巴达之间的战争已经结束。雅典变得荒凉孤寂：经济破产，民众心怀怨愤，长墙也被拆毁，多达 7 万雅典人因瘟疫、战争或政治清洗死去。[1] 对于未来，人们都没有计划，雅典到处都是寡妇以及永远不可能嫁出去的女人，因为太多男人都战死了。阿里斯托芬在他的戏剧《公民大会妇女》(*The Assemblywomen*) 中对那个时代发出了痛苦的哀叹。"情形尚可挽回，"一个雅典女人这样宣告，"我提议，把雅典的治理权交到女人手里！"[2] 在她们提出的解决城邦问题的方案中，有项法案规定，任何一个想要和青年女子同寝的男人必须"先满足一个年龄更大的女人"。[3]

作为这场战争名义上的胜利者，斯巴达的状况也好不到哪儿去。种植和收获的时令都已错过。大军横扫伯罗奔尼撒半岛，摧毁了葡萄树，砍倒了橄榄树，并屠宰了成群的牛羊。越来越多的斯巴达人绝望地发现，在自己的家园里找不到活路，只好去当雇佣兵。

数千名斯巴达人去为波斯王室效力。公元前404年，阿尔塔薛西斯二世从他父亲大流士二世那里继承了王位。但在波斯，围绕王位继承权总是会展开一场争夺，这几乎成了一种习惯。而大流士的小儿子、现担任萨迪斯总督的居鲁士正计划着夺取王位。他是一个雄心勃勃且劲头十足的年轻人；而阿尔塔薛西斯二世并不是个强势的人物，他不善骑射[4]，对其生平事迹有过描述的普鲁塔克说阿尔塔薛西斯二世生性"软弱，易于屈服"[5]。

为了获得更多支持，居鲁士"向在各地驻防的指挥官发出命令，要求他们在伯罗奔尼撒尽可能多地招兵买马，有多少招多少，越多越好"（这出自色诺芬的记述，他就是一个响应号召的年轻雇佣兵）[6]。从表面上看，居鲁士雇用这些士兵是为了保护波斯在小亚细亚的领地。但到了公元前401年，他军队中的一万多名希腊雇佣兵却暴露了他的野心。波斯的吕底亚总督，也就是那个曾与阿尔西比亚德谈判的提沙费尔尼斯，匆忙赶往东部去给国王通风报信。

阴谋被戳穿以后，居鲁士率军向幼发拉底河进发，渡过河流之后，他转而向南，沿着河流左岸向巴比伦进军。他很可能是想把巴比伦作为一个基地，好进一步攻击波斯帝国的心脏。当时大多数波斯军队似乎都聚集在埃克巴坦那。[7]阿尔塔薛西斯二世花了很长时间才把这支军队集结起来，发放食物等给养，然后率军出征（普鲁塔克说他"天性迟缓"）。[8]这样一来，没等波斯国王的军队到达，居鲁士就已经到达巴比伦了。由于需要长途跋涉，他不得不给希腊雇佣兵额外付了不少钱，因为他们总是抱怨路途遥远。[9]

在叛军到达位于巴比伦北部大约65千米的库纳克萨（Cunaxa）

时,波斯大军的前锋才终于出现。*色诺芬是希腊队伍中的一员,他跟随军队全副武装地行军至此,对于波斯大军的到来,他这样描述道:

> 刚过中午,就出现了一团白云似的灰尘,又过了一段时间,一团黑压压的东西从远处的平原上延伸而来。当他们靠近些,我们突然就看到了青铜武器的寒光,再接着是矛头和敌方军队……穿着白色盔甲的骑兵……拿着柳条盾牌的步兵……拿着长及地面的木质盾牌的重装步兵(据说这些士兵来自埃及)……以及更多的骑兵和弓箭手……在他们前面……则是他们所谓的镰刀战车。这些战车上有长柄大镰刀,它们从车轴上以一个角度伸出来,驾车人座位下也装有朝向地面的镰刀,这些镰刀可以将行进中遇到的所有东西切断。他们想驾驶战车冲进希腊队伍,杀出一条血路。[10]

这是一支巨大的防御力量;而居鲁士的军队兵少将寡,武器不足。

尽管如此,居鲁士还是冲破了波斯军队的防线,直到与自己的哥哥面对面。他投出标枪,刺中了他的胸部,阿尔塔薛西斯二世轰然落马。他的侍卫赶紧把他从前线拖走,带到一座小山上,在那里克特西亚斯给他包扎了伤口;标枪穿透了他的铠甲,但没有刺穿他的心脏。居鲁士边打边撤,以为自己赢了;他策马疾驰,高呼胜利,

---

* 我们现在并不清楚库纳克萨的确切位置。普鲁塔克说,那里距离巴比伦有"500弗隆"远,从对战斗的描述可以看出,那个地方就在幼发拉底河畔。

这时，一支流矢刺穿了他的太阳穴。*

波斯军队成功阻断了叛军的攻击，那位梦想篡位的人也死了。许多希腊军官被俘虏。阿尔塔薛西斯二世传旨给剩下的希腊雇佣兵，说可以接受他们投降，但他们拒绝了。一万名希腊士兵重新集结起来，开始从库纳克萨撤退，原路返回。年轻的色诺芬被推选为其中的一名领袖。

这场长征大约开始于公元前401年的9月，持续了数月之久。希腊人拖着沉重的步伐沿底格里斯河行军，缺少食物和水，还要应付后方波斯追兵的不断袭击。而且，他们沿途所遇到的当地居民往往怀有敌意，也不断攻击他们。他们长途跋涉，穿过沙漠，爬过高山，即使在冬季的风暴和近2米厚的积雪中也得继续前行。很多人因饥饿、干渴、寒冷，以及战斗的创伤而死。他们的鞋子被冻在了脚上，失去脚趾的人只能被丢在后面等死。[11]他们感到绝望，不知道能不能到达海岸，只有到了那里，才可以乘船返回希腊。

这场长征开始将近一年以后，就在他们奋力攀爬另一座高山的时候，在后面压阵的色诺芬听到了前方士兵的大喊。他起初以为士兵的喊叫预示着另一场攻击。但是"叫喊声越来越大，且距离越来越近"，他写道，"那些一直步行的士兵开始跑向前方那些持续叫喊的人，前面的人越聚越多，喊叫声也越来越大"。[12]最后，叫声变得清晰。他们高喊的是："大海！大海！"

这一万名希腊士兵在行军中展现出惊人的忍耐力，堪称壮举，

---

* 色诺芬、克特西亚斯和普鲁塔克对两人的这次遭遇战的描述不尽相同，不过无论如何，这一切都以阿尔塔薛西斯二世的受伤和居鲁士的死亡而告终。

却并非出人意料,惊世骇俗。真正出人意料的是,阿尔塔薛西斯二世领导下的波斯大军似乎除了阻挠一下撤退的希腊人之外什么也做不了,最终让希腊人从波斯权力的中心成功逃脱。普鲁塔克总结道:"(阿尔塔薛西斯二世)为了追上并俘虏居鲁士带领的希腊士兵的所有努力……都没有成功,而希腊人虽然失去了居鲁士,还牺牲了自己的将领,但最终还是逃离了波斯人的地盘。"[13]

阿尔塔薛西斯二世的波斯帝国实力很弱,最终也失去了对埃及的控制。一个来自塞易斯的名叫阿米尔塔尼乌斯(Amyrtaeus)的埃及贵族自称法老,而阿尔塔薛西斯二世无暇西顾,造成波斯的总督无法从他那里获得足够的支持来平息叛乱。阿米尔塔尼乌斯不是埃及第一个组织反抗的"自由斗士",但他是很长一段时间里第一个获得了足够权力来开创一个崭新王朝——第二十八王朝的法老(普萨美提克三世是第二十六王朝的最后统治者,曼涅托将波斯人统治时期列为第二十七王朝)。阿米尔塔尼乌斯在位4年,是第二十八王朝唯一的法老。对于他统治下埃及的情况,我们知之甚少。当时的阿拉米文文件显示,埃及至少有一些地方仍然认为自己被波斯统治着。铭文显示,阿米尔塔尼乌斯去世后,另一支反叛力量夺取了政权,其领导者名为尼斐利提斯一世(Nepherites I),他宣布自己是新王朝即第二十九王朝的建立者;六年后,一个叫阿科里斯(Achoris)的人篡夺了王位。[14]

在宣布自己是埃及法老三年后,阿科里斯派人到希腊,向雅典寻求帮助,试图将自己的国家从波斯的控制下解放出来。

与此同时,希腊人的内斗又开始了。在重建和平的道路上,雅典没能走多远;这个城邦仍在承受由"三十僭主"的大清洗造成的政治分裂。公元前 399 年，即一万希腊人成功返回的第二年，雅典人判决哲学家苏格拉底有模棱两可的反雅典罪行。苏格拉底曾与阿尔西比亚德以及"三十僭主"中最凶残的成员即一名叫克里底亚（Kartias）的贵族交好，克里底亚在结束"三十僭主"可怕统治的战斗中死去。被判处死刑后，苏格拉底不屑于逃走，平静地喝下了毒芹酒；他的死亡被一名叫柏拉图的年轻学生记录了下来。

斯巴达此时已经在重新考虑其与波斯的关系。伯罗奔尼撒战争结束时，为了换取波斯的金币，斯巴达人曾答应放弃爱奥尼亚城邦，将其让给波斯人。现在，他们违背了承诺，派出斯巴达官员去管理爱奥尼亚城邦。这等于公然要建立强大的帝国，其他希腊城邦无法容忍这种行为。三十年的战争还没完全结束，雅典、底比斯、科林斯和阿尔戈斯就联合起仅存的军队，迫使斯巴达放弃占有这些城邦。

这场战争被称为科林斯战争，始于公元前 395 年。经过三年毫无意义的战斗后，斯巴达又开始变卦，不过不是针对希腊人，而是对波斯人，他们提出只要波斯人还站在自己这一边，那么斯巴达终究还是会放弃那些爱奥尼亚城邦。

阿尔塔薛西斯二世同意了其要求，并派出波斯战船帮其摆脱困境。这一举动让雅典非常愿意帮助埃及的阿科里斯击退波斯人，埃及-雅典联盟还是能够与波斯-斯巴达联盟抗衡的。

不幸的是，雅典兵力薄弱，很难长期坚持，而斯巴达人也很快发现，他们的士兵同样筋疲力尽。公元前 387 年，阿尔塔薛西斯二世（非常高兴地看到，他的两个潜在敌人又一次内斗，耗尽了对方的力量）下令，除非两个城邦同意和平解决问题，否则波斯人将插手干预［色诺芬在其《希腊志》（Hellenica）一书中记录下了条约原文]:"如果任何一方不接受和平,我,阿尔塔薛西斯,将对其开战……陆上、海上都不放过,无论付出多少战船和金钱。"[15]

遗憾的是,雅典对他的盟友埃及食言了,留下阿科里斯在反波斯的战争中孤军奋战;斯巴达也放下了武器;在相对短暂的一段时期内,大家都各自回去重建自己的城邦。所谓的"国王的和平"(King's Peace)起了作用。色诺芬写道:"这一次,斯巴达人和雅典人及其各自的盟友发现,自从……雅典的城墙被拆毁后,他们第一次享受到和平。"[16]

阿尔塔薛西斯二世的统治实在是乏善可陈,唯一的亮点可能就是收回小亚细亚了。埃及铭文显示,他最终派了一支摇摆不定的军队南下深入到阿科里斯的虎穴,但是遭到阿科里斯(他成功劝说一些希腊雇佣兵成为正规埃及海军的一部分)回击后,波斯人就撤退了。

阿科里斯死后,另一个埃及人掌握了政权,他是个无名小卒,即埃及第三十王朝的建立者涅克塔尼布一世(Nectanebo I)。阿尔塔薛西斯二世又做了一次尝试,想要把埃及夺回来。这一次,他试图换一种方式来扭转战局,他雇用雅典士兵顺流而下进行攻击,不再像往常那样从东侧的培琉喜阿姆要塞,而是从西侧的三角洲进入埃及。[17]虽然这支联军比埃及军队更强大,但涅克塔尼布更擅谋略,把他们成功击退。他在尼罗河三角洲每条水道都留了一小股军队,让他们且战且退,不断向南走,把入侵者引得越来越远。他很清楚尼罗河的洪水大约什么时候出现,而雅典人和波斯人对此则懵懂无知。他最终成功将入侵的这支联军拖住,直到周围的河水开始猛涨。这时候,他迅速向南方撤退;波斯人和雅典人面对洪水无计可施,只好撤出了三角洲。[18]之后,涅克塔尼布一世在位18年,而在此期间,阿尔塔薛西斯二世再也没尝试过入侵埃及。*

希腊的毁灭至少让一个雅典人确信,只有他们拥有同一个希腊身份,在同一面旗帜的引领下齐心协力,希腊的城邦才能存活下来。泛希腊主义而非通过武力建立帝国,是希腊世界的唯一希望。

这个雅典人是伊索克拉底(Isocrates),他是一位演说家和修辞学教师,出生于伯罗奔尼撒战争开始之前,曾眼睁睁地看着自己的城邦变得支离破碎。公元前380年,亦即"国王的和平"出现七年后,他发表了《全希腊盛会献词》(Panegyricus),这是一次呼吁所有希腊城邦重视其共同遗产的宣言。**伊索克拉底写道,雅典必须是这一行动的领导者,因为"这个城邦让'希腊'这个词看上去不只是一个民族,而是一种思维方式;人们被称为希腊人,是因为他们共享同样的教育,而不是因为他们拥有同样的出身"。[19]

呼吁希腊古城邦自愿认同一种身份的主张,最初是由伯里克利在希腊城邦陷入痛苦的战争深渊中时提出的,此时伊索克拉底将其加以改造,试图联合起雅典和斯巴达,形成完整的希腊,共同抵御非希腊世界。《全希腊盛会献词》首先是一次对泛希腊联合的召唤,但它也呼吁希腊人自愿联合起来共同应对那些未曾被教育做希腊人的敌人,如反对波斯人和他们的国王阿尔塔薛西斯二世——他的统治未经过其帝国的其他地方的"同意",而是"凭借拥有更强大的军队"。[20]

泛希腊主义的呼吁却得到了让人有点出乎意料的响应。

---

* 当然,这并不意味着战斗结束了;公元前366年,小亚细亚的总督与雅典、斯巴达和埃及联合来反抗阿尔塔薛西斯二世,但由于联盟各方在战略上不能达成一致,阿尔塔薛西斯二世还没有采取多少措施来应付,这次叛乱就瓦解了。希腊历史学家狄奥多罗斯称此为"总督大起义"。虽然它涉及面确实很广泛,但从其最终结果来看,它就像从来没有发生过似的(狄奥多罗斯,SXV.90)。
** "赞颂节"(Panegyric,意为"聚会")是"泛希腊节"的另一个名字。

公元前 359 年，两个国家的主权交接同时发生。阿尔塔薛西斯二世的长子大流士怀疑阿尔塔薛西斯二世可能会倾向于让小儿子欧克士继承王位，于是计划弑父篡位。阿尔塔薛西斯二世听到了风声，得知了儿子的阴谋，于是在暗杀计划的当晚坐在床上等着。当大流士赶到时，他召来了自己的侍卫。大流士被逮捕、定罪，然后被以割喉的方式处死。

阿尔塔薛西斯二世没过多久就老死了；欧克士毒死了他的另一个兄弟，保住了王位，成为阿尔塔薛西斯三世。

在马其顿，另一个国王也登上王位。他的名字是腓力二世；自 100 年前阿敏塔斯一世向大流士一世投降后，他是马其顿的第 13 位国王。一个世纪以来，这十三位国王的平均在位时间不足八年，可见在马其顿当国王并不是件安全的差事。

腓力的老父亲阿敏塔斯四世曾在晚年娶了一个年轻的妻子，为的是能留下一个合法的王位继承人（他已经生了至少三个私生子，他们都对王位虎视眈眈）。[21] 这个叫欧律狄斯（Eurydice）的女人，生下了所需的继承人：三个儿子分别是亚历山大二世、佩尔狄卡斯（Perdikkas）和腓力。然后，她开始与一个叫托勒密的马其顿朝臣公然偷情；根据马其顿人的说法，事实上老国王曾把他们捉奸在床，但是他已经年近 80 岁，遂不再深究此事。

年迈的阿敏塔斯四世去世后，亚历山大二世成为国王。他在西北部遇到了麻烦，那里的伊利里亚部落威胁要入侵马其顿。马其顿与波斯的联盟曾在北部和南部给予马其顿一些保护，使其免受敌人侵扰。但是在亚历山大二世统治时期，波斯人已是鞭长莫及，顾不上马其顿了。3 世纪的历史学家查士丁告诉我们，亚历山大二世为了避免被征服，只好贿赂伊利里亚人，并送他的弟弟腓力（只有十岁）前往伊利里亚做人质。

最终，腓力被允许回家，但他哥哥的命运却注定要终结。亚历山大二世的亲生母亲欧律狄斯安排好了人谋杀他，以便让她的情人托勒密夺取王位。亚历山大二世死后，托勒密宣布自己代表合法继承人掌权，成为阿敏塔斯次子佩尔狄卡斯的摄政王。此时，已经15岁的腓力再次被送去做人质；这一次，他被送到了南部的希腊城邦底比斯，这个城邦也一直威胁要入侵马其顿。

佩尔狄卡斯其实也不是傻瓜，他一直等到亲政的年纪，然后，在那些不喜欢托勒密的马其顿贵族的支持下，他处死了他母亲的情人（欧律狄斯的下场如何没有记录）。随后，他登上了王位，并尽其所能去恢复王室血脉：他与底比斯谈判让其释放腓力，王后也为他生下了王子。之后，他转而去面对伊利里亚人，因为他们再次威胁要入侵马其顿。

在他统治的第六年，他让他的弟弟腓力做了他儿子的摄政王，然后率领马其顿军队投入到与伊利里亚人的战争中。这场战争是一次灾难。佩尔狄卡斯战死，一同战死的还有4000名马其顿士兵。[22]腓力此时只有24岁，但不得不担负起保卫国家的责任，对抗来自西北部的威胁。

作为侄子的摄政王，他开始指挥军队，但（查士丁说）"战争威胁迫在眉睫，已经来不及等年幼的王子长大与其齐心协力共同御敌，（因此）他的人民要求腓力亲政"[23]。这一记载可能是准确的，不过它也可能是为了遮掩篡权的行为。无论如何，马其顿非常需要腓力的领导力。伊利里亚人并不是唯一迫在眉睫的威胁；雅典人正试图推出自己扶植的王位继承人去统治马其顿，以便将马其顿纳入雅典的控制之下。

腓力无力同时对付伊利里亚和雅典，于是他将一个边界城邦交由雅典控制，以此来缓解雅典的威胁。然后，他重新整顿马其顿军队，教尚处于半野蛮状态的马其顿士兵按照希腊的方阵作战，这是他在底比斯做人质时学到的。[24] 次年，马其顿军队在对抗伊利里亚人时获得了胜利。

这时，马其顿显然已经足够强大，连雅典也不敢入侵。这样一来腓力无需再打防御战，而是可以开始建立自己的帝国了。他拼命战斗，并且努力娶妻（娶了七次）。他要么与塞尔迈湾沿岸的国家结盟，要么直接占领这些国家，塞尔迈湾位于马其顿和色雷斯的边界，也是马其顿的北部和西北边境。他的第四任王后，是伊庇鲁斯（Epirus）王 17 岁的女儿奥林匹亚。根据古代的记载，奥林匹亚貌美惊人，但脾气大得可怕，而且生活习惯古怪；她把大蛇养来当宠物，而且让它们在卧室里随意爬来爬去。她的父亲认为腓力会因两国的联姻而保护伊庇鲁斯；但是当他去世后，腓力直接吞并了它。

公元前 356 年，奥林匹亚为腓力生下了第一个儿子和继承人。这个孩子叫亚历山大，以腓力死去的兄长的名字命名。

现在，腓力开始把目光转向南方。希腊城邦斐赖（Pherae）的统治者被暗杀后，腓力南下，恢复了那里的秩序，然后得到了城邦的控制权。他进军色雷斯，夺取了潘盖翁山（Mount Pangaeus）的金银矿，这给接下来的战争提供了资金支持。他夺回了刚即位时抵押给雅典的城邦，继而向更远的南方和东方进军。在一场战役中，一支箭射瞎了他的右眼，我们可以从他的雕像上看到他少了一只眼睛。

对于这一切，希腊都没有做出有组织的回应。斯巴达位于很远的南方，不想为此费心；而雅典曾经抗议过，但遭遇了严重的饥荒，无力发动另一场战争。腓力长驱直入，一步步蚕食希腊。他的南进

图 15-1 马其顿国王腓力
腓力二世的这件大理石头像显示他一只眼睛下垂，那是箭伤所致。
图片来源：Gianni Dagli Orti/ CORBIS

战略并不是单纯为了征服希腊的领土，而是想要吸收希腊的文明。他的步兵、骑兵以及宫廷中都有不少希腊人。

一匹来自色萨利（Thessaly）的名叫布塞弗勒斯（Bucephalas，亦译作"霸驰飞路"）的希腊战马让公众看到了他儿子亚历山大早熟的才智。普鲁塔克说，腓力花了很大价钱买到这匹马，但发现没有人能驾驭它。他下令将其送回，但亚历山大表示反对；腓力说他需要自己骑上这匹马给众人看，他的反对才有效。"亚历山大跑过去，"普鲁塔克写道，"抓住缰绳，并把马头转过来，让其面向太阳——显然他注意到，这匹马是因为自己面前那拉长且剧烈晃动的影子而感到恐惧。"[25] 这下，他就可以骑上马了，这件事一下子就传遍了整个马其顿（后来还传遍了希腊）。虽然年纪尚小，但亚历山大已经是个战略家了。

他一直都是腓力唯一一个合法的儿子。腓力的一个情妇曾生下一个比亚历山大略小的儿子，也叫腓力；但不幸的是，这个孩子是个低能儿。（普鲁塔克说，这是奥林匹亚干的，是她给这个孩子下药损害了他的大脑；但是，并没有其他证据来支持这一观点。）

马其顿的朝臣冒险谏言，建议腓力最好再生一个候补继承人，但他显然已经开始不惜一切代价躲着奥林匹亚了。（当地传言说，这与她床上的蛇大有干系。普鲁塔克写道："有一次奥林匹亚睡着了，腓力看到一条蛇就在她身边伸展开来，他们说，这次事件不同寻常，彻底冷却了腓力的欲望和感情。"）[26] 他把所有的希望都寄托在亚历山大身上。公元前343年，他邀请希腊哲学家亚里士多德北上到马其顿担任亚历山大的导师，这是一个待遇优厚的职位，亚里士多德接受了。

到了公元前340年，腓力的实力已经强大到足以向雅典宣战。

因为不止一个希腊城邦在是否反击的问题上犹豫不决，使腓力入侵希腊变得非常容易。此时，希腊哲学家伊索克拉底已经90岁了，对希腊人的自愿联合已经不抱什么希望；继《全希腊盛会献词》之后，他又发表《致腓力》(To Philip)，呼吁马其顿国王来领导希腊。"你已经获得了其他希腊国家未曾得到的财富和权力，"他这样宣布，"而仅仅这些就自然而然地成为说服和强迫别人的资本。我相信，接下来我所建议的内容会需要上述的财富和权力，因为我要建议你来做希腊联盟的负责人，领导希腊军队共同对抗野蛮人。"[27]

照看德尔斐神殿的城邦联盟听取了伊索克拉底的意见，邀请腓

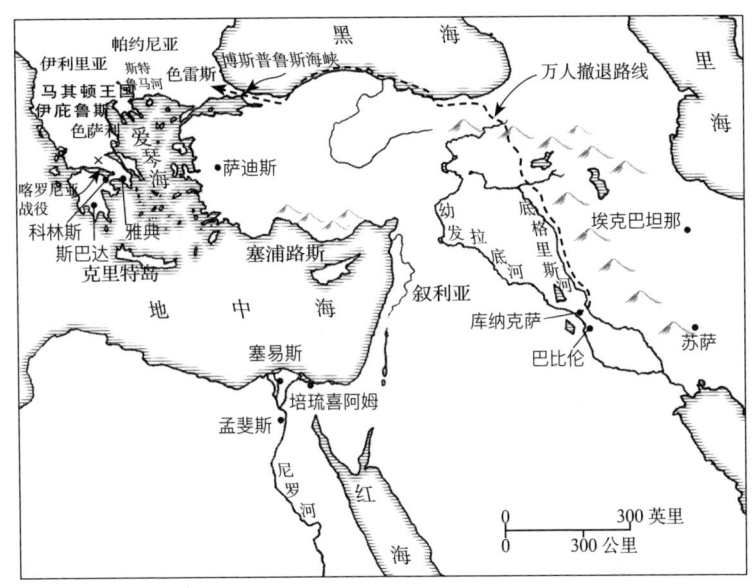

地图 15-1　一万名希腊士兵的行军

力进入希腊。雅典请求斯巴达帮助其抵抗入侵，但斯巴达拒绝与这一宿敌产生任何瓜葛。因此，当腓力的军队最终从北方南下时，雅典仅设法集合了少数盟国士兵，主要来自底比斯和维奥蒂亚的城邦。

公元前338年夏天，两军在喀罗尼亚（Chaeronea）平原上相遇。现存的关于此次战争最完整的记载保留在西西里的狄奥多罗斯的史书中：

> 双方军队都已经做好交战准备。若论胆量和个人勇气，两军堪称势均力敌，但在数量和军事经验上，（腓力的）军队占了很大的优势。因为他已身经百战，赢得了大部分战争，对战争颇有心得，但对于雅典而言，其最好的将领都已经逝去……

日出时分，两军摆出了作战的队形。国王命令他刚成年的儿子亚历山大……率领一个侧翼，并由一些最好的将领伴其左右。腓力自己率领另一翼，这支队伍精挑细选，因地制宜，抢占了有利的关键位置。雅典人开始进攻……两军交锋，战斗非常惨烈血腥。战役持续时间很久，到处是可怕的杀戮，然而双方难分胜负，直到急于向父王证明自己骁勇的亚历山大——后面紧跟一批勇士——率先突破了敌人的主力，杀死了所有直接迎战的人，击溃了前进的障碍。他的手下紧随其后，向前推进，将敌人的防线分割成碎片；地上死尸堆集，抵抗他的那一翼纷纷逃窜。[28]

喀罗尼亚战役的人员伤亡相对较少（有 1000 名雅典人阵亡，对单独一场战斗来说这是个不小的数字，但与战争年代的伤亡总数相比微不足道），但有两点非同一般：这是亚历山大首次在战役中担任重要的军事指挥职务；另外，它也标志着一个时代的终结。希腊城邦将再也无法摆脱马其顿帝国的控制。

毫无疑问，腓力意识到，他无法通过战斗来获得其他希腊城邦的忠诚，于是转变了策略。他对雅典显示出了高度的尊重，释放了俘虏，甚至组建了仪仗队护送雅典烈士回城。[29] 雅典人呢，面对如此残局，也只好尽量利用其中任何一点好的方面，假装把腓力看作雅典的朋友。

次年，腓力在科林斯发表讲话，暗示希腊服从自己的王权统治是有利于希腊的。[30] 斯巴达仍然拒绝与腓力的计划发生任何瓜葛，但其他希腊城邦都同意（自然是因为腓力的军队还在旁边虎视眈眈）加入这个新的希腊同盟。这一联盟称为科林斯同盟（Corinthian

League），而像之前以雅典为中心的提洛同盟一样，组建它也是意在攻打波斯。与提洛同盟不同的是，科林斯同盟由马其顿国王作为最高统帅。

波斯此时恰好正经历又一次混乱的权力更替，所以非常虚弱。阿尔塔薛西斯三世在位19年；他在位时期的最大成就是在公元前343年击败了埃及最后一位本土法老涅克塔尼布二世，收回了埃及。

现在，埃及又一次处在一位波斯总督的控制之下，接受波斯国王（曼涅托称其为第三十一王朝）的统治。

随后，亦即喀罗尼亚战役同年，阿尔塔薛西斯三世去世。他死亡的细节不详，尽管国王在去世前病了一小段时间，但几乎可以肯定，他并非死于疾病，而是死于下毒，毒药是一个叫巴戈阿斯的宦官假借吃药的名义给他服下的。巴戈阿斯曾是阿尔塔薛西斯三世征服埃及时的一名指挥官，他的权力欲逐渐膨胀。

阿尔塔薛西斯三世死后，巴戈阿斯开始控制波斯帝国。不久之后，有两个年轻的王子也突然死于胃病（巴戈阿斯一直忙于下毒）。只有一个王子活了下来，他叫阿西斯（Arses）。巴戈阿斯有可能原打算让他当一个傀儡国王；可是，当阿西斯显示出独立的迹象时，也被巴戈阿斯毒死了。

当腓力正策划攻击这个由宦官掌控的波斯帝国时，灾难却突然降临，夺去了他的生命。

这场灾难主要是他自己造成的。公元前337年的科林斯同盟会议后，腓力决定再婚。这场婚姻绝对不会给他带来任何政治优势，而他显然是被欲望驱使；那个女孩是土生土长的马其顿人，是一个名为阿塔罗斯（Attalus）的朝臣的漂亮侄女。在婚宴上，所有马其顿人都喝得酩酊大醉（这是马其顿庆典的一个传统），此时阿塔罗斯致祝酒词：他在空中挥舞着酒杯，宣称众神会给马其顿送来一位合法的王位继承人。

严格说来，亚历山大当然是合法的继承人，但由于他的母亲奥林匹亚是希腊人，因此他只有一半的马其顿血统。阿塔罗斯的祝酒词是对他王储位置的直接挑衅，他的意思是马其顿的王位应该只属于血统纯正的马其顿人（这也清楚地表明，虽然腓力热爱所有希腊的东西，但这一观点并没有被马其顿人分享）。

亚历山大也醉了，他拿一个杯子砸向阿塔罗斯，并骂他人渣。腓力可能是醉得最厉害的那个，他拔出剑来要攻击亚历山大，但是扑到了地上。"先生们，"亚历山大站在他父亲旁边轻蔑地说，"趴在地上的这个人正准备从欧洲跨向亚洲，但被绊倒在从一个座位到另一个座位的路上！"[31]

更糟糕的事情即将到来，阿塔罗斯也掺和进这件事里。据狄奥多罗斯记载，在之前一段时间，腓力有一个年轻漂亮的情人，他也是阿塔罗斯的朋友。（马其顿人跟希腊人一样，在风月之事中往往更关注是被动接受还是主动进攻，但另一半的性别却不那么重要。）这个漂亮的年轻男子取代了腓力以前的情人，那个老情人名叫鲍萨尼亚斯，是个侍卫。为情所困的鲍萨尼亚斯当众侮辱他的情敌是"阴阳人"，即非真正的男人。年轻男子感觉很屈辱，于是在一次战斗中义无反顾地冲到腓力面前，但求一死，而且真的死在了敌人的剑下。

阿塔罗斯为了给寻死的朋友报仇，邀请鲍萨尼亚斯吃饭，把他彻底灌醉，然后把他交给自己的一伙朋友轮奸，一报还一报：被强奸者是逆来顺受者，"像个娘们"，这正是鲍萨尼亚斯曾用来侮辱年轻男子的说辞。鲍萨尼亚斯清醒过来后，怒不可遏又羞辱不堪，他去找腓力抱怨，但腓力拒绝惩罚阿塔罗斯，因为他是一位值得信赖且有价值的将领。相反，他试图通过给他升官和赠送礼物的方式安抚鲍萨尼亚斯。

但他不再爱他了，鲍萨尼亚斯只有自己舔舐伤口，医治自己被拒绝的屈辱，就这样到了公元前336年。是年，腓力组织了一次盛大的庆典，以庆祝他即将攻打波斯；首先是一场由腓力率队的开幕式游行，游行的终点是一个剧院，那里满是准备为他欢呼的马其顿人。腓力跨过剧院的门槛时，鲍萨尼亚斯从身后将匕首刺进了他的肋部。

然后鲍萨尼亚斯朝他的马跑去。他被绊倒在地，立刻就被侍卫乱刀砍死。[32] 但是腓力也已经死了。

很多人怀疑亚历山大，说他那样轻视自己的父亲，势必在某种程度上参与了这件事。普鲁塔克说，"亚历山大对此事绝对难逃干系"，不过他也没有给出确凿的细节。[33] 但是，由于鲍萨尼亚斯也死了，又没有他叛国的证据，因此没人敢做出任何指控。无论如何，亚历山大很受军队的拥戴，第二天就被拥立为王。

普鲁塔克说，他继承了王位，但这个国家"被怨愤、深仇大恨和危险紧紧包围"。被征服的北部领土不甘心被马其顿统治；南部的希腊人对科林斯同盟也不够顺服，以至于亚历山大没办法完全倚靠他们；波斯则对马其顿严阵以待。

但亚历山大还有一件事要去处理。阿塔罗斯已被提前派往小亚细亚，为马其顿接下来入侵波斯探查路线。亚历山大从来没有忘记那次侮辱；他派杀手追上阿塔罗斯，将其置于死地。

时间线 15

中国	希腊
	马拉松战役（前 490）
	（斯巴达）**列奥尼达**
孔子去世	温泉关和萨拉米斯战役（前 480）
春秋时期结束（前 476）	普拉提亚和米卡尔战役（前 479）
	（马其顿）**佩尔狄卡斯二世**
	（雅典）伯里克利
	伯罗奔尼撒战争（始于前 431）
三家分晋（前 403）	希腊军队万人撤退（前 401）
	科林斯战争（前 395）
秦孝公	（马其顿）**腓力二世**（前 359—前 336）
商鞅变法	
	喀罗尼亚战役（前 338）
	（马其顿）**亚历山大三世**（前 336）
秦惠文王	

/ 16

罗马加强对属地的控制

> 公元前367年至公元前290年间，迦太基与叙拉古交战，而罗马也对任何处于进攻范围内的国家发动进攻。

当希腊人尝试着建立同盟（伯罗奔尼撒同盟、希腊同盟、提洛同盟以及效仿它们的科林斯同盟）的时候，拉丁姆（Latium，即拉丁平原）上的城邦也凝聚成一个同盟——拉丁同盟。罗马人称这个同盟为拉丁姆氏族（Nomen Latium）。虽然一个世纪以来它都与拉丁同盟城邦相处得很友好（罗马和同盟之间的第一个和平条约大概在公元前490年签署），罗马却从未加入这个同盟。罗马不想成为同盟中彼此平等的城邦中的一员。

在高卢人烧毁罗马后的30年里，罗马人重建了城墙，击退了来自邻国的各种攻击，出兵东至阿涅内河与更多的高卢人作战（李维说，罗马士兵"心惊胆战"地参加战斗，但"成千上万的野蛮人在战斗中被杀死"）[1]，而且遭遇了又一次贵族与平民间的对峙。这一次对峙于公元前367年以贵族的让步结束：平民可以正式参选执政官，而第一位平民执政官也在同年当选。

元老院宣布，需要额外设立一个节日庆祝这次和解，李维本人称其为"值得关注"的一年，因为"经过长时间的辩论，双方同意和解，并最终达成了一致意见"。[2] "达成一致意见"有点言过其实，因为贵族和平民还在不断激怒对方，但这一新的安排似乎在两个摩擦不断的阶级的关系中扮演了润滑油的角色。在接下来的几十年里，罗马城内相对和平，所以统治者可以重新把注意力放在建立帝国上。

公元前358年，罗马说服拉丁同盟重新拟定和平条约。*像之前一样，双方有义务在对方受到攻击时保卫对方。不过从现在开始，联合战役的战利品都将由双方平分，获胜后罗马得到的东西将会是同盟中所有城邦所获的总和。[3] 罗马不再是意大利半岛上一个普通的城市，它是跟整个拉丁同盟一样强大的政权。

公元前348年，罗马人又修改了另一个条约，这一次是与迦太基之间的条约。罗马战船仍然只能行驶到美丽海岬，不能再向西行驶得更远；迦太基人依然承诺不在拉丁人的领土上建立任何堡垒。但是，一个新的条件让和平条约变得略有不同："如果迦太基在拉丁姆夺取了任何一座不受罗马控制的城市，他们可以留下货物和人，但要把城市交给罗马。"[4] 当时，迦太基是罗马在征服道路上的合作伙伴。即便罗马领导人已发誓与拉丁同盟建立友好关系，但罗马仍意图控制城邦之外的乡村。

在接下来的50年里，罗马的侵略导致其陷入四次战争和一次叛乱，而第五次战争也即将爆发。

---

* 这个条约被称为《卡修斯条约》(foedus Cassianum)。

16 罗马加强对属地的控制

利里河的对岸有一个部落联盟,统称为萨莫奈人。他们来自亚平宁山脉南部,生活在罗马南边、坎帕尼亚东海岸地区的农场和村庄中。[5] 除了善于务农,他们还是勇猛且令人生畏的战士,李维如此描述他们:"资源丰富,武力强大。"[6]

早期罗马尽管同意将利里河作为跟萨莫奈人的边界,但却在公元前343年破坏协议,与萨莫奈人开战。罗马的官方记载对这一事件做出了清楚的解释,根据李维的说法,罗马人只是对一个处于绝境的民族的求援做出回应,因为萨莫奈人向住在西南海岸坎帕尼亚地区的人发动"不义之战"。但是在李维对事件的叙述中,罗马的野心却暴露无遗。坎帕尼亚的使者请求道:"事情到了目前的地步……坎帕尼亚不是被朋友兼并,就是被敌人吞并,你们,罗马人,必须自己占有它,而不是让(萨莫奈人)接管。对你们而言,这是一次善行;而对于他们,则是恶行……罗马人,你们的帮助足以保护我们,而且不管我们有什么……我们都将认为那是你们的。"[7]

不管坎帕尼亚人的请求多么迫切,要想让罗马的其他邻国也请求罗马人吞并它们,却是不可能的。第一次萨莫奈战争是罗马走向帝国的下一步,但其开局并不是特别成功。公元前341年,第一次萨莫奈战争陷入僵局,双方同意签署条约。

第二场战争——与拉丁地区的战争——在第一次萨莫奈战争之后接踵而至。拉丁同盟城邦看到罗马在南部的行动后得出结论:没有任何条约能阻止罗马的扩张。经过复杂的政治角力,拉丁同盟城邦最终决定进攻罗马,而萨莫奈人为了阻止拉丁联盟的力量继续向南扩张加入了罗马阵营。

李维写道,这次战役对于罗马军队来说特别艰难,因为向其进军的拉丁人"与他们在语言、风俗、武器类型,尤其是在军事建制

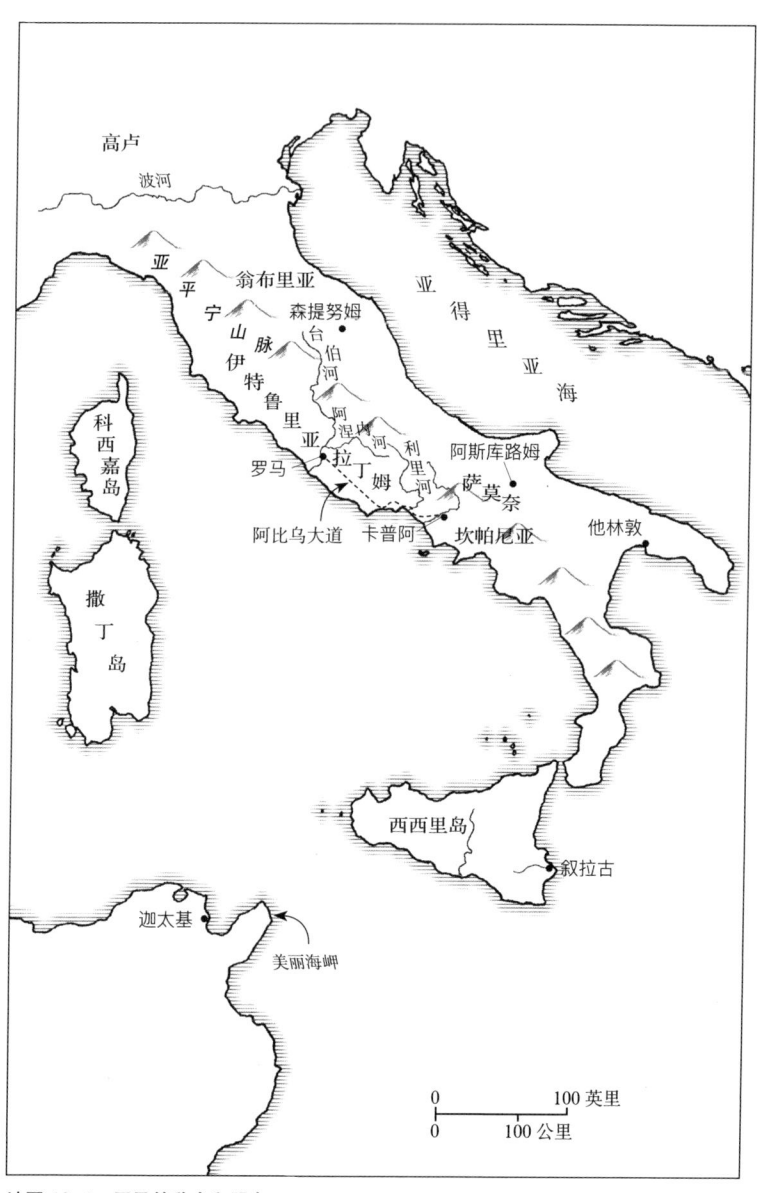

地图 16-1 罗马的敌人和盟友

上都是一样的"。这让指挥军队的罗马执政官忧心忡忡。为防止罗马士兵分不清敌友,他们"命令任何人都不能擅离自己的位置去攻打敌人"。[8]

拉丁士兵和罗马-萨莫奈军队在卡普阿附近遭遇,发生了一场血战。罗马人"大肆屠杀对手,使其只有不到1/4的人活下来,从而打破了敌人的阵形",而罗马全军也被"在军旗前……打散,他们身后同样是一片血腥"。[9]虽然经过了如此惨烈的杀戮,两军还是重新集结对垒,再次冲锋厮杀。这一次,罗马人取得了胜利。

拉丁人投降后,罗马人占领了整个意大利的土地:不只是拉丁姆,还有坎帕尼亚北部和伊特鲁里亚南部。[10]罗马根据被纳入罗马范围内的各民族的忠诚度来区别对待他们。李维说,拉丁人"被剥夺了各城市之间的通婚权、贸易权,以及召集议会的权利",这削减了拉丁同盟城市之间的联系。站在罗马这边的坎帕尼亚人"获得了公民身份,但没有选举权",其他几个同盟城市的居民也是如此。[11]这是一个奇怪的特权类别,即半公民权(civitas sine suffragio);新出现的半公民受到十二表法的保护,但无法参与罗马的决策。

罗马开始迅速地建立新殖民地,通过建设和征战扩展其边界。[12]然而,羽翼渐丰的罗马并不稳定;李维用"变质的和平"这个短语来形容罗马与新征服的国家以及尚未征服的邻国之间的关系。

到了公元前326年,即使是"变质的和平"也无法继续了,萨莫奈战事再起。这次战争又是罗马挑起的;罗马人越过之前的边界,即利里河,在萨莫奈人的土地上建立殖民地。[13]第二次萨莫奈战争持续了20多年,两军之间重复上演着一系列令双方都感到疲惫的冲突。

罗马人和萨莫奈人作战时,另一场冲突正在近海酝酿。罗马人正忙着在萨莫奈人的领土上活动时，一个名为阿贾托克勒斯（Agathocles）的野心勃勃的西西里人抓住时机，也想建立帝国。阿贾托克勒斯之前是叙拉古的一个制陶匠，他娶了个有钱的老婆，自己花钱招募了一支军队。公元前317年，他武力夺取了叙拉古的政权，自立为君，采用的是米罗达巴拉旦/拿破仑/萨尔贡二世/居鲁士用过的老一套理由。狄奥多罗斯写道："他宣称会将充分的自主权交还给人们。"[14]这通说辞听起来非常空泛，因为他接着就开始征服西西里岛的其他部分了。

他把迦太基人赶出了西西里岛，而迦太基面对地中海中出现的这个强权，并不愿吃哑巴亏。公元前310年，迦太基海军封锁了叙拉古。阿贾托克勒斯对此做出的回应是派叙拉古军队去攻打迦太基。[15]

迦太基人对这次意外袭击感到惊恐不安，整个城市陷入一片恐慌。迦太基的祭司还遵循着几个世纪前由推罗传入的古老迦南宗教的做法，将多达500个孩子作为祭品敬献给迦太基主神，以确保获得胜利。[16]狄奥多罗斯写道，"他们认为自己忽略了由先辈建立起来的对神的敬仰"，于是急于弥补这一疏失，他们认为正是这个问题导致了阿贾托克勒斯的入侵："他们的城市中有一座克洛诺斯（太阳神巴尔的希腊语名字，他是腓尼基人信奉的神）的青铜像，他伸着手，手掌朝上，向地面倾斜，因此每一个孩子被放在上面后都会滚下来，落到一个满是火焰的大坑中。"*[17]

---

* 很多古代作家的作品中都记录过迦太基人有将10岁以下的孩子用来献祭的做法，包括普鲁塔克、昆图斯·库尔提乌斯·鲁弗斯（1世纪时的历史学家，他的书中引用了很多古代文献，这些文献现在已经失传）和西塞罗等。这种习俗源于迦南（腓尼基），《圣经》中就有提及，如《申命记》。《申命记》（12:31）让以色列人不要像"周边国家"那样把儿女当作祭品投入火中，因为亚伯拉罕的神很嫌恶这一点。在迦太基古代港口附近的考古发掘发现过祭仪牺牲者的遗体，不过从未发现狄奥多罗斯提到的雕像。相关考古和文献证据参见大卫·索伦（David Soren）等人著的《迦太基》(Carthage)。

这种可怕的仪式并没有给他们带来胜利。不过迦太基并没有陷落，叙拉古也没有，于是双方在公元前306年签订了条约。阿贾托克勒斯继续当叙拉古的王，但迦太基人握有西西里岛西部的控制权。[18]

在这之后，公元前304年，罗马终于又一次与萨莫奈人讲和。同时，他们又开始了另一项建立帝国的工作。居鲁士曾设计了"皇家大道"，意图将国家最初的心脏地带与被征服的领土联系起来。罗马人也效仿这一做法，建造将罗马城和边远的领地联系起来的道路。执政官阿比乌斯·克劳狄（Appius Claudius）在公元前312年启动了这项工程，这条大道沿着海岸，通向坎帕尼亚的卡普阿。后来，这条道路以他的名字命名，称为"阿比乌大道"（Appian Way）。

罗马人与萨莫奈人的和平持续了6年。李维写道，公元前298年，执政官选举刚结束，谣言就开始在整个罗马蔓延："伊特鲁里亚人和萨莫奈人在大量征兵……罗马的敌人正在集结自身和盟友的所有武力，积极备战。"[19]利里河对岸的反罗马联盟不仅包括萨莫奈人和重整旗鼓的伊特鲁里亚人，还有从北部南下的高卢人的一支和翁布里亚人，后者是来自伊特鲁里亚东北部的亚平宁部落的联盟。这些不同的民族都愿意联合起来对抗罗马，这明确反映出他们对罗马的不断扩张有着日益强烈的危机感。

罗马军队迎战这一联盟武装，"第三次萨莫奈战争"就此开始。经过三年的苦战，战争在森提努姆（Sentinum）战役时达到高潮。森提努姆就位于亚平宁山脉另一边的翁布里亚。这很可能是当时罗马军队到达的最远距离，很多士兵也是第一次越过亚平宁山脉。李维写道："发生在森提努姆的那场战役四海皆知。"

决战之日已定，萨莫奈人和高卢人参战。战斗开始后，伊

时间线 16	
希腊	罗马
马拉松战役（前 490）	平民撤离事件（前 494）
（斯巴达）**列奥尼达**	
温泉关和萨拉米斯战役（前 480）	
普拉提亚和米卡尔战役（前 479）	
（马其顿）**佩尔狄卡斯二世**	十二表法
（雅典）**伯里克利**	
伯罗奔尼撒战争（始于前 431）	
希腊军队万人撤退（前 401）	
科林斯战争（前 395）	高卢人烧毁罗马（前 390）
（马其顿）**腓力二世**（前 359—前 336）	
	第一次萨莫奈战争（前 343）
喀罗尼亚战役（前 338）	拉丁战争（前 340）
（马其顿）**亚历山大三世**（前 336）	
	第二次萨莫奈战争（前 326）
	第三次萨莫奈战争（前 298）

特鲁里亚人和翁布里亚人去攻击罗马的大本营。但是三个逃兵将这些计划打乱……他们在夜间偷偷地找到（罗马指挥官）费边，告知他对手的作战意图。[20]

面对四路联盟，罗马人无法招架，于是他们派出一支军队去突袭伊特鲁里亚和翁布里亚本土，伊特鲁里亚和翁布里亚的队伍只得赶紧返回家乡去保护他们的家人和农场。所以战斗开始后，罗马人面对的只剩下高卢人和萨莫奈人。李维说，他们在实力上"难分伯仲"。当高卢人驾驶战车冲下来时,罗马骑兵惊恐地四散开来。许多罗马士兵从未见过战车,一名将军当场丧命;不过,高卢人也死伤无数,单单是移开成堆的尸体就花了好几天时间。最后,双方都有数千人死亡,高卢人和萨莫奈人的防线被冲开,其营地失守,退路也被堵死。

现在,罗马人获得了对乡村地区的控制权,但是李维总结说,这些乡村"仍未获得和平"。最惨烈的一场战役于公元前295年在森提努姆结束,但是,袭击、战争、反抗和起义又持续了五年。公元前290年,罗马人与萨莫奈人签署了另一个条约,结束了第三次萨莫奈战争。但是,即使在此之后,罗马士兵每年还是要远征,前往意大利半岛的北部和中部作战;罗马的势力吞没了整个乡村地区,并且在不断加强。

/ 17

亚历山大和继业者战争

> 公元前336年至公元前272年间，亚历山大大帝将全世界大部分文明地区统一为一个帝国，但不久后帝国就被他的将军们瓜分。

马其顿国王腓力去世后，他的儿子亚历山大取代他成为马其顿国王和科林斯联盟的统帅。但伴随腓力国王的去世，许多希腊城邦宣布脱离联盟，其中包括底比斯和雅典；雅典甚至轻率地设立了一个祭祀日，并追授鲍萨尼亚斯一顶金色王冠。[1]

亚历山大率领马其顿军队直扑反叛者，一路重新征服希腊人。他来到底比斯的城门下，提出如果底比斯人能够将领导脱离联盟的两个贵族交出来，他就帮助底比斯恢复其往日的地位。底比斯拒绝了这一提议，于是亚历山大命令他的士兵攻破城门。普鲁塔克写道："如被风暴席卷一般，底比斯被劫掠一空并被夷为平地，亚历山大希望以儆效尤，恐吓希腊的其余城邦归顺……三万人民作为奴隶被公开出售……将近6000人死在利剑之下。"[2]

随后，他向雅典提出了同样的提议，雅典立刻同意了。"像狮子一样，他狂暴的情绪现在得到了满足，"普鲁塔克补充说，"或者是因为在展现了极端残忍后，他打算表现得仁慈，无论是哪个原因，这对雅典人民很有利；因为他……原谅了他们过去所有的冒犯。"[3] 雅典人竭尽所能讨亚历山大欢心，他们把所有曾反对加入科林斯同盟的人都流放了。

在这之后，科林斯同盟余下的城邦在两个月内都屈服了。亚历山大南下行军至科林斯地峡，并在那里举办了一场同盟大会，大会时（他的士兵们守在一旁）各同盟代表争相推举他接替他父亲担任同盟统帅。

这种民主作秀，辅之以军事支持的做法，便是亚历山大的行事特点。他做成的事情几乎皆是凭借武力，但在他的内心深处，他渴望被征服的人民发自内心拥护他。靠武力征服的旧观念与人们不受强迫、靠共有的忠诚或共同的身份紧密联系的新观念在他身上同时存在，又难以相容。

亚历山大现在是希腊人的国王，这一点没有哪个斯巴达或雅典英雄曾成功做到。他的身后有精锐的马其顿战士，再加上四万人左右的希腊军队；他做好了勇敢面对波斯雄狮的准备。

在波斯，宦官巴戈阿斯下场悲惨。王子阿西斯去世后，巴戈阿斯选择了阿尔塔薛西斯三世的一个远房亲戚——一位仪表堂堂（2米高）、据说性格温和的人——作为他的下一个傀儡，他叫科多曼（Kodomannos）。科多曼对宫廷政治并不熟悉，巴戈阿斯认为他容易控制。然而，他低估了科多曼。科多曼以"大流士三世"之名加冕登基，一继位，他便邀请巴戈阿斯前往觐见室饮酒。巴戈阿斯知道接下来会发生什么，试图以生病为由推辞，但国王暗示，事已至此，他最好还是喝下他的药。一个小时后，巴戈阿斯死了，大流士

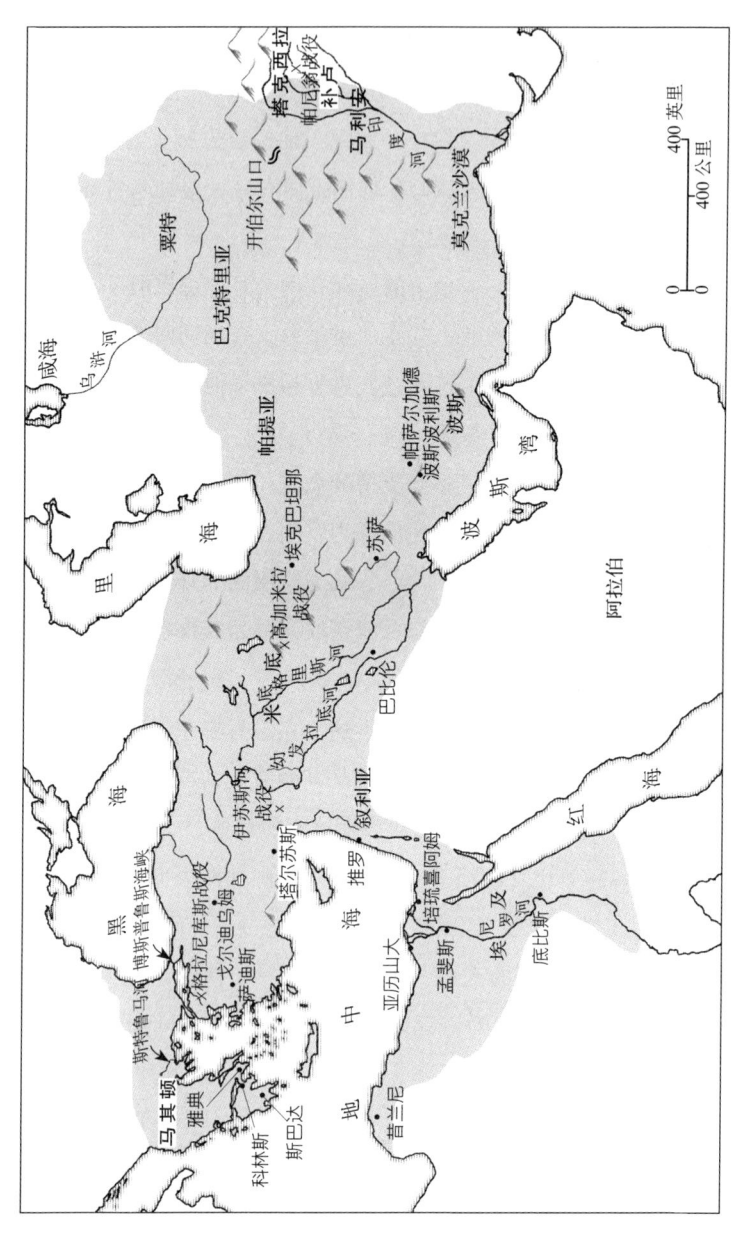

地图 17-1 亚历山大的帝国

三世控制了波斯。[4]

公元前334年，亚历山大率领32 000名士兵进入大流士三世的领土；狄奥多罗斯说，其中近14 000人是马其顿人，其他人来自附属城邦。[5]他的行动比波斯人预期的更快，波斯军队无法及时赶上以阻止这支军队跨越赫勒斯滂海峡。

失去了先发优势，波斯指挥官们遂群策群力，商议了一个新的战略（大流士三世未参与其中；他刚刚除掉了巴戈阿斯，或许想将主要精力用于监视苏萨）。波斯将军迈农建议避免在陆上开战。他说，波斯人应该撤退并烧毁所有的补给品，诱使亚历山大的军队跨越缺少食物和水的土地，同时派遣周围的军舰攻打亚历山大的大本营马其顿。[6]

这是一个很好的计划，它将罗马人在意大利打败四路联盟的战术与斯基泰人打败大流士一世的战术相结合。但迈农遭到了呵斥。相反，波斯军队行军至格拉尼库斯河（Granicus）岸，在特洛伊旧城附近安营扎寨。

亚历山大不顾自己的指挥官帕曼纽的劝告，集结自己的兵力冲过波斯边界的河流。尽管第一批上岸的马其顿人惨遭屠杀，但是亚历山大的进攻很快逼得波斯人节节败退。希腊军事历史学家阿里安（Arrianus）将胜利归功于士兵骁勇善战，以及"马其顿人的茱萸木*长矛比波斯人的轻骑枪更有威力"[7]，但亚历山大亲赴战场，无疑让马其顿人更加凶猛。与大流士三世不同，亚历山大参与了第一次冲锋，并一直战斗在前线直到战斗结束。事实上，他曾经被一支矛刺入胸甲，并由于来自后面的斧头的重击而丢了头盔，不过都侥幸逃

---

* 茱萸木取自欧洲红瑞木（*Cornus sanguinea*），现仍旧用于制弓，因为它易弯曲而不断裂。

命。他差点被人砍掉头颅，是他的一名指挥官黑人克雷图斯（Cleitus the Black）救了他，他在攻击者挥起武器进行二次攻击前，齐肩砍掉了那人的手臂。[8]

古代记录记载马其顿军队约损失了 200 人，而波斯军队大约损失了 4000 人，其中包括大流士三世的儿子、女婿和姐夫。幸存的波斯人四散逃跑，亚历山大宣布爱奥尼亚所有城邦解放（这意味着它们现在归入他的统治之下）。亚历山大继续向萨迪斯进军，但是据阿里安说，在他离那儿还有十三四千米时，就遇到了前来投降的该城守将。[9] 至此，小亚细亚也被他收入囊中。

在他一路胜利进军的途中，他停在了戈尔迪乌姆城，这是迈达斯的旧国都。在那里的朱庇特神庙里，他见到了据说是迈达斯的父亲戈耳狄俄斯（Gordius）第一次进入该城时所驾的马车。据罗马历史学家昆图斯·库尔提乌斯·鲁弗斯（Quintus Curtius Rufus）说："这辆车的轭非常特别，它被一些紧紧缠绕而且不知道是怎么系在一起的结捆绑着。"当地人说能把它解开的人便是整个亚洲之王，这对于亚历山大来说是一个不可抗拒的挑战。"他花了好长时间也没有成功，解不开这些结，"鲁弗斯说，"随后他说，'这些结如何解开并不重要'，说罢便用他的剑斩断所有的绳结，巧妙地避开了神谕的预言——或者，事实上实现了它。"[10]

与此同时，大流士三世对前往巴比伦愈发担忧（他的妻子、孩子和王庭的大部分人同去），巴比伦将作为他对抗侵略者的基地。据鲁弗斯说，他在这里集结了一支绝对庞大的军队：超过 25 万的波斯人、米底人，以及从他的帝国各个地方征调的战士。他率领这支庞大的军队从巴比伦出发，直入古亚述中心地区的空旷地带，在那里波斯军队能够得以展开并消灭马其顿军队。

17 亚历山大和继业者战争

但亚历山大高烧不退,滞留在塔尔苏斯(Tarsus)直到痊愈。大流士三世无法忍受敌人的飘忽不定,决定(不顾来到波斯阵营的马其顿逃兵的忠告),直扑小亚细亚。结果,两军在叙利亚的伊苏斯河畔相遇,在那里庞大的波斯军队毫无优势可言,无法在狭小的战场展开。[11]

马其顿军队再次冲破了波斯人的防线。*大流士三世眼见战局对他不利,撒腿就跑,鲁弗斯说:"他甚至不顾体面丢弃了他的皇室徽章,以防它们泄露他逃跑的事实。"[12]对于懦弱这一点,巴戈阿斯并未完全错看大流士三世;他非常害怕,吓得抛妻弃子,还扔下了年迈的老母亲。当胜利的亚历山大来到波斯军营中心时,发现大流士三世的家人都在那里,马其顿士兵将他们囚禁在王族的帐篷中,等待他回来。"他们不停地询问大流士三世在哪里",鲁弗斯说,他们确信大流士三世不会放弃抵抗,除非他已经死了。听到他逃跑的消息,亚历山大的人非常震惊。

亚历山大一向善待俘虏,只要他们没有参与守城之战(攻城战总是让他心情不好),便饶恕他们。大流士三世逃之夭夭,在安全的地方安顿下来,随后致信亚历山大,提出要成为亚历山大的盟友,同时要求用赎金赎回他的妻儿。

在回信中,亚历山大拒绝缔结任何条约,除非大流士三世亲自过来称他为"亚细亚大陆之王"。他的信这样结尾:"未来,你若想与我进行交流,都要用'亚细亚之王'的称呼。不要再以平等的身份给我写信。"[13]

---

* 战役的每个阶段都被阿里安(《亚历山大远征记》第二卷)和昆图斯·库尔提乌斯·鲁弗斯(《亚历山大史》第三册)还有其他历史学家详细记录下来。在这里我不对亚历山大的战争进行详尽的描述,但有兴趣的读者若想看到更为完整的描述,可以参阅这两本书。

合谈无望已基本上是板上钉钉的事。大流士三世留守幼发拉底河以东；亚历山大为大流士三世的亲眷提供了舒适但守卫严密的住所，然后开始穿越叙利亚征战。公元前332年，他到达推罗城，该城拒绝投降并坚持了七个月。最终城池被攻破，亚历山大因耽搁了这么久而火冒三丈，让他的部下屠杀了城中的三万多人。

在此之后，他南下前往埃及，并取代大流士三世，让人封自己为法老，当年大流士三世是因为登基而自然承袭了这个封号。随后，公元前331年，他掉头北上对付大流士三世。大流士三世又一次企图逃避战争：他再次提出赎回他的家人，并同时承诺亚历山大，他可以不费一兵一卒拥有幼发拉底河以西的全部土地，除此之外，还可以娶一个波斯公主，只要亚历山大同意签订一份友好条约。亚历山大的将军帕曼纽认为这个主意非常好，因为这样所有的战士就都能回家了。"如果我是你的话，我会接受。"他告诉亚历山大。对此，亚历山大反驳道："如果我是你，我也会。"[14]

两军再次在战场上相遇，这一次是在底格里斯河以北的高加米拉（Gaugemela）。波斯人再次被打败，大流士三世再次逃跑。亚历山大的士兵耀武扬威地第一次进入苏萨，然后是波斯波利斯。在这里，亚历山大发现了一批希腊战犯，他们都被充作奴隶，其中一些人在上次战争前就已当了几十年俘虏。为了防止他们逃跑，他们的波斯主人将他们干活时用不着的胳膊或腿都给砍掉了。亚历山大再一次勃然大怒，命令他的部下洗劫城市；允许他们烧、杀和奴役，但他禁止他们强奸任何女性。[15]我们没有办法知道这个命令具体的执行情况如何，只知道城市一片狼藉，大流士三世的宫殿也被烧毁。

大流士三世自己跑到了埃克巴坦那。亚历山大派一小队轻骑追赶他，但还不等他们追上逃亡的波斯国王，大流士三世自己的人便已倒戈。他的骑兵指挥官和一名总督刺伤了他，把他留在马车上，他死在七月炎热的阳光下。[16]

亚历山大现在已是伟大的国王，他的士兵们希望他们的征战能到此结束。[17]但是只要有尚未征服的土地，亚历山大就无法放下。波斯东北部的总督辖地，其中包括巴克特里亚和粟特（Sogdiana），尚未在他的统治之下。他开始穿越将印度次大陆与中亚地区隔开的高山，向更高更远的地方进军。这里地形崎岖，在接下来的三年的战斗中，士兵对他的忠诚度开始下滑。帕曼纽的儿子被指控密谋杀死亚历山大，亚历山大将他折磨致死，然后下令也处死他的父亲（这种做法很残酷，但在马其顿并不罕见）。

然后，他准备迎娶粟特的一位公主，即美丽的罗克珊娜（Roxane）。这是亚历山大第一次结婚，对于他那个年代的人来说，算是相当晚了；像他的父亲一样，他是双性恋，但他把他的大部分精力花在了战斗中，爱情只是第二位的。现在，他的王后将是一个来自番邦的女孩，马其顿人视其为奴隶、野蛮人。不仅如此，他们对亚历山大越来越偏好穿波斯衣服并遵循波斯礼仪而日益愤怒。在他们看来，亚历山大占领的领土越多，他就变得越不像马其顿人。

这种怨恨在公元前328年的一场烂醉的晚宴中爆发，还是那个在格拉尼库斯河边救过亚历山大性命的克雷图斯，他指责亚历山大将用忠诚的马其顿人的鲜血赢得的胜利视为理所应当。亚历山大气得跳了起来，四处寻找武器；克雷图斯的朋友比他稍微清醒一些，把他拖出了房间，但他坚持从另一扇门返回继续嘲讽国王。亚历山大从卫兵那里抓过来一支矛，大声咒骂他的同胞。[18]

当他清醒过来后,被自己的做法吓坏了。但他并没有放弃远东作战的计划,尽管追随他的士兵如今已经没有了当初曾经表现出来的那种愉快的崇拜。不管他们是否全力支持他,他都打算征服印度。

在印度河的另一边,摩揭陀阿阇世王的直系后裔(多年以前,阿阇世王征服了周边的王国,使摩揭陀变得强大)已经失去了王位。公元前 424 年,一个名叫摩诃帕德摩·难陀(Mahapadma Nanda)的王族私生子夺取了摩揭陀的王位,并继续征服周围地区。

他是迄今为止印度最伟大的征服者。他 88 岁时仍在战斗;当他最终去世时,经过几十年的建设,摩揭陀的国界向南一直推移到德干高原(南部干燥的沙漠的北缘)。他将王国留给了他的子孙后代。当亚历山大穿过开伯尔山口进入印度时,摩诃帕德摩·难陀的一位后人达纳·难陀(Dhana Nanda)正担任摩揭陀的国王。

在亚历山大有机会接近这个极其富有且强大的印度国王之前,他不得不穿过横亘在他们之间的土地。但他一直都没有深入印度腹地,因而未能与达纳·难陀正面交锋。

横亘在他和印度北部诸国之间的第一个印度王国是塔克西拉(Taxila),它的国王在立国时取了这个名字。亚历山大一越过印度河(也许他使用了浮桥,尽管横渡的细节不为人知),当时的国王塔格西莱斯(Taxiles)就带着礼物和进贡的士兵拜见了他。[19] 塔格西莱斯希望与亚历山大结盟对付下一个国家补卢(Paurava),它位于希达斯皮斯河(Hydaspes,今称杰赫勒姆河)畔,统治它的是身高 2.1 米的国王波拉斯(Porus)。

亚历山大收下了礼物和士兵,同意帮助塔格西莱斯对付他的敌人。印度人和马其顿人的联军行军至希达斯皮斯河,在那里他们可以看到河对岸的波拉斯和他的军队（据阿里安说，军队里有"象队"）[20]。亚历山大带着四个自己钦点的贴身护卫——分别是托勒密、佩尔狄卡斯、利西马科斯和塞琉古，率领他的军队过河（有的游泳，有的涉水，有的乘坐匆忙制作的船），向象队和2.1米高的波拉斯进攻。

虽然马其顿人和战马看到这些庞然大物都十分惊慌，但仍旧奋勇向前，迫使波拉斯的军队不断收缩，越聚越紧，直到波拉斯的象队踩死了自己的士兵。最后，波拉斯被迫投降；亚历山大钦佩他的勇气，饶他不死。

不过，获胜的亚历山大的军队也蒙受重创。而且，当他们发现亚历山大现在打算带领他们跨越恒河（这条河比印度河还要宽），且河对岸有更多不友善的印度军队和象军时，他们拒绝继续前行。

这一次，无论是亚历山大的愤怒还是他的魅力都无法说服他们。最终，普鲁塔克说，他"把自己关在帐篷里，躺在那里生闷气，他并不为他已经取得的成就感到满足，除非他能跨越恒河"[21]。他待在帐篷里，足足生了两天闷气。最后，他意识到自己已经无力回天，在第三天露面并同意折回。[22]

然而，他带领他的士兵沿着印度河向南走到海边，然后再朝西行军，而不是直接掉头穿过开伯尔山口。这变成了一段长达7个月的艰苦长征，令人心力交瘁。在他们行军南下到海岸的途中，士兵们不得不一边走一边攻打河边充满敌意的村镇，在对马利安人（Mallians）城镇的一次攻击中，亚历山大被一支箭射中胸部，好几个小时处于假死状态。当他们继续行军时，他几乎无法骑马，伤口也一直无法完全愈合。有一段路程是沿海岸向西行军，穿过盐滩。"穿过一个未开化的国家，"普鲁塔克说，"当地人的日子过得很糟

图 17-1　亚历山大大帝，马其顿国王

亚历山大大帝大理石半身像，公元前 336 年至公元前 323 年。
罗马，巴拉科古博物馆。
图片来源：阿里纳利国家摄影博物馆 / 艺术资源，纽约

糕，只有几只羊，还是劣等的品种，肉质差，令人恶心，当地人一直靠海鱼为食。"[23] 这里热得令人难以忍受。所有的水都是咸的。他的手下开始因为饥饿、口渴和疾病死亡。这一支由 12 万步兵和 1.5 万骑兵组成的军队，只有 3 万人勉强回到家乡。一场辉煌的征服之战竟如此惨淡收场。

回到苏萨，亚历山大尽可能地把征服印度抛至脑后，转而专心履行他作为国王的职责，不再扮演征服者的角色。他再次结婚，这一次娶的是大流士三世的一个女儿，即公主斯妲特拉（Stateira），她至少比他高 15 厘米。他还主持了一场马其顿贵族和几百个波斯贵妇

之间古怪的集体婚礼。对于赫费斯提翁（Hephaestion）——他最亲密的朋友，他最信任的将军，大概也是他少年时代的恋人——他把大流士三世的另外一个女儿，斯妲特拉的妹妹德莉比娣丝许配给了他。

亚历山大试图通过婚礼盛典化解波斯人与马其顿人之间长期存在的敌意——波斯人认为马其顿人粗鲁，马其顿人认为波斯人柔弱。他还召集了数千名波斯男孩，让马其顿军官指挥他们，接受马其顿的战斗训练。两个举措都事与愿违。大多数集体婚姻很快就散了，马其顿步兵十分讨厌波斯男孩，他们扬言要回到马其顿去。"他们想让亚历山大把他们全部遣散，"普鲁塔克写道，"现在他得到了一群正合他意的波斯跳舞男孩，如果他高兴的话，他可能会带着那些男孩继续去征服世界。"[24]

亚历山大曾经认为，共同的希腊身份可能会以某种方式将帝国的各个地区凝聚在一起。如今这种前景几乎已经消失了，但消失得并不彻底。亚历山大充满感情地呼吁波斯人（"虽然你是外邦的新成员，但也是我军队的正式武装，你们都是我的同胞和我的士兵"），同时呼吁他的马其顿旧部（"一切日趋统一：无论是波斯人模仿马其顿人的习俗，还是马其顿人模仿波斯人的习俗，这都不丢人。生活在同一个国王统治下的居民应该享有同等的权利"）。[25]

他仍然想说服马其顿人和波斯人和谐相处，他从苏萨到了埃克巴坦那，在那里举办希腊式的盛大庆典。他希望这可以缓解王国里明显的动乱趋势。但在埃克巴坦那的庆典过程中，赫费斯提翁病倒了。他可能患了伤寒，还没等完全恢复，他就不顾医生的建议，又开始大吃大喝，导致胃穿孔。几个小时后他就死了。

赫费斯提翁的死让亚历山大一蹶不振。他极度悲伤地离开埃克巴坦那前往巴比伦。在这里，他也生病了。普鲁塔克说他从这个月的第 18 天起开始发烧,而且病情持续恶化。10 天后,他死了。这一年是公元前 323 年,他 33 岁。

他的尸体躺在他的寝殿里,晾了好几天,而他的指挥官们都在争论谁能接管帝国。亚历山大从来没有指定一个继任者,不久之前他知道罗克珊娜怀上了一个孩子,因此没有任何必要这么做。普鲁塔克写道:"将军们争论了好几天,这些天里尸体一直保持清洁和新鲜,没有任何腐败的迹象,尽管它躺在一个密闭闷热的地方,无人问津。"[26] 有些人把这看作一种神迹;而实际上,很有可能是亚历山大在深度昏迷了两三天后才死亡。这使他的尸体直到开始进行防腐处理时还没有腐烂。

亚历山大单凭强大的武力东征西讨,建立了一个毫无管理可言的国家,没有政府机构,没有有组织的税收制度,没有日常的通信系统,没有国家认同,也没有都城;而亚历山大在国内巡行不定,最后死在了军营里。帝国神速地建立起来,又神速走向凭借强力凝聚在一起的其他古老帝国的结局:土崩瓦解。

帝国解体开始于罗克珊娜。她怀孕五个月,身处异乡,而且非常熟悉波斯传统,这让她更加忧心忡忡——她刚刚听说亚历山大的波斯妻子斯妲特拉也怀孕了,斯妲特拉那时还在苏萨。她大概也听说了托勒密对她的孩子的评价——即使是男性,也将是半个奴隶,没有哪个马其顿人将臣服于他。[27] 另一边的斯妲特拉则是一个伟大的国王的女儿。

罗克珊娜模仿亚历山大的笔迹给她写了一封信,并盖上亚历山大的印章,邀请她到巴比伦。当斯妲特拉带着她的妹妹——赫费斯提翁的遗孀德莉比娣丝来到时,罗克珊娜给了她们俩各自一杯毒酒。

不等天黑，两人就都死了。[28]

亚历山大唯一的继承人现在是罗克珊娜未出生的孩子。但是一个未出生的孩子不能执政，即使是通过摄政王也不行。在亚历山大的死讯传遍所有那些好不容易才征服的土地之前，帝国需要选出一个新国王。马其顿军队聚集在亚历山大的寝殿外面等待他的死讯，除非一个亚历山大的血亲继承王位，否则他们不会承认。他们开始竭力支持亚历山大同父异母的兄弟：低能儿腓力，老腓力的情妇所生的儿子，全名是腓力·阿里达乌斯（Philip Arrhidaeus）。这个男孩现在三十出头，容易被说服，也容易被引导。他也在巴比伦，亚历山大很喜欢他，亚历山大带他到那里是为了保证他的安全。

当军队开始支持腓力时，亚历山大的一名将军跑去找到了他，把头戴王冠的他带来，并设法让他安静，好让军队有时间立他为王。"但命运已经带来了内战，"昆图斯·库尔提乌斯·鲁弗斯写道，"因为一个王位不能共享，但好几个人都渴望得到它。"[29] 想从亚历山大征服的土地中分一杯羹的人们，都曾在过去的十年里与他并肩战斗：托勒密，马其顿人，传言说是老腓力的一个私生子，是亚历山大最信任的将领之一；利西马科斯，印度战争中他的同伴之一；还有佩尔狄卡斯，曾担任骑兵统帅，在赫费斯提翁去世后成为亚历山大的副手。

意识到军队不愿意他们中的任何一位成为亚历山大帝国的最高元首后，这些人做出了妥协。腓力将继续担任名义上的国王，如果罗克珊娜的孩子是男孩，腓力和婴儿将是共治者。两人都需要一个摄政王，受命的人是佩尔狄卡斯。

佩尔狄卡斯会留在巴比伦，这里将作为帝国的中心。其他人同意模仿波斯的体制，出任各地的总督。托勒密管辖埃及；安提柯管

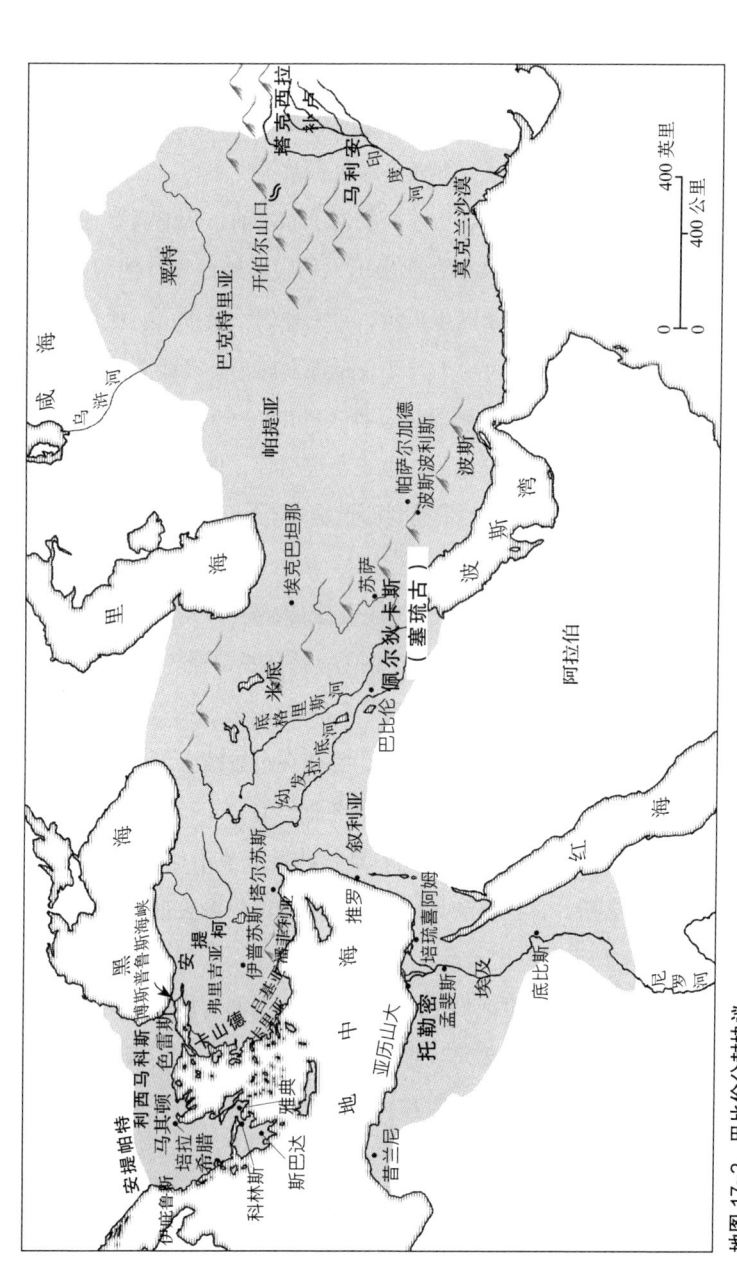

地图 17-2 巴比伦分封协议

辖小亚细亚的大部（鲁弗斯说，包括"吕基亚、潘菲利亚、大弗里吉亚"）；利西马科斯得到了色雷斯；安提帕特——一个值得信赖的官员——在亚历山大不在期间曾担任马其顿的摄政王，将继续留在马其顿，并密切监视希腊；安提帕特的儿子卡山德得到了卡里亚（小亚细亚南海岸）。其他五名军官被授权管理帝国的其他地区。

将亚历山大的土地分给总督们（以下简称"巴比伦分封协议"）的做法直接导致了战争。鲁弗斯写道："曾经是国王臣民的人现在亲自掌管王国。表面上他们为国王管理国家，既然他们同属一个种族，就没有理由互相开战……但在当时的情况下，他们都难以满足于他们所得到的。"[30] 无论是他们共同的种族还是他们对亚历山大的忠诚，都无法避免悲剧的上演。分封一结束，"接班人的战争"或"继业者战争"就爆发了。

第一幕

罗克珊娜的孩子顺利降生，是一个男孩：这个马其顿婴儿成为亚历山大四世，佩尔狄卡斯作为摄政王，势力增大。但埃及有潜力成为所有"总督辖地"中最强大的军事力量；托勒密上任时只带了2000人，但当他提供优厚军饷的消息传开后，希腊雇佣兵纷纷涌向埃及。到其实力足够强大时，托勒密就露出了狼子野心，他绑架了运往马其顿的亚历山大的遗体，把遗体埋在了埃及，就好像亚历山大是他的祖先似的。

佩尔狄卡斯知道这是托勒密企图攫取帝国控制权的一招。他召集他的军队南下讨伐托勒密。这次袭击是一场灾难，佩尔狄卡斯的军队蒙受了羞辱。撤退后，佩尔狄卡斯的高级军官联合起来将其杀死，其中一人是他的副手塞琉古。

现在,一位继业者出局了。托勒密责令腓力和婴儿亚历山大四世离开巴比伦返回马其顿,在那里将有安提帕特保护他们。他奖励了塞琉古,因为后者除掉了佩尔狄卡斯,并把巴比伦交由他统治——但是作为总督,而不是摄政王。

第二幕

之后没多久,也就是公元前319年,马其顿的安提帕特去世。他没有把马其顿留给他的儿子卡山德(他已经有卡里亚),而是给了另一个马其顿人。于是,托勒密和安提柯同意与卡山德结盟,帮助他夺回父亲的领土。

但凶狠的老奥林匹亚,即亚历山大的母亲,仍旧很不安分。她让人把她的孙子亚历山大四世连同他的母亲罗克珊娜关在马其顿的都城佩拉的自己的房子里。随后,她召集自己的支持者,争夺马其顿的控制权。卡山德的胜利将意味着一个新王室的建立,奥林匹亚习惯了当国王的母亲,不能坐视不管。

奥林匹亚以一国之力不能长期抵挡三位强大的总督,但在他们占领马其顿之前,她还是设法得到了低能儿腓力的支持。她一直讨厌他,并且厌恶他和她的孙子一起统治的方案。在卡山德和他的盟友到达营地解救腓力前,她刺死了他。公元前316年,卡山德攻占佩拉,他抓住了奥林匹亚,并控告她犯有谋杀罪,对她处以石刑。他以安全为借口,把罗克珊娜和年幼的亚历山大(此时九岁)软禁在一座叫安菲波利斯(Amphipolis)的城堡中,城堡俯瞰着斯特鲁马河。

现在马其顿已经分裂成五个王国:卡山德在马其顿本土,利西马科斯在色雷斯,安提柯(绰号"独眼",因为他在战斗中失去了一只眼)在小亚细亚,塞琉古控制帝国中央的巴比伦和波斯湾,托勒密在埃及。*

第三幕

在北部的马其顿,在安菲波利斯城堡中,自从她的丈夫死后,罗克珊娜一直担忧的命运降临到她身上。公元前310年左右,罗克珊娜和亚历山大四世晚餐的酒被人下毒,双双殒命。亚历山大的独子死时年仅12岁,他的父亲在这个年纪已经驯服了布塞弗勒斯(亚历山大的爱马)。

马其顿的卡山德无疑是罪魁祸首,其他四个将军对所发生之事也心知肚明。但在接下来的五年里,没有一个人提及此事。没有人称王,没有人放弃总督的称号。他们都坚持重复一个谎言:年轻的亚历山大还活着,在马其顿的城堡里,他们都以他的名义执政。五人中没有一人愿意第一个称王:无论谁是第一个,其他四人都会联合起来反对他。

第四幕

最后是安提柯打破了平衡,仅仅两场胜利后——这两场胜利都是在他的儿子德米特里统率下取得的——整个形势就已经清楚地表明,他是五人之中最强大的。其中第一战是公元前307年入侵雅典。

---

* 信不信由你,我对此已经极尽简化了。场上还有一些小角色:拉俄墨冬在叙利亚,菲罗塔斯在奇里乞亚,培松在米底,米南德在吕底亚,欧迈尼斯在卡帕多西亚,波利伯孔在希腊南部,还有一小撮其他人。即使是简化版本也足以让人头晕目眩,想要清楚了解继业者战争的完整故事,需要一张流程图。在这里,我试图在描绘战争的每一个细节(除对专家以外难以理解,这类叙述也毫无意义,因为最终的结果是小角色们统统从场上消失)和普通教科书的说辞之间找一个折中,教科书说亚历山大的帝国分裂成三个部分,这是事实,但遗漏了太多未曾提及的信息。

卡山德像在他之前的安提帕特一样，不仅是马其顿的国王，还是希腊的霸主。德米特里进军雅典，将卡山德的手下驱赶出城；然后，他在萨拉米斯指挥了抗击托勒密战船的海战。托勒密的舰队被击败。

安提柯在战胜了卡山德和托勒密之后称王。利西马科斯（仍然在色雷斯）和塞琉古（在巴比伦）决定不激怒他。他们没有结盟反对他，而是也开始自称为王。托勒密和卡山德如法炮制。亚历山大四世的死仍旧没有公开，不过人们已经相信他早已不在人世。

第五幕

随后五王都开始挑衅对方的边界，这一过程在公元前301年的伊普苏斯之战中达到高潮。托勒密的势力集中在南方，他在这场战斗中袖手旁观。卡山德与利西马科斯组成联盟攻打安提柯，一直难分胜负，直到塞琉古从巴比伦带着强大的武装赶到，并把他的力量并入利西马科斯和卡山德一方。

年过80的安提柯力战至死。他死后，他的军队四处溃散；他的儿子德米特里逃往希腊，并在那里自立为王，放弃了曾经是他父亲帝国中心的小亚细亚的土地。利西马科斯赢得了小亚细亚的西部，将其并入色雷斯。塞琉古占有了其余大部分土地。曾经实施了谋杀亚历山大四世的丑恶行径的卡山德，在战争中所得极少，几乎没有为马其顿扩张土地。五个王国并立的形势没有变（托勒密、利西马科斯、卡山德、塞琉古和德米特里），但它们各自的领土已经发生了很大变化。

第六幕

塞琉古在与其他继业者打仗的同时，也一直在与印度国王旃陀罗笈多（Chandragupta，又称月护王）进行谈判。

大约在公元前325年到公元前321年之间，旃陀罗笈多在狭小的孔雀王国执政。他登基后没多久就转而对摩揭陀的最后一位难陀王发动战争。难陀王朝的残酷早就已经使历任国王不得民心，旃陀罗笈多得到了很多支持。他占领了摩揭陀，将他狭小的孔雀王国变成一个帝国。

他的崛起一定程度上要归功于他最亲密的顾问考底利耶（Kautilya）的运筹帷幄。据说考底利耶受到赞美是因为他编写了古代政治手册《政事论》（Arthashastra），这部手册的很多内容可能都是后来添加的，但是其中仍然保留了考底利耶的原则。考底利耶教导说，统治者的任务有二。他必须加强内部秩序，方法是确保他的臣民能恰当地遵守种姓制度：

> 遵守自己的义务将引领人们进入天堂（svarga）和无限幸福的境界。如果种姓制度被破坏，世界将会因为种姓和义务的混乱而毁灭。因此，国王绝不允许人民背离他们的本分；对于任何坚守自己的本分，永远遵守高贵者（Aryas）的习俗，并追随种姓规则和宗教生活准则的人，他的今生后世必将永享安乐。[31]

同时，他必须维持外部秩序，方法是警惕任何打算进行征服的邻国，并采取适当的预防措施。[32]

旃陀罗笈多的邻居们是否有征服的打算我们无从得知，但是旃陀罗笈多本人确实有这个打算。他想将自己的统治范围扩大至恒河流域以外——但是这将侵犯塞琉古的领地，塞琉古占据了之前亚历山大的印度领土和其他财富。

旃陀罗笈多提议做一个交易：如果塞琉古能将印度的领土让给他，他会给塞琉古提供战象。塞琉古虽然很强大，但也意识到他无法同时捍卫自己王国的最东端和最西端。于是他同意了，公元前299年，两人宣誓和平共处。

第七幕

同年，德米特里拿下了马其顿。马其顿的卡山德前年已经去世，他的儿子们为了继承权争夺不休，直到其中一人向在南部希腊的德米特里寻求帮助。这是一个错误；德米特里向北进军，干掉了卡山德的两名继承人，并将马其顿纳入他的版图。至此，五王已经变成四王：托勒密、利西马科斯、塞琉古和承袭父职的德米特里。

对于德米特里来说，这只是一个暂时的胜利。此时，一位来自过去的面孔出现了：皮洛士（Pyrrhus），伊庇鲁斯王的孙子，几十年前他的王国被腓力攻占。皮洛士是奥林匹亚弟弟的儿子，因此是亚历山大大帝的表弟。作为流放的王室成员，他的童年颠沛流离（为了防止他受到伤害，他在不同的亲戚家来回辗转）。此外，他相貌奇丑，普鲁塔克说，"与其说人们是惧怕他威严的王者风范，不如说是惧怕他的长相"，因为"他没有普通人的上牙床，取而代之的是一整块连续的骨头，上面有一些小线痕，就像一排牙的牙缝"。[33] 谣传说他有魔力，能治疗脾脏的疾病，只要用他的右脚碰碰患者的肚子就行（有此魔力的是他的右脚大脚趾）。

虽然身体有缺陷，皮洛士却缔结了一桩精明的婚姻，娶了托勒密的继女。他请求他的岳父帮助他夺回古国伊庇鲁斯的领土。托勒密也很乐意攻击德米特里，后者现在手握希腊和马其顿。在埃及军队的帮助下,皮洛士夺回了伊庇鲁斯。到公元前286年,他占领了马其顿余下的土地,将德米特里驱赶出去。

德米特里逃到小亚细亚,随后他自不量力,打算进攻东部的塞琉古。他很可能是一个酒鬼,当时不是有自杀倾向就是有妄想症;塞琉古像拍死一只苍蝇一样消灭了他的军队,然后将他软禁起来,在那里他酗酒而死。[34]

皮洛士对马其顿的统治持续了两年,之后利西马科斯从色雷斯南下将他赶走(普鲁塔克说利西马科斯"没有其他事可做")。皮洛士撤退到伊庇鲁斯,利西马科斯——也许是出于尊重他是亚历山大的表弟——允许他留在这里。

现在四位国王已减少为三位:托勒密、塞琉古、利西马科斯。总督辖区已经变成了三个王国:托勒密、塞琉古,以及稍小的色雷斯-马其顿。

亚历山大继业者战争的小插曲发生在意大利。罗马年复一年对邻国发动无休无止的战争,当时它正在进攻他林敦(Tarentum,今称塔兰托)城,这是南方的一块希腊殖民地。他林敦派使者去希腊寻求帮助,皮洛士答应了他的请求,当时他被困在伊庇鲁斯,没有其他机会扩展势力或赢得荣耀。

皮洛士离开伊庇鲁斯,乘船前往他林敦。一到那里,他就购买和借来战象(可能是向迦太基借)并召集雇佣兵(主要是萨莫奈人)以保卫城市。罗马人进攻时,皮洛士让他们损失惨重——他们从来没有见过大象。随后,他把罗马人赶回距罗马城60千米的范围内。

在接下来的一年,即公元前279年,他试图在另一场激战中故

时间线 17

印度	希腊	罗马
	（马其顿）佩尔狄卡斯二世	十二表法
	（雅典）伯里克利	
	伯罗奔尼撒战争（始于前 431）	
（摩揭陀）**摩诃帕德摩·难陀**		
	希腊军队万人撤退（前 401）	
	科林斯战争（前 395）	高卢人烧毁罗马（前 390）
	（马其顿）**腓力二世** （前 359—前 336）	
（摩揭陀）**达纳·难陀**		第一次萨莫奈战争（前 343）
	喀罗尼亚战役（前 338）	
	（马其顿）**亚历山大三世**（前 336）	
（孔雀王朝）**旃陀罗笈多**		第二次萨莫奈战争（前 326）
腓力·阿里达乌斯／亚历山大四世		
	继业者战争	
	伊普苏斯战役（前 301）	第三次萨莫奈战争（前 298）
埃及 　　 塞琉古帝国	色雷斯-马其顿	阿斯库路姆战役（前 279）
托勒密 　　 塞琉古	利西马科斯	

技重施，这一次的战斗发生在阿斯库路姆（Asculum）。他同样赢得了这次战斗，但在这场恶战中，他损失的人数与罗马的差不多。当一名士兵祝贺他胜利时，他回答道："这样的胜利再有一次，就足以毁掉我。"普鲁塔克说："他已经失去了跟着他的很大一部分武装力量，几乎都是他的好朋友和主要指挥官；他无处招募新兵……与之相比，就好像喷泉里不断会有水流出来一样，罗马阵营很快又填满了新兵。"[35] 到公元前 275 年，经过跟罗马的连年征战，皮洛士已

经疲惫不堪。他抛下他林敦，让它自生自灭，自己回到了希腊。

3年后，罗马人终于成功地征服了他林敦。同年，皮洛士——仍旧在追求荣耀——正在一场激烈的小规模斯巴达内战中战斗时，一位老妇人从屋顶朝他扔砖头，将其砸晕。他立刻就被对手杀死了，尸体被烧掉。只有那只有魔力的大脚趾留了下来。

/ 18

皈依佛法的孔雀王朝

> 公元前 297 年至公元前 231 年间，印度国王对佛法的关注多过攻城略地，最终他的王国四分五裂。

公元前 297 年，孔雀王旃陀罗笈多退位，他的儿子宾头娑罗（Bindusara）继位。旃陀罗笈多已成为耆那教的信徒；他出家成为一名苦行僧，为了践行不贪婪、超然物外的教义，他拒绝进食，终致身亡。

宾头娑罗在其统治期间似乎全心致力于王朝建设。不过我们现有的关于他的各次征服的记录都来自写于几百年之后的佛经。但据其中一本佛经记载，宾头娑罗征服了"两海之间的土地"，这暗示了孔雀帝国可能已南下扩张至德干高原，最远达卡纳塔克邦。*希腊人称他为阿利特罗卡得斯（Amitrochates），意为"杀戮敌人者"，

---

* 正如学者罗米拉·塔帕所暗示的，如果"两海"是指阿拉伯海和孟加拉湾的话（《阿育王和孔雀王朝的衰落》），那么就很可能是这种情形。

这正是称呼一个征服者比较恰切的名字。除此之外，人们对宾头娑罗二十五年的统治知之甚少。[1]

孔雀帝国的中心在北部。南方坐落着几个不同的王国：羯陵伽（Kalinga）在东南部；安德拉（Andhra）位于南部半岛的中心；哲罗（Chera）在西部偏南；次大陆的最顶端，是潘地亚（Pandyas）的土地。[2]

我们对它们在公元前 500 年以前的历史一无所知。不过我们确切地知道，虽然这些王国也说羯陵伽语，使这里的人与更靠北的王国互有往来［据史诗《摩诃婆罗多》记载，羯陵伽国王闻寿（Srutayu），确实曾与俱卢族（Kauravas）并肩战斗］，但是更靠南方的民族说的语言与羯陵伽语的语源并不相同。*没有人知道这些南方民族的起源，不过他们的祖先可能跟印度北部的统治者不同，他们可能是早在 1000 年前就从非洲成功穿越阿拉伯海的强悍水手的后裔。

对于孔雀王朝向南部的蔓延，羯陵伽国进行了抵抗。公元前 272 年左右宾头娑罗去世时，羯陵伽国尚未被征服。征服这里的使命落到了宾头娑罗的儿子阿育王（Asoka）头上。

后世之所以知道阿育王，很大程度上是因为他曾下令让人在帝国各地镌刻铭文，这些铭文起初刻在崖壁上［后世称为"阿育王摩崖法敕"（the Rock Edicts）］，后来刻在砂岩柱上［后世称为"阿育王石柱法敕"（the Pillar Edicts）］。这些法敕使我们得以一窥阿育王的早期生活。他年少时就曾被父亲派到塔克西拉（现在是孔雀帝国

---

* 南部语言被 19 世纪的语言学家们贴上了"达罗毗荼语系"的标签，它与北部语言（所谓的印度-雅利安语支）的关系问题因政治因素的参与而更加混乱，因为印度后来的权力斗争被描绘成"本地人"与"入侵者"之间的冲突。这种关系尚不明确。

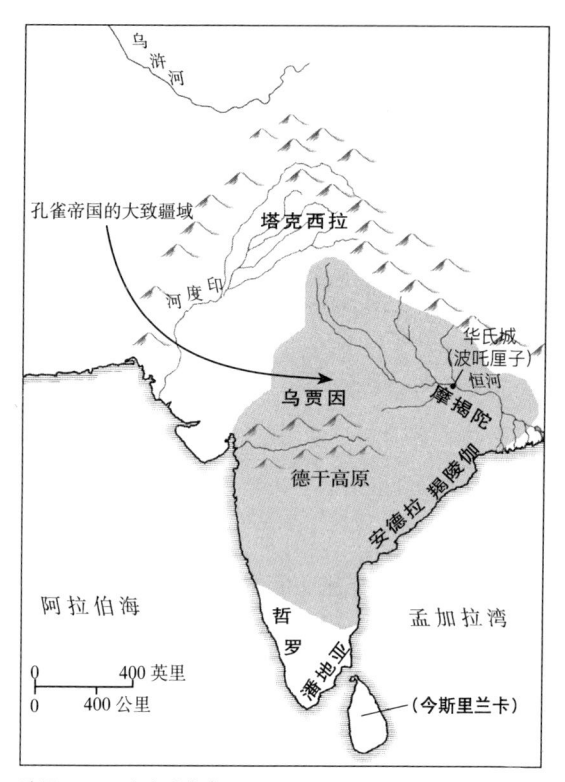

地图 18-1　印度孔雀帝国

的一部分）去平叛。在此之后，他被派去治理孔雀帝国的五个省份（janapada）之一乌贾因（Ujjain）。[3]

在那里，他爱上了一个名叫黛维（Devi）的美丽女子，她是一个商人的女儿。尽管与她生了两个孩子，但他并没有娶她；后来，黛维的儿子成了一名传播佛法的人，这表明黛维也是一个佛教徒。[4]然而，即便她可能跟阿育王说过佛教的戒律，这些在他的意识中恐怕也没留下任何印记。阿育王在其统治的早期，丝毫没有体现出对和平的渴望。

宾头娑罗逝世后，阿育王不得不与他的兄弟们争夺王位，经过四年的斗争，他铲除了他的竞争对手。我们没有证据表明他把他们都害死了，但是从那往后，只有他的一个兄弟曾被再次提到。[5]

阿育王独自继续统治了八年多，承袭了他父亲不断征服的传统。之后，在公元前260年，他率领一支军队南下征服反抗的羯陵伽国。[6] 记录下这场战役的法敕，向我们展示了阿育王对待羯陵伽国人民冷酷无情的阴暗景象："15万人遭驱逐，10万人被杀，数十万人死亡。"[7]

这种可怕的暴力想法似乎钳住了阿育王的思想，直到后来它带给阿育王一场彻底的转变。"后来，"法敕继续写道，"我感到自责。人民遭受屠杀、死亡和放逐令我极其痛苦，它重重地压在我心上。"[8]

从这一刻起，他的统治发生了转变，反常地变得与政治无关。他似乎已经不把时间用在管理国家，而是一心一意追求佛法（dhamma，或译作"正法"）。羯陵伽铭文写道："我非常诚挚地修习佛法，追求佛法并讲授佛法。"在同一块法敕上，后面还写道："我的任何一个儿子或可能有的重孙不应该考虑进行新的征服……佛法所带来的喜悦应该是他们全部的喜悦，因为这对现世和来世都很有价值。"[9]

给王位继承人留下这样的遗产，这在西方还是闻所未闻。王子们不应该追寻父辈们征服的脚步并竭力在战争中更胜一筹；相反，他们应当远离战争，选择天国的欢愉。阿育王最后的法敕说："只要日月长存，那么人们就可以追随佛法。"[10]

征服羯陵伽国后，阿育王最伟大的成就在宗教方面而非政治方面。他影响最深远的举措之一是召集了一个佛教会议以重申佛法的

时间线 18	
希腊	印度
	（摩揭陀）达纳·难陀
喀罗尼亚战役（前 338）	
（马其顿）亚历山大三世（前 336）	
腓力·阿里达乌斯/亚历山大四世	旃陀罗笈多
继业者战争	
伊普苏斯战役（前 301）	
	宾头娑罗（前 297）
埃及　塞琉古帝国　色雷斯-马其顿	阿育王（前 272）
托勒密　塞琉古　利西马科斯	
	第三次佛教大会（前 245）

原则，即第三次佛教大会（Third Buddhist Council），于公元前 245 年在华氏城举行，《巴利文大藏经》之一就诞生于此。在会议的最后，阿育王的儿子摩哂陀（Mahinda）作为一名传教士被送往远离印度东南海岸的一个大岛（现在的斯里兰卡）。[11] 其他弘法教徒在阿育王的资助下被派去希腊。

但是阿育王对佛法的专注并未使他完全放弃建设帝国的雄心。他正竭力寻找一个新的统一原则，好在不使用武力的情况下能将帝国凝聚起来。[12] 亚历山大也曾面临相同的问题，只是情况略有不同。作为那些古老的游牧岁月的遗留物，氏族制度在印度存续了很久，难以跟帝国的建立相适应；人们对氏族忠诚，倾向于把全国分成更小的政治单元，每个氏族都会与周围的氏族进行友好或敌对的谈判。孔雀王朝的征服靠着杀戮将国家暂时统一起来，但阿育王现在已经背离了那个战略。为了取代旧有的氏族忠诚和靠征服建立起来的忠诚，阿育王提倡第三种忠诚——一个共同的信念体系，它将使所有的印度人变成"子民"（羯陵伽铭文上如是说）。[13]

然而，这种方法也失败了。阿育王在公元前231年去世，之后，孔雀帝国像亚历山大的帝国一样迅速分崩离析。不再有新的法敕，也没有其他东西取代它们，后来的几十年里，印度历史都笼罩在黑暗之中，阿育王的子孙失去了对王国的控制力，王国再度分裂成一个个小王国，各个小王国之间战乱不止。

/ 19

第一个皇帝，第二个帝国

> 公元前286年至公元前202年间，秦灭六国，成为第一个统一中国的帝国，但很快就灭亡了。

再把视线转回中国。所有诸侯都已经在分封的土地上称王（与亚历山大帝国的总督差不多），各国之间征战不止。秦国迅速崛起，新王继位，商鞅遭车裂，之后秦国军队继续征战。其他诸侯国也是如此。齐国大败魏国，之后魏国国力下降；楚国最终吞并了越国，取代魏国成为三强之一。[1] 此时，秦、齐、楚有三分天下之势。

多年来，这三个诸侯国中没有任何一个国家对统一天下有清晰的规划。但秦国的军队经过商鞅的训练，在三国之中是最强悍的。公元前260年，秦国打败赵国（晋国分裂后形成的三个王国之一），其野心已经初露端倪。在中国广阔的平原上，对垒两军的规模往往非常庞大，而在多山的希腊或者意大利半岛上，根本无法展开如此庞大的军队。两国交战，往往造成数以十万计的人丧生。赵军投降后，大批俘虏被屠杀。[2]

四年后，秦国入侵王畿，吞并周的领土，终结了周王朝几百年来的统治。前 249 年，秦相吕不韦又带兵灭掉了周的残余势力。"秦庄襄王灭东周……"司马迁在《史记》中写道，"周既不祀。"[3] 由于多年来周早已名存实亡，所以几乎没有人真正注意到这一点。

但是在秦军入侵周都洛邑后，发生了一场灾难性的事件。秦国将九鼎从王畿运走，但是其中一鼎落入水中；秦国千方百计打捞，但均告失败。所以就只剩下八个鼎。天赐王权的象征已被损坏，不再完整。[4]

公元前 247 年，秦国的新王继位，他就是年轻的嬴政。他的父亲庄襄王在位不到三年就去世了，当时嬴政只有 13 岁。替他治国理政的有多位大臣。

他比大多数年轻的国王都要幸运。摄政的官员恪尽职守，他们执行嬴政的意志，击退了秦国邻国的攻击，包括在嬴政成年之前挫败五国联盟企图灭秦的图谋。

22 岁时，嬴政已完全掌握了秦国的权力。[5] 此时，他打算征服的不只是周边的邻国，而是整个中国。公元前 232 年，秦军的规模已空前壮大；公元前 231 年，按司马迁的记载，他首次下令将各个年龄段的男子登记在册。公元前 230 年，中原各国开始一个接一个被吞并。韩国于公元前 230 年投降，两年后，赵国投降。燕国太子丹担心秦国势力日益膨胀，派出刺客伪装成使臣来到嬴政的宫殿，希望在秦国入侵他的领地之前将其除掉。嬴政识破了假使臣的真正目的，将其杀死。次年，他进军燕国，迫使燕王杀死太子丹，并砍下他的头。

嬴政接下来的统治以残酷为特征。这也使他登上了其他国王未曾攀登上的权力巅峰。诸国相继落入嬴政之手。公元前 225 年，魏国投降；公元前 223 年，楚国投降；公元前 221 年，齐国也被迫投

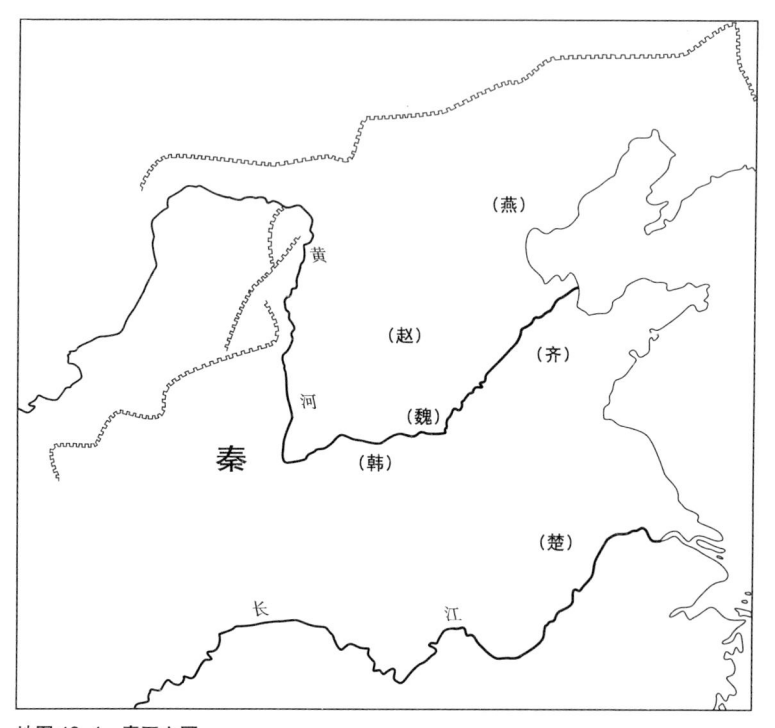

地图 19-1　秦灭六国

降。到公元前 221 年末,在他的父亲去世 26 年后,嬴政成了全天下的主人。对此,司马迁写道:"秦王政立二十六年,初并天下为三十六郡,号为始皇帝。"[6]

现在,嬴政不再仅仅是一国之王,而是皇帝。他称自己为"始皇帝",意思是"第一个皇帝"。从这一天起,我们可以将这片国土称作"中国"了,这个名字最早就是来自第一个大一统的秦帝国。*

---

* 有人认为,"China"一词的产生与中国第一个统一的王朝"秦"有关,英文中"秦"的转写是"CHIN"。——译者注

这个新生的国家之前从未有过单一的政府，这意味着秦始皇必须创立一个单一的政府。不过他不是一切从头开始（这样做本来会较为容易），而是在现有的一堆不实用且又彼此相互矛盾的习俗和官僚体系的基础上建立了一个政府。

与在一片未开发的土地上建一座新房相比，重修一座古老而摇摇欲坠的房子是一场噩梦。这项工作需要勤奋不懈，秦始皇也的确表现得非常勤政。他打破了家族势力、财富继承和宗族忠诚的旧传统，取而代之的是，他将帝国分成若干易于管理的部分，设立36个郡，每个郡又分成若干县。设郡守（文职官员）、郡尉（军事官员）管理各郡，另设郡监（监御史，简言之，就是间谍），负责监视郡守、郡尉。[7]官员的亲眷不能做官，秦始皇甚至没有把国事交给儿子分担——看来他认同一种非常古老的观点，即世袭王权不利于国家的健康发展。此外，他命令之前各个国家的贵族都搬来都城咸阳定居。在这里，他们生活舒适，但同时也受到密切监视。[8]

他紧接着进行了其他方面的改革。他修建四通八达的驰道；他开挖运河用于运输和灌溉；他重新制定历法，这样一来，他统治下的所有人都遵循相同的历法。在他称帝两年后竖立的石碑上写道："上农除末，黔首是富。普天之下，抟心揖志。器械一量，同书文字。日月所照，舟舆所载。皆终其命，莫不得意。"[9]这些改革均取得了显著成效。而且，百姓对这些改革也十分高兴，他们觉得这是通往崭新的幸福生活的道路。

像商鞅一样，秦始皇不喜欢孔子的学说以及任何似是而非的学说。他认为，稳定国家的关键是高效的自上而下的统治而非形而上学的冥想。所以，他将商鞅焚书的建议更推进一步。他的丞相宣布了他的新规定：

> 今皇帝并有天下，别黑白而定一尊。私学而相与非法教，人闻令下，则各以其学议之……入则心非，出则巷议。夸主以为名，异取以为高，率群下以造谤。如此弗禁，则主势降乎上，党与成乎下。禁之便。臣请史官非秦记皆烧之。有敢偶语诗书者弃市。以古非今者族。[10]

这一法令使大量的书籍横遭劫难，幸免的只有医学、占卜和农艺类书籍。

后世并不欣赏这个决定（司马迁尖锐地评论道，"焚诗书，坑术士，六艺从此缺焉"），[11] 但是对于一个要从一堆旧事物中创造一个新国家的人来说，他的这些做法自有其内在逻辑。各诸侯国有很多旧时的经典和文献，记录着事情原来的做法；秦始皇的目的是建立一个新的国家，在这里不可"以古非今"。同时期，为了国家的统一，亚历山大已经身经百战，希腊人通过节日团结各个城邦，阿育王尝试着建立一个共有的宗教愿景，秦始皇则全力销毁那些记载着这个国家曾一度四分五裂的证据，将他的帝国融为一体。秦始皇要开创一个全新的时代。[12]

也许是这份对新开始的坚持让秦始皇开始修建长城。事实上，长城并不是全新的事物，之前的诸侯国都曾修建城墙抵御蛮夷，或是用于互相防御。但秦始皇决定将所有的城墙连在一起，他把这项工程交给了他的将军蒙恬。

许多西方国王都曾在不同时期建造城墙以抵御敌军入侵。但是，从来没有人尝试过在整个帝国的边界建造城墙。[13] 秦始皇的长城是由土和石头砌成的，是他眼中中国的具体化，这一共同的文明靠着比砂浆更坚固的纽带紧紧相连；长城以内属于中国，长城以外则是居无定所的蛮夷之地。

但这一象征是以成千上万的中国人的生命为代价的。建造连绵不断的城墙需要就地取用各种材料（在山上是用石头，在平原地带则用夯土，在沙漠中则是用沙子和砾石），长城的建造者则是佃农、战俘、士兵，还有农民，这些人都是为了国家利益而被征召来服徭役的。[14]

秦始皇不仅在活着的时候对中华大地影响深远，而且在死后也要永垂不朽。他让人为自己建造了一座陵墓，除了埃及，我们从未在其他地方见过如此宏伟的陵寝。司马迁在《史记》中对这座墓有所描述。根据他的描述，秦始皇一直考虑自己能否永垂不朽，因此一登基就开始着手这件事：

> 始皇初即位，穿治郦山，及并天下，天下徒送诣七十余万人，穿三泉，下铜，而致椁，宫观百官奇器珍怪徙臧满之。令匠作机弩矢，有所穿近者辄射之。以水银为百川江河大海，机相灌输，上具天文，下具地理。以人鱼膏为烛，度不灭者久之。[15]

最令人吃惊的是，他的坟墓里放置了 7000 多个真人大小的陶制兵马俑。它们手持真正的青铜兵器，是以真实的士兵为原型塑造的，在这个庞大的陶俑队伍中，没有两张脸是雷同的。[16]

像埃及的第一位法老一样，秦始皇必须把分散而独立的小国统一起来；像这些法老一样，他必须在充斥着不同意见的王国中让人们服从他。但是秦始皇的时代距离公元前 3000 年法老所处的年代已经非常久远，他已经不能再通过迫使数百名官员陪葬来彰显他的权力。于是他用陶制的兵马俑填补这一空缺，这一做法曾令人感到

图 19-1 秦兵马俑
真人大小的陶俑，于 1974 年在中国西安秦始皇的陵墓中被发现。图片来源：埃里希·莱辛 / 艺术资源，纽约

困惑。

公元前 210 年，在做了 26 年秦国国王和 11 年中国皇帝后，秦始皇被葬入陵墓。他被小心地埋葬在这座豪华的坟墓里，墓穴上面覆盖了泥土，然后再种上树木，所有参与设计的建筑师一律被处死，这样一来，它的入口就永远不会被人发现。

秦始皇死后，他的王朝很快就覆灭了。秦始皇的继承人是他 21 岁的儿子胡亥，即秦二世。秦二世的统治并不稳定，他父亲的帝国建立不久，各个独立的王国归服中央集权政府的时间并不长。他对他的宠臣赵高抱怨说："大臣不服，官吏尚强，及诸公子必与我争，为之奈何？"[17]

赵高建议秦二世靠武力展现他的权威，清除所有看似犹犹豫豫、不愿意接受他的权威的郡守和前贵族。秦二世欣然接受了这个建议，开始排除异己。这场大清洗以成百人（甚至包括妇女，其中十人被拖出来当众五马分尸）的死亡告终，对此举国震惊。尽管如此，秦二世还是感到越来越不安，集结了由5万精锐士兵组成的军队，让其驻扎在首都周围。

仅7个月后，驻扎在原楚国境内的军队就发生哗变。起义是由那些遭受秦官吏压迫的人发起的，从一个郡蔓延到另一个郡，参加者多到不计其数。秦二世的军队无法镇压这场起义。在秦统治下一度隐姓埋名的贵族一个接一个冒出来，纷纷称王：首先是赵王，接下来是魏王、齐王和燕王。各国旧势力已经开始卷土重来。

内战开始了，并在接下来的三年里愈演愈烈。秦二世的脾气变得越来越暴躁，就连丞相赵高也借故不去上朝，害怕皇帝在盛怒之下会杀了他。赵高称病躲在家中，并在家里策划了宫廷政变；他的女婿将负责实施政变，除掉秦二世，由另一个王室公子即秦二世的侄子取代他。

接下来发生的一幕表明，丞相赵高事实上早就想借国家的动荡来夺取政权。为了逼迫他的女婿阎乐带人闯入王宫，他绑架了阎乐的母亲，将其扣为人质。同时，他小心翼翼地躲在后面，继续假装效忠皇帝。

阎乐左右为难，最后只得率领军队袭击皇宫，闯进大殿，他朝秦二世头顶正上方的绸帘射了一箭，以吸引秦二世的注意。秦二世此时已经被皇宫侍卫抛弃，他要求面见丞相；阎乐则受到幕后主使人的指挥，拒绝了这一要求。随后秦二世开始讨价还价。他提出他愿意退位去做郡守；后来说做一个小军官也行；最后，他又提出，只要能活命,他愿意当个平民。阎乐拒绝了他的这些要求,最后他告诉秦二世,丞相早已经下令要杀了他。说罢,他的士兵们纷纷上前准备动手,但秦二世在他们靠近之前自杀了。[18]

随后丞相又重新露面,拥立秦二世的侄子子婴继位,但新皇帝并不信任他的拥立者。继位后他便将赵高召到宫中,当场将他杀死。*

秦三世子婴在位仅46天,之后一支由刘邦率领的起义军攻入了皇宫,子婴投降。不久以后项羽率领的起义军到来,项羽杀死了子婴,大肆屠杀朝廷官员,随后焚烧宫殿,将抢得的珍宝分给他的盟友。项羽将秦国划分为18个新的王国,由诸侯和部将为王。司马迁最后写道:"秦竟灭矣。"

五年后,中国回到了往日四分五裂、战乱不休、多国并存的局面。随后,出现了一个新的领导者,他靠个人奋斗登上了权力的巅峰。他就是刘邦,他靠自己的手段在秦朝的改革中获益:他出身农民之家,后来当过一个小官(一名亭长,负责管理一队囚犯)。在秦以前的旧制度下,他是不可能担任这样的官职的。[19]

他在起义之初加入了项羽的军队。灭秦之后,项羽自立为西楚霸王,统治原来楚国的领土。他将另外一块位于汉中的较为偏远地方赏赐给刘邦,封他为汉王。为了巩固自己的权力,项羽还谋杀了那个最有资格自称楚王的人。

这为刘邦提供了机会。他率领自己的军队攻打项羽,宣称要讨伐杀死楚王的凶手。[20] 他最初对项羽的攻击并不成功,但他还是设法占领了黄河岸边的荥阳城。从这里开始,他与其他自立为王的人

---

* 许多历史资料不承认子婴是真正的皇帝。

时间线 19

印度	中国
（摩揭陀）达纳·难陀	秦惠文王
旃陀罗笈多	
宾头娑罗（前297）	
阿育王（前272）	
	秦昭襄王
	周朝灭亡（前256）
第三次佛教大会（前245）	秦王政
	秦朝（前221—前206）
	始皇帝（秦王政）
	秦二世（前209）
	汉朝（前206—公元220）
	高祖

进行了持久的战争。

到公元前202年，他凭借自己的能力控制了中国几乎每一个古老的王国，而项羽仍然是他最大的（现在是唯一的）敌人。不过，项羽此时已经意识到自己斗不过刘邦了。项羽为人凶残，越来越不得人心；他屠杀了秦廷所有的人，这件事并没有被人遗忘；此外，他所到之处鸡犬不留，将一切都破坏殆尽，这也让他臭名昭著。在最后一战中，他走投无路，支持者越来越少，陷入四面楚歌之中，最终拔剑自刎。

刘邦称帝，庙号高祖。他用项羽最初给他的封地的名字"汉"作为自己的王朝的名称，定都长安。[21] 汉朝将是大一统下中国第一个统治时间比较久的王朝；它统治了400年，它的基业建立在秦朝短暂而辉煌的统治之上。

/ 20

诸子之战

> 公元前 285 年至公元前 202 年间，亚历山大的继业者将他们的王国传给后代，汉尼拔带领他的象队翻越阿尔卑斯山。

老托勒密曾经是亚历山大的将军，现在是埃及的国王，他终于决定在 82 岁时退位。公元前 285 年，他退位并将王位传给他的小儿子托勒密二世*；他本人则安享晚年，并在此期间撰写了一部亚历山大战争史，在书中极力赞扬自己。**

传位这件事后患无穷。托勒密·克劳诺斯身为长子却未获得王位，愤怒之下，他立即离开了埃及王庭。不久之后，他来到色雷斯拜访他的妹妹阿尔西诺伊（Arsinoe），她已经嫁给了利西马科斯。[1]

---

* 我们既可以用全名，也可以用世代编号区分托勒密家族的人。为求简单我只用编号。在本章中托勒密家族的名字有：托勒密一世"救主"、托勒密二世"与姐姐恋爱者"、托勒密三世"施惠者"、托勒密四世"笃爱父亲者"、托勒密五世"神显者"。托勒密一世的长子托勒密·克劳诺斯（Ptolemy Ceraunus）因为从未统治过埃及，未能得到世系编号，所以我在提及的时候保留了他的名字。

** 这本书后来逸失了，但我参考的资料来源之一——阿里安的《亚历山大远征记》(*The Campaigns of Alexander*) 是以此书为基础写就的；所以，通过这本书也能感受到托勒密的声音。

这场特殊的联姻一直是利西马科斯的保障。他试图保住色雷斯和马其顿以及他在小亚细亚的领土,尽管在他东边,塞琉古的势力日益庞大,但是与南部的托勒密联姻是一个好方法,如此便确保塞琉古在攻打他之前会三思。这是他的第二次婚姻(阿尔西诺伊至少比他父亲的老战友年轻30岁),他与前妻所生的长子阿贾托克勒斯是他的继承人。

惹是生非的托勒密·克劳诺斯的出现给了阿尔西诺伊一些启发,她想到可以让自己的儿子继承王国。他们两人一起指控阿贾托克勒斯与塞琉古密谋暗杀利西马科斯,并计划夺取色雷斯–马其顿的王位。

利西马科斯年纪大了,又很多疑,轻易就被说服了。托勒密·克劳诺斯到了色雷斯之后也就一年的光景,利西马科斯就被怀疑蒙蔽了双眼,试图毒害自己的儿子。下毒这一招失败后,利西马科斯将阿贾托克勒斯投进了暗无天日的大牢。在众人的视线之外,他死了。

后世的历史学家认为是托勒密·克劳诺斯谋杀了他。当然,那个搬弄是非的人仍然没闲着。不久后他出现在塞琉古的王庭,请求塞琉古与他一道对抗邪恶的毒害亲子的利西马科斯。[2] 塞琉古那时候已经80岁,利西马科斯71岁。前者集结兵力向利西马科斯的领地进军。

利西马科斯出来迎战,他越过赫勒斯滂海峡,在小亚细亚的土地上作战。在战斗中,两位从亚历山大军官团的日子算起已经彼此认识了40年的老人短兵相接。塞琉古发出致命一击,利西马科斯战死沙场。他的尸体在战场上躺了好几天后,他的小儿子才赶到为他收尸。

塞琉古准备率军渡过赫勒斯滂海峡,意图占领马其顿。但他还没有走多远,假装是他的同盟的托勒密·克劳诺斯就调转矛头,在军营里将其暗杀。至此,托勒密·克劳诺斯独自一人就消灭了现存的亚历山大的两位继业者。

托勒密·克劳诺斯马上就夺取了马其顿-色雷斯的王位,并娶了他妹妹阿尔西诺伊。娶胞妹为妻是埃及人的习俗,希腊人不这么做,所以他的做法让他在新王国里很不受欢迎。他的下一步行动更是招致众人的反感:他杀掉了阿尔西诺伊的两个儿子,因为他们是他统治的威胁。阿尔西诺伊离开他,跑到埃及投奔她的另一个兄弟——托勒密二世,并嫁给了他。这为他赢得了一个希腊绰号"与姐姐恋爱者"托勒密(Ptolemy Philadelphus),这当然不是什么美誉。

与此同时,老托勒密躺在床上安然去世,他是亚历山大的继业者中唯一一个得以善终的。

托勒密·克劳诺斯的残暴统治维持了两年。公元前279年,曾困扰意大利半岛的凯尔特人也涌入了小亚细亚。高卢人像潮水一样涌入马其顿,托勒密·克劳诺斯外出迎敌,结果死在战场,结束了自己的恶棍生涯——他实在是古代最大的恶棍之一,只是其恶名并不太为人所知。* 他的国家最后落入"独眼"安提柯的孙子安提柯二世手中。[3]

塞琉古的儿子安条克一世接管了他父亲的王国。安条克是半个波斯人(塞琉古年轻的时候,曾在亚历山大军营中的那场集体婚礼中娶了一个波斯贵族妇女),他现在领导的帝国的基本统治结构就是

---

* 托勒密·克劳诺斯去世的确切日期无人知晓。

从波斯人那里学来的。各省由总督治理,而帝国有好几个都城,每个都城负责管辖帝国的一部分。波斯人曾把苏萨、埃克巴坦那、萨迪斯和巴比伦这几个城市作为都城;塞琉古保留了萨迪斯和巴比伦,又建立了两个新的城市作为陪都。安条克城位于奥龙特斯河畔,曾经有好几代名叫托勒密的国王占据这片土地。不过,他最喜欢的城市是塞琉西亚,他把它建在底格里斯河西岸,通过一条运河使之与幼发拉底河相连。

托勒密·克劳诺斯死后第二年,高卢人越过赫勒斯滂海峡,威胁要攻入塞琉古帝国。安条克一世将其击退,为自己赢得了"救主"的绰号。高卢人撤退后在小亚细亚安顿下来,后来他们被称为"加拉太人"(Galatian)。

10年后,罗马士兵从意大利半岛的海岸出发,向西西里岛进军。波里比阿认为,这是一个历史性的时刻。这是"罗马人第一次从意大利出发渡海",而且西西里岛是"他们离开意大利海岸踏足的第一个地方"。[4] 罗马已进入其历史的下一阶段,罗马人开始着手进行自己的首次海外征服。*

像大多数羽翼渐丰的帝国建造者那样,对于这次入侵,罗马人也有自己的借口。西西里岛在叙拉古和迦太基的控制下仍旧处于分裂状态,西西里岛的港口城市墨西拿(Messina)原本是希腊人的殖民地,如今处在叙拉古的统治下。但是一伙从坎帕尼亚来的意大利

---

* 罗马历史一般分为王国时期(公元前753年至公元前509年)、共和国时期(公元前509年至公元前31年)和帝国时期(公元前31年至公元476年)。共和国时期往往又分为早期共和国(公元前509年至公元前264年)、中期共和国(公元前264年至公元前133年)以及晚期共和国(公元前133年至公元前31年)。对于这些时期起止的确切年份,学者们的意见并不一致。

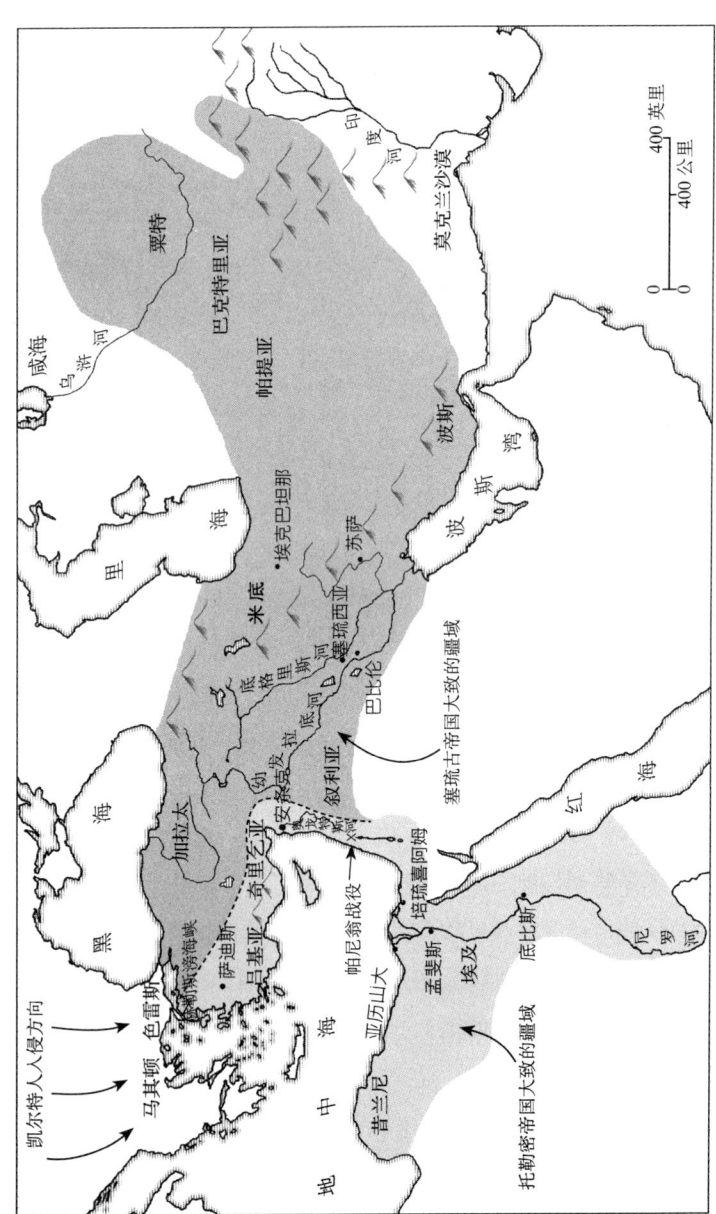

地图 20-1 塞琉古王朝

雇佣兵叛徒航行到了西西里岛，控制了这个城邦。墨西拿人派人送信到迦太基和罗马，请求帮助驱逐侵略者。

严格说来，由于罗马人和迦太基人一直相安无事，他们这样做倒也并无不妥。但这件事却成为后来旷日持久的战火的导火索。迦太基人率先到达那里，他们发现叙拉古的暴君希伦二世（阿贾托克勒斯早在二十几年前就去世了）已经赶到。希伦二世认为这座城邦理应属于他，所以对墨西拿人向其他势力寻求帮助感到不满。不过迦太基人并没有马上挑起三方之间的战争，他们跟希伦二世合伙占领了墨西拿，赶走了之前的侵略者。

罗马人迟来了一步，他们不肯放弃围攻墨西拿的计划，于是转而攻击迦太基的占领军。此后，罗马入侵者遍及岛上各处，到处占领迦太基人控制的土地，并对叙拉古进行围城。[5]

对此，迦太基人的反应是将掌管墨西拿守军的指挥官钉在十字架上，然后着手准备战斗。他们很清楚，罗马人的此次海外冒险是他们第一次试探性地触及意大利境外的土地。在接下来的二十三年里，这两个大国将会在第一次布匿战争（公元前264年至公元前241年）中一决雌雄。

波里比阿写道："看到战争一再拖延下去，（罗马人）第一次开始自己建造战船……他们遇到了很大的困难，因为他们的造船工匠完全没有经验。"[6]这可以说是第一次布匿战争中的另一个"第一次"。为了攻打西西里岛，罗马执政官向罗马的盟友和附属城邦借船［他们将这样的海军叫作"海上盟邦"（socii navales）］。[7]但他们很快意识到，罗马不能仅仅依靠其他城邦的海军。后来，一艘迦太基的战船在罗马控制的海岸搁浅，造船工匠把船拆开，仿照它建造了自己的船；与此同时，船员在陆地上练习划船。一批战船造好后,这支新的罗马舰队驶入大海,但很快便被一位迦太基的统帅俘虏。[8]

罗马人重建战船并改进了设计,再次出海。根据波里比阿的记载,两年后两国的海军就"势均力敌"了。罗马人虽是将其他文化中的战略、法律、体制甚至是神话中的精华部分搜集拼凑起来变成自己的,但是他们学得非常快。

到公元前247年,经过17年频繁的战斗,罗马人已经开始稍稍占有优势。罗马军队登陆北非并安营扎寨,不过此时进攻迦太基本土还远超他们所能。但是西西里岛几乎已完全落入他们手中。迦太基的领袖们换掉了无能的指挥官,将军队的控制权交给了一名新军官,一个20多岁的叫哈米尔卡·巴卡(Hamilcar Barca)的人。

哈米尔卡下令组建了一支由迦太基人和雇佣兵组成的混合军队,总共约1万人,还有70头大象。他为自己在西西里岛夺取了一个基地,从这里不断侵扰意大利海岸,经过几场恶战,他赢得了胜利;这些胜利把迦太基人"从极度的绝望状态"中拯救出来。[9]

公元前242年,罗马和迦太基的战争已经进入了第22个年头,常年交战使两国都疲惫不堪。"他们被接连不断的恶战搞得筋疲力尽,"波里比阿说,"他们的资源……被年复一年的高额军事开支耗尽。"[10]哈米尔卡在西西里岛上的这支由雇佣军和迦太基人组成的军队已经连续征战了三年多,从未在任何一场战斗中失利,但也没能夺下整个岛屿。罗马人在对抗迦太基的陆军方面无法取得任何进展,但是罗马海军成功地使迦太基人的补给船越来越难以将补给运给西西里岛上的哈米尔卡的士兵。

首先请求休战的是迦太基人。公元前241年,母城向哈米尔卡送来了信息:他们不愿抛弃他,但现在已经不可能继续运送食品和武器，他有权按照自己的意愿收拾局面。看到上峰如此无能，哈米尔卡除了投降别无选择。他和他的军队从位于埃里克斯山（Mount Eryx）半山腰的营地撤离，撤退时他们"悲愤交加"，[11] 还对条约提出抗议，因为条约要求迦太基人放弃西西里岛的一切，释放所有囚犯，并在未来十年支付一大笔赔款。[12]

战争结束了。元老院下令关闭雅努斯神殿的大门，以象征罗马的每一寸土地永享和平。西西里岛如今也是罗马的土地了，它已成为罗马的第一个海外省。

这种和平之下蕴藏着一个更为可怕的冲突的种子。

我们再来看东部，这里的战争仍在持续。埃及的托勒密二世（现在娶了自己的姐姐）和安条克一世（塞琉古的儿子）就他们领土交界处的叙利亚纠纷不断，并把他们的这场纠纷传给了各自的儿子，但除此以外，继位时并没有发生什么变故。托勒密二世于公元前246年去世，他的儿子托勒密三世继位；安条克一世（按照古老的波斯传统）以叛国罪的名义处死了长子，将他的王位传给了二儿子，使其成为安条克二世。*在马其顿，"独眼"安提柯一世的孙子安提柯二世在80岁时去世，他做了将近50年的国王，将王位传给了他的儿子。

在南边的埃及，托勒密三世统治了22年，这期间国泰民安。安条克二世过得可没有那么好。他在接管了塞琉古帝国六年后失去了巴克特里亚的总督辖地，这块领地在希腊总督狄奥多特（Diodotus）

---

* 一共有13位名叫安条克的塞琉古国王。前五位的名字分别是安条克一世"救主"（这个称号可能是因为他把高卢人赶走了）、安条克二世"神"、安条克三世"大帝"、安条克四世"神显者"和安条克五世"父贵者"。

的领导下造反，宣称自己是一个独立的王国，狄奥多特自己做了国王。巴克特里亚与安条克二世的任何一个城池都相距很远，路途崎岖艰险，安条克二世无力将其夺回。此后不久，帕提亚也独立了，一个名为阿尔沙克（Arsaces）的当地领袖取得了王位。此时，安条克二世正全力关注西部边境；他正跟埃及打仗，争夺古老的西闪米特人的土地，这些地方包括古腓尼基、以色列和犹太的领土，他无力同时守住自己庞大帝国两侧的边界。*

最终，安条克二世与托勒密三世达成了暂时的和平，这两位国王靠一桩王室联姻使这次交易更牢靠；托勒密三世的女儿北上和亲，嫁给安条克成为他的第二任妻子。然而，这次交易并没有夺回帕提亚和巴克特里亚，安条克二世的第一任妻子非常不满，毒死了他，所以到头来恢复和平的努力还是失败了。

他的继任者是他的儿子（与第一任妻子所生）塞琉古二世，他也没能夺回这两块叛乱的辖地，后来他坠马摔死了。塞琉古二世长子的统治只勉强维持了三年，之后他的指挥官暗杀了他；王位随后传给了他的小儿子，即安条克三世。

安条克三世于公元前 223 年继位，年仅 15 岁。由于国王还只是个孩子，米底和原来波斯的腹地都加入了巴克特里亚和帕提亚的行列，发动叛乱。但是，安条克三世比他前面的三位国王都要强大。他不懈地征战，把土地一片接一片地夺回：先是小亚细亚开始松动的边界；然后，在年仅 18 岁的时候，他率军攻打米底和波斯，迫使两者投降；最终，他打败了巴克特里亚和帕提亚。但是对于最后的这两块领地，他并没有试图重新吞并。他与巴克特里亚和帕提

---

* 这场边境争端无休无止，《圣经·但以理书》反复提及，其中说"北方之王"与"南方之王"一次又一次相互进攻，双方军队的规模也越来越大。（《但以理书》11.2：29）。

亚王议和，这样做就巩固了东部边境，使他能分出一点精力关注西部边境。[*]

这个计划非常不错，因为埃及正逐渐丧失对边界的控制。公元前222年，托勒密三世将王位传给他的儿子托勒密四世。所有的传记作家都不喜欢这位国王。普鲁塔克评价道："他是一个懒散、纵欲且柔弱的王子，……沉湎于女色和美酒。"[13] "他把统治国家看作一场永不结束的盛宴，"波里比阿批评道，"不理朝政，难以接近（人缘差），对那些处理国家对外利益的人不屑一顾，漠不关心。"[14]父王死后，他就毒死了母亲，免得她密谋暗害他，然后他又烹杀了他的弟弟马古斯（Magus），因为马古斯在军队中极有威望。[15]

托勒密四世的事务大多交由他的情妇和他情妇的兄弟阿贾托克勒斯（普鲁塔克称他为"那个皮条客"）以及他的一个顾问——一个名叫索西比乌斯（Sosibius）的希腊人。索西比乌斯为他出谋划策，共同管理国家。他则"醉生梦死，饮酒不止"[16]。公元前204年，托勒密四世去世（可能是死于肝功能衰竭），把王位留给了他五岁的儿子托勒密五世，显然，索西比乌斯和"那个皮条客"伪造了文书，指定由他们两人摄政。

索西比乌斯去世数月后，阿贾托克勒斯、他的妹妹和他们的母亲处在了埃及权力的顶端。他们并没有在权力之巅待多久，这三人非常不得人心，军队首先发难，带领暴民冲进王宫，把他们拖出来扔到街上，剥光他们的衣服，并在盛怒之下将其撕碎。波里比阿记载道："一些（暴徒）开始用牙齿撕咬他们，其他一些人用刀刺，

---

[*] 在安条克三世入侵时，帕提亚由阿尔沙克二世统治，他是帕提亚开国之君的儿子；巴克特里亚已被一个叫欧西德莫斯的篡位者从狄奥多特的继承人手里抢了过来。

还有人剜出了他们的眼睛。三人中任何一个刚刚倒下，身体就被大卸八块，直到被人们完全肢解，当埃及人的激情被点燃时，他们的野蛮残暴简直令人震惊。"[17]

年轻的托勒密五世在孟斐斯登基，由一个精心挑选的埃及谋士团辅佐。但是，他刚刚 12 岁时，安条克三世就开始进攻埃及的北部边境。约瑟夫斯记载，自称"全亚洲之王"的安条克三世"夺取了犹太地"。[18] 这场入侵止于公元前 198 年的帕尼翁战役（Battle of Panium），当时塞琉古和埃及的军队在约旦河源头附近展开激战。战斗结束后，埃及彻底失去了对西闪米特人土地的控制，再也没能重新占领那些北部的土地。几乎每一个古代历史学家都把托勒密四世时期描述为埃及辉煌时代的终结。这一古老国家在希腊统治者领导下的复兴到此结束。

再往西，哈米尔卡·巴卡仍然在罗马人强加的和平条款下挣扎。迦太基辉煌不再。地中海诸岛曾是他们帝国的一部分，现在，迦太基人已经失去了它们，反而是罗马人牢牢地在那里扎根。

为了弥补损失，哈米尔卡决定将迦太基帝国向西扩展。他率领一支由士兵和移民组成的队伍前往伊比利亚（今西班牙）建立一个崭新的迦太基殖民地，以弥补在西西里岛的损失。这个伊比利亚殖民地将成为迦太基势力的一个新中心——而且它也将成为一个极好的基地，迦太基人可以从这里发动针对罗马的报复性打击。他在西西里岛受的屈辱转变成了对罗马的仇恨，他尽可能地把这份仇恨传给他的小儿子汉尼拔（Hannibal），波里比阿这样记录道：

当他的父亲将要率领他的军队离开，远征西班牙时，大约九岁的汉尼拔就站在他父亲祭祀的祭坛旁边……然后（哈米尔卡）把汉尼拔叫到身边，温柔地问他是否愿意随他一起远征。汉尼拔无比兴奋地接受了，像普通的男孩子一样，请求获准同去。然后，他的父亲拉着他的手，领着他来到祭坛，命令他把手放在（动物）祭品上，并要他发誓永远不会成为罗马人的朋友。[19]

在立下与罗马永远势不两立的誓言后，哈米尔卡带着儿子和移民踏上了征程。

公元前 236 年，迦太基远征队来到了伊比利亚半岛，开始征服这里并着手建立一个新的小王国。他的作战中心是加迪尔（Gadir，今西班牙加的斯），哈米尔卡从这里开始成功建立自己的新殖民地。汉尼拔正是在这里长大，看着他父亲以各种威逼利诱的手段使周边的人民归顺。波里比阿告诉我们："（哈米尔卡）在这个国家度过了将近九年时间，在此期间，他使许多部落归顺迦太基，有一些靠武力，有一些通过外交手段。"[20] 他还派出间谍翻越阿尔卑斯山进入意大利半岛北部，侦察将来可能用到的侵略路线。[21] 汉尼拔在成年之前从未踏足过他的故国迦太基城。

与此同时，克基拉岛受到其他敌对希腊城邦的入侵和北部高卢人持续攻击的双重威胁。罗马人受邀保护该岛，这是他们第一次派战船驶向希腊。干预结束后，一支罗马驻军留了下来，理论上是作为维和军队；罗马人还没有做好准备去攻击它的希腊邻居。

同一年，即公元前 229 年，哈米尔卡·巴卡在围剿一个凯尔特人据点的战斗中丧生。汉尼拔此时 18 岁，人们认为他太过年轻，还不能执掌大权。他的姐夫取代他获得伊比利亚殖民地的统治权，这个人似乎并没有切身感受到对罗马的家仇国恨。接下来的八年时间里，他主要致力于统治伊比利亚的殖民地（他建立了一个叫新迦太基的城池），对东面的罗马人置之不理。假以时日，他本可以在伊比利亚半岛上建立一个崭新且持久的王国。但是，公元前221年，他的一个奴隶杀了他，伊比利亚军队的领导权又回到了26岁的汉尼拔手中。

汉尼拔把新迦太基放到一边，立即开始准备经由陆路入侵罗马领土。他开始沿着海岸线一路打过去，以扫清通往阿尔卑斯山的通道。当他接近马萨利亚时，马萨利亚（自从帮助罗马人收买了那些入侵的高卢人后，与罗马一向交好）向罗马寻求帮助。

罗马人捎信给迦太基，警告说，如果汉尼拔越过了萨贡托镇，他们将把这种行为视为战争行为。汉尼拔随即围攻并洗劫了全镇，罗马使者马上前往迦太基，向迦太基元老院下了最后通牒：要么让汉尼拔投降，要么准备迎接第二次布匿战争。[22] 迦太基人反驳说，萨贡托镇是凯尔特人的殖民地，不是罗马的盟友。而罗马的使节反驳道，在很多年前，萨贡托镇曾经向罗马寻求帮助，所以现在罗马有权声称萨贡托镇是受罗马人保护的。

结果是这两个国家决意开战。李维说："在罗马人看来，自己先前的手下败将如今无端地发动攻击，这让他们非常愤怒；而在迦太基人看来，战胜者贪婪且专横的态度令他们感到强烈的憎恨。"[23] 年长的罗马使节大声喊道："我的袍子里夹着两样东西，一个是和平，一个是战争，如果你们不小心，就会让战争从里面掉下来。"迦太基元老院的议员大声回敬道："我们接受它！"[24]

于是，公元前218年，汉尼拔率军向阿尔卑斯山进发。他留下他的弟弟汉诺（Hanno）负责伊比利亚的殖民地，自己率领一支庞

/ 20 诸子之战

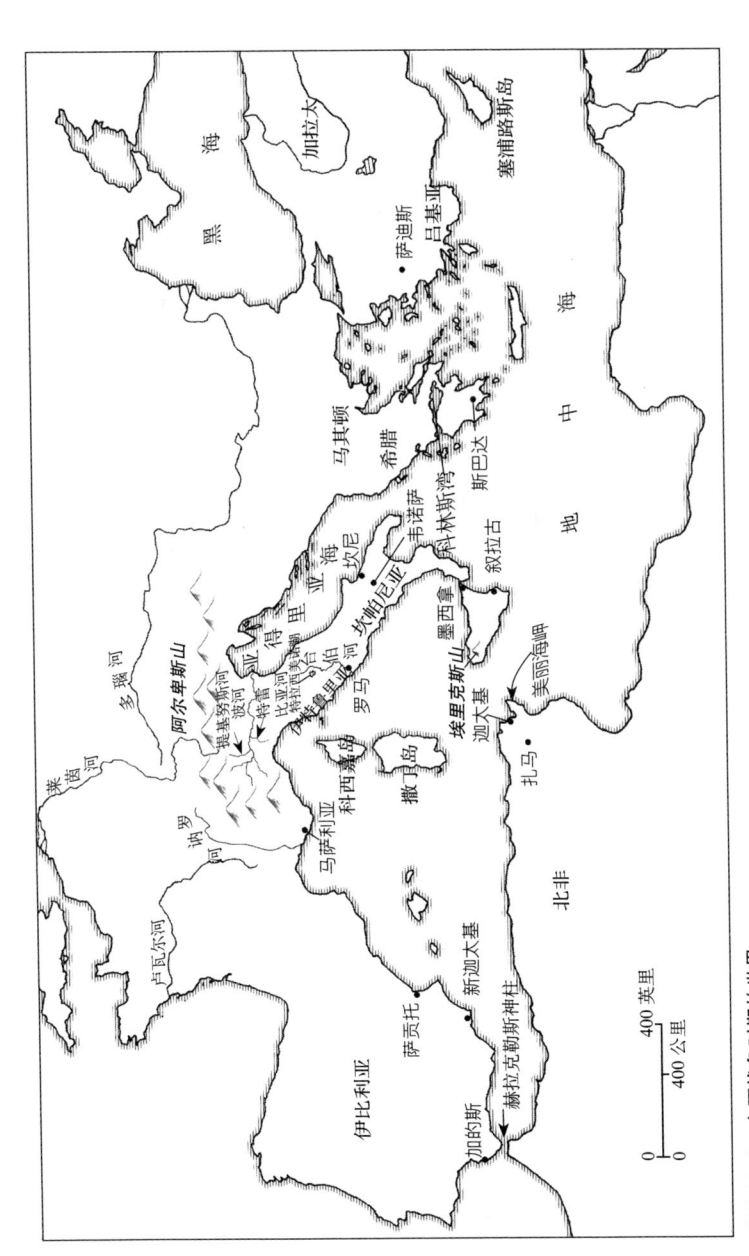

地图 20-2 布匿战争时期的世界

大的军队，包括 10 万多步兵，也许还有两万骑兵和 37 头大象。*

罗马人派出两支舰队迎战，一支驶往北非海岸，另一支在执政官普布利乌斯·科尔内利乌斯·西庇阿（Publius Cornelius Scipio）的指挥下，朝伊比利亚半岛进军。西庇阿在罗讷河口抛锚停航，打算在汉尼拔和他的军队过河时拦截他，但汉尼拔的军队比预期行动得要快，科尔内利乌斯·西庇阿晚了三天才到达渡河地点。汉尼拔此时已经带领军队朝阿尔卑斯山迈进。[25]

比起穷追不舍的罗马人，他自己的士兵其实是更大的问题。他们大多是在非洲长大，西班牙海岸是他们所知的最冷的地方；一想到要爬上陡峭的不知名的高山他们就不寒而栗，看到阿尔卑斯山后更是感到绝望。李维说："高耸的山峰被雪覆盖，直入云霄，简陋的小屋紧贴在岩石上，因严寒而被冻死的野兽和牲畜，头发凌乱的山里人，所有自然中的物体，无论是有生命的还是无生命的，都在严寒下显得那么僵硬：这一切，连同其他言语无法表达的恐怖景象，使他们忧虑重重。"[26] 他们不断受到当地野蛮部落的威胁。第一次受到当地人攻击的时候，许多迦太基战马在一条狭窄的山道上受惊，连人带马滑落下去，落在上千米之下的岩石上，摔得粉身碎骨。随着他们向更高处爬，积雪下面光滑的冰使更多的人和牲畜丧生。

李维告诉我们，汉尼拔的军队花了 15 天的时间翻越山脉，他本人估计损失了 36 000 人和 34 头战象。下山之后，他的军队来到了波河附近的平原，此时军队人数锐减，士气低落。他重整旗鼓，进击科尔内利乌斯·西庇阿。西庇阿率领一部分军队乘船，紧赶慢

---

* 这是一个估计值，有关汉尼拔进军到达意大利时他的军队的实际规模，不同资料所给出的数值差别很大。

赶回到意大利迎战他。汉尼拔成功越过山岭的消息也很快传到罗马，元老院立即召回入侵北非的军队以加强本土的防守。

公元前218年11月，科尔内利乌斯·西庇阿与汉尼拔在提基努斯河（Ticinus）相遇。虽然迦太基的骑兵非常疲惫，但他们几乎瞬间就突破了罗马人的防线。罗马人四处逃窜，西庇阿本人也身负重伤。李维评论说："这表明，……迦太基人占有优势。"[27]

科尔内利乌斯·西庇阿率军后撤，以便与从北非返回的军队会合，他们回到了罗马，大受褒扬，但这实际上是非常危险的反应。在罗马，公众的看法与现实之间完全脱节，使国家陷入险境。"人们对罗马军队最终获胜的信心未受影响，"波里比阿写道，"因此，当郎格斯（北非先遣队指挥官）和他的军团到达罗马穿城而过时，人们仍然认为这支军队只要在战场出现就能决定战争的输赢。"[28]事实远非如此。当一个月后两军在特雷比亚河（Trebbia）再次相遇时，多达三分之一的罗马士兵阵亡。

两名执政官的联合军队被打败的消息传回罗马后引起了恐慌，李维写道："人们觉得汉尼拔随时都会出现在城门外。"[29]罗马全面戒备，所属海岛上也布满驻军，同时召集盟友增援，并装备了一支新的舰队。到公元前217年，汉尼拔稳扎稳打，继续向南推进，摧毁了沿途的村庄，穿过伊特鲁里亚，直扑罗马城。执政官盖乌斯·弗拉米尼乌斯（Gaius Flaminus）与一支增援的罗马军队会合，在特拉西美诺湖（Trasimene）与迦太基人对阵，在浓雾中，两军展开了激战。15 000名罗马人阵亡，弗拉米尼乌斯本人在战场上被活活碾死，尸体难觅。关于灾难的消息再一次席卷了罗马城。李维说："人们涌上广场，女人在街头走来走去，每遇到一个人，就过去问如此突然的可怕消息意味着什么……没有人知道该期望什么，或是该害怕什么。在接下来的几天里，城门外聚满了人，多数是女人，她们期待看到某张挚爱亲人的脸，哪怕只是听到一点消息。"[30]

然而，并没有什么好消息。汉尼拔的大军势不可当。他继续向南推进，暂时绕过罗马，但这只不过是为了将罗马南面的土地先收入囊中。"罗马人一直尾随迦太基人的后卫部队，"波里比阿写道，"与他们保持一两天的行军路程，但是小心翼翼，绝不去接近或是与敌人交战。"[31]

次年，两个新当选的执政官保卢斯（Paullus）和瓦罗（Varro）联合起来试图遏制汉尼拔。罗马人设法集结了一支超过 10 万人的军队，去迎战迦太基不足 5 万的人马。公元前 216 年 8 月 2 日，两军在东南沿海的坎尼（Cannae）相遇。

罗马人仰仗自己人数众多，认为单凭人数就能把侵略者碾得粉碎，他们把军队集结成紧密的方阵，以不可阻挡的力量向前猛冲。面对罗马的攻势，汉尼拔的策略是安排一支弱小的部队在正面迎击，这支队伍看起来根本不足以和罗马人抗衡。但他在自己的后部以及很远的左翼和右翼，布置了两队最强壮最凶猛的士兵，他们是来自非洲的雇佣兵。他亲自率领前队。他必须身先士卒，将自己置于和正面部队同样的险境，否则他不可能指望他的士兵实现他的作战意图。

罗马人向前推进，汉尼拔弱小的正面部队虽然作战凶猛，但同时也在节节后退，慢慢地，他们将罗马军队拉成了 V 字形。紧接着，V 字型两侧的汉尼拔军队发起攻击。罗马军队毫无心理准备，没想到要应付三面的进攻，而且他们也没有受过这样的训练。混战中，5 万余名罗马士兵阵亡。6000 名骑兵中只有 70 人逃脱，瓦罗带领他们逃到了韦诺萨（Venusia）城，战败和溃逃令他颜面扫地。

坎尼大战的战况传回罗马，几乎每个罗马家庭都意识到，他们已经失去了一个兄弟、一位父亲或是一个儿子。"这次溃败之后，"波里比阿说，"罗马人放弃了所有凌驾于意大利之上的希望，开始担心本土的安危，并且甚至开始担心他们自己的生存。"[32]

与此同时，迦太基战船驶向希腊，向马其顿国王腓力五世（"独眼"安提柯一世的重重孙）提供帮助，提出帮他驱逐希腊半岛上的罗马"维和士兵"，罗马的境况变得更糟。腓力五世接受了帮助，马其顿人和迦太基人一起攻打罗马占领军和他们的希腊盟友，其中包括斯巴达和"埃托利亚联盟"（Aetolian League）城邦（这是位于马其顿以南、科林斯湾以北的半岛中部的城邦联盟）。现在，第一次马其顿战争与第二次布匿战争交织在一起，罗马人腹背受敌。

跟第一次布匿战争一样，第二次战争也是久拖不决。*公元前211年，罗马人经过两年围城，最终占领了叙拉古，并重新夺回了西西里岛的部分领土；希腊数学家阿基米德当时就在城里，他在罗马军队洗劫城市时遇难。但是罗马人在伊比利亚半岛上的军事行动就没么成功了。西庇阿家族的两兄弟普布利乌斯和格涅乌斯（Gnaeus）带领罗马军队进入伊比利亚，向坚守汉尼拔老家的哈斯德鲁巴（Hasdrubal）发起进攻。尽管哈斯德鲁巴无法将罗马入侵者完全赶出去，这对西庇阿兄弟却命丧沙场。

这使一位罗马军官（普布利乌斯的儿子，后世直接称其为西庇阿或大西庇阿）对迦太基人怀恨在心，就像汉尼拔长久以来对罗马心怀仇恨一样。公元前209年，西庇阿率军来到新迦太基为父报仇。

---

* 李维《罗马建城以来史》（*The History of Rome from Its Foundation*）的第 21—30 卷［安布里·德·赛林考特（Aubrey de Selincourt）的译本分别由企鹅出版社以《与汉尼拔的战争》（*The War with Hannibal*）出版］详细记述了第二次布匿战争中所有的重大战役。

他的围城之战取得了成功，哈斯德鲁巴逃跑，沿着他内弟的路线翻越阿尔卑斯山。

这对于迦太基人而言并不完全是坏事，因为哈斯德鲁巴带来的不仅有他自己的军队，还有 8000 名征召来的凯尔特人，此外，在从新迦太基到阿尔卑斯山的一路上，他还征召了更多人。他写信给汉尼拔，计划与他在翁布里亚会师。

然而，这封信被罗马军官截获。在哈斯德鲁巴到达翁布里亚之前，离他最近的罗马军队对他发动了突然袭击。哈斯德鲁巴的盟友在战斗中的表现并不尽如人意（"高卢人总是缺乏后劲"，李维评价道）。[33] 哈斯德鲁巴的士兵中超过 5 万人阵亡，而哈斯德鲁巴本人眼见必败无疑，便扬鞭策马朝着在他面前聚集的罗马士兵直冲过去，战死沙场。罗马人砍下他的首级，小心地保存起来，一路带着；当他们到达汉尼拔的前哨阵地时，把它扔到汉尼拔的军营前。[34]

汉尼拔不仅失去了他的姐夫，还失去了伊比利亚的殖民地，那里已经成了罗马的一个省。天平已经开始慢慢地朝罗马倾斜；而且，罗马为了对付迦太基，还渐渐停止了在马其顿的第二战场上的行动。公元前 207 年，也就是哈斯德鲁巴战死的同年，罗马士兵开始从希腊半岛徒劳的战斗中撤离。用李维的话说，希腊各城邦和腓力五世自己"都厌倦了漫长而乏味的战争"，而且罗马人意识到，他们的军队需要离大本营更近一点。西庇阿曾建议新的战场应该是北非；罗马人应该继续进攻，直接驶向迦太基，这一策略很可能迫使汉尼拔远离意大利乡村。

公元前 205 年，腓力五世与南部的希腊各城邦签署了《腓尼基和约》（Treaty of Phoenice）。和约允许罗马人控制一些小城邦，但将其他领土移交给马其顿，并终止了马其顿和埃托利亚同盟之间的一切敌对行为。现在所有的士兵都可以参与攻打北非的行动,西庇阿将入侵力量合兵一处。公元前204年,他率领一支由罗马人和非洲雇佣兵组成的联合军队在北非海岸登陆。

他的入侵获得了预想的效果:迦太基人向汉尼拔发出紧急求助,汉尼拔班师回国。他这样做是出于爱国主义的精神,但这是一种模糊的、不情愿的爱国主义;他从九岁起就离开了出生的地方,他把大部分人马都留在了意大利,也许是希望很快就能回去继续征战。他还没有完全实现父亲的遗愿:罗马仍旧挺立在那里。"很少有流亡者离开自己的祖国时像汉尼拔离开他的敌人的国家那样内心沉重,"李维说,"他一次又一次地回头看着意大利的海岸……咒骂自己没有能率军直捣罗马。"[35]

回到迦太基,他就亲自征募了一支军队。这支军队由不情愿的迦太基人和非洲雇佣兵组成,此外还有少数他带回的老兵。然后,在公元前202年,汉尼拔和西庇阿在美丽海岬(今邦角半岛)南边的扎马(Zama)会面,进行和谈。和谈也许是真的,但与此同时,西庇阿正在等待他叫来的援军。对于十四年前坎尼会战的失败,罗马人仍旧记忆犹新,当时阵亡士兵的儿子现在都已经二十多岁,他们满怀愤怒,准备和迦太基人殊死一战。

罗马援军到达后,和谈不可避免地失败了。罗马人与迦太基人展开了最后一场决战。这一次,西庇阿胸有成竹。在意大利的平原上,汉尼拔作为入侵者战无不胜。但在这里,他上演拿手好戏的环境完全消失了。他在一片陌生的岩石遍布的土地上进行防御作战,他的军队是由"一群没有共同语言、习俗、法律、武器、服饰、相貌,甚至也不是出于相同信念参战的人组成的"[36]。他们多是为金钱而战斗,为战后所能进行的劫掠而战斗;当西庇阿的军队以雷霆

时间线 20

罗马	中国	亚历山大的继业者		
		埃及 托勒密	塞琉古帝国 塞琉古	色雷斯－马其顿 利西马科斯
阿斯库路姆战役（前 279）		**托勒密二世** （前 287）		
第一次布匿战争（前 264）			安条克一世	托勒密·克劳诺斯
	秦昭襄王		安条克二世	安提柯二世
周朝灭亡（前 256）		**托勒密三世** （前 246）		
	秦王政		塞琉古二世	德米特里二世
			安条克大帝	
	秦朝（前 221—前 206）	**托勒密四世** （前 222）		腓力五世
第二次布匿战争（前 218） 坎尼战役	始皇帝 （秦王政）			
	秦二世（前 209）			
扎马战役（前 202）	汉朝 （前 206—公元 220）	**托勒密五世** （前 204）	《腓尼基和约》	
	高祖		帕尼翁战役（前 198）	

之势袭来时，绝大多数人都吓得落荒而逃。

扎马战役以西庇阿的完胜而结束，汉尼拔最终被迫回到迦太基避难。他告诉元老院他无法带领他们走向胜利，与罗马达成和平协议是唯一的选择。迦太基元老院同意了，于是迦太基向西庇阿投降。由于这场胜利，罗马人将他称作"征服非洲的西庇阿"。迦太基被迫交出自己的舰队，从此放弃向西部扩张的野心；在罗马人的命令下，500 艘战船被拖离岸边，放火烧掉，一直烧到吃水线，然后沉入海底。[37]第二次布匿战争就此结束。

汉尼拔曾放弃了他征服罗马的野心,去捍卫一个他几乎记不得的城市,他留在迦太基,加入了元老院,企图帮助迦太基人重建他们此刻已经变得蛮荒的国家。但是甚少有人为此感激他。扎马战役结束六年后,汉尼拔听到了某种风声。他自己的同胞正计划把他交给罗马人以示友好。

他立刻乘船逃离了迦太基。这距离他回到自己的祖国还不到7年。这一次,他再也不会回去了。

/ 21

罗马解放者与塞琉古征服者

> 公元前 200 年至公元前 168 年间，罗马与塞琉古发生冲突，希腊化的巴克特里亚王国向南延伸至印度，拉丁语成为意大利的官方语言。

安条克三世已经 50 岁了，现在是他统治塞琉古帝国的第 32 个年头。他将塞琉古王朝的边界向南推，直抵古埃及的土地，并迫使帕提亚和巴克特里亚与其和平共处，这些成就到后来为他赢得了"安条克大帝"（Antiochus the Great）的称号。现在，他决心展开一场新的征程：向西进军并攻占小亚细亚更多的土地，甚至可能越过赫勒斯滂海峡，夺取色雷斯。

他知道，如果他不向西采取些行动的话，罗马人很可能就会骑到他的脖子上。罗马军队因为战胜了迦太基而欢欣鼓舞，现在重新回过头来，对东方虎视眈眈。塞琉古帝国是当时世界上领土最广阔的帝国，随着迦太基被征服，安条克三世成为罗马的新敌人。

夹在这两个大国之间的国王是马其顿的腓力五世，他使他的国家在第一次马其顿战争中毫发无损。在希腊仍有以维持和平名义留下的罗马驻军，但是马其顿通过《腓尼基和约》获得了更多的土地。在罗马人专心对付迦太基人时，腓力五世曾与安条克三世订下一个秘密条约，瓜分曾经属于托勒密的埃及领土。

罗马人断定腓力五世仍打算入侵希腊，他们不希望希腊半岛处在一个亲塞琉古的国王的控制下；希腊需要继续作为罗马和安条克三世的力量之间的缓冲带。公元前200年，罗马尚未完全结束在迦太基的军事行动就开始向腓力五世进军。

埃托利亚同盟再次站在罗马一方，雅典也是，于是第二次马其顿战争到公元前197年就迅速结束了。在最后的库诺斯克法莱（Cynoscephalae）战役中，腓力五世的士兵被彻底击溃，马其顿国王甚至担心自己可能会失去王位。[1] 但是，罗马人不希望在接下来的几十年中仍旧为了镇守希腊各城邦而战斗，于是提出了和平协议，允许腓力五世继续统治马其顿。腓力五世不得不放弃征服希腊各城邦的想法，交出所有战船，支付赔款，并从希腊的领土上撤出所有士兵。罗马执政官弗拉米宁（Flamininus）在马其顿掌管罗马军队，被获准玩一把米罗达巴拉但/拿破仑/萨尔贡二世/居鲁士的把戏：他宣布罗马人现在已经将希腊人从马其顿人的压迫中解放了出来。该法令如是说："在亚洲和欧洲的所有希腊人都是自由的，并享受自己的法律。"

波里比阿指出，对这一点有一些怀疑的声音；不止一个埃托利亚领导人指出："希腊人一直没有得到自由，只是换了主子。"[2] 但罗马人坚称他们是大公无私的（"这完全是一个令人钦佩的举动……罗马人民和他们的将军本应该下定决心承担无限的风险和费用以确保希腊的自由"），[3] 亚该亚同盟的城市（其中包括科林斯城）很高兴能够签订一个亲罗马的条约，只要它也是反对马其顿的。

条约甫一签订，安条克三世就出现在北方。到公元前 196 年，他已经成功击退了在亚洲遇到的缺乏组织的反抗，跨过赫勒斯滂海峡并占领色雷斯，对罗马的新盟友他也没看在眼里。他更倾向于同罗马打一仗，而不是与其保持和平，部分原因是他现在有了一个新的军事顾问：汉尼拔逃离迦太基后出现在了塞琉古王庭。他满怀痛苦和愤怒离开了他的家乡；他对迦太基的爱已然褪去，但他对罗马的憎恨依然存在。他来到安条克三世的王庭，这是唯一一个强大到足以与罗马抗衡的国家，在这里，他可以延续他一生孜孜以求的事业。波里比阿告诉我们："他给安条克三世留下了深刻印象，只要国王采取与罗马敌对的政策，他就可以暗地里依靠汉尼拔并把他当作最全心全意的支持者……因为他会将他的全部能力都用来伤害罗马人。"*4

夺走希腊无疑会伤害罗马人。希腊各城邦如今的处境非常困难，东北边是一个古老且可怕的国家，西边是一个新兴的而且同样令人胆寒的国家，它们在两者间进退两难，按照各自的效忠对象分成两派。爱琴海同盟的很多城市保留了它们与罗马的条约，但相反埃托利亚同盟同意与安条克三世结盟。更多的罗马军队抵达希腊南部，同时，安条克三世的塞琉古大军（与马其顿盟友和象队一道）自北方南下。

公元前 191 年，两军在温泉关相遇。罗马执政官发表演讲激励士兵，让他们对埃托利亚同盟各个城邦领导人的水平产生严重怀疑。"你们是为了希腊的独立而战，"执政官大声喊道，"以前，你们将

---

* 这是对整个罗马的厌恶，不一定是对某个罗马人的仇恨。在他被从迦太基流放多年后，汉尼拔发现自己与大西庇阿同在一个城市，后者要求与他见面；两人花了一些时间友好地讨论军事战略，汉尼拔称赞西庇阿作为指挥官能力超群（不过他认为他自己是个更好的将军）。

其从腓力国王那里解放出来,现在,你们要把它从埃托利亚同盟和安条克三世那里解放出来。自此以后,你们将长驱直入,进入罗马统治的亚细亚、叙利亚以及所有那些延伸至地平线的富裕王国。整个人类对罗马这个名字的敬畏,将仅次于对神的敬畏!"[5]这不是一个关于解放特别有说服力的演说,但它确实起了作用。罗马人逼得安条克三世的军队节节败退,死伤上万人,安条克三世被迫从希腊半岛全部撤出。

这场失败是安条克大帝的霸业终结的开始。当他撤退时,他也失去了小亚细亚土地的一部分;小亚细亚总督所辖的叫亚美尼亚也脱离了帝国,在那里阿尔塔夏一世(Artaxias I)于公元前190年自立为王。罗马人随后将战斗引入了塞琉古的土地,领军的是西庇阿家族的另一成员。安条克三世给予汉尼拔海军的指挥权,并亲自指挥陆地防守,但他们都失败了。汉尼拔的舰队在小亚细亚的南部海岸附近投降;安条克三世的军队再一次被打败,这次是在马格尼西亚(Magnesia)。西庇阿凭借他的胜利为自己赢得了"亚细亚提库斯"(Asiaticus)的称号,而安条克三世被迫签订《阿帕梅亚条约》(Treaty of Apamea),条约剥夺了他的大部分海军以及托罗斯山脉以北的领土。

腓力五世也没有幸免。他因为与安条克三世交好遭受了惩罚,失去了他的海军、多个边境城市和儿子德米特里——德米特里被当作人质抓到罗马,以确保他父亲能好自为之。

安条克三世作战失利,似乎使他手下的总督受到了鼓舞,纷纷开始进行反抗。次年,亦即公元前187年,安条克大帝死于一场镇压东部叛乱总督的小规模战斗中。他的儿子塞琉古四世继承了塞琉古帝国的王位,但他被迫像腓力五世一样将长子兼继承人送到罗马做人质。

汉尼拔失去了保护者,只好再次流亡。普鲁塔克说,他最终定居在黑海沿岸一个不知名的小镇上,在那里,他在所住的房子下挖了七条地道,每条地道都延伸了"相当远的距离",通往各个方向,这样他就不会被追杀他的罗马人擒住。

但公元前 182 年,在他 65 岁的时候,他被恰好到此拜访国王的一名罗马元老院成员认了出来。此人威胁国王,让他不要允许汉尼拔离开,否则罗马会对此感到愤怒。国王不情愿地派出当地警卫堵住了七条通道,准备逮捕这位老将军。汉尼拔不愿被活捉,遂饮下毒药自尽。据普鲁塔克说,他的最后一句话是:"让我们免除罗马人持续不断的恐惧和忧虑吧。"[6]

塞琉古入侵的威胁不断减弱,这给了东面的巴克特里亚人一个扩大自己领地的机会。他们目前的国王是一个叫作德米特里一世的希腊裔巴克特里亚人,他将目光投向了东南方:印度。这里自亚历山大大帝时代起一直是他们眼中的富饶之地,正等待着被征服。

在印度,没有一个能抵御入侵的强大王国。阿育王死后,他的儿子们虽然继承了父亲对佛法的痴迷,却丧失了他对土地的控制力。在从公元前 240 年阿育王逝世到德米特里一世入侵 50 年左右的时间里,孔雀王朝共有 7 位国王相继统治,国土日益缩小。

这些孔雀王朝国王中的最后一位是布柯提婆陀(Brhadratha,一译"坚车王")。他是一名虔诚的佛教徒,他的生平事迹记录在一些宗教经文中,书中描述他苦修了一千天以寻求真理。在这千日之中,据说他让他的长子监国,[7]这暗示这位国王对权力的掌控很弱。事实上,布柯提婆陀在公元前 185 年左右失去了他的王国,他的一个军队指挥官刺杀了他。这名指挥官是一个虔诚的印度教徒，名叫普士亚密多罗·巽伽（Pusyamitra Sunga），他控制的已经是一个无比衰微的王国。佛教典籍中也记载了他的故事；据说他为了重新确立印度教的正统地位，对佛教徒展开了宗教迫害。可是由于在他统治期间修建了很多舍利塔，这个记录可能并不真实。我们可以肯定的是，巽伽建立了一个王朝，并开始对古老的摩揭陀王国进行扩张。不同于他之前的国王，他愿意为权力而战。

就在此时，德米特里一世穿过开伯尔山口南下，朝旁遮普进发。他接下来的入侵没有留下任何书面记录；为了重新勾勒出希腊巴克特里亚国王的征服过程，我们必须从他们留下的硬币上找线索（每个国王都会把自己的肖像铸在硬币上，于是，尽管我们对这些国王可能一无所知，但仍旧能知道他们大概的长相）。我们猜测，德米特里一世首先攻克的是布路沙布逻（Purushapura，今称白沙瓦）和塔克西拉，它们已经独立于孔雀王朝有一段时间了，还没有被巽伽征服。德米特里一世攻占了它们，到公元前 175 年，他似乎已经拿下了旁遮普。

与此同时，巽伽王也在向东部和西南部扩展自己的势力。印度出现了两个相邻的大国，一个由是希腊人统治，一个是由印度原住民统治。

我们再回到马其顿。腓力五世做人质的那个儿子（也叫德米特里）已经从罗马返回，他受到马其顿人民的热烈欢迎，这把他弟弟的鼻子都给气歪了。只要德米特里仍在异国做囚犯，这个年轻人——珀尔修斯——显然就是继承人；而现在他的地位受到了威胁。[8]他开始暗示腓力五世，新释放的德米特里已被罗马人洗脑，他们打算把他推上马其顿的王位，好做罗马的傀儡。"我们心知肚明，"他评论

地图 21-1　巴克特里亚和印度

道，带有明显的不情愿，"我不想说他是叛徒，但至少是间谍。罗马人把他的身体还给了我们，但是留下了他的心。"[9] 公元前 181 年，腓力五世终于屈服于怀疑和猜测。李维说，他下令将毒药放进德米特里的杯子，这个年轻人在开始感到疼痛后意识到发生了什么。他死时尖叫着，责骂父亲残暴无情。

两年后腓力五世本人去世，珀尔修斯成为马其顿国王。他给罗马送信以示友好，但这些信都是骗人的；实际上他勾结马其顿，再一次入侵了希腊。

在娶了塞琉古四世的一个女儿后，他的意图更加昭然若揭。但是他不能指望塞琉古四世能帮助他对付罗马；婚礼刚刚结束，塞琉古四世就被他的大臣谋杀，一场储君争夺大战爆发了。塞琉古四世的弟弟安条克四世（后来被称为"神显者"安条克）赢得了权力，作为摄政王辅佐塞琉古四世尚在襁褓中的儿子，后来他杀死了这个婴儿。

同时，珀尔修斯还在尽量不引起罗马怀疑的情况下着手征服希腊。波里比阿说，他进军到希腊的中部和北部，并拜访各个城邦以"赢得它们的信任"，他在穿过各个城邦的领土时小心翼翼，不"造成任何损害"。[10] 这样持续了三年，之后希腊的一位国王——小亚细亚帕加马城的统治者欧迈尼斯（Eumenes）——亲自来到罗马汇报了珀尔修斯的所作所为。珀尔修斯企图刺杀欧迈尼斯灭口；这个决定是一个错误，因为刺杀失败了，这就进一步坐实了那些指责。

公元前171年，17 000名罗马士兵向马其顿进发，拉开了第三次马其顿战争的序幕。珀尔修斯派使者到罗马，并用委屈的口吻问为什么罗马人不放过他。罗马人告诉使者说："回去告诉你的国王，如果他真的想要一个答案，他应该跟马上就要带领军队到达马其顿的执政官谈。"[11]

像第二次马其顿战争一样，第三次马其顿战争持续了三年左右；跟第二次战争类似的是，罗马人最终在一场战役中彻底粉碎了马其顿的力量，这一次战场是在皮德纳（Pydna）。不同于第二次马其顿战争，第三次战争使马其顿走向了灭亡。罗马人厌倦了在希腊北部反复进行的令人生厌的小规模战争。公元前168年，珀尔修斯被俘房并押送至罗马，在罗马执政官的监督下，马其顿被分为四个不同的附属国。诞生过亚历山大这样一代伟人的马其顿王国就此终结。

罗马使节来到安条克四世的宫廷，问他是否打算支持珀尔修斯与罗马的战争；安条克四世向他们保证，他无意参与珀尔修斯与罗马的战争，他这么说绝对是实事求是。[12]

他的计划是入侵埃及。年轻的埃及国王托勒密六世在他的摄政王的指令下，曾要求塞琉古王国归还其西闪米特的土地——以色列、犹太、叙利亚这些古国以及周围的土地。这些土地是安条克大帝从托勒密王朝夺取的，都被纳入一个名为"柯里叙利亚"（Coele Syria，又译作"叙利亚山谷"）的总督辖地，现在埃及希望把它们要回去。

在罗马正忙于与马其顿作战时，安条克四世率领军队南下围攻亚历山大城。但他高估了罗马对付珀尔修斯所花的时间。元老院不会无视这等明目张胆、厚颜无耻扩张领土的行为；一位罗马使者携带一封信出现在安条克的军营中，信上要求安条克撤军，把埃及留给托勒密六世治理。安条克四世说他需要跟谋士讨论一下这件事情，但是罗马的使者（据李维记载）"用他带着的木棍绕着国王画了一个圆圈并说道：'在你迈出这个圈子前，给我一个可以向元老院报告的答复。'他犹豫了几分钟，对如此强硬的命令惊讶不已，最后回答说：'元老院认为怎么做正确，我照做就是。'"[13] 他还没有准备好去全面应对罗马的愤怒。

他随后率军向北撤退到海岸，将他的一腔愤怒发泄在了柯里叙利亚总督辖地上，任何人只要对埃及人的要求表现出同情，就都

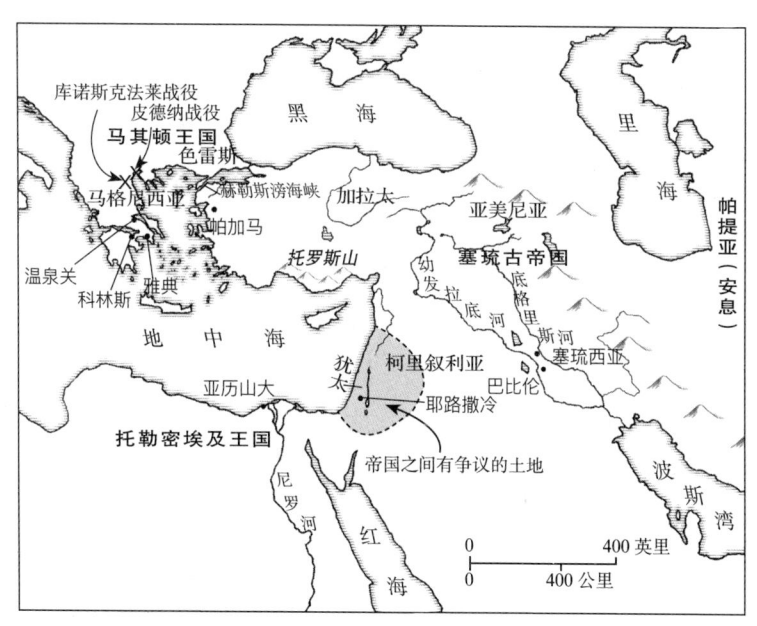

地图 21-2　多方争夺的总督辖地

会被他清洗掉，这包括许多耶路撒冷的居民。"在同一时刻，安条克，即被称为'神显者'的那个人，曾就他对整个叙利亚的权力问题与托勒密六世发生争吵，"约瑟夫斯在他的《犹太战史》(*Wars of the Jews*)一书中说，"……（他）率领一支大军袭击犹太人，靠武力夺取了他们的城市，杀死了一大批支持托勒密六世的犹太人，并且……毁坏了圣殿。"[14]

毁坏圣殿是一种纯粹的机会主义行为；安条克四世破产了，他需要神圣的财宝。在他穿越犹太地的一路上，不仅掠夺圣殿里的金银财宝，屠杀耶路撒冷的居民，而且在耶路撒冷驻军以保证犹太人效忠于他。[15]

对于一个征服者而言，驻军是例行公事，但是安条克四世让犹太人保持忠诚的做法是倒行逆施。他对犹太人的宗教一无所知；他计划将犹太人更紧密地纳入塞琉古王朝的控制（使他们脱离托勒密六世的保护），这个计划包括改造他们的宗教，让耶和华等同于宙斯。然后，这个主神进一步被用他的原型来打造："神显者"安条克就是宙斯兼耶和华在人间的化身。[16]

这是对希腊众神与波斯人对国王神性观念的一个相当标准的融合，也是一个统治古波斯领土的希腊统治者最有可能采用的做法。但是犹太人跟大多数的古老民族都不一样，他们不仅信仰一个独一无二的上帝，而且相信上帝与人有本质上的区别。对于犹太人而言，安条克四世的做法是一种可怕的渎神行为。安条克四世要他们在神庙中祭祀宙斯，并把他自己的生日作为一个宗教节日庆祝。

耶路撒冷的犹太人偷偷藏匿起来，否则就会受到鞭笞，直到屈服。安条克四世因为犹太人的固执而怒不可遏，宣布犹太教为非法宗教。任何不肯吃猪肉（吃猪肉有悖犹太教教规）或者被发现藏有犹太教经书的人都将被处死。据《马加比二书》记载："两个女人因对她们的孩子施行割礼而被处死，他们把婴儿挂在这两名妇女的脖子上，押着她们在城市里游街示众，然后猛地把她们头朝下从城墙上推下去。"*[17]

这种野蛮行径持续不到一年，犹太人就爆发了起义。领头的是一个家族的五兄弟，他们一家都是古老的祭司部落的后裔。老大犹大（Judas）是起义军的领导者；他来到田野乡间，征募愤怒的犹太

---

* 《马加比一书》和《马加比二书》是经外书（Apocrypha）中的历史记录，它们是介于《旧约》和《新约》之间的一套经书。早期宗教界的神父并不普遍接受这些经书，认为它们缺乏神圣的启示；对它们在《圣经》中的地位的辩论一直持续到 16 世纪。1546 年，天主教特伦托大公会议（Council of Trent）宣布经外书是"神圣且规范的"，但新教徒普遍抵制这些书。

人,最后,有6000人加入他的队伍,他们开始了一场反对塞琉古占领者统治的游击战争。"他来无影去无踪,"《马加比二书》记载道,"他放火烧掉城镇和村庄,夺取了多个战略位置,赶走了不少敌人。他发现夜晚很适合发动这种攻击,他的英勇事迹也传遍了四方。"[18] 他为自己赢得了自由战士的美誉,如"犹大·马加比"(意为"锤子犹大"),这场起义后来被称为马加比战争。

犹太人的愤怒,加上安条克四世在其他地方的困境(他不得不分兵北上抵御入侵的帕提亚人),让起义军坚持了比较长的时间。此外还有一个因素:按约瑟夫斯的记载,犹大创立了"跟罗马人的友好联盟";罗马人急于一探塞琉古的实力。[19] 犹太-罗马联盟并没有维持多久,但它帮助耶路撒冷整整四年都没有落入安条克之手。*

最后,"神显者"安条克死了,随之而来的是惯常的内部争夺继位权的斗争,一时间没有人有能力派遣更多的士兵南下到耶路撒冷,犹大趁机宣布自己是国王,即耶路撒冷哈斯摩尼王朝的第一位国王。最终,安条克四世的侄子德米特里一世(不要将其与希腊巴克特里亚的德米特里或马其顿的德米特里混淆)得到了塞琉古王国的王位。他坐稳了王位后,便派出一支军队南下重新征服耶路撒冷。犹大战死沙场,耶路撒冷再次成为塞琉古王朝统治下柯里叙利亚的一部分。但德米特里一世从他已故叔叔的灾难性决定中汲取了教训,授予犹大的弟弟约拿单(Jonathan)很大的权限,让他按照犹太人的习惯管理犹太人,只要他一直是帝国附属国的忠实管理者就行。约

---

* 公元前165年,犹大夺回了神庙的控制权,使其重新回到犹太人手中,并着手进行净化神庙的仪式(圣坛已被玷污,人们曾用一头猪祭祀宙斯)。据《马加比一书》第四章称,圣坛的净化于公元前164年12月完成,并重新用于祭祀,后来犹太人在光明节庆祝这一事件。根据《塔木德》(Talmud,犹太法典,是对犹太教的核心文本的书面阐述的合集)记载,马加比的起义军没有足够的纯橄榄油供净化仪式用,他们仅有的一瓶橄榄油却奇迹般地烧了8天。

瑟夫斯说，约拿单"行为非常谨慎"，这意味着他不像他的哥哥那样是一个动不动就要打仗的急性子。[20] 他尊重塞琉古当局，并设法在耶路撒冷执政将近 20 年。

与此同时，罗马越发兴盛。

几年前，发生了一件具有特殊意义的事情。公元前 180 年，坎帕尼亚的库迈城请求罗马允准其将官方语言从欧斯干语（Oscan）这种古老的方言改为拉丁语。

库迈人已有了半公民权，这是一种没有投票权的公民权。半公民权更像是一种盟约，这个权利不会破坏城邦之前所有的原始身份。[21] 现在，库迈人向罗马人要求一种新的身份。他们没有成为完全的罗马人，也没有完全放弃讲欧斯干语。他们不仅认同罗马的政治，而且认同罗马的文化，但也不放弃自己作为库迈人的身份。

希腊人就从来没有提出这样的关于统一的请求，因为他们都讲希腊语。可能正是由于有共同的语言，他们才没有让自己的泛希腊身份压倒他们作为斯巴达人、雅典人、科林斯人、底比斯人的身份。但是拉丁语的官方地位允许库迈人保持自己作为库迈人的身份。拉丁语不会是他们唯一的语言，但会被用于商业和行政管理，将库迈人与其他保留自己身份的城市和人民绑在一起，同时在原有的身份上增加一个新的身份。

罗马批准了这一请求。库迈人可以使用拉丁语作为官方语言，从这个角度讲，库迈人已经变成了罗马人。罗马人并没有觉得需要进一步抹去他们附属城市的旧身份，用罗马习俗取代古老习俗，用对罗马的忠诚取代古老的忠诚，用罗马的神取代古老的神。

但这种罗马身份的赠予仅限于此。外族人一直在涌入罗马，

时间线 21

罗马	亚历山大的继业者		
	埃及	塞琉古帝国	色雷斯-马其顿
	托勒密三世 （前 246）		
		塞琉古二世	德米特里二世
			安条克大帝
	托勒密四世 （前 222）		腓力五世
第二次布匿战争（前 218）			
坎尼战役			
扎马战役（前 202）	托勒密五世 （前 204）		《腓尼基和约》
第二次马其顿战争		帕尼翁战役（前 198）	
		塞琉古五世（前 187）	
库迈将其官方语言改为拉丁语	托勒密六世 （前 180）		珀尔修斯
	"神显者"安条克		
第三次马其顿战争			皮德纳战役 （前 168）
	安条克五世		
	德米特里一世		

结果是外国的自由人在数量上有超过在罗马出生的自由人的危险。公元前 168 年，监察官塞姆普罗尼乌斯·格拉古（Sempronius Gracchus）开始将所有在外国出生的自由人作为一个单一的部落进行登记。他们可能会成为罗马人，像库迈人一样。他们甚至可能有投票权。但无论有多少人来到罗马，他们将永远无法在票数上超过土生土长的罗马人。

/ 22

东方与西方

公元前202年至公元前110年间,汉朝开辟了丝绸之路。

汉朝第一位皇帝汉高祖*是农民出身。在他统治期间,在秦朝暴政下销声匿迹的古老的贵族开始重新抬头。大一统的老问题并没有消失。

在汉朝初年,各个诸侯国都厌倦了战争,汉高祖为了维持统一,采取了灵活的治理措施,一方面施以严政,另一方面承诺让分封的诸侯国具有一定的独立性。只要有分封的诸侯胆敢造反,他就会派军平定,不过他也下诏大赦,称所有没有谋反的贵族都不会被随意捕杀。对帮他获取帝位的功臣,他免除了其赋税和徭役。有一次,他花了整整一个月时间围剿一个反叛的城池。拿下该城后,他下令赦免那些反抗他但没有诅咒他的人,只有那些诅咒他的人被处

---

* 历史学家将公元前206年到公元25年这段时期称为"西汉";其中公元9年到公元25年是一段短暂的中断期,区分了"西汉"与"东汉"(公元25年至公元220年)。

以死刑。[1]秦朝的皇帝采取的治理之策是将王权攥得死死的,汉朝的皇帝则稍微松开手,把一定程度的自由作为某种赏赐。他发动的最大规模的战争是为了抵御外敌。中国并不总是频繁地面临有组织的外敌入侵,这一点跟西方的许多文明有所不同。但是几个世纪以来,游牧民族也不断在中国北方的边境上活动。汉朝之前,许多战国时期的小国都曾修建长城用以防御外族侵扰,现在这些长城已经被连在一起,变成了防御游牧民族的万里长城。中国人认为那些频频进犯的游牧民族都是蛮夷("非我族类"),处于真正的中国社会之外。

实际上,这些游牧民族并不像中国人想象的那样未开化。许多居住地接近的游牧部落已经开始组成一个松散的联盟,匈奴就是其中一个例子。[2]联盟中的每一个部落都有自己的首领,他们都服从联盟的国王(称为"单于")。其实,匈奴联盟正是仿照南方的汉族政权建立起来的。

他们可能是狄、戎或者其他中国早期典籍所记载的"蛮夷"的后裔。[3]他们同"真正的中国人"并无太大不同,比如,司马迁就曾不经意地说匈奴人是夏朝的一支的后人。[4]但是,司马迁立刻又补充说,匈奴人当然要(比中原人)缺少一些人性,他也暗示,绝大多数中原人都忽视了这种相似性。

汉朝初期,匈奴首领是一个名叫冒顿的单于。史书中记载的游牧民族领袖的名字很少,冒顿是其中之一。在他的组织领导下,匈奴每年都在一个地点(蒙古高原某地)举行大会并进行祭祀。[5]汉高祖曾在匈奴大会期间召集30万大军北上围剿。这些游牧民族同一个世纪之前的斯基泰人一样,充分发挥了他们善于机动的优势。他们一路撤退,直到汉高祖的亲兵将大部队远远地甩在了后面,这时40万匈奴大军突然调转方向包围上来。汉高祖用了整整7天的时间才突出重围。[6]

经历这场遭遇之后，汉高祖决定与匈奴讲和。这是因为，在他的帝国内部，还有很多曾经参与反秦的将军意欲发动叛乱，他不想在内部还未安定的情况下就与外敌开战，导致自己腹背受敌。他不仅送给匈奴很多礼物和钱财以安抚他们，而且令人惊讶地承认了冒顿单于的权力，甚至将一名宗室女子远嫁匈奴和亲。

汉朝早年，皇位承继并不顺利。汉高祖在位七年后于公元前195年驾崩，他的儿子继位，史称汉惠帝。但是汉朝真正的权力握在汉高祖的遗孀吕氏手中，皇太后临朝称制，担任她儿子的摄政王。

吕后不是汉高祖唯一的妻子，却是他的结发妻子（此外汉高祖还有一群嫔妃所生的儿子，这些嫔妃一般都是名门望族家庭的女儿）。吕后嫁给汉高祖时，他还是一个普通人。她是一个意志强硬的女人，她的儿子惠帝却天生仁慈柔弱。[7]她毒害或杀死了很多嫔妃和皇子，她的残忍让自己的亲儿子都不堪忍受，于是汉惠帝终日借酒消愁，不理朝政。据司马迁《史记》记载，"孝惠以此日饮为淫乐，不听政"[8]。刚刚23岁他就驾崩了，而他的生母吕后却没掉一滴眼泪。司马迁写道："发丧，太后哭，泣不下。"[9]

实际上，儿子一死，她就得以重用外戚，让自己家族的兄弟、侄子担任将军、大臣、诸侯等手握重权的职务，这样就进一步巩固了她自己的势力。在惠帝遗孀的配合下，她立汉惠帝的儿子为继承人，宫中谣传这个孩子实际上是一个侍女的儿子，并非皇室血脉（惠帝整日饮酒浇愁，可能并无子嗣）。新帝即位，年纪稍长以后他总是询问一些有关自己身世的问题，让人难以回答。吕后便将他害死，并指派另一个据说是惠帝儿子的人继位。[10]

通过插手皇位问题，吕后在这9年间稳稳地掌握着大权。在她于公元前179年去世后，朝臣把对她的不满发泄到她的宗族身上，诛杀了很多吕氏族人。铲除吕氏族人后，皇位和很多政府职位都出现空缺，不过汉朝平稳地度过了这场特殊的危机。虽然朝野混乱，但皇帝的位置并没有像秦始皇驾崩后那样落入奸佞小人之手，最后让整个嬴氏家族蒙羞。伟大的史学家司马迁总结道："黎民得离战国之苦，君臣俱欲休息乎无为……天下晏然。刑罚罕用，罪人是希。民务稼穑，衣食滋殖。"[11] 国家成功地抵御了北方蛮夷的侵略，百姓得以休养生息，这种无为而治的政策使国家逐渐繁荣昌盛起来。百姓得到满足也就不会再生叛乱，吕后的势力被清除后，高祖与嫔妃所生的另一个儿子宣布即位。

这位年轻人就是文帝。他所继承的这个国家尚不具备帝国的风范，他所能用以团结百姓的，只不过是民众对秦朝暴政的可怕记忆，这使他们更愿意站在反秦的刘氏家族这一边。文帝在位20多年，直至老死（他于公元前179年到公元前156年间在位），在位期间他表现出了极大的智慧。文帝效仿其父，利用百姓对秦朝的憎恨使国家保持统一，并继续无为而治，放任各地的农业和商业自由发展。

同他父亲一样，他也面临外族入侵的困扰。一支更北的游牧民族——他们不是匈奴联盟的一部分，而是月氏人——开始南下进犯匈奴边境。同凯尔特人一样，他们之所以南下侵略，也是因人口过剩出现粮食危机，同时他们也希望侵占更多领地，意图进入中国境内。

但是匈奴人将他们驱逐到了西边。司马迁记载："匈奴破月氏王，以其头为饮器。"[12]（这表明匈奴人与稍微偏西的游牧的斯基泰人有文化上的联系，尽管未必有血缘上的联系，因为二者有同样

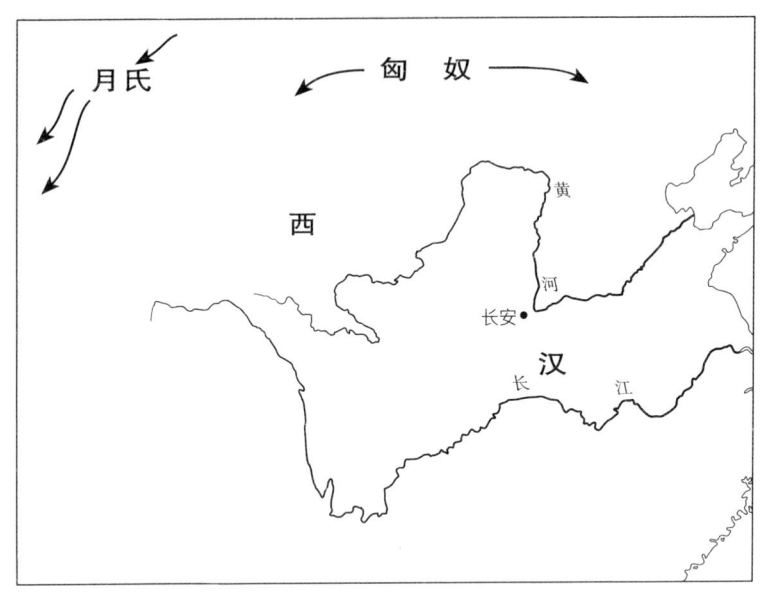

地 22-1　西汉时期形势图

"迷人"的风俗。）西迁的月氏人被称为大月氏，他们的行动带来了多米诺骨牌效应：公元前 160 年左右，他们侵入大夏[*]，并在其北边的乌浒河岸边驻扎下来。这是远东地区和地中海地区民族之间的最早的较长时间的接触。汉朝也因此避免了一场危险。由于匈奴将其他的蛮族击退，汉文帝也就不用再召集大军前去防御。

公元前 157 年前后，汉文帝驾崩，并顺利地将帝位传给了他的儿子，之后，帝位又传到了他儿子的儿子头上，这位皇帝就是大名鼎鼎的汉武帝，他于公元前 141 年即位。汉武帝是汉朝历史上第六

---

[*] "大夏"原文是"巴克特里亚"，因涉及中国史，本章依中国史书习惯，称之为"大夏"。——译者注

位或者第七位皇帝（取决于你具体把几个婴儿皇帝算在内）。在汉武帝53年的统治期间，汉朝国力增强，于是对匈奴转守为攻，迫使其后退。这结束了汉高祖以来的和平局面。现在汉朝已经有实力应对一场战争。

除了击退匈奴，汉武帝的功业还有许多值得大书特书的地方。在他之前的诸位先帝推行休养生息的政策。此时，秦朝的暴政已经结束多年，汉朝经济繁荣，皇帝终于可以深入治理国家，建设一个伟大的帝国。他重新开始对多种物产征税，将冶铁、煮盐、酿酒等生意改为官营，削减地方官员趁先帝无为而治时聚敛的个人财富。[13] 他还开始重建官僚体系，首次要求想做官的人必须参加并通过一个资格考试。[14]

继位后不久，可能是在公元前139年前后，武帝派了一位名叫张骞的使节出使西域。此次出使的目的原本是与被匈奴击败的月氏建立联系，以共同对抗匈奴，不过在那时，汉朝已经不断接受来自西部的物品，东西两边的人因为货物交易而产生了对彼此的好奇。[15]

张骞的出使并不顺利，他被匈奴兵抓到，送到了单于面前。不过匈奴人没有杀他，反而还赏给他一个妻子，他在那里住了十年，终于在匈奴人对他的监视不再那么紧的时候，抓住机会逃跑了。之后他一直向西访问了大夏和安息*，了解到月氏人向西迁徙的情况。公元前126年，张骞返回大汉，受到极大褒扬，他也将掌握的情况详细向皇帝汇报。

他对皇帝说，大夏住着很多农民，但是没有国王："只有一些小领主统治着不同的城市。"[16] 实际上，沿途发现的古代钱币显示，

---

* 安息即帕提亚阿萨息斯王朝，因涉及中国史，本章依中国史书习惯，将原文的"帕提亚"译为"安息"。——编者注

最后一位大夏国王名叫赫利奥克勒斯（Heliocles），他还是希腊人。公元前 130 年前后，大月氏人入侵，终结了他的统治。张骞到达大夏时恰逢入侵的游牧民族迅速占领这个国家。

　　游牧民族到来之时，那里的统治者可能已经南下去了印度。张骞还报告说，大夏人曾跟他说过一个叫作"身毒"的地方，那片土地位于"东南可数千里……其人民乘象以战，其国临大水焉"。大夏的希腊人翻山越岭逃入印度，这样大夏王国就分成了两部分：一部分原本由希腊人控制，现在被月氏人征服；另一部分则在南方形成了印度-希腊王国。

　　几十年后，这些"印度-希腊人"就变得更像印度人而非希腊人了。他们最负盛名的国王是米南德一世（Menander I，中国古书称之为"弥兰陀"），他于公元前 150 年左右在位。他在位时铸的硬币上刻有希腊文字并画有他身着希腊盔甲的形象，但是《弥兰陀王问经》*这部佛教典籍中记载了他皈依佛教的故事。"整个印度无人能与弥兰陀王比肩，"经文开头说道，"他的王国强大繁荣，军队的力量无穷无尽。"尽管如此，他还是孜孜不倦地询问他的权威本质为何，以及有关他为获得统治权而征战的这个世界的问题。一天，在检阅了自己"不计其数的战象、骑兵、弓箭手和步兵"之后，他请求同一位大师谈话，以纾解他心中的困惑，后来他们之间的对话就成了《弥兰陀王问经》这部佛教经典。[17]

　　据《弥兰陀王问经》（*Milin Panha*）记载，这场讨论最终让国王放弃王位，开始其朝圣之旅。"此后，他以长者的智慧为乐，"经卷的最后说，"他把国家交给了儿子，放弃了世俗生活，四海为家，

---

*　梵文为"Milinda Panha"，佛教典籍又称《那先比丘经》。——译者注

增长见识"[18]。这事虽然有可能发生,但不像是真的。弥兰陀之所以出名,不仅是因为他皈依了佛教,还因为他将印度-希腊王国的边境一直扩展到了华氏城,这必然是经过连年征战才能实现的。后来的一部佛教典籍《伽尔-吉本集》(*Gargi-Samhita*)证实了这一点,它说希腊人来到"华氏城厚厚的夯土城墙外,所有的行省……一片混乱"。

不管弥兰陀最终是不是放弃了战争,他的征战都吞并了一个信奉印度教的王国,并扩大了一个信奉佛教的王国的地盘,佛经对他的这一功绩有所记录。他于公元前130年去世,《弥兰陀王问经》说道,"神圣的遗骨"被供奉在舍利塔中,"坚固的佛塔下埋着伟大逝者的遗骨"。

张骞的报告中还提及了更西边的安息,当时该国还有国王在位。安条克一直在被迫抵抗安息人的入侵,在他之后的三名塞琉古国王也肩负着同样的重任。从本质上来讲,安息人和匈奴人的祖先并无不同,他们都是马背上的游牧民族,骁勇善战,多年来一直都在侵犯塞琉古的边境,并将其不断向西驱赶,一直推到靠近叙利亚的地区。在安条克之后第三位国王德米特里二世(Demetrius II)统治时期,安息人已经深入到底格里斯河和幼发拉底河之间的古亚述王国的腹地。安息人牢牢地控制住了这片土地,甚至在上面建起了防御城墙。他们到处搜罗大石头来修建这些城墙;亚述那西尔帕的纪念碑也被推倒,碑石被当作建墙的石料,用来守卫他那古老的领地,以防御塞琉古人。

公元前139年,安息国王米特拉达梯一世(Mithridates I)在战争中俘获了德米特里二世,并将他一路押回安息。安息国王对德米特里二世很好,虽然他被关禁闭,但环境舒适。然而,这十年的

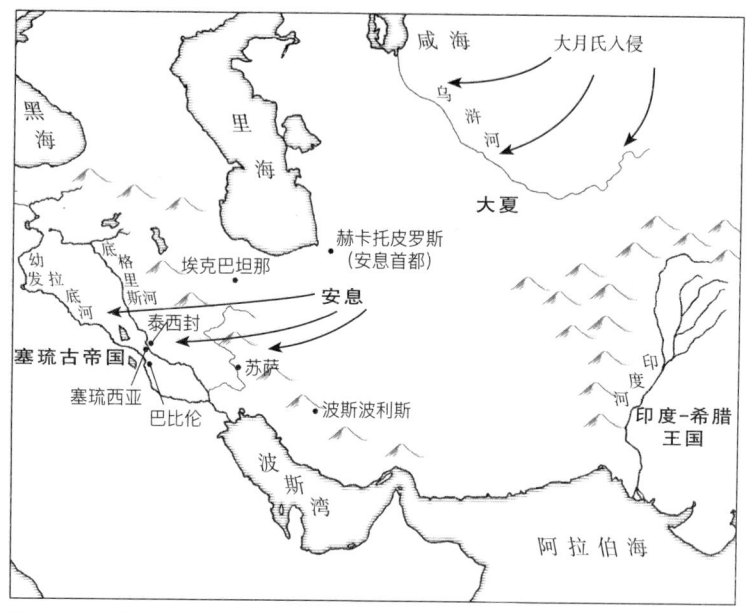

地图 22-2 安息人（帕提亚人）

牢狱生活使这位一度伟大的塞琉古国王分外难堪。约瑟夫斯称，他在圈禁中去世："德米特里二世被送到米特拉达梯一世面前，"他写道，"安息国王给予德米特里二世极大的礼遇，直到他因病去世。"[19] 还有另外一种说法，说他逃出了敌国，之后不久就去世了。王位首先由他的一个儿子继承，但很快他的这个儿子被谋害，后来他的另一个儿子即位。

与此同时，安息越来越逼近巴比伦，并在泰西封建造了营地，他们可以利用这个营地进一步深入塞琉古的土地。帕提亚人势力不断增强的事实，在张骞呈交给汉武帝的报告中都有述及。他说，安息人的文明是非常具有组织性的文明，令他印象深刻："其属小大数百城，地方数千里。"安息农民种植水稻、小麦和酿酒的葡萄；他们的商人远渡重洋与遥远的国家进行贸易。此时，安息帝国已经一直延伸到张骞口中的"条支"，那里"暑湿。耕田，田稻。有大鸟，卵如甕。人众甚多，往往有小君长"。但是所有这些小领主都要听从安息国王的命令。[20] 上面描述的正是两河流域。塞琉古人已经一路退出两河平原，他们的国家已经不再是那个能对罗马构成威胁的帝国。

这块土地是安息人自己拿下的。汉武帝统治下汉朝广阔的疆域与安息最伟大的国王米特拉达梯二世的领土在此接壤。米特拉达梯二世于公元前123年即位，之后不久他就惊动了小亚细亚的罗马官员。一个叫卢基乌斯·科尔内利乌斯·苏拉的人（普鲁塔克记录了他的生平）被派去留意"米特拉达梯二世的不安分举动，因为他在逐渐获取大量新的权力和领土"。[21] 苏拉一直远行至幼发拉底河，并在那里碰上一位米特拉达梯二世派来见他的使者，据普鲁塔克记载，"两国之间还没有信使往来"；苏拉是"第一个与安息人建立联系和友谊的罗马人"。

米特拉达梯二世也向东边派去了商人和使节。司马迁记载道："汉使至安息，……汉使还，而后发使随汉使来观汉广大，以大鸟卵及黎轩善眩人献于汉。"

同时期，从东边来的使节也在向西去。继张骞的"凿空之旅"之后，汉朝派出越来越多的使者沿着张骞的道路向西进发，出使西域。司马迁记载道："自博望侯开外国道以尊贵，其后从吏卒皆争上书言外国奇怪利害，求使。"[22]

在这个过程中也发生了一些战斗，汉军在这条新开辟的商路上镇压了很多当地部落的反抗。公元前110年，自西向东的贸易路线完全建立起来。西汉政府在沿途设立了有军队驻守的驿站，以保护商人免受土匪抢劫。安息人从汉朝人手里购买他们自己无法制造的丝绸和漆器。汉朝皇帝则购买大宛出产的所谓"汗血宝马"。越来越多的外国访问者来到汉朝，皇帝允许他们沿着海岸线参观，以显示汉朝疆域广阔、国土富饶。在安息，同时出现在普鲁塔克和司马迁史书中的米特拉达梯二世成为东西方两个崛起大国之间的桥梁。

时间线 22

亚历山大的继业者			中国	匈奴
埃及	塞琉古帝国	色雷斯-马其顿	周朝灭亡（前 256）	
托勒密三世（前 246）			秦庄襄王	
	塞琉古二世 安条克大帝	德米特里二世	秦王政	
托勒密四世（前 222）		腓力五世	秦朝（前 221—前 206）始皇帝（秦王政）	
			秦二世（前 209）	
托勒密五世（前 204）	《腓尼基和约》		汉朝（前 206—公元 220）	
帕尼翁战役（前 198）			高祖	冒顿单于
	塞琉古四世（前 187）		惠帝（前 195）	
托勒密六世（前 180）		珀尔修斯	吕后（前 187）	
	安条克·埃庇法尼斯		文帝（前 179）	
皮德纳战役（前 168）				
	安条克五世 德米特里一世 德米特里二世		武帝（前 140）张骞出使西域	
	（安息）米特拉达梯二世（前 125）			

/ 23

破坏制度

> 公元前157年至公元前121年间，罗马人摧毁了迦太基，镇压了一次奴隶起义，也给了共和国致命一击。

罗马重新恢复了与迦太基的贸易往来。这座北非城市是黄金、白银、美酒和无花果的重要来源，所以出于现实的考虑，两座城市之间倒还能相安无事。[1]

但是迦太基的处境比较危险。第二次布匿战争结束时签订的条约剥夺了迦太基大部分的陆军和海军，使得迦太基城在外来入侵者面前显得极为脆弱。其中最让迦太基人担心的便是它南边位于北非海岸的努米底亚（Numidia）。努米底亚国王马西尼萨（Masinissa）跟罗马结成了同盟，西庇阿攻打迦太基时他就曾派军支援过罗马，罗马则帮助他扩大了在北非的王国（当年珀尔修斯派使节前往迦太基，希望能获得他们的帮助赶走罗马人，他还在罗马人那里搬弄迦太基人的是非）。第二次布匿战争结束后，马西尼萨不断武装进犯迦太基边境，并将夺得的土地据为己有。李维说："对于一个肆无忌惮的人来说，这简直轻而易举。"因为罗马条约规定，迦太基人不能对任何罗马的同盟者使用武力。[2]

公元前 157 年，政治家马库斯·凯托（Marcus Cato）率领罗马代表团来到北非，他此行的目的是让努米底亚人放过迦太基。在元老院中，凯托本人一直都是最强硬的反迦太基派。当他亲眼看到迦太基的时候，他惊呆了。这里根本不像罗马人以为的那样"穷困潦倒，境况惨淡"，而是（用普鲁塔克的话来说）"人丁兴旺，富人云集，充满各种武器和军火"。他急匆匆地回到罗马，向元老院发出警告，"除非他们能想出办法来限制这个罗马长久以来无法与之实现和解的敌人的快速发展，否则罗马自己就会陷入危险境地"。[3]

并不是所有的元老院议员都认为罗马大军必须立即征讨迦太基；凯托此时已经年近 80 岁，他的表现让人觉得他是一朝被蛇咬十年怕井绳。每次有人反对他，他就在元老院的演讲上不管主题是什么最后都用"总的说来，我认为应该彻底摧毁迦太基"做结尾，使得议员们很恼火。[3]

元老院不堪其扰，只好不断要求迦太基证明其忠诚。最后，罗马强迫迦太基人放弃他们的城市并在距离海岸线至少 16 千米远的地方重新建造一座城。迦太基人愤怒地拒绝了。公元前 149 年，在大西庇阿的孙子西庇阿·艾米利乌斯（Scipio Aemilius）的率领下，罗马战船驶向北非海岸，把迦太基城团团围住，这一围就是三年。这纯粹就是一种惩罚，有的人称之为"第三次布匿战争"。[5] 围城刚一开始，凯托就因年老体衰而去世；很多罗马人都说他的墓志铭应该这样写："凯托引发了第三次也是最后一次针对迦太基人的战争。"[6]

在元老院的议程上，迦太基并不是唯一的问题。在希腊，斯巴达也在制造麻烦。

斯巴达已不再是主导亚该亚同盟的城邦，它的老盟友和同盟中的其他城邦都不把它当回事。斯巴达对其中一项同盟决议不满，于是宣布它要直接向罗马（各个城邦都心照不宣地将罗马视作希腊半岛上真正的强权）上诉。同盟中的其他城邦马上通过一项规定，称只有同盟才有资格向罗马上诉。

斯巴达对此事的回应同它几个世纪以来的回应一模一样：他们武装起来，威胁要动用武力。争论的双方纷纷给罗马写信。一位正在马其顿处理另一个问题的罗马使者传话回来，让它们双方在罗马官员到达并帮它们解决问题前先克制一下。但是为时已晚。公元前148年，双方兵戎相向。

次年，罗马外交使节出面调停争端。他们在科林斯城进行磋商，并达成有些偏袒斯巴达的决议，这一安排并不怎么明智；科林斯人怒火中烧，冲到大街上，见到看起来像斯巴达人的人就上前一顿暴打。在暴乱中，罗马官员也挨了打。

罗马官员怒不可遏，回到罗马后使劲渲染这起事件的严重性。波里比阿记述道："他们宣称，他们差点丢了性命，简直是死里逃生……他们说这次动乱不是一次突发事件，而是亚该亚方面别有用心，故意侮辱罗马。"[7]

作为回应，罗马舰队驶向希腊。主帅是执政官穆米乌斯（Mummius），他带领26 000名士兵、3500名骑兵在科林斯地峡安营扎寨。有些亚该亚同盟中的城邦在一位科林斯将军的率领下试图回击，但是希腊军队的阵线很快就被攻破；那位科林斯指挥官逃离前线，然后服毒自尽；战败的亚该亚同盟的士兵逃进科林斯城。穆米乌斯一把火烧掉了这座城市，然后占领了这里。

罗马终于全面吞并了希腊。

在波里比阿看来，希腊城邦遭受的灾难是咎由自取。"迦太基人的所作所为给他们的子孙留下供人指责的话柄，"他写道，"但是希腊人所犯的错误简直令人发指，别人即使想支持他们也找不到这么做的理由。"对于马其顿，他好像也说过类似的话。这里一直都有人宣称自己是马其顿的王族，直到罗马将其吞并，把这里变成一个行省，剥夺了共和国时期留给它的哪怕是极小的自由。

与此同时，"所作所为给后代留下话柄"的迦太基陷入一片大火。同年，西庇阿·艾米利乌斯率军最终攻陷了迦太基。罗马士兵在街道上横冲直撞，四处纵火。两个星期后，迦太基变成一片灰烬。迦太基陷落的时候，波里比阿本人就站在艾米利乌斯身边："看到这座城市在熊熊大火中彻底毁灭，"他写道，"西庇阿突然开始落泪……我大胆地问他（我曾是他的导师）此时此刻在想什么……他马上转过身来抓住我的手说：'噢，波里比阿，这是一件重大的事情，但我不知道为什么感到恐惧和害怕，生怕某些人某一天也会对我的祖国做出这样的事情。'"[8]

迦太基曾经矗立的那片土地现在成了罗马在北非的一个行省。罗马击败了所有邻近的古代强国：帕提亚、埃及。只有版图已经大大缩小的塞琉古暂时处境安全。

在进一步征战之前，罗马需要先解决一些内部矛盾。连年征战并不断获胜，给罗马带来了大量外国战俘，他们被带到罗马的各个行省当作奴隶。罗马的奴隶被看作主人的财产。主人可以任意殴打、强奸甚至让他们挨饿；但是，只要罗马奴隶主赐予某个奴隶自由，他就会变成一个可以享有所有公民权利的罗马公民。历史学家芬利（M. I. Finley）指出，这一制度使罗马奴隶制的情况变得非常奇怪。只需奴隶主的一个恩赐，一件财物马上就变成了人，而且由于罗马的奴隶种族背景复杂（这与美国南部的奴隶不同。在美国，奴隶即使在被解放之后仍然有着独特的肤色，这提醒他们曾属于奴隶阶级），自由了的人会"在一代，至多两代之后融入整个人群"。[9]*

实际上，受到虐待的奴隶很清楚自己和他们的主人本质上并无不同。脱离迦太基的控制之后，西西里迅猛发展，到了公元前136年，岛上已有几千名奴隶。狄奥多罗斯写道，西西里人"使劲压榨他们，给他们最少的关心、最少的粮食和最少的衣物……奴隶生活艰辛，充满痛苦，经常无端被打，最后实在忍无可忍。他们聚到一起商讨起义，最后将计划付诸行动"。[10]

起义在恩纳（Enna）爆发，400名奴隶团结起来，杀死了一个因残暴而出名的奴隶主。他们还杀死了奴隶主家里包括婴儿在内的所有人，只放过了一个对她父亲的奴隶表示过友善的女儿。然后，他们任命了一个很有个人魅力的奴隶攸努斯（Eunus）当他们的国王和领袖。他不仅颇有煽动人心的演讲才能，还颇有战略思想。狄奥多罗斯记述道："他在三天内就武装了6000多人……之后他一直在号召奴隶加入其中，他甚至还敢跟罗马将军对战，而且，由于他现在有了1万多名士兵，所以常常会因人数优势而将罗马将军打败。"[11]

在他领导的这场起义中，还有很多奴隶领袖加入进来做了他手下的将领。最终参加这场起义的奴隶人数在7万到20万之间，这就是历史上著名的"第一次奴隶战争"（First Servile War）。罗马也爆发了其他认同此举的奴隶起义，紧接着其他希腊城市也爆发了奴隶

---

* 芬利指出，这种制度跟古希腊的制度差别很大。在希腊的制度下，自由了的奴隶会变成"自由的居民，他们在政治领域仍然是外邦人"《古代奴隶制度与现代意识形态》(*Ancient Slavery and Modern Ideology*, 1987)。

起义。这些起义最终都被镇压下去,只有西西里的战争仍在继续。

第一次奴隶战争持续了3年之久,部分原因是西西里的劳动人民并不同情身处困境的西西里奴隶主。"当这么多麻烦降临到西西里人身上时,"狄奥多罗斯写道,"普通民众非但不同情,反倒幸灾乐祸,他们原本就对他们之间的不平等心生嫉妒。"很多农民借机将富人的田产放火烧掉,把罪责推给造反的奴隶。[12]他们袖手旁观,对恢复旧秩序无动于衷,因为他们也曾是旧秩序的受害者。

在这一点上,西西里并非特例。不仅在罗马各行省,就连罗马城内部也出现了贫富差距日益扩大的现象。罗马连年征战,这意味着成千上万名罗马步兵必须为国家效命沙场;当他们返回家乡时,军饷极少,有的人还落下残疾,面对的却是荒芜的田地、破败的房屋和未还清的债务。[13]与此同时,商人们则从新开辟的商路中获益颇丰,而随着新吞并的土地越来越多,税收也越来越多,于是政客的薪酬也越来越高。

罗马对新吞并土地的管理方式也乏善可陈。罗马历史学家阿庇安(Appian)在200多年后写了《内战》(*Civil Wars*)一书,书中描绘了罗马人如何治理他们在意大利半岛上攻下的土地:

> 罗马人通过战争一个接一个地征服意大利的部落,他们占领了部分土地……由于他们没有时间去(销售或出租)这些战争荒地,而这类荒地的数量往往占了更大的部分,他们就颁布公告说,暂时愿意耕种这些土地的人都可以去耕种,并获取每年收成的一部分……富有的人占据了大部分的未分配土地……而且,他们还通过购买或武力方式,将穷邻居的小农场据为己有,慢慢地,他们的土地横贯整个地区,而不再是普通的庄园。[14]

要耕种这么大面积的土地，地主需要很多劳力，但是罗马的法律规定，被雇用的人只要是自由人就必须去服兵役。于是乎，富人就选择买下越来越多免服兵役的奴隶。阿庇安说："结果，有权势的公民变得越来越有钱，全国的奴隶数量成倍增长，"但普通劳力"只能被贫穷、赋税和兵役拖垮"。

对这个设计糟糕的制度发出质疑声最大的是护民官提比略·塞姆普罗尼乌斯·格拉古（Tiberius Sempronius Gracchus），他是一位执政官的儿子。西庇阿·艾米利乌斯征讨迦太基时他就在服兵役，并因为第一个爬上敌人城墙而赢得了声誉。[15] 在外省任公职时，他亲眼看到罗马各省的土地被富人占有，牧羊人和农民则失去了他们的土地。他回到罗马后开始从政，决心改革这种制度。他在公开演讲中称，罗马的将军们命令他们的士兵为了家园和社稷而战，但是这些士兵面临的正是失去家园的风险，这真是太讽刺了。普鲁塔克写道："他告诉他们，他们奋勇拼杀并为此受伤，结果却是维持了其他人的奢华和财富。人们赞誉他们是世界的主人，到头来却没有一寸真正属于自己的土地。"[16]

格拉古提出的改革计划由于会削减富人的私有土地，因此自然不受罗马富人的欢迎。他们劝说其他护民官对格拉古的提案投反对票。这是完全合法的，任何一位护民官都有权反对另一位护民官提出的法案。格拉古怀疑他们收取了贿赂，凭着这些怀疑，他不惜突破罗马宪法的限制。在支持者的帮助下，他限制了一系列公共服务，宣布只有对他的法案进行公投，这些服务才会恢复。

这种为了做好事而突破法律规定的行为，让越来越多罗马的立法者开始反对格拉古。无论他的初衷是什么，他都树立了一个危险的先例：他利用公众对个人的拥护来实现个人意志。

法案通过之后，格拉古让他自己、他岳父和他年轻的弟弟盖乌斯（Gaius）负责监督法案的执行过程，这样一来，人们对他的猜忌就加重了。越来越多的人都开始暗地里嘀咕，不只是那些立法者，还包括之前一直站在格拉古这边的普通民众。护民官的职责应该是保护普通民众，但他绕过了其他护民官。民众希望他的法案能够通过，但是很多人对他采取的方法心存忧虑。

公元前 132 年，格拉古重新参选护民官，此时人们对他的怀疑升级为一场暴乱。选举当天，他正站在议院里时，谣言开始四散：富人们不允许人们投他的票，暗杀者正在找他。他周围的人越来越焦躁。当此之时，格拉古将手放在头上。阿庇安说他这是向支持者发出一个信号，让他们开始付诸武力将他送上公职；普鲁塔克说他周围的人以为他要戴上王冠（这一要求太不可能了），他们于是纷纷亮出棍棒。不知道是谁发出了第一击，然后整个人群都炸开了，陷入混战。元老院的议员们将长凳拆开，拿起凳子腿当武器。据普鲁塔克记载，第一个打到格拉古的人是另一个护民官，他手里握着一个椅子腿。格拉古摔倒了，然后被乱棍打死，除了他以外，这次暴乱中还有 300 人殒命。他死时还不到 31 岁。

包括格拉古在内的所有人的尸体都被直接抛进台伯河中，没有搞任何仪式。普鲁塔克说："这是罗马废除王国体制后罗马人中第一次出现煽动叛乱的情况，这一事件以流血收场。"[17] 在此之前，元老院和民众之间的矛盾都是在罗马宪法规定的边界内解决；提比略·格拉古被谋杀，等于撕开了这个边界，此后它再也没有弥合起来。后来，罗马人在回顾这段历史时将格拉古遭受的一击视为对共和制度的致命一击。但实际上，给这个制度插上第一刀的人正是格拉古——就在他决定为了穷人的利益而绕过其他护民官的时候。"他

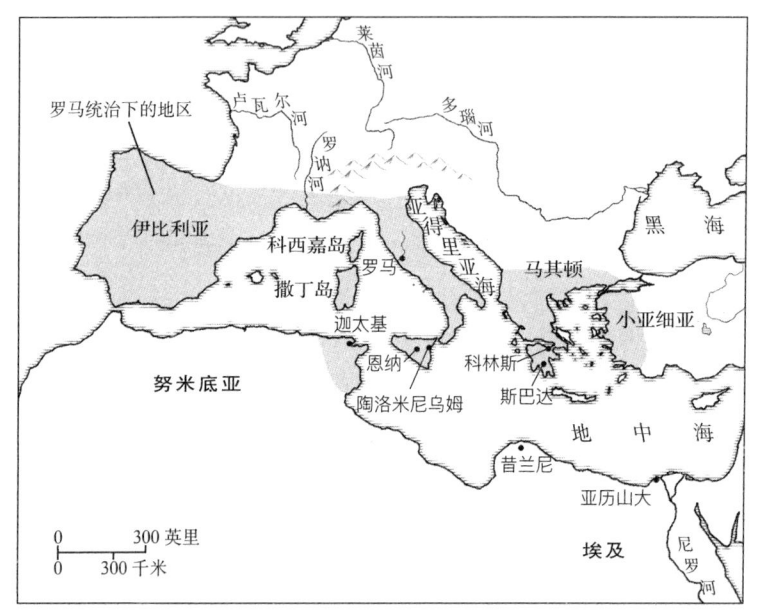

地图 23-1　奴隶起义

之所以丢了性命，"阿庇安总结道，"是因为他用过于不合法的方式来进行一项伟大的计划。"[18]

同年，执政官普布利乌斯·鲁皮利乌斯（Publius Rupilius）残酷地镇压了奴隶起义，在西西里爆发的第一次奴隶战争就此结束。他把起义军的领袖围在陶洛米尼乌姆（Tauromenium）城，哪怕城中景象已是惨不忍睹，他也拒绝解除围困。狄奥多罗斯记述道："最开始（城里的人）吃孩子……然后吃女人，最后也开始吃男子。"[19]这座城最终投降后，鲁皮利乌斯残酷折磨城内的奴隶，并将他们活生生地从悬崖上扔下去。然后，他在整个西西里追击奴隶国王攸努斯，抓住他后将其扔进监狱，"在那里，他的身体腐烂生蛆"。[20]

23 破坏制度

时间线 23

中国	罗马
秦朝(前 221—前 206)	
始皇帝(秦王政)	第二次布匿战争(前 218)
	坎尼战役
秦二世(前 209)	
汉朝(前 206—公元 220)	札马战役(前 202)
高祖	第二次马其顿战争
惠帝(前 195)	
吕后(前 188)	库迈将其官方语言改为拉丁语
文帝(前 179)	
	第三次马其顿战争
	第三次布匿战争(前 149)
武帝(前 140)	迦太基被毁(前 146)
张骞出使西域	第一次奴隶战争(前 135)
	提比略·格拉古去世
	盖乌斯·格拉古去世

提比略·格拉古死去八年之后,比他小九岁的弟弟盖乌斯·格拉古(Gaius Gracchus)也开始参选护民官。普鲁塔克说,就这兄弟俩而言,哥哥冷静镇定,弟弟真诚热情;哥哥谈吐严谨,弟弟则激情澎湃。他获得了足够多的选票当上了初级护民官,不久他就显示出要为其兄报仇的意图。他的改革方案比其兄长的还要激进;他提议将所有的公共土地都分给穷人,国家要负责步兵的衣食,所有的意大利人都应被赋予作为公民权一部分的投票权,他还提出了十几项修改现行罗马制度的提案。其他执政官竭尽全力不让他成功。受挫的盖乌斯纠集自己的支持者,"用武力反对执政官",当双方对阵之时,另一场血雨腥风的暴乱开始了。

盖乌斯在这场冲突中被杀。杀死他的人将他的首级砍下来，当作战利品献给一个执政官。3000 名罗马人在这次暴乱中丧命。同样，死者的尸体被扔进台伯河，这一次由于尸体太多，差一点阻塞了河道。格拉古是在一场使用棍棒的斗殴中被打死的，而令他弟弟丧命的暴动则使用了刀剑。双方都是有备而来，提前准备了武器。

/ 24

繁荣的代价

> 公元前118年至公元前73年间,罗马的同盟者要求公民权,汉朝在征战上开销巨大,苏拉和马略在罗马争权夺势。

格拉古的灾难过后,可以清楚地看出,对于不断加重的贫穷和无地问题,新法律并不会提供任何解决方案。罗马宪法规定了有关设立护民官和执政官、元老院议员和法官,以及监督和平衡等制度,但这既不能带来公正,也不能阻止公正被践踏,因为富人或者具有强烈个人魅力的人的意志总是能够颠覆法律的规定。几乎每一位罗马演说家在谈及过去的"迦太基被毁之前"的黄金时代时都会充满向往,当时的共和制很健康。在迦太基被毁几年之后,罗马历史学家塞勒斯特(Sallust)谈及之前的历史也扼腕叹息:"(当年)民众和元老院以和平且有节制的方式共同控制政府,敌人没有与我们争夺权力或荣耀;对敌人的畏惧使整个国家的人心都凝聚到一起。"[1]

至于是不是真的存在过这样一段时期则另当别论。罗马人需要充满渴望地回顾历史,靠着这样一个假想中的黄金时代来应付现在

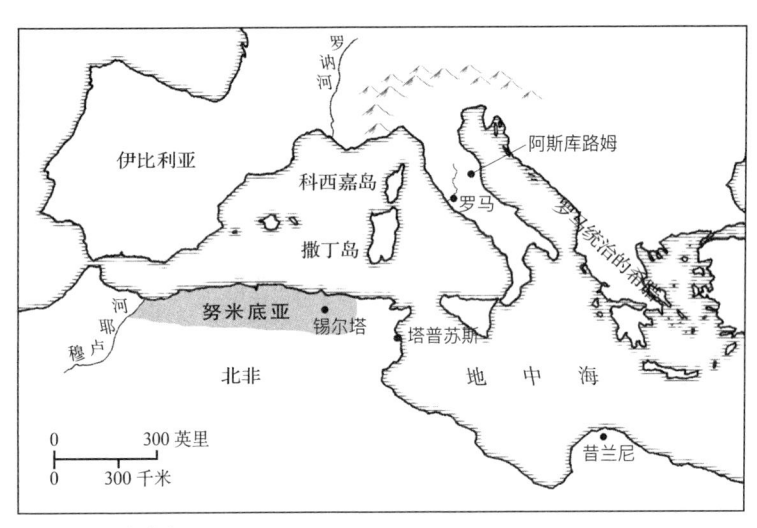

地图 24-1 努米底亚

的状况。罗马一度非常纯洁，现在则充满了贪婪、腐败、骄傲、颓废，以及其他伴随繁荣而来的问题，这一评价在一场朱古达战争（Jugurthine War）之后进一步得到证实。

在北非，努米底亚国王马西尼萨将王位传给了儿子米西普萨（Micipsa）。米西普萨有两个儿子，此外还有一个名叫朱古达（Jugurtha）的侄子。这个侄子不在继承人之列，米西普萨在军中给他安排了职务，派他率领努米底亚的军队与西庇阿·艾米利乌斯的军队一同作战。朱古达由此和罗马的军官熟络起来，他们告诉他（塞勒斯特如此记述）可以通过贿赂罗马政府来帮助他继承他叔叔的王位："在罗马，金钱可以买到任何东西。"[2]

米西普萨于公元前 118 年去世，朱古达趁机用武力夺取了王位；他的亲信杀害了他的一个堂兄，另一个堂兄阿德贝尔（Adherbal）则逃到别国。为了确保罗马人不会站在这位合法继承人一边，朱古达"派使者带着大量金银前往罗马"去贿赂那些元老院议员。这招很有用。塞勒斯特记述道："他们对朱古达的愤恨不满变成了支持和友好。"[3]

随后阿德贝尔出现在罗马以寻求帮助，但他发现朱古达早已用金钱买下了王位。元老院裁定王国应在两人之间平分。他们两人一回到努米底亚，朱古达就向阿德贝尔发动了战争，在他的首都捉住了他，然后将其折磨致死。

在罗马，公众对此无比愤怒，这使元老院不能再坐视不管。公元前111年，罗马派了一名执政官率军前往努米底亚惩罚朱古达。但同很多罗马官员一样，这位执政官也是一个腐化堕落之徒。塞勒斯特说："朱古达派人对他施以金钱诱惑。"而他则"很快就范"，象征性地罚了朱古达一笔钱，就打道回府了。[4] 接着，又一个官员被派来，他将朱古达抓回罗马进行审判。但是刚一到罗马，朱古达又用金钱伺候，结果案子也不了了之。元老院让他毫发无损地回去了。据说，在穿过城门时，他回头望着这座城市说："这座城市可以被出售，如果能找到一个买家，它也就时日无多了。"[5]

接连不断的贿赂行为激怒了罗马公众，对于自己的政府，他们所痛恨的莫过于其受贿行为。在公元前109年之前，没有一位罗马官员在处理朱古达的问题上是清白的。就在这时，出现了一位叫作盖乌斯·马略（Gaius Marius）的官员，他是一个"新人"，也就是说他的家庭没有任何政治势力，也不富有。由于罗马民众痛恨贪污腐败，这一背景对他很有利。他在北非待了两年时间，通过战斗赢得荣誉；公元前107年，他被选为执政官。*

---

* 马略在北非最初的职位是执政官梅特拉斯（Metellus）的助手；马略认为梅特拉斯处理战争的问题不够果断，没能及时结束战争，于是就花了一年的时间，通过竞选获得了指挥官的职位。

当选之后，他花了三年时间征讨朱古达。最后，在他的高级官员苏拉（就是那个 15 年前拜会过米特拉达梯二世、第一个与帕提亚人建立联系和友谊的罗马人）的帮助下，马略成功地将朱古达诱入陷阱并将其擒获。

朱古达被戴上脚镣，被人拖着在罗马的大街上示众，此举不仅代表了罗马的胜利，还象征正义和诚实战胜了权贵的腐败。马略本人被誉为罗马的英雄。此后他又接连五次被选为执政官。

实际上这与罗马的宪法是矛盾的。按说，罗马宪法是不允许执政官连任的（这样执政官会获得越来越多的权力）。但是马略得到了人民的拥戴，既然宪法以前未曾阻止那些有钱有势的人消灭像格拉古兄弟那样的平民英雄，现在又何必在意它呢？

为了回报 1000 个意大利同盟者在战争中给予罗马的帮助，马略授予了他们公民权，这再次突破了罗马宪法的规定。"我很抱歉，"他回答道，"但是战争的鼓噪声使我未听到法律的声音。"[6]

担任了六届执政官后，马略意识到自己不太可能赢得第七次选举，就自行选择退休。自从征讨朱古达后，罗马到现在都没有再打过一场真正意义上的战争，但如普鲁塔克所言，马略"天生就不是一个和平的人，也不愿过普通人的生活"。[7]

不过，真正的战争不久就会到来。半岛上的意大利城邦都是罗马的附属国，多年来那里的人一直都在要求成为享有投票权的真正的罗马公民，但是元老院对这种特权一直都控制得很严。普通民众认为罗马的公众遭受压迫的感觉也传给了其他意大利城邦的民众，而且没人在意他们一直以来的请求——西塞罗后来评论说："格拉古一直坚持支持民众，但是忽略了同盟者和拉丁人的权利和条约。"[8] 现在同盟和拉丁人希望能在罗马自身的事务上发出声音。按古代史学家查士丁的说法，他们不仅想要公民权，还要成为罗马权力的伙伴。*[9]

　　元老院拒绝分享权力，结果一股反对罗马的情绪开始蔓延。最开始，这种情绪体现在拒绝罗马风俗和拉丁语等做法上，人们开始重新使用意大利古代的语言。历史学家 E. T. 萨蒙（E.T.Salmon）指出，在这一时期的意大利城邦的文字记录中，古代词汇明显偏多。[10] 随后，一些意大利城邦成立了一个新的联盟，他们将称之为"意大利"。公元前 91 年，愤怒的意大利人在阿斯库路姆杀死了一位罗马官员，双方立刻开战。

　　这次战争史称"同盟者战争"（Social War），是一场介于内战和重新征服外国人之间的战争。罗马慢慢地通过谈判和武力征伐将这些意大利城邦重新纳入自己的控制之下。公元前 90 年的执政官出身于本属权贵却相对贫穷的尤利·恺撒（Julii Caesares）家族，他采取了类似汉高祖在一个世纪之前的成功经验，赐予拒绝加入反抗联盟的意大利同盟者以公民权。罗马大军则去征讨那些继续叛乱的城邦。老马略现在已经年近七十，他结束退休生活，重返政坛，率领军队征伐北方城邦，但此时他已是心有余而力不足：他行动迟缓，优柔寡断，最后，按普鲁塔克的记述，"体力不支，无法胜任"，只得再次退休。[11]

　　马略的老部下卢基乌斯·科尔内利乌斯·苏拉在同盟者战争中

---

*　　同盟中相当于的"提比略·格拉古"的是一个叫德鲁苏斯（Drusus）的护民官，他提议罗马应该给予所有意大利人公民权，并且提议把土地分给穷人。他的改革方案遭到执政官菲利普斯的抵制，后者派人刺杀了德鲁苏斯。

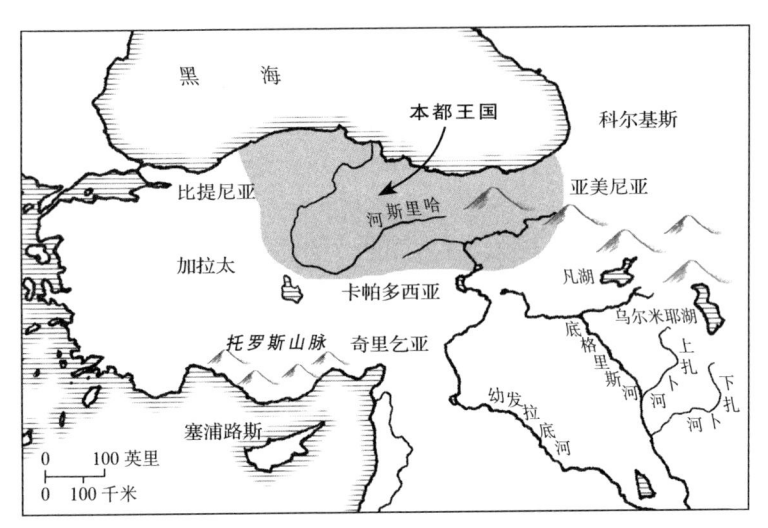

地图 24-2　本都王国

脱颖而出。他负责南方的战事。在给马略做了 20 年副手之后，他早已习惯严酷的军旅生涯，并取得了一场又一场胜利。"苏拉战功赫赫，"普鲁塔克说，"罗马人将他视为伟大的将领。"[12]

公元前 88 年，同盟者战争结束。罗马再次成为整个意大利半岛的霸主，意大利各个城邦也都获得了完全的罗马公民权。由于苏拉声名显赫，他顺理成章地被选为执政官。他满心希望能够获得当年的令人艳羡的军队统帅一职，这样他就能率领罗马军团进入小亚细亚，对付那边老是作乱的国王：本都的欧帕托尔·狄奥尼修斯*（Eupator Dionysius），这个位于西北的王国正欲吞并更多的小亚细亚

---

*　欧帕托尔·狄奥尼修斯（前 132—前 63 年）更为人所知的名字是米特拉达梯六世（Mithridates VI），罗马文献则更多称其为米特拉达梯大王；为了避免读者将其与帕提亚国王米特拉达梯二世混淆，我决定采用他的不太为人所知的本名。

领土。

只要能战胜欧帕托尔·狄奥尼修斯，就必然会取得荣耀，苏拉自然是这份差事的不二人选。实际上，他早已带着35 000名士兵在郊外训练，准备进行这场战争。但是，此时的马略越来越嫉妒他昔日的副手。虽然他现在年事已高，经常生病，身体肥胖，他还是要求元老院任命他为统帅，率军攻打欧帕托尔·狄奥尼修斯。

很多罗马人都觉得这简直是无稽之谈。（普鲁塔克说："他们觉得马略应该去温泉里泡泡澡，好好舒服舒服，他戎马一生，且年老体衰，此刻已是心有余而力不足。"）[13] 不过马略几十年来一直活跃在罗马政坛，根基深厚。他贿赂了一位护民官，让他支持自己当统帅。这个护民官名叫苏庇修斯（Sulpicius），他纠集起一支"反元老院"的武装力量，多少通过武力成功地给马略争来了统帅一职。他还派了两名护民官去接管苏拉的军队，准备将其交给马略。

可是当这两位护民官到达后，士兵们用乱石将他俩活活砸死了。

普鲁塔克说："多年来，罗马繁荣表面的下面顽疾丛生，现在的情形则使它爆发。"[14] 全面的内战爆发了。在罗马，马略、苏庇修斯和他的武装暴徒"开始追杀苏拉的朋友"。出于对这些人性命的担忧，元老院的议员向苏拉派去另外一名半真半假的信使劝他投降。苏拉非但没有投降，反倒召集军队向罗马进军。

这是对宪法的严重破坏：任何执政官在被授权执掌军权的情况下都不可以率军在罗马神圣的城墙内用兵。城墙之内完全是元老院的地界。不过在苏拉看来，马略雇用苏庇修斯的武装人员的行为已经破坏了宪法。为了回击，他也不得不破坏宪法。

苏拉的一些手下拒绝侵入罗马的神圣城墙。苏拉也清楚自己的行为有多严重，就没有再难为他们，而是直接甩下他们继续前进。

当他到达罗马城后，元老院要求他在城外停下，等候他们处理此事。他拒绝了元老院的要求，手举火把冲进城门，高喊着让士兵放火烧毁敌人的房屋。"在当时激动的情绪之下，怒火主导了一切，"普鲁塔克说，"他眼中全是敌人，他……用熊熊烈火作为他对罗马的回报，烈火可分不清有罪之人和无辜之人。"[15]

马略逃到了北非。苏庇修斯被抓住关押了起来，苏拉（及其武装的手下）召集元老院，对他判以死刑（也并对逃亡中的马略进行缺席审判，判处死刑）。苏拉在恢复秩序和军事独裁之间小心翼翼地行事，然后做出了让步，同意进行一场自由选举来推选执政官。当选者是卢基乌斯·辛那（Lucius Cinna），他并不是苏拉的朋友。但他发誓效忠于其他执政官，遵守元老院的决议。

苏拉心里还是惦记着赢取小亚细亚的荣耀，于是将城市留给辛那和元老院，回到城外重整军队。然后他率军东征，准备征讨本都。

在世界的另一端，另一个伟大的帝国也正在遭受苦难。就在罗马陷入同盟者战争之时，已经在位近50年的汉武帝也一直在与匈奴人作战，因为后者不断侵扰汉朝边境和西边新开辟的商路——"丝绸之路"。

公元前101年，汉朝将军李广利率军进行了中国历史上最昂贵的一次征战：进攻西北地区的大宛*[16]。在这之前，另一位将军李广已为汉朝征战40余载，汉文帝统治时期就曾率军打击入侵的匈奴。司马迁写道，在一次战役中，身边只剩100余人的李广将军遭到数千名匈奴骑兵的包围，但他机智应变，成功逃脱。当时，他令他的

---

* Ferghana，即拔汗那，今乌兹别克斯坦费尔干纳地区。汉代称"大宛"。中国古籍又作"破洛那"或"钹汗"。——译者注

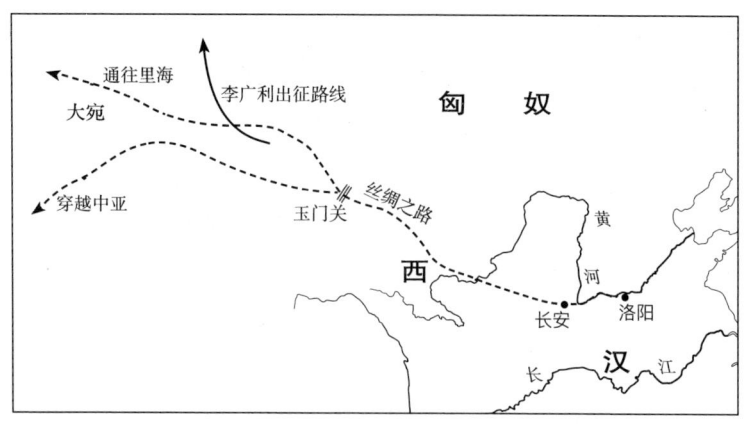

地图 24-3　丝绸之路

骑兵"下马解鞍"。他跟手下人说："彼虏以我为走，今皆解鞍以示不走，用坚其意。"手下人遵令行事，匈奴人以为有诈，不敢靠前。夜幕降临后，李广命令手下人裹上毯子睡在马下。匈奴人见此，认为"汉有伏军于旁欲夜取之"，于是都撤退了，天亮后，李广和手下人快马加鞭，找到了大部队。[17]

同一时期，罗马的将领们还只知道纯粹靠人数优势打败敌人，缺乏这种战略思维。这种智谋帮助了李广将军。与马略不同的是，即使他上了年纪，他还是很坚韧、很灵活，能率军打硬仗、攻坚城。

匈奴将汉朝的进攻视作对他们在周遭统治的直接挑衅，遂在公元前 101 年从另一端入侵大宛以阻击汉军。李广利第一次深入大宛便损失惨重。他率军北上时经过了一处盐泽遍布的险恶之地。他们粮草和饮水的唯一来源就是沿途的城池供给，但当远远看到汉军出现时，很多城池都紧闭城门，城中人拒不出来。李广利只有两个选择，一是停下来围城，风险是围城成功后获得的粮草还不足以抵消围城消耗的粮草，二是继续前行。据司马迁记载，他采取的是中间路线：如果几天之后该城还不投降，大军就放弃围城继续前进。李广利最后到达目的地郁成时，几万人的大军"士至者不过数千，皆饥罢"。[18]

他不愿无功而返，便率军攻打郁成城。但他们很快就被击退，此时李广利意识到他别无选择，只好打道回府。他顺着来路回到敦煌。这次出征无功而返，白白耗费了整整两年时间，出征结束时李广利所剩军马不及来时的五分之一。

汉武帝接到报告说这支军队正在归途中，震怒之下派人守在大宛通往汉朝的关卡玉门关的路上，阻挡这支队伍入关。"军有敢入，斩之。"送信的人传旨说。李广利束手无策，既不能回家，更不能回到大漠。整个夏天他就带着剩余人马在玉门关外盲目地等待。

汉武帝认为帝国的声誉受到了影响，既然通往西方的道路已经被开辟，他就不能在西域各国面前丢脸。《汉书》中记述说其他小国会嘲笑大汉。"天子业出兵诛宛，宛小国而不能下，则大夏之属渐轻汉，而宛善马绝不来，乌孙、轮台易苦汉使，为外国笑。"所以他倾尽国力，征召兵马，调集粮草，此外还从属国那里征集了士兵，还将郡国监狱里的囚犯都放出来，让他们也参军攻打大宛。可以想见，李广利得到了由囚犯和雇佣军组成的补充兵员后，可能不会特别感激汉武帝。不过他从上次的失败中吸取了教训。他再次向着郁成进发。这次，沿途中第一个拒绝提供补给的城市遭遇了围城、占领和洗劫，所有居民都被屠杀。[19] 在此之后，再也没人能阻止他们前进。

郁成沦陷。不久，大宛的国王也被杀。匈奴已经无法阻止汉朝的进攻。于是，在征伐大宛四年之后，汉朝终于完全控制了这里。

这是一个重要的成就，这一胜利不仅证明汉朝军力强于匈奴，而且对丝绸之路上的西部国家起到了震慑作用，让他们知道还是乖乖给汉朝的兵马和商队让路比较好：西域所有国家都被深深震慑了，"天下骚动"。[20] 汉武帝成功地向世人证明大汉无比强大，他可以按自己的意愿与西域国家进行贸易。

当然，这一骄傲的成就也是以昂贵的代价换来的。汉武帝于公元前87年驾崩，同一年，苏拉正在带领罗马军队征讨小亚细亚，丝绸之路仍然开放。但是汉朝国库已被消耗殆尽，军队也疲惫不堪。随后的汉朝的两位皇帝——昭帝和宣帝都没能进一步推动帝国向前发展。

苏拉安全撤离意大利半岛之后，其他执政官将辛那赶出了城并紧闭城门。辛那在城外怒不可遏，召集起一支军队准备杀进去。在北非的马略听到这个消息后，立刻回去与辛那在城外碰面。

自从逃离罗马后，马略就再也没有剪过胡子，他穿着破衣烂衫一瘸一拐地慢慢向辛那走过来，就像一个受尽迫害、落魄潦倒的老人。有关这番可怜景象的消息马上就传回了罗马，其余的执政官很快便失掉了民心（在公元前1世纪的罗马，没有人能获得长期的支持）。当然贿赂也很可能起了作用，不管怎样，元老院派人送信，把辛那和马略从城外请了进来。

尽管马略衣衫褴褛，他却用个人财产征召了一支人数庞大的北非雇佣军。他和辛那带着这支让人胆战心惊的军队穿过了罗马的城门。

马略后来的所作所为说明他的思维已经混乱了。一开始，他指谁，他的私人侍卫就会不由分说地杀死那个人，虽然最开始被杀的人都是苏拉的朋友，但是后来就变成了不分青红皂白的屠杀。普鲁塔克记述道："如果有人向马略请安，而他没有回话或回礼，这就是让手下当街除掉这个人的信号，后来连马略的朋友每次来见他都胆战心惊。"[21] 最后就连辛那都开始害怕起他来。

与此同时，苏拉则满身荣耀（或者是罪恶，这取决于你是希腊历史学家还是罗马历史学家），他夺回了小亚细亚，重新收服了很多叛乱的希腊城邦。有关罗马变故的消息传到他那里后，他决定班师回朝。

"苏拉回来啦！"普鲁塔克写道。这说法听起来就像是苏拉来拯救罗马人民一样，这个消息让马略越发疯狂。他开始无节制地饮酒，染上了胸膜炎，之后陷入幻觉，他总是想象着自己正率领罗马军团攻打本都，不时大喊着下达军令。公元前86年1月17日，他死在了家中。

实际上，苏拉不像马略以为的那样接近罗马。他直到公元前83年才回到意大利；与此同时，越来越多的罗马显贵纷纷逃离辛那"无法无天的谋财害命"，前来迎接苏拉，到最后，他身边已经"聚拢起了一个完完整整的元老院"。[22] 辛那召集起一支军队，亲自去迎战苏拉，但是军队还没出发，辛那的手下人就发生哗变，杀死了他。

很明显，由于辛那和马略变得越来越残酷无情，罗马人开始越来越倾向于苏拉；尽管如此，当最后到达罗马城下时，苏拉还是不得不率军攻城。马略的儿子率领父亲的老部下进行了殊死的抵抗。但是苏拉手下有两员干将庞培（Pompey）和克拉苏（Crassus），在他们三人的分头指挥下，城池终于被攻破。

苏拉进入罗马后，将6000名囚犯（都是他回罗马的路上跟他

图 24-1 苏拉
公元前 88 年罗马执政官。威尼斯考古博物馆。
图片来源：斯卡拉/艺术资源，纽约

作战的人）带到大竞技场。他本人开始向元老院发表讲话。演讲进行到一半的时候，竞技场上传来尖叫之声。原来是他早已下令将那 6000 名毫无还手之力的人全部杀死。普鲁塔克记述道："苏拉面无表情，冷静沉着地继续讲话，并且告诉元老院的议员们……不要管外面的事情，他只是在处罚一些罪犯。此事过后，哪怕是罗马最愚钝的人都明白，他们赶走了一个暴君，却又换来了一个新的。"[23]

事实确实如此。提比略·格拉古的死对共和制造成了伤害，现在这一创伤进一步加深恶化。结果，敢于挑战独裁者的人却是那些想要实现独裁的人；苏拉控制罗马后（公元前 81 年他被任命为独裁官，尽管罗马并未面临迫在眉睫的危机）开始了清洗运动。"我想到谁就会收拾谁，"他在一次公开演讲中这样说，"但是如果我忘了谁,我也会回来再收拾他的。"马略和辛那的朋友不是被杀就是逃亡,辛那的女婿尤利乌斯·恺撒幸运地逃脱了。那些负责杀人的官员很快就将政治清洗变为针对个人的报复或谋杀。普鲁塔克记述道:"更多人是因他们的财产而被杀的,那些行刑的人都会说,某人是因为他的大房子而被杀的,某人是因为他的花园,某人则是因为他的温泉。"[24] 苏拉的左膀右臂也跟苏拉本人一样坏。庞培被指派去追杀马略留在意大利半岛上的残余力量,他一直追到西西里和北非,把他们全都赶尽杀绝,回到罗马,他还搞了一次胜利大游行。[25] 与此同时,克拉苏则负责焚烧他和苏拉想霸占的房子。他雇了一队救火队员和一个地产中介。房子着火后,中介就会出场提出要低价购买房子;房主一般都会同意,这样就不会白白损失房子;此时,救火员就会马上赶来将火扑灭。[26]

在罗马获得了他想要的一切后,苏拉于公元前 80 年退休,回到了乡下。到了乡下,他再次结婚,而且差不多同时还找了一个男情人。尽管他一把年纪了,对性的要求却颇为活跃;然而,他的身体却并不怎么样,可能受到肝硬化的困扰。"有很长时间,他都不知道自己的肠子溃烂了,直到最后腐肉里长了很多蛆虫,"普鲁塔克写道,"他雇了很多人没日没夜地消灭蛆虫,但是蛆虫的数量实在太多,怎么也除不净,他的衣服上、浴缸里、脸盆中满是蛆虫,就连他吃的肉都受到了污染,那些东西持续不断大量涌出。"他就在这样一种让人恶心的状况下度过了余生。他就像罗马的共和制一样,虽已病入膏肓,却还假装身体健康,苟延残喘,直至灭亡。

时间线 24

中国	罗马
汉朝（前 226—公元 220）	札马战役（前 202）
高祖	第二次马其顿战争
惠帝（前 195）	
吕后（前 187）	库迈将其官方语言改为拉丁语
文帝（前 179）	
	第三次马其顿战争（前 171）
	第三次布匿战争（前 149）
武帝（前 140）	迦太基被毁（前 146）
张骞出使西域	第一次奴隶战争（前 135）
	提比略·格拉古去世
	盖乌斯·格拉古去世
	朱古达战争（前 112）
	盖乌斯·马略，执政官
	同盟者战争（前 91）
昭帝（前 87）	卢基乌斯·苏拉，执政官
	卢基乌斯·辛那，执政官
宣帝（前 75）	

/ 25

政治新人

> 公元前78年至公元前44年间，斯巴达克斯领导了一场起义，恺撒同庞培和克拉苏建立同盟。

公元前78年，苏拉在乡间病逝。他结了5次婚，有23个孩子，最后一个孩子波斯图穆斯·科尔内利乌斯·苏拉（Postumus Cornelius Sulla）在他去世后才出生。

苏拉和马略之间的争斗所造成的余波仍在继续影响罗马。苏拉的副手庞培率军深入伊比利亚半岛攻打马略的同盟者。另一支军队则向东围剿本都王国，试图彻底解决它，当年，马略因返回罗马没有完成这一使命。除了这两场战争外，罗马还要在地中海不断地打击海盗，所以此时绝大多数罗马军队不在意大利半岛上。

半岛上武装力量的缺失导致一帮奴隶掀起了一场起义。这些奴隶都是经验丰富的战士，他们都经受过训练，参加罗马的一种公共运动——角斗。

从伊特鲁里亚人的时代开始，观看奴隶之间的角斗就成为一种娱乐活动,自公元前 3 世纪起,罗马的公共节日上就开始出现越来越多的角斗项目。* 罗马的对外战争给罗马和周边的城邦带来了很多适合从事这种运动的奴隶,他们是来自高卢、伊比利亚半岛、色雷斯、叙利亚以及希腊的战俘。[1] 成功的角斗士会被当作英雄来崇拜("男人将灵魂献给他,女人将身体献给他",这是稍晚的罗马神学家德尔图良的评论),即便如此,角斗士们还是罗马社会所鄙视的阶层。"(罗马人)给他们荣耀,又贬低、无视他们,"德尔图良评价道,"事实上,他们甚至公开责骂羞辱角斗士;奴隶没有任何公民权。奴隶所崇尚的,罗马人都予以蔑视。他们赞美艺术,却贬低艺术家。"[2]

罗马以南的卡普亚(Capua)有一所臭名昭著的角斗士培训学校,角斗士主人将来自各地的角斗士关在笼子里。普鲁塔克记载说:"大多数人都是高卢人和色雷斯人,他们没有做错任何事情,只是因为主人残忍,他们才被关在笼子里,等到时候让他们相互残杀。"[3] 公元前 73 年,78 名角斗士成功地冲出了囚笼。他们抢劫了附近的一家肉店,夺走刀子肉叉,冲出城去。军队从卡普亚追出来,角斗士杀死士兵,夺走了武器。

战斗就这样开始了,结果持续了两年之久,并被称为"角斗士战争"(Gladiator War)**。角斗士们推选斯巴达克斯作为他们的领袖;普鲁塔克说他是一个来自游牧部落的色雷斯人,但是他"极有智慧,有教养,行为举止更像是一个希腊人,而不像色雷斯人"(这是对

---

* 一般认为,第一次罗马角斗表演发生于公元前 264 年,当时人们命令奴隶分成两队,互相进攻,这是葬礼上的一种仪式。
** 它也被称作第三次奴隶战争(Third Servile War,国内一般解作"斯巴达克斯起义"),第二次奴隶战争也是在罗马和奴隶起义军之间展开,公元前 104 年在西西里爆发。那场起义不到一年就被扑灭了。

他的褒扬)。结果证明,他是一个杰出的战略家。罗马派出 3000 名士兵追剿这些角斗士。他们把角斗士赶到一座山头上,此时角斗士只有两条路可以逃跑:一条要通过罗马人防守的关口,另一条则是从另一面的悬崖峭壁下去。好在,峭壁下长满了藤蔓,在斯巴达克斯的指挥下,陷入重围的角斗士砍下藤条,编成梯子,顺着绳梯爬了下去。然后,他们绕到罗马士兵的营地后方,趁其不备发动袭击,占领了罗马军队的大营。[4]

在此之后,他们又打败了很多其他的罗马追击军队,这样他们也越来越认识到自身的实力。据阿庇安记载,斯巴达克斯的军队后来发展到 7 万人,此时,罗马人才彻底改变了他们对这场战争的看法。阿庇安说,"罗马最开始认为对手不值一提,对其不屑一顾",结果,这场战争变得"让罗马人感到恐惧"。[5]

斯巴达克斯最初的想法其实只是想回家,他试图劝说大家离开罗马,朝阿尔卑斯山进军,到时候大家可以解散,各自回到色雷斯或高卢故乡。但是他们不听。"他们人多势众,"普鲁塔克说,"充满信心,在所到之处大肆破坏,把意大利掀了个底朝天。"[6]

这下元老院开始严肃对待这次起义,把两个执政官都派去镇压起义军。结果,两个人都失败了,于是元老院又任命苏拉的副将克拉苏前去镇压起义军。他对斯巴达克斯的第一仗以溃败告终。不过,苏拉的伙伴全部都以冷酷无情著称,克拉苏也不例外,他拉出 500 名在战场首先溃逃的士兵,通过抽签,抽出并处死了其中 50 人,并且让其他人看着:这种残酷的惩罚方式就是著名的"什一抽杀律"(decimation)。

在第二次战斗中,他残酷的惩罚方式起到了震慑作用,士兵们拼死作战。斯巴达克斯被赶到了海岸。他跟海盗达成协议,让海盗驾船将他们送到西西里。然而，海盗拿了他的钱之后却将船开走了，把他们晾在了利基翁（Rhegium），就是地图上意大利靴子尖上的那一块。

也就是说，他的军队被困在了一个微小的半岛上，克拉苏命人在半岛最狭窄的地方修建了一道高墙，而且在高墙的前面挖了一条约5米深的壕沟。斯巴达克斯被困住了，但是并没被困多久；一场暴风雪不期而降，在暴风雪中，他用土石、木头和树枝填平壕沟，带着大部分人马突破了重围，逃之夭夭。

到了这时候，罗马的官员意识到克拉苏需要援军。阿庇安说，元老院"命令刚从西班牙回到罗马的庞培前去增援"[7]。听说这事儿之后，克拉苏怕庞培抢功，于是铆足了劲儿，拼命想在他的同伴（也是竞争对手）赶到前结束战争。"有些人已经在大声叫嚣，说战争的胜利属于庞培，"普鲁塔克写道，"他们说，现在就等着他赶到，发起进攻，然后战争就会结束。"[8] 就在克拉苏准备发起最后的攻击时，斯巴达克斯的手下却被胜利冲昏了头脑（他们过于自信，已经不大听从他们将军的命令），依据错误的判断，选择了一个非常糟糕的时机，对罗马阵线发起了进攻。罗马军团最终瓦解了他们的进攻，绝大多数角斗士都临阵脱逃，斯巴达克斯直接向克拉苏扑过去，结果没想到同伴却丢下了他。最后他战死沙场。

克拉苏也真是不走运：恰在此时，庞培率兵赶到。很多逃跑的奴隶正好撞到他的阵前，于是他抓住并杀死了不少人。有6000名奴隶被活捉，之后被钉在从卡普亚城到罗马的阿庇乌大道上。道路两边几乎立满了这样的十字架。[9] 绝大多数人都认为这是献给庞培而不是克拉苏的纪念碑。庞培也大受鼓舞，甚至致信元老院说，虽然克拉苏赢得了战斗，但是庞培彻底"结束了战争"。[10]

次年，即公元前70年，克拉苏和庞培都被选为执政官。普鲁塔克说他们两人除了整天吵架之外什么事都没做成，但是他们因为分发粮食而深得民心。[11] 他们越来越被视作平民英雄；而且，享有罗马投票权的人肯定一度认为，困扰罗马多时的腐败问题终于消失了。克拉苏暗中赚钱的招数无法再使用，庞培最大的缺陷就是他总爱把别人的功劳往自己身上揽。此时，另外一位年轻的政治家西塞罗（Cicero）出现，他热衷于打击元老院内部的腐败问题。公元前70年，他控告并证明贵族韦雷斯（Verres）有腐败问题，而且没让韦雷斯逃掉。

于是当地中海上的海盗日益猖獗时，代表民众的护民官就建议让庞培率军去清剿。护民官提出这样的建议也的确合乎情理。为了清剿海盗，护民官建议授权庞培暂时统率一支庞大的军队，不仅包括罗马在地中海上的所有船只，还包括超过10万名士兵。[12] 元老院不愿意将这么大的军权集中在一个人手上，否决了这个提案，但公民大会投票通过了对庞培的任命。

他的成就无人能及，因而在民众中越来越受欢迎。他的家族也迅速在罗马变得权倾一时；甚至连恺撒（他在苏拉死后已经回到了罗马）都请求娶他的女儿庞培娅（Pompeia）为妻。庞培答应了这门婚事，之后又立即率军出征。打败海盗之后，他再次受命征讨东边的本都。

公元前66年，庞培迅速结束了这场战争，然后顺着地中海沿岸一路横扫过去，攻克了衰微的塞琉古帝国控制的叙利亚。在耶路撒冷，他进入神殿看了一眼，甚至还将头探进了至圣所（Holy of Holies）。这一举动震惊了所有的祭司，但是在庞培将城市控制权交给他们后，他们也就原谅了这个入侵的异教徒。在新的安排

/ 25 政治新人

图 25-1 庞培
伟大者庞培，公元前 106—前 48 年。嘉士伯艺术博物馆，哥本哈根。
图片来源：阿里纳利国家摄影博物馆 / 艺术资源，纽约

下，耶路撒冷成为罗马的犹太（Judea）行省的一部分，哈斯摩尼（Hasmonean）国王不再掌权，而是由庞培指派的一位名叫约翰·许尔堪二世（John Hyrcanus II）的祭司来当"大祭司和总督"。这是一个政教合一的职务，祭司为罗马治理犹太行省，并向统管罗马新占领的叙利亚的罗马总督报告。

做好这些安排后，庞培就满载荣誉地打道回府。

在罗马，恺撒和西塞罗都是政坛上冉冉升起的新星。西塞罗于公元前 63 年被选为执政官，这是与传统大不相同的；上一次"新人"（novus homo，即来自无人当过执政官的家族的人）被推选为执政官已是 30 年前的事了。恺撒也被推选担任两个非常重要的公职：他于公元前 65 年被推选为市政官（aedile），在公元前 63 年当上了

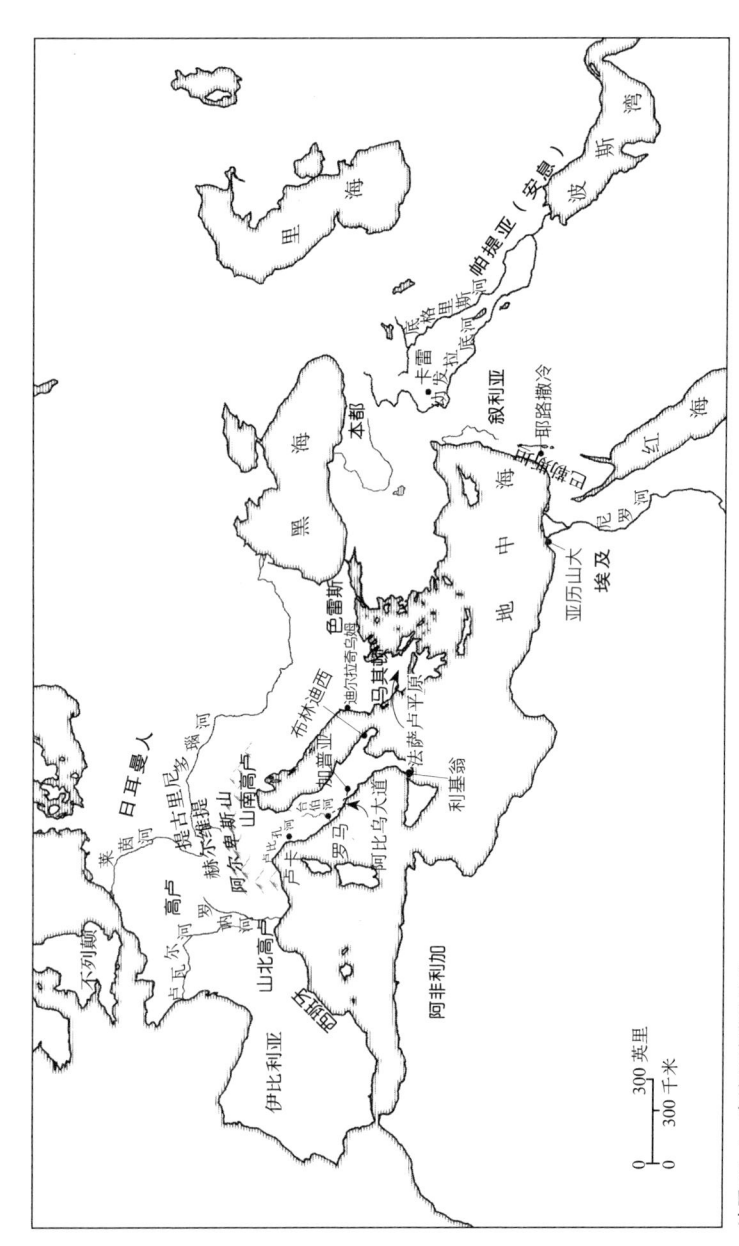

地图 25-1 庞培和恺撒的战争

最高祭司（Pontifex Maximus，国家宗教的最高祭司）。*不幸的是，他为了竞选大祭司已经负债累累，任期届满的时候，他自己差一点就因欠债被抓。他需要离开罗马，更需要挣点钱。他为自己谋得了罗马在伊比利亚半岛的西班牙行省（Hispania）总督的职务，但是债主堵在港口，抓住了他，要扣押他的行李抵债。

克拉苏出面为恺撒的债务做了担保，债主们这才放他走。克拉苏是个成功的商人，他拥有银矿和大片的农场，还有在农场上工作的大量奴隶。[13]克拉苏看人很准。在西班牙行省，恺撒挣够了还债的钱，这下可以返回罗马了。回到罗马后，他马上把庞培（受人爱戴的征服者）和克拉苏（富商）召集到一起，建议他们三个人私下里组成一个同盟。如果他们能够给予恺撒足够的支持以及资金，帮他在公元前59年成功当选执政官，掌权后他就会尽力通过任何他们想要的法案。

庞培十分乐意加入，他想为他军队中的老兵谋取更多好处。克拉苏可就没那么容易被说服了。角斗士战争结束后，他还在为庞培的争功而生气，此刻他仍不相信庞培。（当他第一次听说庞培的绰号是"伟大者"后，他嗤之以鼻，反问道："大什么大？"）[14]但是他知道，如果恺撒能够推动制定新的财政制度，这将大大有利于他的买卖，比他自己去推动这样的制度要好。于是三巨头同意结成同盟。恺撒甚至还解除了他女儿的婚约，将她重新许配给庞培。庞培比他

---

* 除了执政官和护民官外，还有一系列政府职务。裁判官（praetor）是执政官的助理，帮助他署理政务；财务官（quaestor）负责国家财务；市政官（aedile）负责公共建筑事务以及组织节日庆典；总督（governor）管理罗马的行省；监察官（censor）监督公众行为，惩罚不道德者（英文中censorious意为"吹毛求疵"，即来自这个词）。由于罗马的宗教是由国家管理的，因此宗教官员同时也兼管世俗事务。大祭司是一种高级祭司，可以检查下级宗教官员如祭司（flamen），负责管理对特定神祇的祭祀和维斯塔贞女（Vestal Virgin），同时负责记录罗马的国家编年史。

的女儿大了足足 25 岁，并且已经结过三次婚。庞培同意了，联姻进一步巩固了同盟关系。*

竞选获得成功后，恺撒成为执政官。他一上任就立即推行了将土地重新分配给穷人的各种制度。这使他很不受另一名执政官毕布路斯（Bibulus）和元老院的欢迎，他们不希望看到一个执政官像护民官一样为民众争取利益。（普鲁塔克说："他这样做是自降身价。"）民众则非常高兴，公民大会通过了恺撒的方案，庞培则派兵前往广场以确保元老院不会从中作梗。当毕布路斯走近广场想要表示反对时，一桶大粪扣到了他头上。据普鲁塔克说，自此之后，他"在剩下的任期里一直将自己关在家里，足不出户"。[15]

执政官任期结束后，恺撒（在庞培的武装力量的帮助下）受命出任山北高卢（Transalpine Gaul，即外高卢）总督，这是阿尔卑斯西侧的一个行省（东侧的行省则称山南高卢或内高卢）。他在那里攻无不克，赢得了堪比庞培的极高美誉。他首先击退了入侵山北高卢的赫尔维提和提古里尼的凯尔特人部落；然后，他又把战火烧到敌人的境内，进入莱茵河地区，当地部落统称"日耳曼人"。他从庞培那里学到了一条经验，那就是要保证让罗马居民知道他所取得的每一次胜利，办法是不断地向罗马发送战报，总是说又为共和国赢得了什么什么。"罗马在收到我的信函后，"他在自己的《高卢战记》中写道，"用为期 15 天的公共节日来庆祝（我的）成就，如此

---

* 这些高层人物之间总是有千丝万缕的关系。恺撒的姑姑嫁给了马略。恺撒的第一位妻子是辛那的女儿，第二位妻子是苏拉的外孙女（庞培亚·苏拉，她母亲是苏拉的女儿，父亲是庞培的堂兄弟）。庞培的第二位妻子是苏拉的孙女，第四位妻子是恺撒的女儿尤利娅。恺撒解除尤利娅的婚约后，庞培把自己的女儿许配给了那个被毁约的未婚夫，而其他女儿已经跟苏拉的儿子订婚了。克拉苏只是娶了自己亲兄弟留下的寡妻，并未再娶，不过有传闻说他一直和维斯塔贞女有不正当关系。

殊荣之前任何人都未曾得到过。"* 16

与此同时，他还染指国内事务。他进入意大利，一直深入到北端的卢比孔河（Rubicon），并在那里的卢卡（Luca）城为自己建造了一座行营。一般认为卢比孔河是意大利的北部边界。普鲁塔克说，他在那里"进行政治密谋"，并大行贿赂："很多人前来见他……每个人走的时候手上都拿着东西作为礼物，心里则希望将来能得到更多。"[17]

公元前56年，克拉苏和庞培前来拜访他，他们前来商讨三巨头同盟的下一步计划。他们决定让克拉苏和庞培去竞选公元前55年的执政官；一旦他们掌权，给恺撒的回报是让他在高卢的任期延长5年，使其可以继续巩固自己的势力。执政期结束后，克拉苏便做将军，率军东征攻打帕提亚人，帕提亚现在是地中海另一侧实力最强大的国家，如果能战胜他们，克拉苏就可赢得他长期渴望但尚未得到的军事荣耀。庞培已经不能再领兵作战，所以他会出任西班牙行省总督一职，并像恺撒那样从中谋利。

达成这份协议后，庞培和克拉苏便回到了罗马。罗马公众对这两人仍充满怀疑，但是他们并不准备放弃竞选。在花费了前所未见的巨资进行贿赂之后，他们双双再次当选执政官，这与他们上一次出任执政官相隔了15年。元老院随后也无悬念地投票同意对恺撒的任命。"这是不得已而为之，"普鲁塔克说，"元老院为其投票通过的法案感到痛苦。"[18]

但是人民仍然站在恺撒——富有同情心的恺撒，攻无不克的恺撒——这一边。三巨头再次获得成功。他们三个人正在获得超乎他

---

* 《高卢战记》开篇第一句是"高卢全境分成三部分"（Omnis gallia est divisa in tres partes）。这句话的拉丁语原文是英语世界最知名的一句拉丁文，因为一代又一代学习拉丁语的学生的第一份拉丁语作业就是翻译恺撒的这段文字。

们自己想象的荣耀和财富。

两位执政官上任后，恺撒向一个新敌人发起了新的战争。公元前55年，他为了进行军事侦察第一次登上了不列颠岛的东南海岸。

不列颠岛上的居民是早期岛上原住民混杂聚居形成的部落，他们可能在不列颠还是个半岛而非岛屿时就生活在这里，还有一些凯尔特人从欧洲大陆横渡海峡，到达后定居于此。在不列颠，这些部落因为受到地域限制无法进行游牧生活，他们以小部落王国的形式定居下来。我们对不列颠部落的了解主要来自恺撒的描述，以及后来蒙茅斯的杰弗里（Geoffrey of Monmouth）所写的《不列颠诸王史》（*Historia Regum Britannia*），它将罗马和中世纪的地名与威尔士神话结合到一起，事实成分少而爱国情怀多["不列颠是最好的岛，它坐落在高卢和希伯尼亚（Hibernia，爱尔兰的拉丁名）中间的西海上。"这个开篇就显示出他亲罗马的立场]。[19]

这部史书最开始叙述的是埃涅阿斯（Aeneas）的孙子布鲁图斯（Brutus）开始探险之旅，发现了不列颠岛，他以自己的名字给该岛命名。这个故事极不可信。这种习惯性地将不列颠历史和古代神话联系在一起的做法，在杰弗里叙述不列颠早期诸王的时候仍在被采用。* 史书中最突出的人物是一个叫卡西韦劳奴斯（Cassivelaunus）的人，蒙茅斯的杰弗里称他是"不列颠国王"，但在恺撒的记载中，这个人不过是一个篡夺了特里诺文特人（Trinovantes）王位的武夫。

---

* 据蒙茅斯的杰弗里记载，不列颠最早的国王中有一个有着威尔士名字，叫卢尔（Llur），他有三个女儿，分别叫克罗尼拉、拉高和科得利亚。为了确定哪个女儿配得上他王国的最大部分，他问她们谁最爱他。科得利亚答道："我爱您就像女儿爱她的父亲。"这让卢尔极为愤怒；当然，大家可以看出来，这就是莎士比亚戏剧《李尔王》的来源。

/ 25 政治新人

地图 25-2 不列颠

将蒙茅斯的杰弗里和恺撒的描述对照来看,特里诺文特人的国王卢德(Lud)将特里诺文特发展成南部最强大的部落国家;他还扩大了沿泰晤士河的主要定居点,并且建了防御围墙,为了纪念他,这个聚居点被命名为卢德斯(Lundres)。卢德去世后,他的兄弟卡西韦劳奴斯篡夺了卢德儿子的王位。被夺走王位后,王子曼都布拉修斯(Mandubracius)渡海逃到恺撒在高卢的军营,请求罗马人帮他夺回王位。不过跟很多向罗马求援的国王一样,他后来对当初的举动表示后悔。

第一次侦察时，恺撒估摸了一下敌人的情况。（"所有的不列颠人都用靛蓝将身体涂蓝，"他回去后写道，"他们会刮净身体上的毛发，只保留头发和上唇的胡子。"）[20] 次年，即公元前54年，他带着一支军队回来夺取这块土地。

卡西韦劳奴斯带着一队战车出来迎敌，这是恺撒和他的手下第一次在战场上碰到这种东西。与驾驶战车的武士作战需要快速改变战术。"可以看到，我们的军队甲胄太沉，不利于与这样的敌人作战。"恺撒观察并写道，特别是不列颠的战车手可以从战车上跳下来战斗，而后又能跳回车上，快速撤退。"他们可以在战车的辕杆上跑动，站在车轭上，然后像闪电一样迅速回到车上。"[21] 恺撒派骑兵做前锋，成功地将卡西韦劳奴斯赶回泰晤士河，并在河水中布满了防御用的尖木桩。

恺撒暂时驻扎下来，周围的部落纷纷派使者向罗马大军投降。罗马军团找到并袭击了卡西韦劳奴斯的总部，杀死了所有的牲口，抢走了大批粮食。最终卡西韦劳奴斯不得不派信使提出投降条件。眼见冬天快要来临，恺撒同意与卡西韦劳奴斯达成和平协议，条件是让曼都布拉修斯治理特里诺文特，并做罗马的附庸国王；他还让卡西韦劳奴斯发誓不会骚扰新王，处理完这一切之后，恺撒回到了高卢。

此时，恺撒的声誉已无人能及，但是一个可怕的消息正在等着他：他的爱女、庞培的妻子尤利娅死于难产。

不久之后，克拉苏在进军帕提亚时也遇到了灾难。公元前53年，也就是恺撒在高卢取得胜利后的第二年，克拉苏率领7万名步兵、4000名骑兵向幼发拉底河（此时是帕提亚的边界）进军。罗马人与帕提亚军队在卡雷（古代的哈兰）短兵相接。这个城市是巴比伦王那波尼德的出生地，也是亚伯拉罕的父亲他拉的葬身地。罗马人马上就发现自己寡不敌众，帕提亚军队的弓箭手从很远的距离射箭便可轻松地刺穿他们的盔甲。普鲁塔克写道：

> 他们或被射伤，或被射死，被射中的人都面临死亡，但不是快速轻松的死亡，而是充满疼痛和抽搐的；他们身负箭伤在地上扭动，这让伤口变得更大，如果用力将带刺的箭头拔出来，就可能割破静脉，他们是在自己撕裂、折磨自己。很多人就这么死了，活下来的那些也落下残疾，什么都干不了……他们双手紧握盾牌，牢牢地站在地上，不能作战也不能逃跑。[22]

克拉苏派自己的儿子、副将普布利乌斯（Publius）率军冲击对方的阵线，帕提亚人慢慢向后撤退，诱使普布利乌斯和手下人马跟踪追击，然后忽然掉头，从两边将其包抄。普布利乌斯所有的人马都陷入了重围。普布利乌斯看到败局已定，自杀身亡。帕提亚人割下他的首级，用一支长矛挑着，在攻击剩余的罗马军队时举着它在克拉苏面前摇晃。

两天后，克拉苏和几乎所有人马被杀。帕提亚将军苏莱纳（Surena）将克拉苏的首级带给了帕提亚国王奥罗德（Orodes）。据罗马历史学家狄奥·卡西乌斯（Dio Cassius）记载，奥罗德用他的人头在胜利庆典上做道具。

罗马帝国赶紧关闭了东部边境。驻扎在叙利亚的罗马军队遭遇了帕提亚人的进攻，帕提亚人失败了，仅仅是因为他们不习惯围城。

奥罗德国王现在统治的帕提亚东邻中国，西至幼发拉底河，包括了之前塞琉古帝国全盛时期的大部分领土。

而在罗马，三巨头只剩下了两个。帕提亚人获胜的次年，恺撒在高卢镇压了一场严重的叛乱，之后，他准备返回罗马，此时他比庞培要富裕得多，取得的军事胜利也更多。

元老院对未来充满恐惧：恺撒无上的荣誉和财富，再加上他的士兵，放在一起只能变成一个词——"独裁者"。此时，元老院不再受到庞培的武力胁迫，必须答应恺撒的愿望。尤利娅和克拉苏之死削弱了两个人的关系，庞培也越来越嫉妒恺撒的胜利。"庞培开始畏惧恺撒，"普鲁塔克说，"在此之前，庞培一直都看不起他。"[23]

庞培和元老院联名向北方的恺撒送去一则信：除非交出所有军队，否则恺撒不能进入罗马城。

恺撒提出了很多折中方案，包括只带少量军团进城，但是庞培说服了元老院，让他们拒绝了这个要求。恺撒知道，如果他手无寸铁地进入罗马，可能很快就会死于暗杀。他决定像之前的苏拉一样，以征服者的姿态率军进城。于是，他从高卢出发，向着意大利北部开进。

普鲁塔克说，恺撒很清楚这会引发血腥的内战，所以在抵达卢比孔河之前他停下来想了又想。最后，"在激情的驱使下，他将所有思虑抛诸脑后"。他大喊道："骰子已经掷下！"（Alea iacta est！）他渡过卢比孔河，"战争的大门随之打开"。[24]

意大利很快就陷入一片恐慌。男女老少纷纷从一边的海岸逃到另一边，希望能够躲开不可避免的大战。战报像雪片一样飞进城中，说恺撒就快到了。庞培自己也很恐慌，他离开罗马，也让元老院跟着他一起离开；显然，他害怕罗马人民会敞开大门迎接恺撒。

/ 25 政治新人

图 25-1　尤利乌斯·恺撒
尤利乌斯·恺撒的大理石像。公元前 100 年前 44 年。佛罗伦萨乌菲兹美术馆,意大利。
图片来源:阿里纳利国家摄影博物馆 / 艺术资源,纽约

他向南逃到靠近东部海岸的布鲁迪辛乌姆(Brundisium),在那里建立起一个临时政府,然后派自己的军队渡河到希腊城邦迪拉西乌姆(Dyrrhachium)进行集结。

恺撒认为这显示出了他的极端软弱,西塞罗后来也认为这是个非常糟糕的决定。由于恺撒回到罗马后并没有对庞培穷追不舍,因此这一拖延给了庞培足够的时间,让他纠集起一支庞大的军队,同时还有一支强大的舰队。同苏拉多年前的经历一样,庞培发现自己周围聚集起了包括西塞罗在内的很多罗马显贵。

与此同时,在意大利,恺撒进入罗马,"发现这座城市比他想

象的要安定"，很多元老院议员留了下来，并希望能跟这位伟大的征服者和平共处。[25] 他没有像马略和苏拉那样进行大清洗，他只是控制了这座城市，然后用个人的威严震慑那些意欲反抗他的人。为了迎战庞培，恺撒准备将国库掏空，剩下的那名护民官对此表示反对，此时恺撒说："年轻人，如果你还在这儿阻挠，我就会杀了你。我不喜欢这么做，更不喜欢这么说。"普鲁塔克说，听到这话后那名护民官"慌忙逃走了"，随后恺撒的所有战争开支都是予取予求的。

恺撒花了两年时间才打败逃到了希腊的那个人。经过数月"断断续续的战斗"（普鲁塔克语），战争在公元前48年以一场在法萨卢平原上的大战告终。恺撒用步兵迎战庞培的骑兵，使用在不列颠人身上学到的方法来对付骑兵，即直接冲到马前面用标枪对准骑兵的脸。骑兵团完全不适应这种战术，停止不前。抵抗瓦解了。眼见自己的军队溃不成军，庞培回到营帐中呆坐着一动不动，直到听到恺撒的士兵的脚步声在营地响起，才起身换上旧衣服偷偷溜走。

听到恺撒获胜的消息后，元老院宣布恺撒是第一个独裁者，十一天后又宣布他为执政官。恺撒的副官马克·安东尼（Mark Antony）在法萨卢战役中曾负责指挥其中一翼，现在作为恺撒的副手代为管理罗马，而恺撒则因为得知庞培向埃及逃去，决定继续追击。[26]

不管恺撒对庞培一路紧追不舍直到埃及有什么个人原因，单从政治上讲，这次追击也很有意义。埃及虽然早已没有了往日的辉煌，但还是一个富裕又暗藏隐患的王国，这个国家有一个软弱的年轻国王：托勒密十三世。他是伟大的托勒密一世的后人。

我们已经知道，托勒密六世与塞琉古曾就柯里叙利亚问题争吵不休。在此后的一个世纪里，托勒密王室虽然一直对继承人问题持有争议，他们的血脉却基本没有中断。不过这时托勒密十三世正在与他的姐姐克丽奥佩特拉七世（Cleopatra VII）吵闹不休，争夺王位。当庞培的船靠近埃及海岸时，克丽奥佩特拉正在亚历山大城，年轻的托勒密十三世则在贝鲁西亚准备向他的姐姐发起进攻。[27]

普鲁塔克说，托勒密十三世"非常年轻"，大多数决策都是他的谋士所做。他们认为，既然恺撒正在朝埃及进兵，准备抓捕并惩罚庞培，如果他们替恺撒把这件事办了，就能赢得恺撒的支持。他们派了一个使团驶离海岸前去迎接庞培的船，他们向他致礼，称其为"最高统治者"，然后请他上船，将他摆渡上岸。就在他们马上要靠近陆地，庞培准备下船时，托勒密十三世的一个手下从后面扑过去，另外两个人上来砍下了他的首级，并且把他的尸体抛入大海。庞培此时60岁，就在他被杀前一天，即9月28日，他刚刚庆祝完自己的生日。[28]

恺撒抵达之后，埃及官员将庞培的首级放在一个篮子里献给他。据说，他非常生气，因为他本想羞辱一下他的老盟友，而不是杀死他。但这给了他一个绝好的理由来控制埃及，他现在可以拿这个作为理由惩罚这个国家。他下令让克丽奥佩特拉和托勒密十三世同时来亚历山大见他，他会从中选择一位埃及的合法统治者（在他的监督下）。*

他做选择时可不算客观。他被克丽奥佩特拉的美貌迷倒，于是就任命她而不是她弟弟为埃及的统治者。托勒密十三世与赶到的恺撒的增援军队发生了冲突，并因此丧生。克丽奥佩特拉加冕，然后仪式性地嫁给了她的弟弟，这是托勒密家族一直以来都遵循的一个埃及习俗。

---

* 恺撒入侵亚历山大期间，他的士兵在多处纵火；多位古代作者记述说亚历山大图书馆——古代世界藏书量最多的图书馆——就是在这期间被焚毁的。

与此同时，恺撒与克丽奥佩特拉陷入了炽热的恋爱之中，为此，他在亚历山大耽延了好几个月（至少是不问政事的）。最后，他告别了怀孕的克丽奥佩特拉，在罗马共和国的四周征战了一圈：向东摧毁了本都的军队，然后穿越非洲边界，接着北上来到伊比利亚半岛，最后回到罗马。

在征战之际，他被四次选为执政官，这样就可以从法律上保证他的权威。公元前 46 年，恺撒的支持者（以及害怕他们的罗马人）同意为他搞一个凯旋仪式，这个仪式让人想起了古代的伊特鲁里亚国王的做法。罗马城中竖起许多他的雕像，与那些古代国王并列在一起。他还被允许穿上紫色的袍子，并在仪式中被呼唤为"大将军"（imperator）*；凯旋仪式上，人们举着横幅，上面写着"我来，我见，我征服！"（Veni，vidi，vici！）[29]

凯旋仪式之后，他就接管了治理内政、通过法律等工作，将元老院、护民官、公民大会和平民会议等各种大权集于一身。他还拥有军队和普通民众的支持：军队中所有的士兵都效忠于他（他将罗马公民权赐予了所有参加高卢战争的人），普通民众也视他为最仁慈的保护者。他甚至还更改了历法，为了施行我们现在所采用的每四年一个闰年的历法，凯旋仪式的次年公元前 45 年被延长到了 445 天。

元老院可能是担心如果不持续给他授予荣誉，他的军队就会报复，民众也会反抗。公元前 44 年，元老院同意任命他为终身独裁官——这和国王还不一样。不过现在可以明显看出来，在他年轻时的某个时期，恺撒曾梦想有一天能当上国王，这个梦在他脑中扎

---

* "大将军"后来成为罗马皇帝头衔的一部分，意为"终身元首"或"皇帝"。

了根。

公元前44年2月15日,安东尼曾尝试将王冠戴在恺撒头上。在一个宗教节日上,安东尼手持一个月桂花环王冠,将它献给恺撒,但是人群中只传出稀稀拉拉的掌声。恺撒意识到了大家的情绪,反复数次将递过来的王冠推开,这么一来,人们就欢呼起来。罗马人民的态度已经表达得很清楚,他们不想让恺撒当上真正的国王。可能国王这个概念会让他们过多地想到东边的帕提亚;也可能是人们坚持认为罗马应该实行精英领导体制,这让他们特别厌恶王权的世袭性质。恺撒没有合法的儿子(不过克丽奥佩特拉倒是给他生了一个儿子,即托勒密十五世·恺撒里翁),但在遗嘱中,他指定他18岁的甥孙、他姐姐的女儿的儿子屋大维(Octavian)为合法继承人。

不久之后,元老院同意恺撒可以戴王冠,但是只有在他出征帕提亚的时候才行,因为神话说只有国王才能征服帕提亚。对于部分元老院议员来说,这件事可能是压死骆驼的最后一根稻草。那些人越来越担心罗马共和国会失去其共和的特点,哪怕这一点也基本上是个神话。那些心怀敌意的元老院议员,包括恺撒自己的表弟马尔库斯·布鲁图斯(Marcus Brutus,恺撒在遗嘱中也指定他为继承人之一)计划在下个月,即公元前44年3月15日恺撒来到元老院时暗杀这位终身独裁官。所有人都知道恺撒的副手安东尼不会加入这场阴谋,所以他们还计划在行动时将安东尼挡在门外。

在恺撒的继承人屋大维的传记中,希腊作家大马士革的尼古劳斯(Nicolaus of Damascus)对这次暗杀进行了细致入微的描写:

他走了进来,元老院的议员们看见他之后,出于尊重纷纷站了起来。那些打算对他下手的人聚拢在他身旁。第一个上来的是图里乌斯·辛布尔（Tullius Cimber），他的哥哥被恺撒流放，所以他上前几步，仿佛要为他的哥哥请愿。他抓住了恺撒的外袍，对于一个要请愿的人来说，他这么做显得过于胆大妄为。他这样做，让恺撒无法站起来使用双手。恺撒非常生气，但是那些心怀不轨的人突然纷纷亮出匕首，扑了上去。刺下第一刀的是塞维利乌斯·卡斯卡（Servilius Casca），他本来是对准恺撒的左肩刺去，但是由于过于紧张，他刺空了。恺撒猛地站起身自卫，卡斯卡喊他的弟弟过来帮忙，他情急之下喊出的是希腊语。后者马上过来，用剑刺进了恺撒的身体。紧接着，是卡西乌斯［卡西乌斯·朗吉努斯（Cassius Longinus）］斜着刺到了他的脸。马尔库斯·布鲁图斯刺穿了他的大腿。卡西乌斯·朗吉努斯急于发出第二击，但是又一次刺空，反而刺到了布鲁图斯手上。米努修斯（Minucius）也打算刺向恺撒，却扎到了鲁布利乌斯（Rubrius）的大腿。这幅场景看上去就像是他们因为恺撒而打起群架。身中数剑之后，恺撒倒在了庞培的雕像前，他倒地后他们还在继续刺他，这样就显得每个人都有份。最后他身中35刀，终于断了气。[30]

普鲁塔克说他死前曾大声求救；好几部希腊典籍里都记录说他用希腊语向布鲁图斯喊道："还有你吗，我的儿子？"* 此外苏埃托尼乌斯（Suetonius）说，恺撒身中第一刀后惊讶不已，喊道："竟然动粗了！"[31]

恺撒的杀手们其实是处在自一百年前的格拉古开始的逻辑循环

---

* 不过他并没有说出那句著名的"Et tu, Brute?"（还有你吗，布鲁图？），这句话是1500年后莎士比亚在戏剧里编的。

25 政治新人

时间线 25			
帕提亚	埃及	不列颠	罗马
			第一次奴隶战争（前135）
			提比略·格拉古去世
米特拉达梯二世			盖乌斯·格拉古去世
			朱古达战争（前112）
			盖乌斯·马略，执政官
			同盟者战争（前91）
			卢基乌斯·苏拉，执政官
			卢基乌斯·辛那，执政官
			角斗士战争（前73）
			克拉苏，执政官
			庞培，执政官
		卡西韦劳奴斯	西塞罗，执政官
奥罗德二世			尤利乌斯·恺撒，执政官
	托勒密十三世 /		法萨卢战役（前48）
	克丽奥佩特拉七世		暗杀恺撒（前44）

的末端。在权力野心面前，没有任何宪法或权力制衡制度能够阻挡它，恺撒本人证明了这一点，现在，他则死于自己曾使用过的伎俩。但是，恺撒之死表现出罗马人还惦记着共和制。很多军团旗帜和罗马建筑物上都刻着共和国的正式名称 SPQR（Senatus Populusque Romani），即"罗马元老院和人民"。

　　罗马是一个人民享有权力的地方——几十年来事实却并非如此，但是念及自身，即他们的集体身份，他们想不出别的方式。这是一个强有力的谎言，而且当谎言的荒谬展现时，哪怕是独裁者也会吓一大跳。

/ 26

罗马帝国

> 公元前44年至公元14年间，屋大维成为第一公民。帕提亚人拒绝罗马的统治方式，整个帝国依然假装罗马是一个共和国。

恺撒的尸身横躺在元老院的地板上，安东尼直到这时才冲破阻拦闯进了元老院大厅。他来得太迟，已经帮不了恺撒，但他阻止了谋杀者将恺撒的尸体扔进台伯河的计划。于是乎，他们离开元老院，列队朝着主神殿进发，仍然手持佩剑。他们朝着聚拢过来的人群大喊，让他们加入进来，并喊道："恢复他们的自由。"这是一个极为关键的时刻，因为街上的人很可能会自发组织起来反对他们。一些著名的罗马市民加入了他们的阵营，很快剑拔弩张之势得以平息。与此同时，三名恺撒的家奴将他的尸体从空无一人的元老院抬回了家。[1]

安东尼不太确定人民的情绪是不是会失控，所以他逃到一个朋友家，化装成奴隶的样子，急急忙忙溜出了城。布鲁图斯和卡西乌斯则继续发表演讲，称恺撒之死是一个悲剧性的必然事件。次日，他俩重新召集元老院议员，提出既然恺撒已死，应该为他搞一个大型的荣誉葬礼，并将他供奉为神。元老院同意了。此举使罗马平静下来，而且也鼓舞了安东尼，他还没逃多远，此时折返回到罗马，显然没有人要清洗恺撒的同盟。

但是在接下来的几天里，恺撒的遗嘱被公之于众，罗马失去了平静，因为在遗嘱中恺撒指示将他的巨额私人财产平分给每个罗马人。人们抬着他的尸身穿过街巷，布鲁图斯和卡西乌斯同意了这一安排，因为这是荣誉葬礼的一个必要部分，但当市民们看到对待他们如此慷慨大方的那个人受到的残害，一场暴动开始酝酿。

在广场上发表葬礼演讲的安东尼趁机煽风点火，鼓动暴乱。他身边有一个武装的侍卫团，是他的同盟者带来的，这位同盟者就是马尔库斯·艾米利乌斯·雷比达（Marcus Aemilius Lepidus），他曾被恺撒任命为高卢行省和近西班牙行省的总督。雷比达还没有出发上任，但是已经在罗马招募了一些随他前往赴任的士兵。现在他带着这些士兵围在安东尼身边保护他。安东尼用一个胜过千言的举动结束了演讲：他将恺撒那染满鲜血、千疮百孔的外袍从胳膊下拿了出来，展开给所有人看，让他们看看恺撒死时身上中了多少刀。

展示恺撒的外袍的做法将街上的人们推上了愤怒的巅峰。市民们手持火把在街巷里奔突，他们大喊着布鲁图斯和卡西乌斯的名字，要把他们找出来撕成碎片。

没人找得到他们。暴动刚露端倪，他俩就出了城，现在藏身于安提乌姆（Antium）。马克·安东尼控制了政府，为了感谢雷比达的支持，他授予雷比达罗马大祭司的职务。

不过，安东尼的权力并不稳固。元老院认为他是"小恺撒"，他会像恺撒一样成为一个专制统治者，但没有恺撒那样的个人魅力去说服人们站在他那边。

此时，在安提乌姆流亡的布鲁图斯正在争取公众的理解和支持，他给罗马送钱，支持举办公共节日，希望能借此重新赢回民心。他在元老院里的盟友之一是演讲家西塞罗，他在演讲中不断赞扬布鲁图斯的慷慨以及打击专制的决心。普鲁塔克记载："此时，人们开始对安东尼感到不满，认为他也是在建立君主制；他们希望布鲁图斯回来。"[2]

照这样发展下去，布鲁图斯原本可以在几个星期后以一个英雄的形象回去，但这中间又杀出一个人：恺撒的养子屋大维。此时他年仅 18 岁，正在意大利之外执行军务，但是他一听到舅祖父被谋杀的消息马上就回家了。

屋大维回来后，西塞罗（他认为安东尼是个傻瓜，而且未来是个独裁统治者）马上认定他就是对抗安东尼势力的最佳同盟。这样一来，他自然也就不再支持暗杀者布鲁图斯。普鲁塔克写到布鲁图斯对此心怀怨憎，"在信中狠狠地斥责他"。[3]

这并未将西塞罗重新拉回他的阵营，于是布鲁图斯暂时放弃，前往雅典，住在一个朋友那里。

安东尼由于是恺撒的朋友，不能反对朋友的甥孙。但他很明智地将屋大维的到来视为对自己权力的威胁。他对这个年轻人出言不逊，问他是不是真的能接管恺撒的事业；他嘲笑屋大维不苟言笑的举止，还试图阻止他参选护民官。

看到安东尼反对他，屋大维便开始与批评安东尼的人以及他的反对者交朋友。后来，安东尼听到传言说屋大维计划要暗杀他。年轻的屋大维否认有这事，但是这一猜疑足以让两个人从政治上的竞争对手变成实际的敌人。"两个人都赶紧在意大利各处招兵买马，并出重金重新招募那些已经回乡的老兵,"普鲁塔克说,"另外也争取首先留住那些尚未解散的军队。"[4] 西塞罗又开始动用他那三寸不烂之舌,在二人间搬弄是非。他成功地让元老院宣布安东尼为罗马人民的公敌,这意味着罗马军队会将他驱逐出意大利。

安东尼带着自己召集起来的军队撤到北方,屋大维则率领另一支军队追击他,同时罗马的两位执政官也跟他一起出击。公元前43年,双方在摩德纳(Modena)相遇。虽然安东尼的人马最终突破防线落荒而逃,但是在屋大维这边,两位执政官和很多士兵都在此役中阵亡。对于罗马人来说,这只能算是险胜,不值得庆贺。

安东尼越过阿尔卑斯山来到高卢,将那里的驻军招至自己麾下。他们之前就跟随他,尊重他,听他的指挥,这次的危机更是让他展现出了自身最佳的一面。"他在危机中展现出的性格比平时任何时候都要好,"普鲁塔克说,"厄运中的安东尼近乎完美。"[5]

屋大维此时对自身的处境也进行了深入思考。只要西塞罗和元老院希望继续实行共和制,他们就不会全心全意支持他,他们现在支持他不过是想借此将安东尼赶出罗马。但是屋大维不想重新实行共和制。他想要他舅祖父那样的权力,但是这样的话西塞罗就不会支持他。"他看出来西塞罗的意愿是追求自由,"普鲁塔克写道,"于是就不再尊敬他。"[6]

于是,他效仿恺撒的先例,决定与他的对手建立同盟以加强自身地位。他没有攻打安东尼,而是派朋友捎去口信:如果安东尼同意见他,他会向他提出一个方案。

11月,两人在博洛尼亚(Bologna)秘密会面,并花了三天时间讨论合作的可能性。他们决定按照前辈的方式建立一个三巨头同盟。他提出的第三个巨头就是安东尼的同盟者雷比达,他现在不仅是祭司长，还是高卢行省和近西班牙行省的总督，手下有不少人马。

这一次，三巨头达成了正式协议，并将同盟协定付诸书面。"他们决定建立帝国，"普鲁塔克说，"国家就像是他们获得的遗产，他们将其瓜分。"

每个人都写下了一张清单，单子上列明了夺权之后他们打算处死的人。他们在如此安排时甚至都没有做一些合法性的粉饰。死亡清单上一共有 300 人，包括西塞罗（出现在安东尼的单子上）、安东尼的亲叔叔（出现在屋大维的单子上）、雷比达的亲哥哥（出现在雷比达的单子上，因其曾公开反对他）。

三个人率领大部队回到罗马，大肆杀戮。之后，三人对帝国进行了瓜分。屋大维得到了西部，安东尼得到东部。雷比达是三巨头中最弱的一个，他失去了高卢和近西班牙，得到了阿非利加，这实在算不上是什么肥差。

但是他暂时控制了罗马城，这让他稍微有些心安。在雷比达管理首都的同时，安东尼和屋大维率军前往希腊，追杀卡西乌斯和布鲁图斯。

卡西乌斯和布鲁图斯在马其顿驻扎，他们将军队分成两拨，分别驻扎在两个地方。这样安东尼和屋大维就不得不分头作战。屋大维负责攻打布鲁图斯，但是战役当天他忽然患病，苏埃托尼乌斯记述说他"身有不适"，很快被布鲁图斯击溃。[7] 安东尼这边则打败了卡西乌斯，卡西乌斯不知道布鲁图斯元气未伤，自尽而亡。随后，安东尼替屋大维干掉了布鲁图斯。

屋大维打道回府，一路上病情不断加重，人们甚至担心他在到达罗马前便会病亡。安东尼则继续留在东边保卫边界。罗马的叙利亚行省正面临危险：在国王奥罗德二世的指挥下，帕提亚人正在向其西部边境集结，准备入侵罗马统治的土地。罗马叙利亚行省总督安提帕特（Antipater）刚刚被人毒死；他的儿子希律（Herod）现在统治着叙利亚，但是他毫无统治经验。

安东尼到达叙利亚，但是他的注意力马上就从迫在眉睫的敌人的攻击转移到另一件事上。公元前41年，也就是打败布鲁图斯和卡西乌斯次年，他遇上了克丽奥佩特拉，她乘船驶到西里西亚来看他，并用她的美貌引诱他：

> 她乘坐一艘饰有紫帆银桨的镀金大船，桨手和着船上飘出的长笛、横笛、竖琴之声划动船只。她在金色华盖下横躺着，打扮得就像画中的维纳斯，两个美貌的童子侍立两旁，宛如画中的丘比特，手执香扇轻轻摇动。还有扮成海中仙子的侍女，她们有些在掌舵，有些则在拉动缆绳。阵阵香气从船上飘到岸上，岸上观者如潮，人们奔走相告，纷纷奔到港口观赏奇景。[8]

安东尼本该在叙利亚保卫边境，但他被爱情冲昏了头脑，跟随克丽奥佩特拉去了亚历山大城。

公元前40年，仅仅几个月后，帕提亚人发起了进攻。帕提亚人横扫叙利亚，一直打到犹太行省，想要擒住并杀死罗马任命的统治者希律。希律逃到了罗马，他们就将犹太祭司长兼总督许尔堪（他要向希律报告）拉出来割掉了双耳。犹太律法规定祭司长不能是肢体残缺的人，这样他就再也不能做祭司长了。

就在这次胜利之后，奥罗德二世被他的儿子弗拉特斯四世（Phraates IV）杀死；而且，为了除掉所有的潜在对手，弗拉特斯四

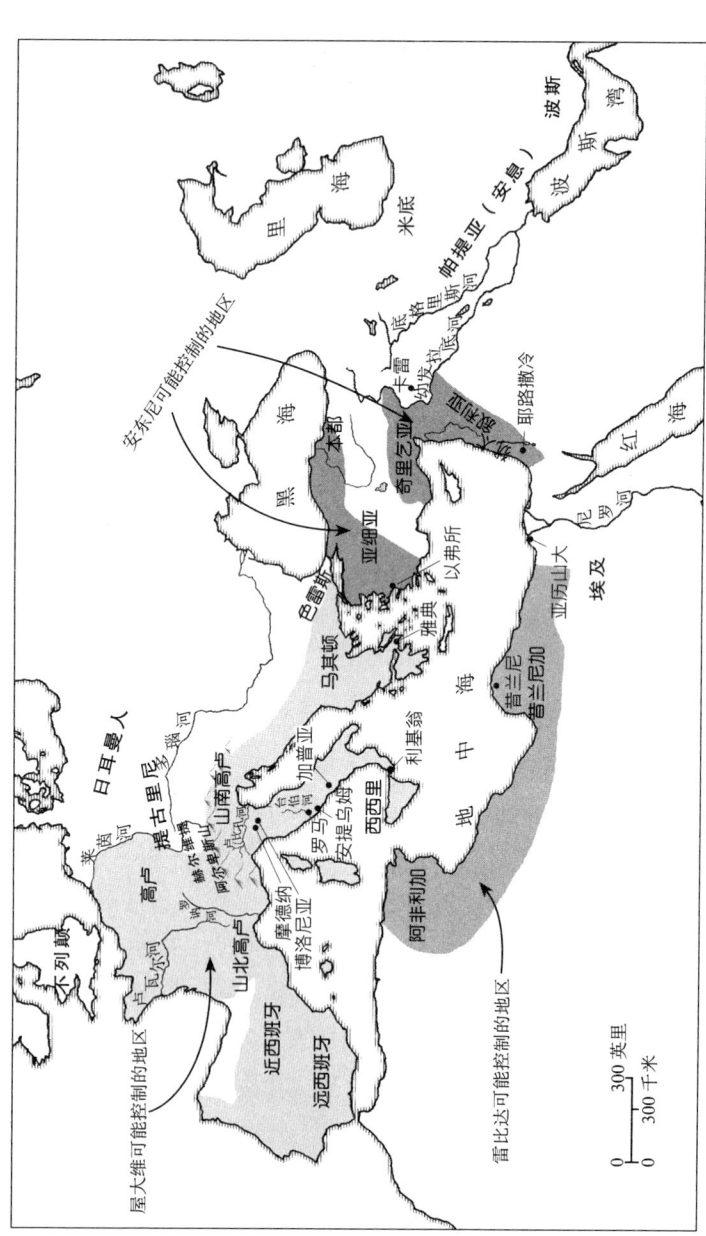

地图 26-1 三巨头统治下的罗马

世还杀掉了他所有的兄弟和自己的长子,这种做法就连帕提亚人都觉得很过分。安东尼挣脱克丽奥佩特拉的怀抱,回到罗马与屋大维商议对策,此时屋大维已经奇迹般地康复了。安东尼开始率军东征,逃亡回来的希律紧随其后。

帕提亚在弗拉特斯四世统治下试图保住叙利亚这块土地,但是安东尼成功地将他们驱逐出犹太。公元前37年,他将希律立为罗马的分封王——一个犹太人的世俗国王,由此废除了犹太人政教合一的传统。

与此同时,再往西边一点,屋大维除掉了雷比达。雷比达早已不耐烦自己作为三巨头中势力最弱的一方。他率军驶向西西里,将其据为己有。此举表明他想在三巨头中拥有更多的权力。

屋大维登上西西里海岸,恳请雷比达的士兵不要对抗他:如果他们愿意不与雷比达为伍,他们就能避免让罗马陷入内战。军团一个接一个地都照做了,雷比达的个人魅力无法与屋大维相匹敌。最后,雷比达被迫跟在自己的军队后面,来到屋大维的大帐投降求饶。屋大维饶了他一命,但是收回了他的行省、兵力和"三巨头之一"的头衔。[9]他将雷比达软禁起来,后者就这样度过了余生。

现在,权力由屋大维和安东尼共享,不过安东尼所处的形势越来越糟。首战告捷之后,他领导的攻打帕提亚的战争却不可阻挡地走向了灾难。他试图强攻米底,却因战败而被迫后撤,结果损失了20 000名步兵和4000名骑兵。[10]

公元前34年,安东尼放弃了这场战争。他回到埃及,回到了克丽奥佩特拉身边。他的放弃给了屋大维足够的借口,让他宣称安东尼是罗马公敌,这样他就能将安东尼控制的部分也纳入自己囊中。

但他需要说服亲安东尼的元老院议员支持自己。公元前32年,屋大维向元老院大声宣读了安东尼的遗嘱。这样做是非法的，但当元老院听说安东尼将绝大多数钱财都留给了克丽奥佩特拉给他生下的有着一半埃及血统的孩子（是双胞胎，而且是一男一女），并要求死后将自己葬在埃及时，他们便把安东尼当成一个外国敌人，同意对他正式宣战。[11] 屋大维发言说，由于安东尼已经完全被克丽奥佩特拉迷住，清除他的时候应该不会遇到什么麻烦；他认为安东尼的将军甚至也是克丽奥佩特拉的侍女或者一两个埃及宦官。

听到向他宣战的消息，安东尼开始在以弗所组建陆军和海军。据普鲁塔克记载，他的阵容非常庞大，有 500 艘战船，还有 10 万步兵和很多王族同盟，其中一位就是犹太王希律。

屋大维率领舰队和步兵征讨安东尼。在一系列激战之后，两支海军在希腊北部海岸突出来的亚克兴角相遇。屋大维的战船击沉了安东尼的 300 艘战船，安东尼和克丽奥佩特拉逃离战场驶回埃及。眼见屋大维胜利在望，很多人都转而投奔他。

屋大维认为将安东尼留在埃及是不明智的，这会给罗马带来更多的麻烦。于是他等了一个冬天，第二年开春便向埃及进发。

安东尼听到屋大维到来的消息后以剑刺腹，慢慢流血而死。克丽奥佩特拉也自尽而亡，不过她的尸体上没有明显的刀伤或剑伤；后来，她的仆人说，她可能是让一条毒蛇咬死了她，为的是避免余生做屋大维的囚犯。

屋大维下令将克丽奥佩特拉与恺撒生的儿子也处死。那一年是公元前 30 年，他独自一人控制着整个罗马帝国。

公元前 29 年，他回到罗马，此时的罗马人民已经厌倦了战争。屋大维给自己搞了一场凯旋仪式，并给罗马市民发钱。他还下

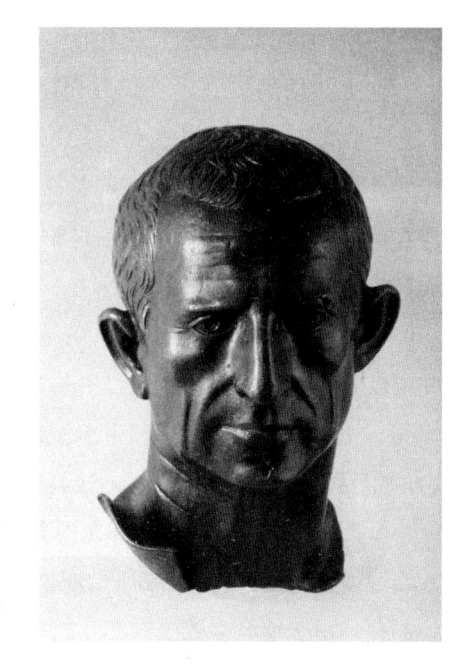

图 26-1　屋大维

屋大维青铜头像，公元前 63 年至公元 14 年。维罗纳考古博物馆，意大利。

图片来源：Cameraphoto Arte，威尼斯 / 艺术资源，纽约

令关闭雅努斯神庙的大门，以示罗马现在进入了新的和平时期。在屋大维看来，他在亚克兴角的胜利是一个全新的开始。不是罗马共和国结束、罗马帝国开始了（后来的历史学家持此种观点），而是共和国有了一个全新的开始。

为了继续维持这种假象，他就不能解散元老院，那样做会让罗马的正式国名少掉一半。元老院现在的处境也很微妙。屋大维刚刚结束了一场打击罗马公民的战争，并处死了恺撒唯一的儿子。这可都是独裁者才会有的行为，如果他表现得太像一位国王，人们就会起来反抗他，他也无法置之不理。另一方面，如果元老院强迫他放弃所有权力，就会引发另一场内战。过去几年的经验表明，原本的

共和制并不能在罗马城维持长久的和平。

就像屋大维将亚克兴角的胜利看作共和制的转折点,他和元老院之间形成的妥协其实也只是名义上的。公元前 27 年,屋大维参加了元老院 1 月的会议,正式宣布他放弃在危机期间元老院赋予他的所有权力:这表明这些权力都是非常时期的权力,而非普通的权力,而且共和制仍然有效。

屋大维在他的《行述》(Res Gestae,亦译作《功德录》,这是刻在铜板上的一段文字,后来竖立在他的陵墓前)中述及了这一点。上面说:"我结束内战之后,基于民众一致的同意,获得了至高无上的权力,然后我将国家从我个人的掌控下转移到罗马元老院和人民手中。"[12]

屋大维表现出了他对共和制的尊重,共和国也回报了他。屋大维继续当执政官(共和制下的职位),而且元老院将外省交由他控制——由于绝大多数士兵都驻扎在外省而非罗马,这实际上就等于授予他军权。他还被准许在意大利建立一个新的组织,即一支人数众多的常备卫队,称作"禁卫军"(Praetorian Guard)。这等于是给了他一支私人军队,而且打破了罗马从来不在首都附近驻军的传统。[13] 他还保留了自公元前 29 年便获得的"大将军"头衔:这个头衔原本是一年授予一次,且只授予战果辉煌的将军,现在这个头衔变成一个永久的称谓。另一个永久称谓则是奥古斯都(Augustus)。从语言层面上讲,这个词的含义是"神圣""超然""不同";但它也是一个全新的名字,没有任何旧的政治含义,所以屋大维可以赋予它任何细微的含义。[14] 屋大维本人视"奥古斯都"(这个词后来变成了他举世皆知的名字)这个头衔为对他美德的回报,元老院将此头衔授予他是为了肯定他拒绝攫取权力的美德。他在《行述》中罗列了他所有的征服战绩("我扩展了罗马人民各行省的边界，那些行省周围的邻居曾不服从帝国的统治……我在高卢、西班牙和日耳曼这些行省重建了和平……我将埃及也纳入了罗马人民的帝国的统治")[15]，但这些都不是他权威的基础。他之所以应该得到"奥古斯都"这个称号，是因为"在我结束所有内战后，因为全体人民的认可，我被置于控制整个帝国的无上位置，之后，我却将大权交还给了元老院和罗马人民。元老院因为我的这一功绩而授予我'奥古斯都'这个称号……之后我就可以庄严地站在所有人面前，但是我所实际拥有的权力并不比别人多"。[16]

当然，这几乎与事实相反；奥古斯都实际上有着皇帝般的权力，只不过是没有皇帝的头衔罢了。他的一些同时代人［如地理学家斯特拉波（Strabo）］都觉得他所谓的"第一协议"（First Settlement）纯属无稽之谈。

在随后的几十年里，奥古斯都继续以有实无名的皇帝身份进行统治，而且基本上不跟元老院商量他究竟可以有什么样的正式特权。公元前23年，奥古斯都谢绝再度参选执政官，此前他已在这个职位上连任九年。他这么做的真正动机至今不明。他可能是意识到，如果他每年都当选执政官，很多元老院的议员就永远没有机会当选，而对于很多人来说，这是他们一生的终极梦想。那样的话必然会导致不满。[17]此外，公元前23年他身患重病，苏埃托尼乌斯说他浑身上下都是癣和斑点，此外他还患有膀胱结石。[18]他不参选，可能是不想公开露面，让大家都看到他那不堪的样子。

不管怎样，放弃执政官的职位并没有让他牺牲多少，因为他仍然处在权力结构的顶端，高于执政官。元老院同意任命他为资深执政官，这意味着他不仅可以合法地插足任何他想参与的元老院事务和执政官事务，还可以动用军事权力——这是罗马城内的最高权力（imperium）。这是一项非常重要的特权，特别是他现在已经有了一支驻扎在罗马附近的常备军。

实际上，他拥有王权包含的一切权力，包括合法地强迫罗马城按照他的意愿去行事的权力。但他还是远离皇帝（emperor）这个词。塔西佗说，奥古斯都在另一个名称即 princeps 下行使皇帝之实。后世有时将这个词翻译为"亲王"（Prince），但奥古斯都只是简单地称自己为"第一公民"（First Citizen）。[19]

公元前 20 年，奥古斯都与帕提亚国王弗拉特斯四世实现和解。安东尼的战败对于奥古斯都来说是件好事，但对于罗马而言是耻辱。帕提亚人俘虏了罗马战俘，缴获了罗马军旗，奥古斯都需要将它们赎回。

弗拉特斯四世同意交还战俘和军旗，但是他从罗马那得到了什么则不得而知。奥古斯都给了他一名女奴，她很快就成了他的情人，但是除此之外肯定还有别的好处。

弗拉特斯四世还将他的四个儿子送到罗马当人质，这通常是示弱的行为。[20] 不过鉴于帕提亚的家族关系错综复杂，罗马接受人质弄不好反倒帮了帕提亚人的忙；这样弗拉特斯四世在几年内就不用再担心后院起火，也不用总是要闻一闻杯子里是不是被人下了毒。罗马人也可以借此机会将罗马人的生活方式传授给帕提亚人（很久之前，亚述人就曾这么培养过埃及的王子）。与帕提亚的长期和平有利于罗马的繁荣发展。这样一来，长期因敌对关系而中断的商路再次开通，这条商路不仅可以通往印度，还可以到达更东边的国家。

罗马在繁荣发展，不过奥古斯都在维持共和国的形式方面也遇到了越来越多的困难。元老院议员们去元老院参会的时间越来越晚；

这一点不难理解，因为就算他们去了也是浪费时间，不会通过什么真正的法律，但是奥古斯都希望罗马看起来一切如常。公元前17年，他宣布，如果再有议员迟到，迟到者就要支付罚金。

与此同时，他也不断将更多的权力揽到手中。公元前13年，雷比达在软禁中去世。苏埃托尼乌斯写道，屋大维随后便"接过了大祭司一职，而在雷比达还在世的时候他从来没考虑这么做"[21]。这就意味着控制罗马政务的人现在也成了国家的宗教领袖，政教合一进一步加强了他的权威，并会在未来变成一种常态。

这样一来，元老院也就变得更加无关紧要。公元前11年，奥古斯都不得不修改元老院的规定，这样哪怕达不到元老院要求的最少400人（总数是600人）出席，元老院的事务也可以继续进行。他还宣布，议员们可以不再按照资历顺序发言，因为现在每个人都习惯了站起来说："我同意前一位的观点。"为了让所有人在开会时都保持清醒，他开始随机点名发言，就像大学老师面对一群不认真听讲的大一新生似的。[22]

与此同时，奥古斯都试图找到一名继承人并建立一个王朝，这个想法与共和制完全背道而驰。

元老院也大体同意继承人的想法，因为没人希望奥古斯都一去世就爆发一场内战，但是对于他来讲，没有什么合法的办法来指定下一任罗马最高统治者。一个更私人化的问题是奥古斯都没有儿子。他考虑让一位女婿做自己的继承人，所以早在公元前24年他就将自己年仅14岁的女儿尤利娅（Julia）嫁给了他最中意的继承人，也就是他17岁的侄子马塞勒斯（Marcellus）。但是次年马塞勒斯就去世了。之后，奥古斯都又将尤利娅嫁给他的一名手下阿格里帕（Agrippa），但在公元前12年阿格里帕也去世了。

奥古斯都没有给他那可怜的女儿一丝喘息的时间，马上又将她嫁给他指定的最后一位继承人，即他妻子在上一次婚姻中生下的儿子提比略（Tiberius）。无论是谁，都不会把提比略当作最佳人选。他性格冷酷，难以接近，沉默寡言，而且有其他怪癖：走路姿势僵硬，讲话时手指乱动。[23] 奥古斯都选他做继承人，只是让他先占下位置。实际上皇帝是希望等到尤利娅的儿子长大后再指定他为继承人。但是经他这么反复折腾，他女儿的家庭生活变得非常悲惨。尤利娅痛恨提比略，他们的家庭生活非常不幸。后来提比略跑到罗得岛独自生活，留在罗马的尤利娅则陷入乱交和酗酒。她的丑闻招致诸多议论，奥古斯都最终不得不将她关在潘达特里亚岛，这个岛整个就是一座监狱。

他的家庭事务并没有太多地影响他统治罗马帝国。公元前4年，希律王（安东尼立的那个分封王）去世，留下三个儿子和一座庞大的重建过的神殿。他在位时（作为罗马的藩属）命人将那个破败的"第二圣殿"建成了一个展示他的功业的工程。由于神殿所在的圣殿山地块太小，没有扩建的空间，希律王就将它周围的土地都挖空，然后建造了一个巨大的地下室，扩大了地基的面积。

现在，希律王去世了。奥古斯都并没有从希律留下的三个儿子中选择一个做继承人，而是将巴勒斯坦分成三部分，可能是圣殿的面积暴露了这个家族的野心，此时这一野心被奥古斯都扼杀了。希律·安提帕（Herod Antipas）分到了加利利海边的加利利，阿基劳斯（Archelaus）得到了撒马利亚和犹太，兄弟中的老三腓力则得到北部。希律·安提帕和腓力的统治都没有什么问题，但是阿基劳斯过于残忍，以至于在公元6年的时候奥古斯都将他从宝座上赶下来，安排了一位罗马官员即一位地方财政官在他的位置上监管这一地区。

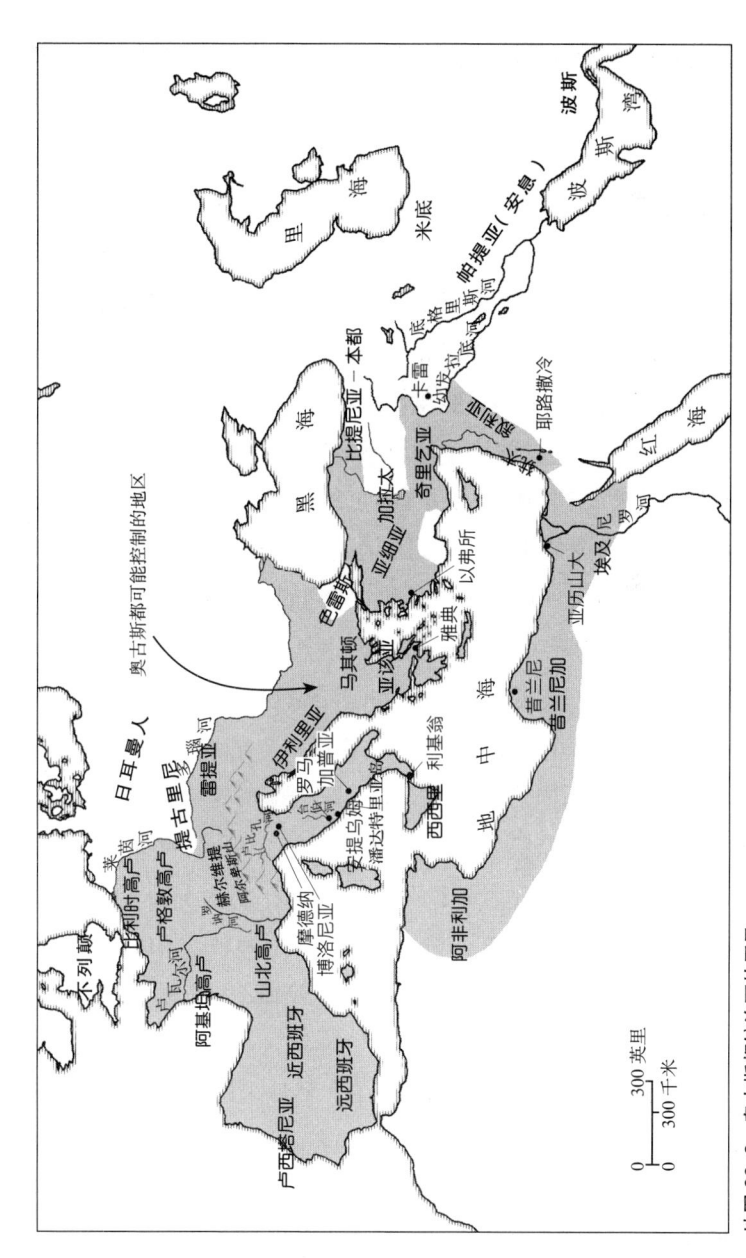

地图 26-2 奥古斯都统治下的罗马

这位财政官在整个区域内说了算，尤其是对处决人犯等严肃的法律事务，但是只要希律·安提帕和腓力不惹是生非，罗马人就放手不管。

再往东去，帕提亚人正在掀起反对罗马的浪潮。

公元前2年，弗拉特斯四世的家族走上了下坡路。那位女奴为他生下一个儿子，这个儿子快成年时将他父亲杀死，成为弗拉特斯五世。从他统治时期留下的硬币来看，硬币上不仅有他，还有他的母亲（在他的旁边）；她可能和儿子共同统治国家，但她看上去更像是他的配偶——在帕提亚，这倒不是什么闻所未闻的丑闻（但听起来的确让人很不舒服），尤其是她可能只比他大15岁。帕提亚人民对他们的统治非常不满，仅仅四年后就将他们赶下了台。

此后，弗拉特斯四世的一个儿子登上王位，他接受过罗马教育，名叫沃诺奈斯一世（Vonones I）。罗马人正是希望能对帕提亚施加这样的影响，这是除了让罗马人亲自在巴勒斯坦进行统治之外最佳的方式。不幸的是，好景不长。沃诺奈斯统治时期的硬币上有他的头像，可以看出他留着西方的发型，很显然这是在他罗马生活期间学到的。沃诺奈斯一世的罗马做派惹恼了朝臣。明明是一个帕提亚人，却说着罗马话，穿着罗马人的衣服，有着罗马人的习惯，让帕提亚社会中的保守势力非常不满。在和平年代，保持本国文化的重要性和紧迫性会凸显。这在战争年代反而不那么重要，因为军事对抗要比文化传统更重要。

沃诺奈斯一世只统治了四年左右，然后一位帕提亚爱国者阿尔达班（Artabanus）将他赶下台（或者杀死），夺取了王权。帕提亚继续与罗马保持和平，但是这仅是暂时的，因为帕提亚一直在抵制所有的罗马影响，并将自己视作幼发拉底河另一岸的上等国家。*

到了公元4年，奥古斯都放弃了立自己的血亲为继承人的想法。尤利娅的两个儿子年纪轻轻便死了。第三个儿子阿格里帕·波斯图穆斯（Agrippa Postumus）生性邪恶，大家都认为他是个疯子，奥古斯都也将他送到潘达特里亚岛监禁起来。他现在只剩下提比略，所以他正式将这个女婿收为养子，让他成为其家庭一员。

这并没有让提比略成为奥古斯都的继承人，因为还没有人将世袭的可能性提到台面上来。但是他将越来越多的军权交给了提比略；罗马军团的支持是帝王权力最强有力的支持，这就等于是直接赐予提比略一顶王冠。公元13年，元老院确认提比略同奥古斯都一样，将成为资深执政官和第一公民，这样就解决了权力世袭的问题。

这一决定做得正是时候。公元14年8月两人一同出行时，75岁高龄的奥古斯都突然患上腹泻。他的健康每况愈下，后来连床都下不了了。

临终之日，他叫人拿来镜子，对着镜子整理了一下头发，就好像要见什么人似的。苏埃托尼乌斯记述道：“他让人把朋友们叫到身边，等他们都到了之后，他问他们他在人生戏剧中的角色扮演得是否还不错。”大家表示他的确演得不错，他引用了当时一出流行的戏剧中的两句话（这几乎是他最后的话了）：

> 戏剧演得如此之好，请鼓掌吧
> 你们在掌声中便可退下。[25]

---

* 帕提亚的内部政治非常不确定，后世所有的推测都不确定；这些历史事件只是最有可能的情况。

时间线 26	
帕提亚	罗马
	同盟者战争（前 91）
	卢基乌斯·苏拉，执政官
	卢基乌斯·辛那，执政官
	角斗士战争（前 73）
	克拉苏，执政官
	庞培，执政官
	西塞罗，执政官
奥罗德二世	尤利乌斯·恺撒，执政官
	法萨卢战役（前 48）
弗拉特斯四世	暗杀恺撒（前 44）
	屋大维，执政官
	亚克兴战役（前 31）
	第一协议（前 27）
	第二协议（前 23）
	屋大维，大祭司
弗拉特斯五世	
沃诺奈斯一世	
阿尔达班二世	
	屋大维去世（公元 14）

在他生命的最后时刻，他终于承认了所有罗马人都不敢说出来的一个事实：他作为共和国的保护者的角色不过是演戏，他拒绝接受皇帝头衔也不过是假装，所有这些都是演给罗马人民看的。

注 释

01 在埃及的亚述人

1. Isa. 37:38, NIV.
2. 改写自 R. C. 汤普森（R. C. Thompson）的译文，转引自 Kraeling, pp. 338–340。
3. Olmstead, *History of Assyria*, p. 343.
4. Frame, p. 164.
5. Olmstead, *History of Assyria*, p. 351.
6. 改写自布林克曼（J. A. Brinkman）编纂的各种版本的以撒哈顿铭文，出自 "Through a Glass Darkly: Esarhaddon's Retrospects on the Downfall of Babylon," *Journal of the American Oriental Society* 103:1 (1983), p. 39。
7. Brinkman, "Through a Glass Darkly," p. 41.
8. Frame, 167.
9. Francis Reynolds, ed., *State Archives of Assyria*, vol. 18: *The Babylonian Correspondence of Esarhaddon and Letters to Assurbanipal and Sin-saru-iskun from Northern and Central Babylonia* (2003), p. 4.
10. E. D. Phillips, "The Scythian Domination in Western Asia: Its Record in History, Scripture, and Archaeology," *World Archaeology* 4:2 (1972), p. 131.
11. 为使文意更清晰稍作改写，原译文出自 Ivan Starr in *State Archives of Assyria*, vol. 4, *Queries to the Sungod: Divination and Politics in Sargonid Assyria* (1990), Queries 18, 20, 24, and 43, pp. 22, 24–25, 30, 48。
12. C. H. Emilie Haspels, *The Highlands of Phrygia: Sites and Monuments*, vol. 1, *The Text* (1971), p. 73.
13. Strabo, *The Geography of Strabo in Eight Volumes* (1928), 1.3.21.
14. Luckenbill, *Ancient Records*, vol. 2, pp. 516, 530, 533, 546.
15. Starr, Query 84, p. 98.
16. 稍作缩写，原文出自 Laessoe, p. 114。
17. Clayton, p. 193.
18. Shaw, p. 358.
19. 稍作缩写，原文出自 Frame, p. 194。
20. Clayton, p. 195.
21. Gebel Barka Stele, translated by Assmann, pp. 336–337，语言按现代习惯修改。
22. Herodotus, 2.151; also Redford, *Egypt*, p. 431.
23. Assmann, p. 337.
24. James Henry Breasted, *A History of Egypt* (1967), p. 468.
25. Nah. 3:8–10.
26. Olmstead, *History of Assyria*, p. 417.
27. Ibid., p. 422.

28. 尼托克丽丝收养石碑（The Nitiqret Adoption Stele），稍作改写，原译文出自 Shaw, p. 376。
29. Olmstead, *History of Assyria*, p. 423.
30. Phillips, "The Scythian Domination in Western Asia," p. 132.

02　米底人和波斯人

1. Konstantinos Staikos, *The Great Libraries: From Antiquity to the Renaissance (3000 BC to AD 1600)* (2000), p. 13.
2. 稍作缩写，原文出自 Benjamin R. Foster, *Before the Muses: An Anthology of Akkadian Litera- ture*, vol. 2 (1996), p. 714。
3. Frame, p. 255.
4. Ibid., p. 258.
5. 按时间顺序排到的碑文，John Malcom Russell, *The Writing on the Wall: Studies in the Architectural Context of Late Assyrian Palace Inscriptions* (1999), p. 159。
6. Herodotus, 1.98.
7. A. T. Olmstead, *History of the Persian Empire* (1959), p. 30. 8. Starr, pp. 267–270.
9. Saggs, *Babylonians,* p. 161.
10. Frame, p. 260.
11. Saggs, *Babylonians,* p. 114.
12. Ezra 4:9–10, NIV.
13. P. Calmeyer, "Greek Historiography and Acheamenid Reliefs," in *Achaemenid History II: The Greek Sources*, ed. Heleen Sancisi-Weerdenburg and Amelie Kuhrt (1987), p. 11.
14. David Frankel, *The Ancient Kingdom of Urartu* (1979), p. 19.
15. Phillips, p. 135.
16. 2 Kings 23.
17. Herodotus, 1.105.
18. Ibid., 1.106.

03　征服和暴政

1. Buckley, p. 37.
2. *Phaedo* 109b, quoted in Robin Waterfield, *Athens* (2004), p. 41.
3. Pomeroy et al., p. 92. 4. Herodotus,
4. 156–157.
5. Ibid., 4.159.
6. Fragment 5, quoted in Buckley, p. 66.
7. Fragment 6, quoted in Buckley, p. 67.
8. Herodotus 6.52.
9. Luckenbill, *Ancient Records*, vol. 2, pp. 291–292.
10. Herodotus, 6.57.
11. *Lycurgus* 15, in Plutarch, *Greek Lives*, translated by Robin Waterfield (1998), p. 24.
12. *Lycurgus* 12–14, in Plutarch, *Greek Lives*, pp. 18–22.
13. *Lycurgus* 10, in Plutarch, *Greek Lives,* p. 18.
14. Herodotus, 7.104.
15. Waterfield, p. 39.
16. Eusebius, *Chronicle,* in A. Schoene and H. Petermann, trans. *Armeniam versionem Latine*

factam ad libros manuscriptos recensuit H. Petermann (1875), pp. 182–183.
17. Waterfield, p. 43.
18. Eusebius, *Chronicle*, p. 198.
19. Thucydides, 1.125.
20. Thucydides, 1.126.
21. *Solon* 12, in Plutarch, *Greek Lives*, p. 55.
22. *Athenian Constitution*, translated by H. Rackham, 2.1–3, in *Aristotle in 23 Volumes*, vol. 20 (1952).
23. *Solon* 17, in Plutarch, *Greek Lives*, p. 61.
24. *Lycurgus* 15, in Plutarch, *Greek Lives*, p. 25.
25. Michael Gagarin, *Drakon and Early Athenian Homicide Law* (1981), pp. 19–21.
26. *Solon* 1, in Plutarch, *Greek Lives*, p. 46.
27. *Solon* 14, in Plutarch, *Greek Lives*, p. 57.
28. Buckley, pp. 91–92.
29. *Solon* 6, in Plutarch, *Greek Lives*, p. 50.
30. Herodotus, 1.29.
31. *Solon* 25, in Plutarch, *Greek Lives*, pp. 69–70.

04 帝国始末

1. Livy, 1.15, *Early History of Rome*, p. 50.
2. R. M. Ogilvie, "Introduction: Livy," in Livy, *Early History of Rome*, p. 18.
3. Livy, 1.1–1.2, *Early History of Rome*, pp. 34–36.
4. Livy, 1.15, *Early History of Rome*, p. 50.
5. Livy, 1.16, *Early History of Rome*, p. 51.
6. Livy, 1.19, *Early History of Rome*, p. 54.
7. Dionysius of Halicarnassus, *Roman Antiquities*, vol. 1, *Books I–II* (1937), 2.62.
8. Livy, 1.33, *Early History of Rome*, p. 72.
9. Dionysius of Halicarnassus, *Roman Antiquities*, vol. 2, *Books III–IV* (1939), 3.45.
10. Gary Forsythe, *A Critical History of Early Rome: From Prehistory to the First Punic War* (2005), pp. 39–40.
11. Salvatore Settis, ed., *The Land of the Etruscans: From Prehistory to the Middle Ages* (1985), p. 30.
12. Jacques Heurgon, *Daily Life of the Etruscans* (1964), p. 136.
13. Christopher S. Mackay, *Ancient Rome: A Military and Political History* (2004), p. 12.
14. Dionysius of Halicarnassus, *Roman Antiquities*, vol. 2, 3.61–62.
15. Ray Kamoo, *Ancient and Modern Chaldean History: A Comprehensive Bibliography of Sources* (1999), p. xxxi.
16. Luckenbill, *Ancient Records*, vol. 2, p. 417.
17. Kamoo, p. xxxiii; Luckenbill, *Ancient Records*, vol. 2, p. 419.
18. Herodotus, 1.103.
19. Christopher Johnston, "The Fall of Nineveh," *Journal of the American Oriental Society* 22 (1901), p. 21.
20. Diodorus Siculus, *Bibliotheca Historica*, vol. 1 (1956), p. 171; Paul Haupt, "Xenophon's Account of the Fall of Nineveh," in *Journal of the American Oriental Society* 28 (1907), p. 101.
21. Luckenbill, *Ancient Records*, vol. 2, p. 420.
22. Nah. 2:6–10, 3:3, 3:19, NIV.

23. Assmann, p. 338.
24. 2 Kings 23:29, NIV.
25. 2 Chron. 35:21, NIV.
26. Luckenbill, *Ancient Records*, vol. 2, p. 421.
27. 2 Kings 23:31–35.
28. Verbrugghe and Wickersham, p. 58.
29. Jer. 46:2–6, NIV.
30. Donald B. Redford, *From Slave to Pharaoh: The Black Experience of Ancient Egypt* (2004), p. 146.

05　短命的帝国

1. Josephus, *The Antiquities of the Jews*, 10.6.1.
2. Jer. 36.
3. Quoted in Ronald H. Sack, *Images of Nebuchadnezzar: The Emergence of a Legend* (2004), p. 49. 非常感谢萨克先生收集整理了有关尼布甲尼撒和那波尼德统治的古代和古典资料。
4. Herodotus, 2.158.
5. Clayton, p. 196.
6. Herodotus, 4.42; Shaw, p. 381; Redford, *Egypt,* p. 452.
7. Herodotus, 4.42.
8. Josephus, *Antiquities of the Jews*, 10.6.2.
9. Sack, p. 49.
10. 2 Kings 24; Rogerson, p. 151.
11. Josephus, *Antiquities of the Jews*, 10.7.3.
12. The Wadi-Brisa Inscription, in Sack, p. 16.
13. Verbrugghe and Wickersham, p. 58.
14. Saggs, *Babylonians,* p. 167.
15. 稍作缩写和改写，原文出自 Diodorus Siculus, pp. 149–150。
16. Verbrugghe and Wickersham, p. 59.
17. Saggs, *Babylonians*, p. 166.
18. Verbrugghe and Wickersham, p. 58.
19. *Politics* 3.1276, in H. Rackham, trans., *Aristotle in 23 Volumes*, vol. 21 (1944).
20. Redford, *Egypt*, p. 461.
21. Redford, *From Slave to Pharaoh,* p. 146.
22. Clayton, p. 196.
23. Redford, *Egypt,* p. 463.
24. Josephus, *Antiquities of the Jews*, 10.7.3.
25. Jer. 37:7–10, NIV.
26. Jer. 38:4; also Josephus, *Antiquities of the Jews*, 10.7.3.
27. Letter 4, quoted in Rogerson, p. 153.
28. 2 Kings 25:4–6, NIV.
29. Josephus, *Antiquities of the Jews*, 10.8.4.
30. Raymond Philip Dougherty, *Nabonidus and Belshazzar: A Study of the Closing Events of the Neo- Babylonian Empire* (1929), p. 33; Herodotus, 1.74.
31. Herodotus 1.74.
32. Dan. 4:33, NIV.
33. Quoted in Sack, p. 44.

34. Matthias Henze, *The Madness of King Nebuchadnezzar: The Ancient Near Eastern Origins and Early History of Interpretation of Daniel 4* (1999), pp. 96–99.

06 居鲁士大帝

1. Herodotus, 1.107.
2. 以下均引自 Herodotus, 1.108–119。
3. Herodotus, 1.119.
4. 2 Kings 25:27–29.
5. The *Chronicle* of Jerachmeel, quoted in Sack, pp. 58–59.
6. Verbrugghe and Wickersham, p. 60.
7. Quoted in Sack, p. 22. 麦加斯梯尼的原作已佚，此处文字保留于优西比乌的引文中。
8. Leick, *The Babylonians,* p. 64.
9. Dougherty, p. 24.
10. Quoted in Oates, p. 132.
11. Quoted in Dougherty, pp. 72–73.
12. Diodorus Siculus, 2.32.2–3.
13. Herodotus, 1.123–126.
14. Ibid., 1.129–130.
15. Ibid., 1.75–87.
16. Ibid., 1.88–90.
17. Xenophon, *The Education of Cyrus* (2001), 8.2.1.
18. Ibid., 1.1.2.
19. Ibid., 1.1.5.
20. Ibid., 8.2.8–9.
21. Ibid., 8.2.11–12.
22. Pierre Briant, *From Cyrus to Alexander: A History of the Persian Empire* (2002), pp. 38–40.
23. The *Verse Account of Nabonidus,* quoted in Sack, p. 17.
24. Harran Inscription of Nabonidus, translated by Oppenheim, quoted in Henze, pp. 59–60.
25. The *Verse Account of Nabonidus,* quoted in Sack, p. 18.
26. Gene R. Garthwaite, *The Persians* (2005), p. 29.
27. Herodotus, 1.189.
28. Xenophon, *Education of Cyrus,* 8.5.13.
29. The Cyrus Cylinder，稍作缩写，原译文出自 Dougherty, pp. 176–168。
30. Ezra 1:1–3, NIV.
31. Ezra 3:12–13, NIV.

07 罗马共和国

1. Herodotus 1.164–165.
2. A. Trevor Hodge, *Ancient Greek France* (1998), p. 19.
3. Barry Cunliffe, *The Extraordinary Voyage of Pytheas the Greek: The Man Who Discovered Britain* (2002), p. 16.
4. Daithi O'Hogain, *The Celts: A History* (2002), p. 1.
5. Ibid., p. 2.
6. Hodge, pp. 5, 190–193.

7. Heurgon, p. 13.
8. David Soren et. al., *Carthage: Uncovering the Mysteries and Splendors of Ancient Tunisia* (1990), p. 49.
9. *Politics*, 3.1280, Rackham, *Aristotle in 23 Volumes*, vol. 21.
10. Heurgon, p. 13.
11. Arnaldo Momigliano, "An Interim Report on the Origins of Rome," *Journal of Roman Studies* 53:1–2 (1960), pp. 108–109.
12. Livy, *Early History of Rome*, 1.41–43.
13. Ibid., 1.47.
14. This quote and the following from Livy, *Early History of Rome*, 2.10.
15. Thomas Babington Macaulay, "Horatius: A Lay Made About the Year of the City CCCLX," stanza 27.
16. Polybius, *The Rise of the Roman Empire* (1979), 3.22.
17. Livy, *Early History of Rome,* 5.34.
18. O'Hogain, p. 2; Bernhard Maier, *The Celts: A History from Earliest Times to the Present* (2003), pp. 44–45.
19. Polybius, *Rise of the Roman Empire,* 2.17.
20. Maier, p. 24; O'Hogain, p. 7.
21. Cunliffe, pp. 19–20.
22. *Epitome of the Philippic History*, quoted in Maier, p. 38.
23. Mackay, pp. 26–28.
24. Livy, *Early History of Rome,* 2.17–19.

08 王国和改革者

1. Edgerton, p. 54.
2. Thapar, *Early India,* p. 152.
3. *The Laws of Manu*, translated by Georg Buhler (1970), 1.93–100.
4. Jan Y. Fenton et al., *Religions of Asia* (1993), pp. 46–48.
5. Thapar, *Early India,* pp. 146–148.
6. Rig Veda 10.90, in Edgerton, p. 68.
7. Wolpert, p. 39.
8. Thapar, *Early India,* p. 149.
9. Fenton et al., p. 90.
10. From the Introduction to the Jataka, 1.54, translated by Henry Clarke Warren in *Buddhism in Translation* (1896), pp. 56–61.
11. Quoted in Michael Carrithers, *Buddha: A Very Short Introduction* (2001), p. 46.
12. Ibid., p. 62.
13. Karen Armstrong, *Buddha* (2004), p. 9.
14. Ibid., p. xi.
15. A. L. Basham, *The Wonder That Was India* (1963), p. 47.
16. Thapar, *Early India,* p. 152.

09 为人之道与用兵之道

1. Xueqin, p. 5.

2. Gai Shiqi, *Zuozhuan Jishibenmuo*, vol. 45 (1979), quoted in Xueqin, p. 170.
3. Ch'ien, p. 77.
4. Cho-yun Hsu, *Ancient China in Transition: An Analysis of Social Mobility, 722–222 BC* (1965), pp. 59–60.
5. Jonathan Clements, *Confucius: A Biography* (2004), pp. 10–15. 感谢他将孔子一生的零散记录汇总为一个年表。
6. Clements, pp. 21–22.
7. James Legge, trans., *The Sacred Books of the East*, vol. 27: *The Texts of Confucianism, Li Ki, I–X* (1968), 17.9.6.
8. Ibid., 2.1.7.
9. Ibid., 3.2.1, 12.
10. James Legge, trans., *Confucian Analects, The Great Learning, and the Doctrine of the Mean* (1971), 7.19.
11. Ibid., 1.1.
12. Ibid., 3.1, 3.
13. Clements, p. 39.
14. Ch'ien, p. 787.
15. Jaroslav Prusek, *Chinese Statelets and the Northern Barbarians in the Period 1400–300 BC* (1971), p. 187.
16. Hsu, p. 69.
17. Sun-Tzu, *The Art of War,* translated by Lionel Giles (2002), 2.6.
18. Ibid., 3.2.
19. Ibid., 2.2–4.
20. Ibid., 1.18–19.
21. Ibid., 9.24, 26.
22. Quoted in Xueqin, p. 7.

10 波斯帝国的扩张之路

1. Herodotus, 1.216.
2. Ibid., 1.214.
3. Ibid., 4.159.
4. Ibid., 2.161.
5. James Henry Breasted, *Ancient Records of Egypt: Historical Documents from the Earliest Times to the Persian Conquest* (1906–1907), 4.1000, pp. 510–511.
6. Herodotus, 2.162.
7. Breasted, *Ancient Records*, 4.1003, p. 511.
8. Ibid., 4.1005, p. 512.
9. J. M. Cook, *The Persian Empire* (1983), p. 46.
10. Briant, p. 57.
11. Herodotus, 3.64–66.
12. J. M. Cook, *Persian Empire,* p. 50.
13. Herodotus, 3.72.
14. Maria Brosius, trans. and ed., *The Persian Empire from Cyrus II to Artaxerxes I* (2000), p. 21.
15. Ibid., p. 48.
16. Ibid., p. 23.

17. J. M. Cook, *Persian Empire*, p. 53.
18. Brosius, pp. 32–33.
19. Ezra 5:3–9, NIV.
20. Basham, p. 47.
21. Thapar, *Early India,* p. 154.
22. Keay, p. 67.
23. Ibid.
24. Thapar, *Early India,* p. 155.
25. Herodotus, 4.44.
26. Olmstead, *History of the Persian Empire*, p. 145; Herodotus, 3.94 and 4.44; Brosius, p. 40.
27. Olmstead, *History of the Persian Empire*, p. 145.

11　希波战争

1. Herodotus, 4.127.
2. Ibid., 4.64–65, 73–75.
3. Ibid., 4.89.
4. *The Persians*, in Aeschylus, *The Complete Plays*, vol. 2, translated by Carl R. Mueller (2002), p. 12
5. Herodotus, 4.126, 131.
6. Briant, p. 144.
7. Herodotus, 5.3.
8. Morkot, p. 65.
9. Peter Green, *Alexander of Macedon, 356–323 BC: A Historical Biography* (1991), pp. 1–2.
10. Herodotus, 5.18.
11. Waterfield, p. 51.
12. *Solon* 29, in Plutarch, *Greek Lives*, p. 73; *Athenian Constitution*, in Rackhain, *Aristotle in 23 Vol- umes*, vol. 20, secs. 13–14.
13. *Solon* 29, in Plutarch, *Greek Lives*, p. 74.
14. Herodotus, 1.61.
15. *Athenian Constitution,* in Rackham, *Aristotle in 23 Volumes*, vol. 20, sec. 15.
16. Ibid., sec. 16.
17. Ibid., sec. 19
18. *Lycurgus* 16, in Plutarch, *Greek Lives*, p. 26.
19. Pomeroy et al., p. 152.
20. Herodotus, 5.73.
21. *Athenian Constitution*, in Rackham, *Aristotle in 23 Volumes*, vol. 20, sec. 21.
22. *Politics*, in Rackham, *Aristotle in 23 Volumes*, vol. 21, 1302b; Buckley, p. 145.
23. Herodotus, 5.97.
24. Ibid., 5.96.
25. Ibid., 5.99.
26. Buckley, pp. 161–162.
27. H. T. Wallinga, "The Ancient Persian Navy and its Predecessors," in *Achaemenid History I: Sources, Structures, and Synthesis*, ed. Heleen Sancisi-Weerdenburg (1987), p. 69.
28. Herodotus, 5.102.
29. Herodotus, 5.103.
30. H. T. Wallinga, in Sancisi-Weerdenburg, p. 69.

31. Herodotus, 6.17.
32. Herodotus, 6.19.
33. Herodotus, 6.112.
34. John Curtis, *Ancient Persia* (1990), p. 41.
35. Garthwaite, p. 36; Briant, p. 547.
36. H. T. Wallinga, in *Sancisi-Weerdenburg*, p. 43; Shaw, p. 384.
37. M. Jameson, in Peter Green, *Xerxes of Salamis* (Praeger, 1970), p. 98, quoted in Pomeroy et al., p. 194.
38. Pomeroy et al., p. 195.
39. Plutarch, *Themistocles*, sec. 9, in *Plutarch's Lives*, vol. 1, The Dryden Translation.
40. Aeschylus, *The Complete Plays*, pp. 139–140.
41. Ibid., p. 140.
42. Ibid., p. 142.
43. Plutarch, *Themistocles*, sec. 16, in *Plutarch's Lives*, vol. 1, The Dryden Translation.
44. Herodotus, 9.84.
45. H. T. Wallinga, in *Sancisi-Weerdenburg*, p. 74.

12　伯罗奔尼撒战争

1. Aeschylus, *Persians* (1981), pp. 67–68.
2. Herodotus, 9.106.
3. Waterfield, p. 72.
4. Thucydides, 1.90.2.
5. Ibid., 1.93.2.
6. Ibid., 1.133–134.
7. Plutarch, *Themistocles*, secs. 19–21, in *Plutarch's Lives*, vol. 1, The Dryden Translation.
8. Plutarch, *Themistocles*, sec. 22, in *Plutarch's Lives*, vol. 1, The Dryden Translation.
9. Plutarch, *Themistocles*, sec. 29, in *Plutarch's Lives*, vol. 1, The Dryden Translation.
10. Thucydides, 1.138.4; Plutarch, *Themistocles*, sec. 31, in *Plutarch's Lives*, vol. 1, The Dryden Translation.
11. Esther 2:12–16.
12. Herodotus, 9.585.
13. Brosius, p. 54.
14. Diodorus Siculus, 11.69.2–6.
15. J. M. Cook, *Persian Empire,* p. 127.
16. Thucydides, 1.103.2.
17. Ibid., 1.99.4.
18. Ibid., 1.99.1–2.
19. *Pericles* 13, Plutarch, in *Greek Lives*, p. 156.
20. Thucydides, 1.108.4.
21. Pomeroy et al., p. 251.
22. Thucydides, 1.45.3.
23. Ibid., 1.50.2.
24. Ibid., 2.7.1.
25. Ibid., 2.43.1.
26. Ibid., 2.49.2–8.
27. Thucydides, 2.4.

28. Thucydides, 2.52.2–3.
29. J. M. Cook, *Persian Empire*, p. 129.
30. *Alcibiades* 1–3, in Plutarch, *Greek Lives*.
31. Pomeroy et al., p. 306.
32. Buckley, p. 388.
33. Pomeroy et al., p. 309.
34. Thucydides, 7.51.1.
35. Ibid., 7.84.2–5, 85.1.
36. Aristophanes, *Lysistrata* (1912), p. 1.
37. *Alcibiades* 24, in Plutarch, *Greek Lives*.
38. Thucydides, 8.78.
39. *Alcibiades* 35, in Plutarch, *Greek Lives*.
40. *Alcibiades* 37, in Plutarch, *Greek Lives*.
41. Xenophon, *Hellenica*, 2.2.10, translated by Peter Krentz.
42. Waterfield, p. 209; Xenophon, *Hellenica*, 2.2.23; Victor Davis Hanson, in Thucydides, p. 549.
43. Waterfield, p. 210.
44. *Athenian Constitution*, in Rackham, *Aristotle in 23 Volumes*, vol. 20, p. 35.

13 罗马第一次陷落

1. Livy, *Early History of Rome*, 2.21.
2. Ibid., 2.24.
3. Mackay, p. 34.
4. Livy, *Early History of Rome*, 2.23.
5. Ibid., 2.32.
6. Ibid., 2.32.
7. Ibid., 3.35.
8. Ibid., 3.333.
9. Based partly on Oliver J. Thatcher, ed., *The Library of Original Sources*, vol. 3: *The Roman World* (1901), pp. 9–11.
10. Livy, *Early History of Rome*, 5.21.
11. Ibid., 5.32.
12. Ibid., 5.36.
13. Ibid., 5.38.
14. Ibid., 5.41.
15. Ibid., 5.47.
16. Cunliffe, pp. 21–22.
17. Livy, *Early History of Rome*, 5.55.

14 秦国的崛起

1. Ch'ien, p. 79.
2. Fairbank and Goldman, p. 54.
3. J. J. L. Duyvendak, trans., in his introduction to *The Book of Lord Shang: A Classic of the Chinese School of Law* (1928), p. 1.

4. Ch'ien, p. 108.
5. Cotterell, *China*, p. 53.
6. *Shih chi* 68, translated in Duyvendak, p. 14.
7. Ibid., p. 15.
8. Ibid., p. 16.
9. *Shih chi* 68, translated in Cotterell, *China*, p. 55.
10. Shu-Ching Lee, "Agrarianism and Social Upheaval in China," *American Journal of Sociology* 56:6 (1951), p. 513.
11. *The Book of Lord Shang*, translated by Duyvendak, p. 180.
12. *Shih chi* 68, in Duyvendak, p. 16.
13. *Shih chi* 68, in Cotterell, *China*, p. 57.
14. *Shih chi* 69, in Duyvendak, pp. 16–17.
15. Ibid., p. 17.
16. Ch'ien, p. 79.
17. Franz Michael, *China Through the Ages: History of a Civilization* (1986), p. 48.
18. Mencius, I.A.7.
19. Fairbank and Goldman, pp. 53–54.
20. Quoted in Michael, pp. 49–50.
21. "Giving Away a Throne," in *The Complete Works of Chuang Tzu*, translated by Burton Watson (1968), n.p.
22. "Discussion on Making All Things Equal," in Watson, *The Complete Works of Chuang Tzu*.

15 马其顿征服者

1. Pomeroy et al., pp. 327–328.
2. Scene 1, in Aristophanes, *The Birds and Other Plays*, translated by David Barrett and Alan H. Sommerstein (2003), p. 221.
3. Scene 3, Ibid., p. 257.
4. J. M. Cook, *Persian Empire*, p. 212.
5. Plutarch, *Artaxerxes*, in *Plutarch's Lives*, vol. 2, The Dryden Translation.
6. Xenophon, *The Persian Expedition* (also known as *Anabasis*) 1.1, translated by Rex Warner (1972), p. 56.
7. 我们通过西西里的狄奥多罗斯得知科特西亚斯的说法，参见 George Cawkwell's "Introduction" to the Warner translation of Xenophon, *The Persian Expedition*, p. 40。
8. Plutarch, *Artaxerxes*, in *Plutarch's Lives*, vol. 2, The Dryden Translation, p. 646.
9. Xenophon, *The Persian Expedition*, 1.4.
10. Ibid., pp. 86–87.
11. Ibid., 4.5.
12. Ibid., 4.7.
13. Plutarch, *Artaxerxes*, in *Plutarch's Lives*, vol. 2, The Dryden Translation, p. 658.
14. Clayton, pp. 201–202.
15. *Hellenica*, 5.19, in *The Works of Xenophon*, vol. 2, translated by H. G. Dakyns (1892).
16. Ibid., 5.23.
17. Clayton, p. 203.
18. J. M. Cook, *Persian Empire*, p. 48.
19. *Panegyricus* 50, in Isocrates, *Isocrates II*, translated by Terry L. Papillon (2004), p. 40.

20. *Panegyricus* 166, in Isocrates, p. 68.
21. Green, p. 14.
22. Ibid., p. 22.
23. Justin, *The History*, 7.5, in William Stearns Davis, ed., *Readings in Ancient History*, vol. 1 (Allyn and Bacon, 1912).
24. Green, pp. 23–24.
25. *Alexander* 6, in Plutarch, *Greek Lives*.
26. *Alexander* 3, in Plutarch, *Greek Lives*.
27. *To Philip* 15–16, Isocrates, p. 78.
28. Diodorus Siculus, 16.14.
29. Pomeroy et al., p. 389.
30. Justin, *History*, 8.8.
31. *Alexander* 10, in Plutarch, *Greek Lives*.
32. 这个故事出自狄奥多罗斯，以及亚里士多德在《政治学》(Rackham 翻译) 中的讲述，也见 Guy MacLean Rogers, *Alexander: The Ambiguity of Greatness* (2004), pp. 31–34。
33. *Alexander* 11, in Plutarch, *Greek Lives*.

16　罗马加强对属地的控制

1. Livy, *Rome and Italy: Books VI–X of The History of Rome from Its Foundation*, 6.42, translated by Betty Radice (1982), p. 95.
2. Ibid., 6.42.
3. Edward T. Salmon, *The Making of Roman Italy* (1982), p. 5.
4. Polybius, *Rise of the Roman Empire* 3.24.
5. Mary T. Boatwright et al,. *The Romans: From Village to Empire* (2004), p. 79.
6. Livy, *Rome and Italy*, 7.29, p. 135. 7. Ibid.,
7. 30, pp. 136–137.
8. Ibid., 8.6, pp. 164–165.
9. Ibid., 8.10–11, pp. 171–173.
10. Salmon, p. 40.
11. Livy, *Rome and Italy*, 8.14, p. 178.
12. Boatwright et al., p. 82.
13. Ibid., p. 84.
14. Diodorus Siculus, 9.9.
15. Soren et al., p. 91.
16. Ibid., pp. 90–91, 128–130.
17. Diodorus Siculus, 20.6–7.
18. Soren et al., p. 92.
19. Livy, *Rome and Italy*, 10.13, 304–305.
20. Ibid., 10.28, pp. 327–328.

17　亚历山大和继业者战争

1. Green, p. 114.
2. Plutarch, *The Life of Alexander the Great*, translated by John Dryden (2004), p. 13.
3. Green, p. 118; Plutarch, *Alexander the Great*, p. 13.

4. Diodorus, Siculus, 17.5–6.
5. Ibid., 17.17.
6. Quintus Curtius Rufus, *The History of Alexander* (lost, summarized by John Yardley), translated by John Yardley (2001), p. 23; also Arrian, *The Campaigns of Alexander*, 1.12, translated by Aubrey de Selincourt (1971).
7. Arrian, I.15, p. 73.
8. Didodorus Siculus, 17.20; Arrian, 1.16.
9. Arrian, 1.17.
10. Rufus, 3.15–18, p. 27.
11. Arrian, 2.8.
12. Rufus, 3.12, p. 42.
13. Arrian, 2.15, p. 128.
14. *Alexander* 29, in Plutarch, *Greek Lives*, p. 339.
15. G. M. Rogers, pp. 124–145.
16. Arrian, 3.23.
17. G. M. Rogers, p. 135.
18. Arrian, 4.9.
19. Ibid., 5.4, p. 259.
20. Ibid., 5.9, p. 267.
21. *Alexander* 63, in Plutarch, *Greek Lives,* p. 369.
22. Rufus, 9.19.
23. Plutarch, *Alexander the Great*, p. 64.
24. Ibid., p. 67.
25. Rufus, 10.3.14.
26. Plutarch, *Alexander the Great,* p. 71.
27. Rufus, 10.6.13.
28. Plutarch, *Alexander the Great,* p. 72; also Diodorus Siculus, 18 and 19.
29. Rufus, 10.9.1.
30. Ibid., 10.10.7–8.
31. Sarvepalli Radhakrishnan and Charles A. Moore, eds. *A Sourcebook in Indian Philosophy* (1957), p. 198.
32. Vohra, p. 25.
33. Plutarch, *Pyrrhu*s, in *Plutarch's Lives*, vol. 1, The Dryden Translation, p. 520.
34. Plutarch, *Demetrius*, in *Plutarch's Lives*, vol. 2, The Dryden Translation, p. 480.
35. Plutarch, *Pyrrhus*, in *Plutarch's Lives*, vol. 1, The Dryden Translation, p. 537.

18 皈依佛法的孔雀王朝

1. Keay, p. 88.
2. Thapar, *Early India,* p. 5.
3. Wolpert, p. 57.
4. Keay, p. 90.
5. Ibid., p. 91.
6. Thapar, *Early India,* p. 180.
7. Translated by Romila Thapar in *Asoka and the Decline of the Mauryas* (1998), p. 255.
8. Ibid., pp. 255–256.
9. Ibid., p. 256 and Keay, pp. 91–92.

10. Keay, p. 95.
11. Wolpert, p. 64. 摩哂陀的故事出自 Dîpavamsa 7, 28–31，见马克斯·穆勒（Max Muller）的导言, *Sacred Books of the East*, vol. 10: *The Dhammapada* (1981)。
12. Vohra, p. 25.
13. Ibid.

19　第一个皇帝，第二个帝国

1. Charles O. Hucker, *China's Imperial Past: An Introduction to Chinese History and Culture* (1975), p. 40.
2. Ibid., p. 41.
3. Ch'ien, p. 83.
4. Ibid., p. 123.
5. Ibid., p. 130.
6. Ibid., p. 123.
7. Fairbank and Goldman, p. 56.
8. Hucker, pp. 43–44.
9. Ch'ien, p. 140.
10. Ibid., p. 147.
11. Sima Qian, "The Biography of the Chief Minister of Qin," in *Historical Records*, translated by Raymond Dawson (1994), p. 31.
12. Sima Qian, "The Annals of Qin," in *Historical Records*, p. 69.
13. Jorge Luis Borges, "The Wall and the Books," in Daniel Schwartz, *The Great Wall of China* (2001), p. 10.
14. Ann Paludan, *Chronicle of the Chinese Emperors: The Reign-by-Reign Record of the Rulers of Imperial China* (1998), pp. 18–19.
15. Ch'ien, p. 155.
16. Arthur Cotterell, *The First Emperor of China* (1981), p. 28.
17. Ch'ien, p. 156.
18. Ibid., pp. 161–162.
19. Denis Twitchett and Michael Loewe, eds., *The Cambridge History of China*, Volume I: *The Ch'in and Han Empires, 221 BC–AD 220* (1986), p. 113.
20. Ibid., p. 117.
21. Sima Qian, *Records of the Grand Historian: Han Dynasty I*, translated by Burton Watson (1993), pp. 74–75.

20　诸子之战

1. Plutarch, *Demetrius*, in *Plutarch's Lives*, vol. 2, The Dryden Translation, p. 465.
2. Diodorus Siculus, 21.12.
3. Plutarch, *Pyrrhus*, in *Plutarch's Lives*, vol. 1, The Dryden Translation, pp. 540–541, and Polybius, *Rise of the Roman Empire*, 2.43.
4. Polybius, *Rise of the Roman Empire*, 1.5, p. 45.
5. Ibid., 1.7–12.
6. Ibid., 1.20, p. 62.
7. J. H. Thiel, *A History of Roman Sea-power before the Second Punic War* (1954), p. 63.

注　释

8. Polybius, *Rise of the Roman Empire*, 1.21, p. 64.
9. Polybius, *The Histories*, 1.75, translated by Evelyn Shuckburgh (1889), pp. 83, 85.
10. Polybius, *Rise of the Roman Empire*, 1.58, p. 105.
11. Livy, *The War With Hannibal: Books XXI–XXX of The History of Rome from Its Foundation*, 21.41, translated by Aubrey de Selincourt (1965), p. 66.
12. Polybius, *Rise of the Roman Empire*, 1.63, p. 109.
13. Plutarch, *Cleomenes*, in *Plutarch's Lives*, vol. 2, The Dryden Translation, p. 351.
14. Polybius, *Rise of the Roman Empire*, 5.34, p. 291.
15. Clayton, p. 211.
16. Polybius, *Rise of the Roman Empire*, 5.34, p. 292.
17. Ibid., 15.33, p. 491.
18. Josephus, *Antiquities of the Jews*, 12.3.3.
19. Polybius, *Rise of the Roman Empire*, 3.11, p. 189.
20. Polybius, *Rise of the Roman Empire*, 2.1, pp. 111–12.
21. Soren et al., p. 102.
22. Polybius, *Rise of the Roman Empire*, 3.20–21.
23. Livy, *The War with Hannibal*, 21.1, p. 23.
24. Polybius, *Rise of the Roman Empire*, 3.33, p. 209.
25. Ibid., 3.49.
26. Livy, *The War with Hannibal*, 21.32, p. 56.
27. Ibid., 21.47, p. 72.
28. Polybius, *Rise of the Roman Empire*, 3.68, p. 237.
29. Livy, *The War with Hannibal*, 11.57, p. 83.
30. Ibid., 22.7, p. 102.
31. Polybius, *Rise of the Roman Empire*, 3.90, p. 257.
32. Ibid., 3.118, p. 275.
33. Livy, *The War With Hannibal*, 27.48, p. 493.
34. Ibid., 27.51.
35. Ibid., 30.20, p. 644.
36. Ibid., 30.36, p. 664.
37. Leonard Cottrell, *Hannibal: Enemy of Rome* (1992), p. 242.

21　罗马解放者与塞琉古征服者

1. Livy, *The Dawn of the Roman Empire: Books 31–40* [of *The History of Rome from Its Foundation*], 33.19, translated by J. C. Yardley (2000), pp. 112–113.
2. Polybius, *Rise of the Roman Empire*, 18.45, p. 514.
3. Ibid., 18.46, p. 516.
4. Ibid., 3.11, p. 189.
5. Livy, *Dawn of the Roman Empire*, 36.17, p. 268.
6. Plutarch, *Flamininus*, in *Plutarch's Lives*, vol. 1, The Dryden Translation, p. 515.
7. The story is found, among other places, in the *Maitreyopanishad* of the *Sama-Veda*.
8. Polybius, *Histories*, 23.7.
9. Livy, *Dawn of the Roman Empire*, 40.5, p. 486.
10. Polybius, *Histories*, 27.1.
11. Livy, *The History of Rome*, vol. 6, translated by E. Roberts (1912), 42.36.
12. Ibid., 42.26.

13. Ibid., 45.12.
14. Josephus, *Wars of the Jews*, 1.1, in *The Works of Josephus*, p. 546.
15. John Bright, *A History of Israel* (1974), pp. 424–425.
16. Ibid., p. 424.
17. 2 Macc. 6:10, Revised Standard Version.
18. 2 Macc. 8:1, 7–9.
19. Josephus, *Wars of the Jews*, 1.4.
20. Ibid.
21. A. N. Sherwin-White, *The Roman Citizenship* (1973), p. 42.

22　东方与西方

1. Sima Qian, *Records of the Grand Historian*, p. 77, 84.
2. Di Cosmo, *Ancient China and Its Enemies*, p. 157.
3. Ibid., p. 165.
4. Burton Watson, trans., *Records of the Grand Historian of China: Translated from the Shih chi of Ssu-ma Ch'ien*, vol. 2 (1968), p. 129.
5. Twitchett and Loewe, p. 384.
6. Ibid., p. 386.
7. Sima Qian, *Shih chi 9: The Basic Annals of the Empress Lu*, in *Records of the Grand Historian*, p. 267.
8. Sima Qian, *Records of the Grand Historian*, p. 269.
9. Ibid., p. 270.
10. Ibid., pp. 273–274.
11. Ibid., p. 284.
12. Sima Qian, *Shih chi 123*, in Watson, *Records*, vol. 2, p. 264.
13. Hucker, pp. 123–125.
14. Hucker, p. 128.
15. Sima Qian, *Shih chi* 123, in Watson, *Records*, vol. 2, p. 264.
16. Ibid., p. 269.
17. T. W. Rhys Davids, trans., *The Questions of King Milinda* (1963), Book 1, p. 7.
18. Ibid., Book 7, p. 374.
19. Josephus, *Antiquities of the Jews*, 13.14.
20. Sima Qian, *Shih chi* 123, Watson, *Records*, vol. 2, p. 268.
21. Plutarch, *Sylla*, in *Plutarch's Lives*, vol. 1, The Dryden Translation, p. 610.
22. *Shih chi* 123, in Watson, *Records*, vol. 2, p. 276.

23　破坏制度

1. Soren et al., p. 115.
2. Livy, *The History of Rome*, 6.42.23.
3. Plutarch, *Marcus Cato*, in *Plutarch's Lives*, vol. 1, The Dryden Translation, p. 478.
4. Ibid., p. 478.
5. Philip Matyszak, *Chronicle of the Roman Republic* (2003), p. 120.
6. Plutarch, *Marcus Cato*, in *Plutarch's Lives*, vol. 1, The Dryden Translation, p. 479.
7. Polybius, *Histories*, 38.3–11.

8. Ibid. 39, p. 530.
9. M. I. Finley, *Ancient Slavery and Modern Ideology* (1980), p. 97.
10. Diodorus Siculus, 34.1–4.
11. Ibid., 34.16.
12. Ibid., 34.48.
13. Finley Hooper, *Roman Realities* (1979), p. 155.
14. Appian, *The Civil Wars*, 1.1, translated by Oliver J. Thatcher in *The Library of Original Sources*, vol. 3: *The Roman World* (1901).
15. Plutarch, *Tiberius Gracchus*, in *Plutarch's Lives*, vol. 2, The Dryden Translation, pp. 357–358.
16. Ibid., p. 361.
17. Ibid., p. 369.
18. Appian, *Civil Wars*, 1.2.
19. Diodorus Siculus, 34.21.
20. Ibid., 34.23.
21. Plutarch, *Caius Gracchus*, in *Plutarch's Lives*, vol. 2, The Dryden Translation, pp. 381–383.

24 繁荣的代价

1. *The Jugurthine War* 41, in Sallust, *The Jugurthine War/The Conspiracy of Cataline*, translated by S. A. Handford (1963), p. 77.
2. *The Jugurthine War* 8, in Sallust, p. 41.
3. *The Jugurthine War* 14, in Sallust, p. 47.
4. *The Jugurthine War* 28, in Sallust, p. 64.
5. *The Jugurthine War* 37, in Sallust, p. 73.
6. *Marius* 28, in Plutarch, *Greek Lives*, p. 148.
7. *Marius* 32 in Plutarch, *Greek Lives*, p. 152.
8. Cicero, *On the Commonwealth*, 3.41, in *On the Commonwealth and On the Laws*, translated and edited by James E. G. Zetzel (1999), p. 74.
9. Justin 38.4.13, quoted in Salmon, p. 128.
10. Salmon, p. 129.
11. *Marius* 33 in Plutarch, *Greek Lives*, p. 153.
12. *Sulla* 6 in Plutarch, *Greek Lives*, p. 179.
13. *Marius* 34 in Plutarch, *Greek Lives*, pp. 153–154.
14. *Marius* 35 in Plutarch, *Greek Lives*, p. 154.
15. *Sulla* 9, in Plutarch, *Greek Lives*, p. 185.
16. Twitchett and Loewe, p. 410.
17. *Shi chi 109*, in Watson, *Records*, vol. II, pp. 142–143.
18. *Shi chi 123*, in Watson, *Records*, vol. 2, p. 282.
19. Ibid., 123, p. 284.
20. *Han shu 96*, quoted in Twitchett and Loewe, p. 410.
21. *Marius* 43, in Plutarch, *Greek Lives*, p. 164.
22. *Sulla* 22 in Plutarch, *Greek Lives*, p. 199.
23. *Sulla* 30, in Plutarch, *Greek Lives*, p. 208.
24. *Sulla* 31, in Plutarch, *Greek Lives*, p. 210.
25. Hooper, p. 215.

26. Ibid., p. 223.

25 政治新人

1. Carlin A. Barton, "The Scandal of the Arena," *Representations* 27 (1989), p. 2.
2. Tertullian, *De spectaculis* 22, in Barton, p. 1.
3. *Crassus* 8, in Plutarch, *Fall of the Roman Republic: Six Lives by Plutarch*, translated by Rex Warner (1972), p. 122.
4. *Crassus* 9, in Plutarch, *Fall of the Roman Republic*, p. 123.
5. Appian, *Civil Wars*, 1.118.
6. *Crassus* 9, in Plutarch, *Fall of the Roman Republic*, p. 124.
7. Appian, *Civil Wars*, 1.119.
8. *Crassus* 11, in Plutarch, *Fall of the Roman Republic*, p. 127.
9. Appian, *Civil Wars*, 1.121.
10. *Crassus* 11, in Plutarch, *Fall of the Roman Republic*, p. 127.
11. *Crassus* 12, in Plutarch, *Fall of the Roman Republic*, p. 128.
12. Hooper, p. 226.
13. Ibid., p. 121.
14. Ibid., p. 120.
15. *Pompey* 48 and *Caesar* 14, in Plutarch, *Fall of the Roman Republic*, pp. 207, 257.
16. Caesar, *The Conquest of Gaul*, 2.35, translated by S. A. Handford, revised by Jane F. Gardner (1982), p. 73.
17. *Caesar* 20, in Plutarch, *Fall of the Roman Republic*, p. 263.
18. *Caesar* 21, in Plutarch, *Fall of the Roman Republic*, p. 265.
19. Acton Griscom, *The Historia Regum Britannia of Geoffrey of Monmouth* (1929), p. 221.
20. Caesar, *Conquest of Gaul*, 5.14, p. 111.
21. Ibid., 4.36, p. 103.
22. Plutarch, quoted in Hooper, p. 273.
23. *Caesar* 28, in Plutarch, *Fall of the Roman Republic*, p. 271.
24. *Caesar* 32–33, in Plutarch, *Fall of the Roman Republic*, p. 276.
25. *Caesar* 35, in Plutarch, *Fall of the Roman Republic*, p. 279.
26. Plutarch, *Antony*, in *Plutarch's Lives*, vol. 2, The Dryden Translation, p. 487.
27. Clayton, p. 216.
28. *Pompey* 79–80, Plutarch, *Fall of the Roman Republic*, pp. 240–241.
29. Harriet I. Flower, ed., *The Cambridge Companion to the Roman Republic* (2004), p. 328.
30. Nicolaus of Damascus, *Life of Augustus*, translated by Clayton M. Hall (1923).
31. Suetonius, *The Deified Julius Caesar* 82, in *Lives of the Caesars*, translated by Catharine Edwards (2000), p. 39.

26 罗马帝国

1. Suetonius, *The Deified Julius Caesar* 83, in *Lives of the Caesars*, p. 39.
2. Plutarch, *Marcus Brutus*, in *Plutarch's Lives*, vol. 2, The Dryden Translation, p. 586.
3. Ibid., p. 587.
4. Plutarch, *Antony*, in *Plutarch's Lives*, vol. 2, The Dryden Translation, pp. 490–491.
5. Ibid., p. 491.

6. Ibid., p. 492.
7. Suetonius, *The Deified Augustus* 16, in *Lives of the Caesars*, p. 49.
8. Plutarch, *Antony*, in *Plutarch's Lives*, vol. 2, The Dryden Translation, p. 496.
9. Suetonius, *The Deified Augustus* 16, in *Lives of the Caesars*, p. 50.
10. Hooper, p. 305.
11. Chris Scarre, *Chronicle of the Roman Emperors* (1995), p. 18.
12. Hooper, p. 331.
13. Mackay, p. 184.
14. Hooper, pp. 332–333; Mackay, p. 185.
15. *Res Gestae*, ll.38–41, 58, in *The Monumentum Ancyranum*, translated by E. G. Hardy (1923).
16. Ibid., ll.74–80, 85–87.
17. Mackay, p. 185.
18. Suetonius, *The Deified Augustus* 79, in *Lives of the Caesars*, p. 84.
19. Tacitus, *Annals of Imperial Rome*, 1.1.
20. Garthwaite, p. 80.
21. Suetonius, *Augustus* 31, in *The New Testament Background: Selected Documents*, edited by C. K. Barrett, p. 5.
22. Hooper, p. 334.
23. Suetonius, *Tiberius*, in *Lives of the Caesars*, p. 131.
24. Garthwaite, p. 80.
25. Suetonius, *The Deified Augustus* 98, in *Lives of the Caesars*, p. 95.

授权声明

American Oriental Society: Thirteen lines from J. A. Brinkman's "Through a Glass Darkly: Esarhaddon's Retrospects on the Downfall of Babylon," *Journal of the American Oriental Society* 103, No. 1. Used by permission of American Oriental Society, University of Michigan.

American Oriental Society: Ten lines from "The Death of Sennacherib," translated by R. C. Thompson and quoted by Emil Kraeling in *Journal of the American Oriental Society*, University of Michigan.

Bar-Ilan University Press: Five lines from *Three Sulgi Hymns: Sumerian Royal Hymns Glorifying King Sulgi of Ur*, translated by Jacob Klein, Copyright © 1981, Bar-Ilan University Press. Used by permission of Bar-Ilan University Press, Ramat-Gan, Israel.

Cambridge University Press: Ten lines from "The Cyrus Cylinder" from *The Cultures Within Ancient Greek Culture: Contact, Conflict, Collaboration* by Carol Dougherty and Leslie Kurke, Copyright © 2003. Used by permission of Cambridge University Press.

CDL Press: Six lines from *Before the Muses: Anthology of Akkadian Literature, Vol. I*, and eight lines from *Before the Muses: Anthology of Akkadian Literature, Vol. II*, translated by Benjamin R. Foster. Used by permission of CDL Press.

Electronic Text Corpus of Sumerian Literature: Twelve lines from *Gilgameš and Aga*, nineteen lines from *The Cursing of Agade*, ten lines from *A Praise Poem of Ur-Namma* (Ur-Namma C), twelve lines from *The Lament for Urim*, and seven lines from *Išbi-Erra and Kindattu* (Išbi-Erra B) (segments A, B, D, and E), translated by J. A. Black, G. Cunningham, J. Ebeling, E. Fluckiger-Hawker, E. Robson, J. Taylor, and G. Zólyomi. Used by permission of the Electronic Text Corpus of Sumerian Literature, The Oriental Institute, University of Oxford.

George Allen and Unwin, Ltd: Four lines from "The Rigveda," translated in *The Beginnings of Indian Philosophy* by Franklin Edgerton, Copyright © 1965, Harvard University Press, reverted to the original publisher, George Allen and Unwin, Ltd. Used by permission of George Allen and Unwin, Ltd.

Indiana University Press: Excerpts from *The Grand Scribe's Records* by Ch'ien, Ssu-ma, edited by William H. Nienhauser, Jr., Copyright © 1994. Used by permission of Indiana University Press.

Johns Hopkins University Press: Ten lines from Hesiod's "Works and Days," *Theogony, Works and Days, Shield*, translated by Apostolos N. Athanassakis, Copyright © 2004, Johns Hopkins University Press. Used by permission of Johns Hopkins University Press.

Oxford University Press: Seven lines from "The Middle Kingdom Renaissance" by Gae Callender, from *Oxford History of Ancient Egypt*, Copyright © 2000, edited by I. Shaw. Used by permission of Oxford University Press.

Oxford University Press: Eleven lines from *Myths from Mesopotamia, Revised*, Copyright © 1989, edited by Stephanie Dalley. Used by permission of Oxford University Press.

Oxford University Press: Excerpts from *Greek Lives*, edited by Robin Waterfield, copyright © 1999, Oxford University Press, and excerpts from *Histories*, edited by Robin Waterfield, Copyright © 1998, Oxford University Press. Used by permission of Oxford University Press, UK.

授权声明

Oxford University Press: Two lines from *New History of India* by Stanley Wolpert, Copyright © 2004, Oxford University Press. Used by permission of Oxford University Press, US.
Penguin Group: Twenty-five lines from *The Epic of Gilgamesh*, translated with an introduction by N. K. Sandars, Copyright © 1972, N. K. Sandars. Used by permission of Penguin Group, UK.
Penguin Group: Excerpts from *The Early History of Rome: Books I–V of the History of Rome from Its Foundation* by Livy and translated by Aubrey de Sélincourt; Copyright © 1960, Estate of Aubrey de Sélincourt. Used by permission of Penguin Group, UK.
Smith and Kraus Publishers: Thirty-eight lines from "The Persians," *Aeschylus: Complete Plays, Volume II*, translated by Carl Mueller, Copyright © 2002, Smith and Kraus Publishers. Used by permission of Smith and Kraus Publishers.
Sterling Lord Literistic Inc: Eighteen lines from Virgil's *The Aeneid*, translated by C. Day Lewis, Copyright © 1953 by C. Day Lewis. Used by permission of Sterling Lord Literistic, Inc.
University of California Press: Three lines from *Babylonians* by H. W. F. Saggs, Copyright © 2000, University of California Press. Used by permission of University of California Press.
University of Chicago Press: Excerpt from I. M. Diakonoff, *Early Antiquity*, translated by A. Kirjanov, Copyright © 1999. Used by permission of Chicago Distribution Services, a division of The University of Chicago Press.
University of Chicago Press: Excerpts from *Ancient Records of Assyria and Babylonia, Vol. I: Historical Records of Assyria from the Earliest Times to Sargon* by Daniel D. Luckenbill, Copyright © 1926, University of Chicago Press. Excerpts from *Ancient Records of Assyria and Babylonia, Vol. II: Historical Records of Assyria from Sargon to the End* by Daniel D. Luckenbill, Copyright © 1927, University of Chicago Press. Excerpts from *The Annals of Sennacherib* by Daniel D. Luckenbill, Copyright © 1924, University of Chicago Press. Used by permission of University of Chicago Press.
University of Chicago Press: Five lines from *A Babylonian Genesis*, translated by Alexander Heidel, Copyright © 1951, University of Chicago Press. Used by permission of University of Chicago Press.
University of Toronto Press: Seven lines from *Rulers of Babylonia from the Second Dynasty of Isin to the End of Assyrian Domination (1157–612 BC)* by Grant Frame, Copyright © 1995, University of Toronto Press. Used by permission of University of Toronto Press.
University of Toronto Press: Four lines from *Assyrian Royal Inscriptions* by Albert Kirk Grayson, Copyright © 1972, University of Toronto Press. Used by permission of University of Toronto Press.
Wolkstein, Diane: Four lines from "Wooing of Inanna," *Inanna, Queen of Heaven and Earth*, Copyright © 1983. Published by permission of Diane Wolkstein.

致谢

> 好几年以来，我都很难回答这个问题："你这些天来都在做什么？"只要我回答说："我在写一本世界史，"人们都会毫无例外地大笑起来。

我的确是在写一本整个世界的历史。不过，要不是诺顿出版社跟我合作多年的编辑斯塔林·劳伦斯（Starling Lawrence）先提出来，我是不会着手进行这个写作项目的。他的建议、鼓励，以及在书籍编辑方面的经验，使得书稿的第一部得以成形。本书得以问世，他绝对功不可没。同样要感谢斯塔尔和珍妮的慷慨与热情。

我的经纪人理查德·亨肖（Richard Henshaw）能力卓越，帮我打理各种专业事务，娴熟而高效。他的帮助和友谊让我永远感激不尽。

任何一本类似这样的通史都仰仗于多位专家的辛勤劳动。特别要感谢苏美尔史专家萨缪尔·诺厄·克莱默（Samuel Noah Kramer）、美索不达米亚和巴比伦史专家格温德琳·莱克（Gwendolyn Leick）、埃及法老谱系专家彼得·克莱顿（Peter Clayton）、亚述国王方面的专家丹尼尔·卢肯比尔（Daniel Luckenbill）、印度史专家罗米拉·撒帕尔（Romila Thapar）、古巴比伦国王方面的专家格兰特·弗雷姆（Grant Frame）、希腊语文献翻译方面的专家罗宾·沃特菲尔德（Robin Waterfield），以及汉语文献翻译方面的专家伯顿·沃森（Burton Watson）。我大量使用了牛津大学东方研究所提供的苏美尔文学电子资源库。

威廉与玛丽学院斯韦姆图书馆的馆员以及负责馆际互借的员工在工作的时候任劳任怨，对我帮助颇多。还要感谢牛津大学萨克勒图书馆的黛安娜·伯格曼（Diane Bergman）所给予我的帮助。

才华横溢的萨拉·帕克（Sarah Park）协助我绘制了本书中的地图，我热切盼望她能继续协助我，做好中世纪卷的地图工作。

感谢宁静山庄的以下人员：彼得·巴芬顿（Peter Buffington），协助我处理各种许可、查阅图书资料、打理电子邮件，以及各种杂事（而且还要感谢他的是，每当我告诉他，我又往下写了十五年，他都会说我干得不错）；萨拉·巴芬顿（Sara Buffington），她帮我处理了大量英制和公制的转换，复印文档等，还有她的友情带给我支持；查利·帕克（Charlie Park）工作充满热情，负责网站、宣传、技术方面的建议。从参考文献到婴儿尿布，伊丽莎白·韦伯（Elizabeth Weber）都尽力为我提供帮助；还有南希·布朗特（Nancy Blount）——她在本项目进展到最关键的时期，我从大学图书馆借阅的书籍多达364本，而且已经八个月没有回复任何电子邮件的紧要关头，担任了我的助理。她做事高效，还不乏幽默，让混沌的状态重新变得有序。

还要感谢帮助我完成这一项目的其他历史学家、专业以及非专业人士，他们包括：《图书与文化》（*Books & Culture*）的约翰·威尔逊（John Wilson）；威廉与玛丽学院的莫琳·菲茨杰拉德（Maureen Fitzgerald），他们给予了我远远超出自身责任的帮助；还有我的父亲（及业务伙伴）小詹姆斯·L. 怀斯（James L. Wise Jr.），他还把我们家的鸡窝改造成了我的办公室，把它布置得漂漂亮亮的。

感谢罗伯特·埃里克·弗赖肯伯格（Robert Eric Frykenberg）、罗林·菲普斯（Rollin Phipps）、迈克尔·斯图尔特（Michael Stewart）和玛莎·达特（Martha Dart）阅读初稿并提出宝贵建议。伊丽莎白·皮尔逊（Elizabeth Pierson）具有专业的编辑技巧，帮我查找出了很多前后不一致的地方，让我都倍感惊讶。

感谢劳伦·温纳（Lauren Winner）给予我同情和鼓励，感谢格雷格·史密斯和斯蒂芬妮·史密斯（Greg and Stephanie Smith）没有放弃做午饭的机会——一年一两次吧。苏珊·坎宁安（Susan Cunningham）不断提醒我该做什么。

我的哥哥鲍勃·怀斯（Bob Wise）提供了专业的摄影帮助，随叫随到。（鲍勃和希瑟：我跟你们保证，第一卷已经写完了，我会回复你们的电话和邮件的。）杰茜·怀斯（Jessie Wise）既是我尊敬的同事，也是了不起的母亲和奶奶。当我一头扎进苏美尔文字的时候，她担负起了教埃米莉识字读书的任务，而且经常去花园里采摘，给我弄吃的。我的儿子克里斯托弗是第一个在高中历史课上使用本书的学生，他给了我非常有价值的反馈；在进行校勘工作时，本、丹尼尔和埃米莉在帮我审读的时候，还提醒了我生活还是"很棒的！"我最最想感谢的是我的丈夫彼得，他让我既能写作，同时还能享受生活。Sumus exules, vivendi quam auditores——学然后知不足。